长安学十年学术论著选集

编委会

编委会主任：李秉忠

编 委 会：黄留珠　贾二强　萧正洪

　　　　　王　欣　王社教　冯立君

　　　　　郭艳利　侯亚伟

总 主 编：萧正洪

副总主编：贾二强　石晓军

长安学 十年学术论著选集

总 主 编　○　萧正洪
副总主编　○　贾二强　石晓军

盛世与转型
经济与社会发展

主编　◆　高升荣

陕西师范大学出版总社

图书代号　SK23N1769

图书在版编目（CIP）数据

盛世与转型：经济与社会发展/高升荣主编. —西安：陕西师范大学出版总社有限公司，2023.10
（长安学十年学术论著选集/萧正洪总主编）
ISBN 978-7-5695-3872-4

Ⅰ.①盛… Ⅱ.①高… Ⅲ.①长安（历史地名）—文化史—文集 Ⅳ.①K294.11-53

中国国家版本馆CIP数据核字（2023）第178701号

盛世与转型——经济与社会发展
SHENGSHI YU ZHUANXING——JINGJI YU SHEHUI FAZHAN

高升荣　主编

出 版 人／刘东风
责任编辑／庄婧卿
责任校对／王文翠
装帧设计／飞铁广告
出版发行／陕西师范大学出版总社
　　　　　（西安市长安南路199号　邮编710062）
网　　址／http：//www.snupg.com
印　　刷／中煤地西安地图制印有限公司
开　　本／710 mm×1000 mm　1/16
印　　张／24.75
插　　页／4
字　　数／454千
版　　次／2023年10月第1版
印　　次／2023年10月第1次印刷
书　　号／ISBN 978-7-5695-3872-4
审 图 号／GS（2023）第2952号
定　　价／168.00元

读者购书、书店添货或发现印装质量问题，请与本公司营销部联系、调换。
电话：（029）85307864　85303629　传真：（029）85303879

总序

基于整体性思维的长安学研究：历史回顾与前景展望

贾二强　黄留珠　萧正洪

陕西师范大学国际长安学研究院（陕西省协同创新中心）至今年已经组建10年了。以此为契机，我们试图通过编辑一套学术回顾性文集，为学界反思相关学术发展的历程、推进未来的研究工作提供参照。文集分专题汇集特定领域内有代表性的论文（也有少量著作中的篇章）。选编工作得到了相当多学者的支持与鼓励，我们均深铭感，于此谨致谢忱。然而，因为眼界有限，很可能有遗珠之憾，为此亦深表歉意。

有一种看法，认为长安学的学术实践活动是从21世纪初开始的。但在我们看来，它很早就已经存在，只是人们一直没有清晰地将其作为一个具有相对独立性的学科或专门研究领域加以定义。黄留珠先生曾撰文，记述其源流，称2000年初，即有学者提出"长安学"研究的必要性。而2003年，荣新江教授撰《关于隋唐长安研究的几点思考》一文，指出，那个时候的一个遗憾，是并没有建立起像"敦煌学"那样的"长安学"来，但关于长安的资料的丰富性与内涵是不逊于敦煌的。其后，2005年左右，陕西省在省文史研究馆的牵头下，成立了长安学研究中心。至2013年，陕西师范大学组建了陕西省协同创新平台"国际长安学研究院"。

这一系列事件的发生表明，人们对于长安学作为一个学科或具有独立性的专门领域的认识，到21世纪初开始变得清晰了。这是长安学发展史上的重要标志，是一个理性认知新阶段到来的标志。严格说来，以长安研究的本体论，它并不是一种突然发生的创设，而是自中古甚至更早以来人们对于长安的兴趣、关注、记忆与反思在学术上的体现，且是经长期积累所形成的结果。这同敦煌学是有一些不同的。敦煌学以敦煌遗书为起始，而逐渐扩大到史事、语言文字、文学、石窟艺术、中西交通、壁画与乐舞、天文历法等诸方面。它是一个历史性悲剧之后的幸事。长安学则不是，它有着悠久的渊源和深厚的基础，因长安（包括咸阳等在内）作为统一王朝之都城而引发的关于政治制度、经济发展与文化建设的反思而产生，从一开始就同礼法制度等文明发展重大问题紧密关联。事实上，人们关注、研究长安，起源甚早，而历时甚长。我们完全可以写出一部以千年为时间单元、跨越不同历史时代的《长安学史》来。这是长安学的历史性特点。

在空间性方面，它也颇有特色。关于这一点，如我们曾经撰文所指出的那样，其以汉唐"长安"之名命名，研究对象虽以长安城、长安文化、长安文明为主，但却不完全局限于此，而扩展至建都关中地区的周秦汉唐等王朝的历史文化，另在地域上亦远远超出长安城的范围而扩大至整个关中以及更广泛的相关地区。尽管我们对长安学的空间边界问题还可商讨，但它一定是有明确范围与目标的。然而，长安的地理空间并不等同于关于长安的学术空间。简言之，长安学诚然是以古代长安为核心，以文化与文明为主体的研究，一些同古代长安相关的问题也应当包含在内，但其学术空间要大得多。其基本原则是：若有内在关系，罗马亦不为远；若无关系，比邻亦仅是参照。显然，它在学术空间边界上具有显著的开放性。

长安学的内涵也极为丰富。以地域为名的世界级学问皆有其特定意义与内涵。如埃及学，指关于古代埃及的语言、历史与文明的学问。它是从18世纪才开始发展起来的国际性古典文明研究。埃及学研究对象的时间范围是从公元前4500年到公元641年，所涉及的学科相当广泛，如考古、历史、艺术、哲学、医学、人类学、金石学、病理学、植物学和环境科学等，其研究方法，除了文献与语言文字分析外，还利用了现代测年技术、计算机分析、数据库建设甚至DNA分析等手段。长安学亦是如此。长安学具有学科群的意义，它要超出一般意义上的学科范畴。它综合了哲学、历史、考古、文学、宗教、地理、科学技术、文献研究等多个方面和多个层次，有着极为丰富的内涵。它既为我们研究人类文明的进步提供了一个不可或缺的样本，也提供了一个我们看世界、世界看我们的独特视角。

历史发展给我们提供了一个重要的机遇，也赋予我们重大的历史使命。我们现在的重要任务，是在新的历史条件下，以追求人类文明进步为基本价值观，对长安学作为具有独立性的学科和专门研究领域进行重新定义，并阐明其现代价值与意义。正是以此为基本宗旨，陕西师范大学联合校内外学术力量，组建了国际长安学研究院，此举得到陕西省教育厅的大力支持，并成为陕西省最早的协同创新中心之一。

历史上的长安研究，有官方叙述与私人撰述两类，但皆属于在传统的、旧的观念指导下对于长安的理解与解释，从形式上看，基本上是碎片化的。当下陕西师范大学和若干合作的大学、研究机构，共建国际长安学研究院，试图坚持科学与理性的原则，以系统化、整体性的思维，对历史发展中的某些重要问题提出基于历史事实的严谨而合理的解释。为实现这一目标，我们组建了学科咨询委员会、学术委员会、学术期刊编辑部、海外事务部、长安学理论研究中心、古都研究中心、长安与丝绸之路研究中心、长安文化遗产研发中心、数字长安新技术研发中心和长安文献整理与研究中心，以融合方式推进相关研究工作。

历史上的长安给我们留下了足够丰富的资料，能够让我们通过扎实的研究，总结文明进步的成就，特别是反思其中的曲折与艰辛。我们希望，长安学研究能够有助于社会进步，而不是相反。令当下人们的观念与感慨停留于帝制时代的荣耀，不是我们的追求。

为此，我们确定了建设工作的基本原则：历史起点、当代情怀、世界眼光。我们要使长安学成为具有世界性的学问，而不只是陕西的学问或中国的学问。长安学应当具有现代精神，应当是中华民族精神家园建设的重要组成部分。我们秉持这样的宗旨，并对此持有信心。我们将努力把国际长安学研究建设成一个开放的平台，联系各方学者和学有专长的同仁，为大家的研究工作提供便利与条件。

显然，长安学不是单纯基于现代城市空间的研究，而是以历史上的长安为核心，以探索中国历史渊源与文明发展的曲折历程为研究对象的独特领域和学科。以世界范围论，以地域为名且为国际学术界所公认的专门学问（学科）是不多的。比较著名的只有埃及学，而类似的希腊古典文明、罗马古典文明等，亦是某个地域引人注目、曾经深刻影响历史发展进程的重要的人类文化遗产，是特定地域优秀传统文化的标志性象征。

从学科属性上说，长安学既是古典的，也是现代的。长安的历史具有极为丰富的内涵，长安学则以独特的视角阐释中华民族优秀文化绵绵不绝的特性，因而不能简单化地以古代或近代等时间尺度加以定义。同时，如前所述，其学术空间边界具有显著的开放性，而不为特定地域所限。所以，我们在"历史起点、当代情怀、世界眼光"的建设原则中，特别重视世界眼光的目标定位。

世界眼光是我们将长安学命名为"国际长安学"的一个重要依据。其原因有二：一是历史上的长安具有世界上其他历史名城少见的国际性。从某种意义上说，长安从来不只是中国的长安，它也属于全世界。作为古都的长安，它曾经具有的以开放包容为特征的精神气质，乃是中华民族对于全世界文明进步的杰出贡献，而其历史的艰难曲折亦为人类发展提供了宝贵的借鉴。二是关于长安的研究从来具有国际性。在漫长的历史中，长安一直是外部世界关注的焦点。人们之所以对于长安有极大的兴趣,有着诸多的理由与原因。其中之一是它作为丝绸之路的东方起点,在东西方文明交往中具有最为突出的表征性。正因如此,并不是只有国人关注长安,它有着世界范围的学术文化吸引力。从某种意义上说,古代地中海沿岸及印欧大陆认识中国这个东方国度,正是从认识长安所在的地域开始,且在一个相当长的时段中,以长安为中心。而近数百年来,关于长安的研究著述不胜枚举,其中相当一部分出自海外人士之手。如此独特的性质与丰富的内涵决定了长安学研究必然要超越长安的空间范围。这个国际性是其原发的、内生的属性,并不是我们刻意赋予。正是基于这种思考,我们在英译"长安学"名称时,没有采用通常的做法将其译为the study of Chang'an,而是译为 Changanology,其用意就是从基础定义起,将其解释为一个内涵丰富且外延性显著的学术空间,而不为特定地域的边界所束缚。

长安学的主体内容当然是关于中国历史的,但它不能离开世界文明整体发展的视角。长安学研究包含了中国历史上政治、经济、社会、文化、民族与宗教信仰、地域关系、国际文化交流等各个方面。所以,长安学是中国史学科中的一个独特领域。它以长安为主题词和核心概念,将中国历史各个阶段和各个门类的研究综合在一起,试图提出关于中国历史发展的一种地域类型学解释。然而,当下学术发展的实际情形是,任何一个学科或专门研究领域,若不重视其外部性联系,将不会具有很强的解释力,即使它自身具有综合性的特征。基于单一的视角或特定区域的理解,不能解释文明发展的多元与多样性。中国地域辽阔,不同地区的发展本就存在着差异,遑论宏大的世界?以全球论,文明与文化发展的道路选择与存在形态具有极为丰富的多样性,所以,在研究长安的同时,也必须研究世界上其他文明之都。提供以长安为基础的具有典型意义的样本,将其同其他文明类型进行比较,必将极大地丰富我们关于世界文明发展的整体认识。在我们看来,长安学的价值只有置于世界文明发展的体系之中,方能得到充分的体现。

正是出于这样的认识,我们对国际长安学研究院的建设前景有一种期许:作为开放的平台,它将为中国以及海外相关专业人士提供共享的学术资料库,特别是创造相互交流的机会,为不同的思想与观点提供讨论的空间。我们特别期待将长安学研究的成果介绍给世界,将海外人士关于长安的研究与评论介绍给国人,也期待了解、学习世界其他地区文明与文化发展中的体验与思考,以在不同认知之间构建桥梁,以增进不同类型文明之间的相互理解与尊重。

目　录

城市经济与社会发展

试论秦汉时期关中的地价……………………………………张维慎 / 003
汉唐长安粮食供应与关中天地人关系………………………王培华 / 014
隋唐长安的市场及其相互关系………………………张永帅　娄韵雅 / 027
唐代长安木材供给模式刍议…………………………………贾志刚 / 036
繁荣兴旺：《太平广记》所见唐都长安的经济意象…………张林君 / 049
唐都长安郊区蔬菜水果种类及分布研究………………………张　斌 / 066
唐中后期市场制度变迁原因探析
　　——以唐长安东、西两市的演变为例……………………芦　蕊 / 081
制度与空间：明清西北城镇体系的多元建构与经济中心的成长
　　——以西安、三原、泾阳为中心的考察……………张　萍　杨　蕊 / 087
西京银行公会与抗战时期国民政府的金融监管………张天政　成　婧 / 106
论陇海铁路对西安城市发展的影响（1934—1949）………胡　勇　琚　婕 / 122

产业经济与城市社会

"浮寄流寓"与唐都城工程建筑业研究之一……………………宁　欣 / 141
论唐代的"行"与城市商业组织
　　——以长安、洛阳为中心……………………………刘啸虎　陈　浙 / 153
论唐代工商业者的"行"
　　——以长安西市为中心………………………………………张　沛 / 162
唐长安西市遗址制骨遗存与制骨手工业………………何岁利　盖旖婷 / 176
唐长安的林木种植经济
　　——从"窦乂种榆"说起……………………………………张天虹 / 198

穆斯林食品文化与唐代长安生活市场的繁荣·················吕变庭 / 209
民国时期古都西安产业空间转型研究·····················任云英 / 219
乳业与城市近代化
　　——以抗战时期西安市为中心的考察···················耿　磊 / 227
近现代西安城市工业格局演变的历史研究（1869—1978）·····魏　琰　杨豪中 / 234

城市群体与市民生活

唐都社会的边缘性群体
　　——对"街肆恶少"的重新审视······················宁　欣 / 251
大唐公主衣食住行之住研究··················郭海文　赵文朵　李　炖 / 268
唐代京畿士族的城市化及其乡里影响
　　——以京兆韦氏、杜氏为例·······················徐　畅 / 297
唐代商人经营收入探微···························吴姚函 / 313
唐代商人类型概说······························冯　敏 / 330
流漫陆离：《太平广记》所见唐都长安社会风俗意象············张林君 / 337
底层民众与城市近代化
　　——以民国西安人力车夫为中心的考察·················郭世强 / 347
民国时期西安居民的饮水问题及其治理···················高升荣 / 357
民国西安的城市公园与都市生活······················程　森 / 370

城市经济与社会发展

试论秦汉时期关中的地价

张维慎

研究秦汉时期的土地价格，涉及关中的土地价格是不可回避的，因为秦汉王朝都定都关中，对于关中自然是要着力经营的。

秦朝末年，土地已可以买卖。《史记》卷一二九《货殖列传》载：

> 宣曲任氏之先，为督道仓吏。秦之败也，豪杰皆争取金玉，而任氏独窖仓粟。楚汉相距荥阳也，民不得耕种，米石至万，而豪杰金玉尽归任氏，任氏以此起富。富人争奢侈，而任氏折节为俭，力田畜。田畜人争取贱贾，任氏独取贵善。[1]

李剑农先生据此认为："意即不惜重价，收取良田良畜。"[2]宣曲为地名，在汉长安城西南。可见，在楚汉战争期间，长安城周围的土地就已被买卖，别人是买贱价的土地和牲畜，而任氏却不惜重价购买良田良畜，只是具体的交易价格不得而知。

学术界对于西汉关中土地价格的探讨，其焦点是京城附近"其贾亩一金"的说法是否真实。对此，学者们分成两派：

一派认为"其贾亩一金"的说法是可信的。如1933年陈啸江先生发表了《西汉底通货单位和物价》[3]一文，文中不仅用7个表格展现了西汉一代的物价情况，而且认为从物价情况可以看出四个问题，其中之一是肥沃土地价格之高涨，是由热烈的土地投资来的。他根据《汉书·东方朔传》《汉书·李广传》以及《史记·货殖列传》的有关记载，认为西汉的地价大多为每亩一万钱。1935年，马非百先生在阅读了《史记》《汉书》的有关记载后，认为汉代亩价一金的田地都在京都，京都为人烟稠密之处，故其价特昂，若在畿外，必颇低贱，那是自不待言的。[4]瞿宣颖先生

---

[1]《史记》卷一二九《货殖列传》，中华书局，1982年，第3280页。
[2] 李剑农：《中国古代经济史稿》，武汉大学出版社，2006年，第212页。
[3] 陈啸江：《西汉底通货单位和物价》，《中山大学文学史研究所月刊》1933年第2期；又收入《西汉社会经济研究》，新生命书局，1936年，第354—366页。
[4] 马非百：《秦汉时期经济史资料（二）：商业》，《食货》1935年第10期。

认为："汉时良田之价，盖每亩金一斤，值钱一万。……普通地价则较贱。"①林剑鸣先生认为，东汉的地价既有"亩价一金"（《后汉书·文苑列传》）的"厥土之膏"的良田，也有"亩价七十"的"恶田"（《九章算术·盈朒篇》），很难据个别特例推断一般地价，大约"顷五十亩，直卅万"之价是正常的。②林先生所谓"亩价一金"的良田，指的是长安附近的地价。张传玺先生认为："长期的土地买卖，自然形成了田地的价格。长安、洛阳一带的良田，一亩约值一万钱（一金）左右，即所谓'厥土之膏，亩价一金'（《后汉书·文苑列传·杜笃传》），西汉、东汉，大致都是如此（参见《汉书·东方朔传》《后汉书·文苑列传·杜笃传》及王符《潜夫论·实边篇》）；一般的田地，亩价多在一千至三千钱之间。"③这里需要指出的是，西汉时洛阳良田的价格并未达到"亩价一金"的水平。林甘泉先生认为汉代中原内郡缺乏灌溉条件、土质较差的土地，亩价一般在千钱以下，低者为三四百钱。特别差的土地，地价仅几十钱。在有水利灌溉条件的地方，地价在1000—2000钱。3000钱一亩的地价，是肥沃之地。有的土地由于商业价值较高，或加上了政治因素，使价格上升。作为用于死后埋葬的坟地，因有特殊意义，亩价也比一般耕地高，平均在千钱以上，风水好的坟地价格过万。随着土地兼并的加剧，东汉地价呈上升趋势，最低的在500—700钱，一般的在1000—3000钱，也有的亩价达4000钱，坟地价高的达12000钱。④黄今言先生认为："西汉时的关中，由于'沃野千里'，土质肥饶，水利灌溉便利，又是秦至西汉的政治、经济、文化中心，人口密集，因而地价高昂。……关中之地，'亩价一金'或许有所夸张，但它反映了田价很高当属无疑。至于内郡的广大地区，虽然有属耕地者，但其地价却比不上关中。"⑤李剑农先生根据《汉书·东方朔传》的相关记载认为："丰镐之地价，……为当时最贵之地价，亦仅值钱十千，则当时货币购买力之大，亦可概见。"⑥侯家驹先生根据《汉书·东方朔传》《汉书·张禹传》的资料，认为张禹所买之田，即在丰镐之间，按照一亩值黄金一斤或一万钱，故其田四百顷，价值当为四万万钱。⑦黄勉堂先生认为："我国自古将田质分为三等九则。从上面表解所反映的汉代地价看，差别相当悬殊。用三等九则来下结论无疑更符合实际。上则田是特等的膏腴沃

---

① 瞿宣颖纂辑：《中国社会史料丛钞》，上海书店，1985年，第306页。
② 林剑鸣：《秦汉史》（下册），上海人民出版社，1989年，第332页。
③ 张传玺：《秦汉问题研究》，北京大学出版社，1995年，第37—38页。
④ 林甘泉主编：《中国经济通史·秦汉》（下），经济日报出版社，2007年，第406页。
⑤ 黄今言：《秦汉商品经济研究》，人民出版社，2005年，第222页。
⑥ 李剑农：《中国古代经济史稿》，武汉大学出版社，2006年，第181页。
⑦ 侯家驹：《中国经济史》（下），新星出版社，2008年，第173页。

土，每亩每町都在10000钱以上，最多有至每町25000钱者。中则田每亩每町在1000钱以上。其中亩值1300、1500、1600、2000、3000、4000钱以上者均有之。下则田每亩每町在1000钱以下，其中为亩值71、100、300、500、750钱者均有之。"①

另一派认为"亩价一金"的说法有文学化倾向。李振宏在《两汉地价初探》一文中对文献中的两汉土地"亩价一金"之说提出疑问，认为文献中的"亩价一金"的记载没有一例是确切的土地交易的记录，存在着明显的文学化倾向。他认为汉代地价一般"亩价二千"，最高价格为亩价三千左右，边郡的价格还要低不少。他还分析了"亩价二三千"的政治经济原因，认为，由于汉代生产力水平低下，地广人稀，耕作粗放，土地价值低微，农工业产品价格悬殊，末利厚而农利少，这些因素降低了土地的使用价值。此外李振宏还将地价与其他产品的价格进行了对比，认为汉代奴隶、牲畜、手工业品的价格都普遍高于地价，而农产品的价格与土地价格的比价关系是正常的。……他认为确定汉代地价的基本依据是土地的丰度，但官僚、贵族地主依靠政治权势强买土地，也不能不对地价产生影响。②

以上两种观点，笔者倾向于前一种观点，并认为黄勉堂先生把土地分为"三等九则"来论述其价格更为合理，因而在论述关中的土地价格时便采用这一方法。

秦汉时期，关中的土地虽号称肥沃，但也是存在差异的。如《史记》卷五三《萧相国世家》载："何置田宅必居穷处，为家不治垣屋。曰：'后世贤，师吾俭；不贤，毋为势家所夺。'"③据此可知，丞相萧何把田宅置办在京城的穷乡，是为子孙打算的，即使后世子孙不贤，田宅也不会为势家所夺。惠帝时，吕太后专权用事，大臣陆贾为了避祸，便称病辞官，把家安在"田地善"的好畤（今陕西乾县）。他把"所使越橐中装"卖了千金，分给五个儿子，每人二百金，"令为生产"④。李剑农先生据此认为："此所谓令为生产，虽未明言置田产，而特择定有善田地之好畤以立家，则为置买田产无疑也。"⑤在汉代，二百金为中人二十家之产。这说明，陆贾给他五个儿子各二百金是不小的数目，同时说明好畤的善田价格也不低，亩价当在千钱以上。武帝时，卓王孙分予文君僮百人，钱百万，文君与相如回成都就可"买田宅为富人"⑥。陆贾虽没有僮分给其五个儿子，但分给每个儿子的钱

---

① 黄勉堂编著：《中国历代物价问题考述》，齐鲁书社，2008年，第127页。
② 李振宏：《两汉地价初探》，《中国史研究》1981年第2期；又收入《历史与思想》，中华书局，2006年。
③ 《史记》卷五三《萧相国世家》，中华书局，1982年，第2019页。
④ 《史记》卷九七《郦生陆贾列传》，中华书局，1982年，第2699页。
⑤ 李剑农：《中国古代经济史稿》，武汉大学出版社，2006年，第211页。
⑥ 《史记》卷一一七《司马相如列传》，中华书局，1982年，第3001页。

财却达二百金,是卓王孙分给其女卓文君钱财的两倍,因而陆贾的五个儿子靠着其父分给的各二百金来"生产"并致富或做富人是没有问题的。

好畤位于长安以西,距京城相对较远,其善田的价格在亩价千钱以上。至于京城陵邑附近的土地价格,自然要高过好畤的良田价格了。汉武帝元狩二年(前121),李广的从弟李蔡"以丞相坐诏赐冢地阳陵当得二十亩,蔡盗取三顷,颇卖得四十余万,又盗取神道外壖地一亩葬其中,当下狱,自杀"①。据此资料:有学者认为,地价每亩1333钱;②也有学者认为"三顷四十余万,一顷十四五万,十亩一万四五千,一亩一千四五百钱"③。笔者认为,前者的数字是按三顷四十万推算的,后者的数字是按三顷四十余万推算的,而地价每亩一千四五百钱比较符合实际。胡宏起以汉武帝时李蔡盗卖阳陵地时的地价为西汉土地的基本价,以王未卿买地券、樊利家买地券所载亩价3000钱左右为东汉土地基本价,并据此得出东汉上腴之地的价格是西汉的2倍多的结论。④李振宏先生以"阳陵狭于泾渭之间,且处于二水汇流之处,又居成国渠末段,论灌溉条件是再优越不过了"为前提,认为阳陵并不次于丰镐之间,地价仅每亩千三百余钱,不能设想还有七倍于它的地价存在。⑤笔者认为,李先生的前提是有问题的。首先,皇帝赐丞相李蔡的土地是冢地,而冢地附近的土地是不需要很好的灌溉条件的;其次,即使阳陵李蔡冢地附近有灌溉条件,但因其地在成国渠末段,也是没有保障的。所以,阳陵的田地,其丰腴程度是不能与丰镐之间相提并论的,故其"一亩一千四五百钱"也就不低了。

罗庆康根据居延新简的资料,认为新简所载长安附近长陵的田地价是居延汉简所记地价"田五顷五万"或"田五十亩直五千"的9—34倍。⑥如果我们按最高比例来换算,则长陵地价每亩不低于3000钱。长陵位于阳陵以西,其灌溉条件和土壤肥沃程度都要比阳陵优越,又是西汉王朝创建者高祖刘邦的陵墓及陵县所在地,故其地价每亩3000钱也就不难理解了。不过,阳陵、长陵的地价,按照黄勉堂先生的分法,属于中则田,显然不是京城最高的地价。京城最高的地价,依照黄勉堂先生的分法,应为上则田,是"特等的膏腴沃土",正如史籍所载:

---

① 《汉书》卷五四《李广传》,中华书局,1962年,第2449页。
② 黄勉堂编著:《中国历代物价问题考述》,齐鲁书社,2008年,第125页。
③ 王仲荦:《金泥玉屑丛考》,中华书局,1998年,第36页。
④ 胡宏起:《汉代的物价问题及其对策》,《江西师范大学学报》(哲学社会科学版)1989年第4期。
⑤ 李振宏:《两汉地价初探》,《中国史研究》1981年第2期。
⑥ 罗庆康:《〈居延新简〉所记的西汉物价研究》,《安徽史学》1994年第2期。

故丰镐之间号为土膏，其贾亩一金。①

杜鄠二县之间田亩一金。②

对于丰镐之间的范围，李振宏先生认为："所谓丰镐之间，不是指狭小的丰水、镐水之间，它是一个较大范围的地区概念。它的大致范围是指终南山以北、渭水以南，西到涝水、鄠厔，东至杜陵、霸水，比孟康说的杜鄠二县之间稍大一些。这南北十里，东西一二百里的地区，有涝水、丰水、潏水、浐水、霸水等五水并流，又加漕渠灌溉之便，实在是富庶之区。"③显然，李先生是把丰镐之间的范围扩大了。我们认为，丰镐之间就是指狭小的丰水、镐水之间，因有漕渠灌溉之利，土壤肥沃，加之西周王朝的都城又曾选在这里，因而在人多地少的情况下，地价上升到"其贾亩一金"也就不难理解了。

东汉时期，随着土地私有制的深化和农业生产的发展，关中与内郡的肥沃原野，高价位的地价比西汉增多。正如史籍所载：

笃以关中表里山河，先帝旧京，不宜改营洛邑，乃上奏《论都赋》曰：……夫雍州本帝皇所以育业，霸王所以衍功，战士角难之场也。《禹贡》所载，厥田惟上。沃野千里，原隰弥望。保殖五谷，桑麻条畅。滨据南山，带以泾渭，号曰陆海，蠢生万类。梗楠檀柘，蔬果成实。畎渎润淤，水泉灌溉，渐泽成川，粳稻陶遂。厥土之膏，亩价一金。④

昔在西京，有鄠杜膏腴之饶，池阳谷口之利，泾渭二川之水，郑国白渠之溉。云雨年成，粪与灌并。亩货一金，号为"陆海"。⑤

中州内郡，规地拓境，不能半边，而口户百万，田亩一金。⑥

祖业良田，亩直一金，推予弟息，辞位让财，行义高昭。⑦

---

① 《汉书》卷六五《东方朔传》，中华书局，1962年，第849页。
② 《汉书》卷九八《元后传》，中华书局，1962年，第4024页。
③ 李振宏：《两汉地价初探》，《中国史研究》1981年第2期。
④ 《后汉书》卷八〇上《文苑列传·杜笃》，中华书局，1965年，第2595、2603页。
⑤ 《太平御览》卷八二一引王朗《上求赈贷民表》，中华书局，1960年，第3658页。
⑥ 〔东汉〕王符：《潜夫论》卷九《实边篇》，上海古籍出版社，1990年，第40页。
⑦ 〔南宋〕洪适：《隶释》卷九《堂邑令费凤碑》，见《钦定四库全书》（第68册），上海古籍出版社，1987年，第552页。

黄今言先生据此认为："此时高价位的地价，比西汉的地域范围扩大了，这是很明显的。有论者认为，这些记载没有土地买卖的确切价格，反映着明显的文学化倾向，因而难以'令人置信'。但是，我们不能由此否定当时'关中'及'中州内郡'地价较高的事实。"①据此可知，东汉时与关中"亩贾一金"之高地价并驾齐驱的是中州内郡，而这里的中州内郡，应重点指东汉王朝的都城洛阳及近郊，这也说明，西汉时因洛阳不是都城而地价最高只能达到亩价3000钱的水平，难以达到京城长安"其贾亩一金"的水平。

西汉时，京城地价能达到"其贾亩一金"的水平，是有多方面原因的。

第一，土地成为被追逐的财富。

秦汉时期，土地之所以成为人们追逐的财富，不仅是因为它可以产生财富，也是因为土地本身可以传给子孙后代。如王翦统率六十万大军灭楚前，再三要求秦始皇赏赐其大量良田，这固然有消除秦始皇猜忌心的意图，但其为子孙打算的想法也溢于言表。

许倬云先生指出，在汉代，"土地被视为最受青睐的财富，大概不仅反映了人们所公认的真理，即土地可以永存不灭，而且还反映了一种实际需要"②。此言不差。一般来说，致富的途径有三："本富""末富""奸富"。"本富"是通过力农达到致富的目的，是秦汉王朝所鼓励和提倡的；"末富"是通过工商活动达到致富的目的，是秦汉王朝所限制和打压的；"奸富"是通过作奸犯科达到致富的目的，是非法的，故不为多数人所取。对于"本富"与"末富"的关系，虽然司马迁说过"用贫求富，农不如工，工不如商"的话，但他也为我们列举了不少"本富"的例子，正如史籍所载：

> 陆地牧马二百蹄，牛蹄角千，千足羊，泽中千足麕，水居千石鱼陂，山居千章之材。安邑千树枣；燕、秦千树栗；蜀、汉、江陵千树橘；淮北、常山以南，河济之间千树萩；陈、夏千亩漆；齐、鲁千亩桑麻；渭川千亩竹；及名国万家之城，带郭千亩亩钟之田，若千亩卮茜，千畦姜韭；此其人皆与千户侯等。然是富给之资也，不窥市井，不行异邑，坐而待收，身有处士之义而取给焉。……是故本富为上，末富次之，奸富最下。③

---

① 黄今言：《秦汉商品经济研究》，人民出版社，2005年，第223页。
② ［美］许倬云：《汉代农业：早期中国农业经济的形成》，程农、张鸣译，江苏人民出版社，2012年，第41页。
③ 《史记》卷一二九《货殖列传》，中华书局，1982年，第3272页。

李剑农先生据此发表了精辟之见，他说："细味此段言词之意，无异于言'土地即富之根本'，但有广大之土地达千亩以上，或陆地，或薮泽，或山居，或水居，或附郭，各依其土宜，经营牧畜、池鱼、林业、果园、谷粟、蔬圃、服物器材等之种植，皆可以'坐而待收'，无须远走他乡市场，营求工商之利，所以土地实为本富之本。司马迁之观念如是，秦汉间大多数人士之观念亦如是，甚至于由秦汉以至于今日，中国大多数人之观念，尚未能大异于是也，因此一切士农工商的活动，最后以取得大量土地而成富为目的。"①读了李先生的解读，秦汉间"土地成为被追逐的财富"也就不难理解了。

第二，长安城周围土地狭小。

刘邦平定黥布叛乱后不久，相国萧何为民请命曰："长安地狭，上林中多空地，弃，愿令民得入田，毋收稿为兽食。"②刘邦大怒曰："相国多受贾人财物，为请吾苑！"乃下萧何廷尉，械系之。过了几天，刘邦派使持节赦免了相国萧何的罪过。通过这件事，我们不仅知道了相国萧何有想让皇帝开放上林苑以便百姓耕种苑中空地的愿望，而且知晓了长安城周围的土地是狭小的。

第三，京城及其周围陵县聚集贵族、官僚、富豪人口众多，购买力强大。

定都关中的秦、汉王朝，为了达到"强干弱枝"的目的，推行徙民"实关中"的政策。经过秦始皇、高祖刘邦、惠帝、文帝、景帝、武帝等的经营，从关东迁来的大量六国贵族之后、吏二千石、高訾富人及豪强兼并之家，以陵县的形式被安置在长安城周边，起着拱卫长安而抵御匈奴的作用。葛剑雄先生指出："强本弱末，徙关东实关中。估计徙入关中的人口总数有三十余万，到西汉末年在关中移民后裔已达一百二十万以上，占三辅总人口的一半。长安—陵县区这一全国人口最稠密地区的形成，完全出于政治原因，是强制性迁移的结果。"③由于秦汉王朝强制徙民关中，导致长安—陵县区成为全国人口最稠密的地区。

长安—陵县区不仅成为全国人口最稠密的地区，而且聚集在这里的贵族、官僚、富豪购买力强大。以贵族为例来说，如武帝姑馆陶公主号窦太主，堂邑侯陈午尚之。陈午死后，年五十而寡居的窦太主，宠幸年轻而面容姣好的董偃。以窦太主的缘故，诸公接纳，名称长安城中，号曰董君。窦太主便让董偃散财交士，令府中曰："董君所发，一日金满百斤，钱满百万，帛满千匹，乃白之。"④作为馆陶公

---

① 李剑农：《中国古代经济史稿》，武汉大学出版社，2006年，第208页。
② 《汉书》卷三九《萧何传》，中华书局，1962页，第2011页。
③ 葛剑雄：《西汉人口地理》，商务印书馆，2014年，第141页。
④ 《汉书》卷六五《东方朔传》，中华书局，1962年，第2853页。

主宠男的董偃，其交士散财的举动令人震惊！作为官僚，他们不仅有固定的俸禄，而且他们中的有功者（或政绩突出者，或德高望重者）还会得到皇帝的赐金，少则二十斤、三十斤、六十斤、百斤不等，多则千斤、五千斤乃至七千斤，这就使一些官吏也积累了大量的财富。由于贵族、官僚拥有大量的财富，他们间的馈赠多用黄金来表示。正如黄今言先生所说："大抵西汉时期，在社会上层凡上下、亲朋之间，为了谢恩、请托，相互间的馈赠常用黄金。"①如吕后时燕王刘泽"用金二百斤为田生寿"②、陈平"以五百金为绛侯寿"③，武帝时卫青"以五百金为王夫人亲寿"④、董偃"以黄金百斤为爱叔寿"⑤，都是贵族官僚交往时以寿金为名的馈赠。

许倬云先生指出："在汉代政治力量垄断利益与权力的情势下，只有政治权力结构中的成员有力量占取利权，而在农业经营为唯一经济形态时，土地成为主要的利权。因此只有帝室亲贵（包括外戚、宠臣与宦寺）与政府官吏能累积资金攫取土地。汉代俸禄颇厚，汉代的中高级官员以其俸余，颇可购置土地。"⑥事实正是如此。如汉初萧何因得关中民心而遭受高祖刘邦的猜忌，便采纳高人的建议，"多买田地，贱贳以自污？"由于萧何是"强贱买民田宅数千人"⑦，结果导致百姓不满，纷纷拦道向皇帝告状。再如武帝时的丞相田蚡非常富有，"治宅甲诸第，田园极膏腴，市买郡县器物相属于道。前堂罗钟鼓，立曲旃；后房妇女以百数。诸奏珍物狗马玩好，不可胜数"⑧。而且他还不满足，"使藉福请婴城南"⑨数顷良田，窦婴不给，结果被田蚡陷害致死。又如张禹富贵后，多买田至四百余顷，"皆泾渭溉灌，极膏腴上贾"⑩。所谓"极膏腴上贾"，也就是当时最高价位"其贾亩一金"的特等善田。

随着汉初70年间人口的自然增长⑪与汉政府徙民"实关中"政策的推行，关中人

---

① 黄今言：《秦汉商品经济研究》，人民出版社，1985年，第303页。
② 《汉书》卷三五《燕王刘泽传》，中华书局，1962年，第1900页。
③ 《汉书》卷四三《陆贾传》，中华书局，1962年，第2115页。
④ 《汉书》卷五五《霍去病传》，中华书局，1962年，第2478—2479页。
⑤ 《汉书》卷六五《东方朔传》，中华书局，1962年，第2853页。
⑥ [美]许倬云：《秦汉知识分子》，见《求古编》，新星出版社，2006年，第359—383页。
⑦ 《汉书》卷三九《萧何传》，中华书局，1962年，第2010、2011页。
⑧ 《汉书》卷五二《田蚡传》，中华书局，1962年，第2380页。
⑨ 《汉书》卷五二《田蚡传》，中华书局，1962年，第2386页。
⑩ 《汉书》卷八一《张禹传》，中华书局，1962年，第3349页。
⑪ 《汉书》卷二四《食货志》："至武帝之初七十年间，国家亡事，非遇水旱，则民人给家足，都鄙廪庾尽满，而府库余财。"《汉书》卷二三《刑法志》："吏安其官，民乐其业，蓄积岁增，户口浸息"。

口激增，至武帝初达到高峰，形成了"长安诸陵四方，辐凑并至而会，地小人众"①的局面，加之"地小人众"中的"人众"多是聚集京师及周边陵县的贵族、官僚及富豪，他们购买力强大，因而导致土地价格上升到"亩一金"了。②

第四，"一金"兑换铜钱的数量在5500—10000钱间波动。

有学者认为："汉时凡不言黄金若干斤而但言若干金者，即每金折钱一万也。"③这里所谓汉时"每金折钱一万"的固定比价，显然是不可取的，也是不符合当时实际情况的。石俊志先生指出："秦、汉初期，黄金货币单位有二，一曰'溢'；一曰'斤'。但其称谓却有三：'溢''斤'和'金'。……秦时，一金为一'溢'；汉初期，一金为一'斤'。"④据此可知，汉代的"一金"也就是"金一斤"。

在西汉社会生活中，如果是普通的黄金消费，必须先把黄金兑换成铜钱，那么，黄金与铜钱的法定比价如何呢？《汉书·食货志》载："黄金重一斤，直钱万。"⑤许多学者认为，"黄金重一斤，直钱万"只是汉末王莽时的法定比价，而不是西汉通行的法定比价。

讨论西汉时期黄金与铜钱的法定比价时，学者们爱用《九章算术》中的两条材料。如《九章算术·均输章》第15题：

> 今有人持金十二斤出关。关税之，十分而取一。今关取金二斤，偿钱五千。问金一斤值钱几何？答曰：六千二百五十。⑥

又如《九章算术·盈不足章》第5题：

> 今有共买金，人出四百，盈三千四百；人出三百，盈一百。问人数、金价各几何？答曰：三十三人，金价九千八百。⑦

两题对黄金使用了不同的计量单位，一是"金一斤"值6250钱，一是"金"价9800钱。对此，学者们有不同的解释。瓯燕先生认为："《九章算术》卷六、卷七所云，金一斤值钱'六千二百五十'或'金价九千八百'不足为凭。因《九章算术》是算术教科书，它为演算需要设计。犹如今之算术课本，不要求题目内

---

① 《史记》卷一二九《货殖列传》，中华书局，1982年，第3261页。
② 薛平拴：《陕西历史人口地理》，人民出版社，2001年，第221页。
③ 瞿宣颖纂辑：《中国社会史料丛钞》，上海书店，1985年，第205页。
④ 石俊志：《中国货币法制史概论》，中国金融出版社，2012年，第121页。
⑤ 《汉书》卷二四下《食货志》，中华书局，1962年，第1178页。
⑥ 郭书春译注：《九章算术》，辽宁教育出版社，1998年，第359页。
⑦ 郭书春译注：《九章算术》，辽宁教育出版社，1998年，第381页。

容与市场紧密挂钩,所以可供参考,而不可过分认真。"①《九章算术》两例题中金价有差别,瓯燕先生说"为演算需要设计"是有道理的,"可供参考,而不可过分认真"的结论是严谨的。钱剑夫先生认为,《九章算术》两例题中金价的差别,原因在于黄金价格的波动:"一斤黄金值万钱,当为西汉王朝法定的比价。但亦根据实际情况时有涨落。所以,有时黄金一斤值九千八百钱,和万钱极近;有时只值六千二百五十钱,较法定比价要低百分之三十。"②我们完全赞同钱先生的观点,即金一斤值8000钱。居延新简EPT57·1又载:"□期会,皆坐办其官事不办,论罚金各四两,直二千五百。"③居延汉简227·13载:"罚金二两直千。"④即金一斤值10000钱。丁邦友先生据《九章算术》《汉书·食货志》和这两条竹简材料认为:"这几例金价记录中,除了《九章算术·均输章》所载金一斤值6250钱的价格稍低外,其他几条材料所记载的金价均在金一斤值6000—10000钱之间,又以每斤8000—10000钱较多见。因而,《轻重甲》所记'金之平贾万'也当是西汉中后期或王莽时期的金价。"⑤他的结论是可信的。

《张家山汉墓竹简·算数书·金贾(价)》载:"金贾(价)两三百一十五钱,今有一朱(铢),问得钱几何。曰:得十三钱八分[钱]一。"⑥既然金价一两值315钱,那么,一斤应值5040钱。石俊志先生据此认为:"问题设计基本是根据半万一斤的概念而来。张家山汉墓竹简的成文时间在高皇后二年(前186)。因此,《算数书》中的物价应是西汉初期的物价。西汉初期物价波动较大,但是铜钱与黄金皆是金属货币,两者之间应有相对稳定的比例关系。半万一斤说明,黄金从'溢'改为'斤',是实现了较大幅度的减重。"⑦

通过阐述可知:西汉时期,黄金与铜钱的法定比价并不是固定不变的,而是波动的。汉初,黄金一斤值5040钱;稍后,黄金一斤值6250钱;汉代中期及以后,黄金一斤分别值8000钱、9800钱、10000钱。前述汉初以钱代金来交罚金是根据二千石官治所县十月金平价折算的,就充分说明了黄金与铜钱的法定比价具有波动性(各

---

① 瓯燕:《试论秦汉黄金为上"币"》,《货币史研究》1989年第3期。
② 钱剑夫:《秦汉货币史稿》,湖北人民出版社,1986年,第92页。
③ 甘肃省文物考古研究所、甘肃省博物馆、中国文物研究所等编:《居延新简——甲渠候官》(上册),中华书局,1994年,第147页。
④ 谢桂华、李均明、朱国照:《居延汉简释文合校》(上册),文物出版社,1987年,第366页。
⑤ 丁邦友:《汉代物价新探》,中国社会科学出版社,2009年,第72页。
⑥ 张家山二四七号汉墓竹简整理小组编:《张家山汉墓竹简〔二四七号汉墓〕》,文物出版社,2001年,第255页。
⑦ 石俊志:《中国货币法制史概论》,中国金融出版社,2012年,第133页。

地区金价不同，每年金价也不同）。

综上所述，秦汉时期，尤其是西汉时期，关中的土地：距京城较远的好畤、善田是每亩千钱；京师周边，阳陵地价每亩一千四五百钱，长陵地价每亩不低于3000钱，这些土地都属于中则田；丰镐之间"其贾亩一金"的极膏腴沃土则属于上则田。而到东汉时，洛阳及近郊之善田才达到了"田亩一金"的水平。京师长安及周边土地形成"其贾亩一金"的原因有四：一是土地成为被追逐的财富；二是长安城周围土地狭小；三是京城及其周围陵县聚集贵族、官僚、富豪人口众多，购买力强大；四是"一金"兑换铜钱的数量不是固定的10000钱，而是在5500—10000钱间波动。

原载《中国古都研究》（第29辑），三秦出版社，2015年

（张维慎，陕西历史博物馆研究馆员）

汉唐长安粮食供应与关中天地人关系

王培华

秦汉时兴修的郑白渠,是关中泾水流域著名的水利灌溉工程。自战国至明代,关中盆地一直享有"天府"及"天府之国"的美誉。[①]刘敬说关中是"美膏腴之地"。司马迁认为关中财富居天下十之六。《汉书·沟洫志》有郑白渠"衣食京师亿万之口"的歌谣,班固《两都赋》又有"郑白之沃衣食之源"的说法。张衡《西京赋》盛赞关中"地沃野丰,百物殷阜"。郑白渠"衣食京师亿万之口"的说法,在历史上流传了2000多年。多种史书、地理书、农书、类书、诗歌总集、经书,都征引过这句话。元明清时五六十位江南籍官员,提出发展华北、西北水利以就近解决京师粮食供应的主张,其历史根据就是汉唐京师长安的粮食供应依赖关中,无须海运漕运东南粮食。古往今来,人们深信"泾水一石其泥数斗"和"衣食京师亿万之口"。郑白渠果真"衣食京师亿万之口"吗?如果不是,汉唐大一统皇朝首都长安的粮食来自何方?关中为什么不能提供足够的粮食?这里的天地人关系发生了什么变化?这个问题给我们什么启示?这些都是值得思考的问题。

在中国历史上,汉唐京师长安的粮食供应是一个非常重要的问题,当时君臣曾致力于解决这个问题。在今天,这仍然是一个比较重要的学术问题。20世纪以来,学者们从漕运仓储、官禄民食、生计生产、供需商贸等相关角度探讨了这个问题。30年来,更有学者专门研究汉唐长安的粮食供应问题。对于长安粮食的来源,学者们提出了三种意见:一种意见认为,长安粮食依赖东南漕运;另一种意见认为长安粮食依赖关中;[②]再一种意见认为长安粮食供应,因人口、时间等因素而异。[③]粮食问题,不仅是一个经济问题,而且是一个政治问题,还是一个与自然环境变化有关

[①] 王双怀:《中国历史上的"天府之国"》,《陕西师范大学学报》(哲学社会科学版)2008年第4期。

[②] 王永太:《西汉建都关中与粮食供应》,《浙江学刊》1986年第6期。

[③] 王朝中:《唐朝漕粮定量分析:兼论粮食问题同唐中央政权盛衰关系》,《中国史研究》1988年第3期。

的问题。①因此，围绕汉唐京师长安的粮食问题，还要做大量深入细致的研究工作。本文将从关中天地人关系的消长角度，来探讨汉唐京师长安的粮食供应问题。

一、汉唐京师长安的粮食供应

汉唐时京师长安的粮食供应，并不完全依赖关中，而是部分地依赖东南漕运。东南指函谷关以东的山西、河南和江淮地区。汉初，"漕转山东粟，以给中都官，岁不过数十万石"②。汉武帝初期，"漕从山东西，岁百余万石"③。这主要是由于漕运经砥柱之限，以及渭水水道曲折，加上封冻和水量不足，一年中只可通航6个月。元光六年（前129）开始修漕直渠，漕运里程减少600里，漕运较为便利。此后，"岁漕关东谷四百万斛以给京师"④成为汉家制度。再后来，"山东漕益岁六百万石，一岁之中，太仓、甘泉仓满。边余谷诸物均输帛五百万匹"⑤。山东粟、关东谷，指河南、山西之粮食。漕粮使"京师……太仓之粟陈陈相因，充溢露积于外，至腐败不可食"⑥。司马迁关于京师富庶的描述，给人留下了多么美好的印象。但是有谁知道，对于汉朝京师的富庶，关东做出了巨大的贡献。

唐初，漕运规模不大。贞观、永徽之际，长安主要依赖关中，每年从山东（崤山以东）转运至关中者不过一二十万石。开元初，每年约运10万石。开元二十二年至二十五年（734—737），3年才运70万石。天宝中，每年约运250万石⑦，京师依赖江淮漕运。只要藩镇隔绝，"南北漕引皆绝，京师大恐"。德宗贞元初（785），"太仓供天子六宫膳不及十日，禁中不能酿酒"。于是增江淮之运，从浙江东西道、江西、湖广、鄂岳、福建、岭南，共运米30万石，江西节度使韩滉、淮南节度使杜亚，运至东西渭桥仓。"岁终宰相计课最"⑧。贞元二年（786）四月，关中仓廪皆竭，禁军激愤，险些酿成兵变，当韩滉运米30万石至陕时，德宗得知后"遽至东宫，谓太子曰：'米已至陕，吾父子得生矣'"⑨。漕运粮解决了皇室和禁军卫士的粮食供应，缓解了可能发生的禁军事变。可见东南漕运对汉隋唐京师长安的重要。

---

① 蓝勇：《从天地生综合角度看中华文明东移南迁的原因》，《学术研究》1995年第6期。
② 《史记》，中华书局，1982年，第1418页。
③ 《史记》，中华书局，1982年，第1410页。
④ 《汉书》，中华书局，1962年，第1141页。
⑤ 《史记》，中华书局，1982年，第1441页。
⑥ 《史记》，中华书局，1982年，第1420页。
⑦ 王朝中：《唐代安史乱后漕粮年运量骤降原因初探》，《中国社会经济史研究》1984年第3期。
⑧ 《新唐书》，中华书局，1975年，第1369页。
⑨ 《资治通鉴》，中华书局，1956年，第7469页。

当时许多人都认识到东南漕粮对长安的重要。萧颖士说："兵食所资在东南。"①白居易说："夫都畿者，……利称近蜀之饶，犹未能足其用；虽田有上腴之利，犹不得充其费。……故国家岁漕东南之粟以给焉，时发中都之廪以赈焉。所以赡关中之人，均天下之食，而古今不易之制也。"②德宗时，刘晏说，江淮、潇湘、洞庭、衡阳、桂阳漕船，"西指长安。三秦之人，待此而饱；六军之众，待此而强"③。不仅使"天子无侧席之忧，都人见泛舟之役；四方旅拒者可以破胆，三河流离者于兹请命"④，而且"舟车既通，商贾往来，百货杂集，航海梯山，渐进贞观、永徽之盛"⑤。宪宗敕书："军国费用，取资江淮。"⑥权德舆说："赋取所资，漕挽所出，军国大计，仰于江淮。"⑦宣宗制书："禹贡九州，淮海为大，幅员八郡，井赋甚殷，……通彼漕运，京师赖之。"⑧这说明唐代君臣都认识到，江淮漕运对京师粮价稳定，以及政治经济的重要作用。晚唐皮日休《汴河怀古》云："尽道隋亡为此河，至今千里赖通波。若无水殿龙舟事，共禹论功不下多。""隋之疏淇汴，凿太行，在隋之民不胜其害也，在唐之民不胜其利也。今自九河外，复有淇汴，北通涿郡之渔商，南运江都之转输，其为利也博哉！……天假暴隋，成我大利哉，……在隋则害，在唐则利。"⑨隋开运河为隋民之害、唐朝之利，宋张洎、明丘浚的评论，大要不出其范围。

二、长安纯消费性人口的增长

为什么汉唐需要漕运东南粮食接济长安？这完全取决于关中天地人关系的消长。传统观点认为户口多则国家强盛。但是，纯消费性人口的增长，即长安皇室、京官、禁军、士人等多种消费人口的增长，需要消耗大量粮食。他们是东南漕粮的直接受益者和消耗者。京师纯消费性人口的增加，而关中生产投入的不足、国有土地数量减少（水利灌溉面积减少）和劳动力数量不足，是造成汉唐京师长安粮食供应依赖东南漕运的重要因素。古人常说，地小人众、人胜于地、生之者少食之众，

---

① 《新唐书》，中华书局，1975年，第5769页。
② 李季平主编：《全唐文政治经济资料汇编》，三秦出版社，1992年，第434页。
③ 《旧唐书》，中华书局，1975年，第3512页。
④ 《旧唐书》，中华书局，1975年，第3512页。
⑤ 《全唐文》，中华书局，1959年，第3763页。
⑥ 《全唐文》，中华书局，1959年，第677页。
⑦ 《全唐文》，中华书局，1959年，第4962页。
⑧ 《全唐文》，中华书局，1959年，第7928页。
⑨ 《全唐书》，中华书局，1960年，第7099页。

并非老生常谈,而是反映了人们对粮食问题的忧患意识。

(1)京师皇室及服务人口众多。汉武帝时,司马迁就感受到了长安人口对土地的压力。《史记》卷一二九《货殖列传》称长安"四方辐凑,并至而会,地小人众",是当时三个地小人众的地区之一。《汉书·地理志》记汉平帝元始二年(2)京兆人口就达到68万多,人口密度为95人/平方公里。[①]长安县的人口已达到8万余户,24万口。西晋时关中人口百余万。[②]唐长安人口约70万[③],其中,唐皇室宗室人口至少在3万人,开元、天宝中,宦官5000—10000人,宫女约5万人,官奴婢有3万人,工匠乐户3万—4万人。[④]总之,皇室及其服务人口大约15万。

(2)京师官员人数增加。官员中,有京官(内官)和外官之分;胥吏中,有京师胥吏和外地胥吏之别。京官(内官),指京师帝王之官。内职掌,指为帝王及其家属服务的人员。职掌,指胥吏。京官和京吏之俸禄和粮料,由太仓支给。据《通典·职官典》载,西汉哀帝(前6—前2)时全国有官吏130285员,唐开元二十五年(737)全国有官吏368668员,70年间,唐比汉增加了近3倍。西汉京师官吏数,史书不载。东汉(25—220)有京官1055员、京吏14225员;唐贞观六年(632)有京官640多员;而在开元二十五年京官有2620员、京吏有35107员。50年间,唐比汉增加了2.46倍。100年间,开元比贞观增加了4倍。官员人数的增加,意味着禄米、职分田等的增加。唐京官有禄米、俸料、职分田、公廨田。京官,禄米自700石至52石不等,外官禄米减京官一等。京官禄米,以太仓之粟充之。京官禄米一年50余万石。京官俸料,包括月俸钱、食料、杂用、课钱四部分,分别指官员购买粮食以外的生活必需品补助、工作餐和个人生活补助、自备工作所需物品补助、护卫和庶仆代役使钱之补助。[⑤]上述四项,后合并为一种俸料供给。京官及外官,都有职分田和公廨田。京官及文武职事各职分田,自12顷至2顷不等,并去京城百里内给。京兆、河南府及京县官人职分田,京城百里外给。京官公廨田,自26顷至2顷不等。自大历(766)以来"关中匮竭,时物腾贵,内官不给。乃减外官职田三分之一,以给京官俸。每岁通计,文武正员、员外官及内侍省、闲厩、五坊、南北衙宿卫并教坊内人家粮等,凡给米七十万石"[⑥]。

[①] 葛剑雄:《西汉人口地理》,人民出版社,1986年,第96页。
[②] 《晋书》卷五六《江统传》,人民出版社,1959年,第96页。
[③] 王社教:《论唐都长安的人口数量》,见史念海主编:《汉唐长安与关中平原》,陕西师范大学出版社,1999年。
[④] 薛平拴:《陕西历史人口地理》,人民出版社,2001年,第102—119页。
[⑤] 黄惠贤、陈锋主编:《中国俸禄制度史》,武汉大学出版社,1996年,第181—189页。
[⑥] 〔唐〕杜佑:《通典》卷三五《职官典十七》,中华书局,1988年,第792页。

汉唐京官禄米取给太仓，是漕粮支出的大宗。汉官品级，以俸禄粮石数为名，如二千石、中二千石等。唐德宗建中年间（780—783）杜佑上奏："当开元天宝之中，四方无虞，百姓全实。大凡编户九百余万，吏员虽众，经用虽繁，人有力余，帑藏丰溢，纵或枉费，不足为忧。今兵革未宁，黎庶凋瘵。数年前，天下籍账到省百三十余万户。自圣上御极，分命使臣，按地收敛，土户与客户共计得三百余万，比天宝才三分之一，就中浮寄乃五分有二。出租赋者减耗若此，食租赋者岂非可仍旧。"①官员数量的增加，而交纳租赋者的减少，是当时主要的政治经济问题，影响到京师长安的粮食供应，引起经国大臣的忧虑。

（3）京师军队人数众多。武德年间，禁军约3万人。开元二十六年（738）北门禁军约3万人。自开元至天宝，驻守京师的宿卫兵约10万人，其中北门禁军3万，长从宿卫66000人，加上驻守同州、华州、岐州等军队，约12万人。②唐前期府兵自办衣粮，而募兵则由国家供养。如按《汉书·食货志》"食，人月一石半"计，则12万军士，一年至少需要200万石军粮，而不包括马料在内。天宝中，度支岁计，粟则2500余万石，其中300万折绢布入两京库，300万石回充米斗供尚食及诸司官厨等料并入京仓，400万石江淮回造米转入京，充京官禄米及诸司粮料，500万石留当州官禄及递粮，1000万石诸道节度使军粮及贮当州仓。③长安的皇宫尚食、京官禄米及折色占1000万石，各地节度使军粮约1000万石。建中二年（781）沈既济上疏："臣尝计天下财赋耗斁之大者，唯二事焉，最多者兵资，次多者官俸，其余杂费，十不当二事之一，所以黎人重困，杼轴犹空。"④吕祖谦说："大抵这两事，常相为消长，兵与漕运常相关。所谓宗庙、社稷之类，十分不费一分；所费广者，全在用兵。所谓漕运，全视兵多少。""唐太宗以前，府兵之制未坏，……未尽仰给大农，所以唐高祖、太宗运粟于关中不过十万。后来，明皇府兵之法渐坏，（募）兵渐多，所以漕粟自此多。……唐中、睿以后，府兵之法坏，聚兵既多，所以漕运不得不详矣。"⑤汉唐长安漕运的增加，与禄米、军粮有直接关系。

（4）京师士人太多。读书人口增加，是使京师粮食消费增加、物价上涨的重要因素。隋官制，对唐乃至对中国后期皇朝影响甚巨。在影响京师长安粮食供应问题上，有两点值得注意：第一，隋废除九品中正制，举行科举考试，读书人要到

---

① 〔唐〕杜佑：《通典》卷四〇《职官典二十二》，中华书局，1988年，第1108页。
② 薛平拴：《陕西历史人口地理》，人民出版社，2001年，第118—119页。
③ 参见《通典》卷六《食货典六》。
④ 《旧唐书》，中华书局，1975年，第4037页。
⑤ 〔元〕马端临：《文献通考》卷二五《国用考三》，中华书局，1986，第753页。

京师参加科举考试。第二，隋官员任命考核权归吏部，所有官员都要到京师等待铨选。这两种人聚集到京师，影响到京师的粮食供应和物价平稳。当时官员曾论及于此。开元三年（715）张九龄上疏说："每岁选者动以万计，京师米物为之空虚。"①开元十七年（729）国子祭酒杨瑒说："每年应举常有千数，及第两监不过一二十人。臣恐三千学徒，虚费官廪；两监博士，滥縻天禄。"②玄宗开元后期，洋州刺史赵匡上奏论科举弊端，第九条提到"官司运江、淮之储，计五费其四，乃达京邑，刍薪之贵，又十倍四方。而举选之人，每年攒会，计其人畜，盖将数万，无成而归，徒令关中烦耗，其弊九也"③。这些人消耗了长安来之不易的江淮漕运米。德宗时，礼部员外郎沈既济上奏论科举弊端，提出"当今天下凋敝之本，实为士人太多"的观点。他说："自隋罢外选，招天下之人聚于京师，春还秋往，鸟聚云合，穷关中地力之产，奉四方游食之资，是以筋力尽于漕运，薪粒方于桂玉，由是斯人索我京邑。""当今天下凋敝之本，实为士人太多。何者？凡士人之家，皆不耕而食，不织而衣，使下奉其上不足故也。大率一家有养百口者，有养十口者，多少通计，一家不减二十人，万家约有二十万口。"他主张，如果10000人在当地参加科举考试，则"我减浮食之口二十万，彼加浮食之人二十万；则我弊益减，而彼人益困"④。减少浮食人口，可以稳定京师物价。洋州是天宝之乱后江淮漕运自汉水达洋州以输于扶风的必经之地，洋州刺史赵匡亲历督漕艰难；礼部官员职掌贡举之政令，礼部员外郎沈既济亲见京师贡举人数之多，亲历职事之繁。因此他们关于唐德宗时期京师物价昂贵、漕粮运输艰难、粮食消费繁重的认识，反映了实际情况。杜佑又探究了官制和科举弊端产生的根由，乃是唐代州郡县数量增多，选官途径增多，选官权悉归吏部。秦代列郡40，两汉郡国百余，唐朝则有350郡。郡县增加，必然增加官员数量。"按秦法，农与战始得入官。汉有孝悌、力田、贤良、方正之科，乃时令征辟；而常岁郡国率二十万口贡止一人，约计当时推荐，天下才过百数……开元、天宝之中，一岁贡举，凡有数千；而门资、武功、艺术、胥吏，众名杂目，……比于汉代，且增数十百倍。安得不重设吏职"。自隋文帝开始，"内外一命，悉归吏曹，……则执政参吏部之职，吏部总州郡之权"，到京师参加诠选官员的数量必然增加。杜佑建议"俾士寡而农工商众，始可以省吏员，始可以

---

① 〔唐〕杜佑：《通典》卷一七《选举典五》，中华书局，1988年，第414页。
② 〔唐〕杜佑：《通典》卷一七《选举典五》，中华书局，1988年，第415页。
③ 〔唐〕杜佑：《通典》卷一七《选举典五》，中华书局，1988年，第420页。
④ 〔唐〕杜佑：《通典》卷一八《选举典六》，中华书局，1988年，第445、449—450页。

安黎庶"①。

（5）京师佛道人口增多。唐长安佛寺众多，韦述在开元年间统计，长安有佛寺64所、尼寺27所，共计91所。徐松《唐两京城坊考》记载长安有佛寺81所、尼寺28所，共计109所。长安附近及秦岭山上还有许多佛寺，估计天宝时长安及其附近地区的佛寺在130—150所。如果按照每寺200人计，则长安及其附近地区的僧尼26000—30000人。长安城内共有道观30所，如果按照每所道观50人计，则有道士女冠1500人左右。②寺院道观占有大量土地及其地租收入。寺院道观占地，会减少关中纳粮地亩。杜佑指出关中粮食消费增多，是由于"仕宦之途猥多，道释之教渐起，浮华浸盛，末业日滋"等社会因素。③

总之，盛唐时，长安人口约70万，其中依赖国家供给粮食的人口约32万，包括皇室及服务人员15万，京官和京吏37727，禁军和附近驻军12万，到京师参加选官和科举者最高1万等四种人口。如按每人年需18石计④，长安依赖国家供给的30余万人口，需粮食580万石左右。⑤

三、关中水利田和劳动人口投入的不足

关中郑白渠两岸农田，一年是否能提供580万石左右的粮食？土地，作为自然环境要素，指土壤、水系、动植物和气候等；作为生产要素，指耕地。关中生产投入不足，使其不能生产更多粮食。生产投入不足，指水利田面积的减少和劳动力人口的不足；人口减少，指关中向国家纳粮的农业劳动力（课户课口）的减少。在劳动人口素质、生产工具和技术水平不变时，耕地数量和劳动力数量投入的增加，是生产发展的关键因素。耕地和纳粮户口，才是统一皇朝发展的地理和物质基础。与消费人口的增加相反，关中土地生产能力不足、民田不足、水田减少，农业劳动力分散。

（1）耕地总量变动不多，但是关中为国家纳粮的土地面积减少。当秦孝公（前361—前338）用商鞅变法时，关中地多人少，三晋人多地少，关中是吸引三晋的宽乡。宽乡指土地充足农户受田多，狭乡指土地不足农户受田少。到北朝和隋唐时

---

① 〔唐〕杜佑：《通典》卷一八《选举典六》，中华书局，1988年，第455—456页。
② 薛平拴：《陕西历史人口地理》，人民出版社，2001年，第116—119页。
③ 〔唐〕杜佑：《通典》卷一七四《州郡四》，中华书局，1988年，第4563页。
④ 参见《汉书》卷二四《食货志上》。
⑤ 此处的估算是否保守，《晋书》卷五六《江统传》载其《徙戎论》说："关中之人百余万口，率其少多，戎狄居半。"如发生水旱，倾关中之谷来救济，亦无济于事。不如徙戎，使其自相赡养，"秦地之人得其半谷"。半谷，指每人每年需9石。

1000年间，关中人地关系发生了根本性变化，由地广人稀变成地少人众，由宽乡变成狭乡。为什么关中水利田面积会减少？大致有两方面因素：

一方面，王侯之家（食封之家）数量增加，使水利田面积和农户减少。分封，就是允许王侯之家直接占有大量耕地及其民户，自收租税。这必然减少国家的纳粮户和租税收入。据《史记》载，汉初王侯百余人，王侯占地大者或五六郡，连城数十。王侯土地多在东南，朝廷只有三河、东郡、颍川、南阳，自江陵以西至蜀北，自云中至陇西与内史，共15郡，而公主列侯食邑还在其中。因此，汉初每年从关东漕运以供给京师不过数十万石，原因是京师官员数量少、朝廷领有郡县少。汉武帝削弱诸侯王，名山陂海尽归朝廷，汉郡八九十；诸侯国大者不过十余城，小者不过数十里。汉武帝、宣帝时每年漕运东南400万至600万石粮食到京师。武、宣以后，诸侯王削弱，方尽输天下之粟。汉之东南漕运，至此始详。① 唐封爵九等，虽无其土，加实封者受国家租庸。据《通典》记，自武德至天宝，实封者百余家。封家食邑，遍据天下膏腴美地。到中宗景龙（704—710）时，"恩幸食邑者众，封户凡五十四州，皆据天下上腴。一封分食数州，随土所宜，牟取利入。至安乐、太平公主，率取高资多丁家"② 于是韦嗣立上书论封户之费："食封之家，其数甚众。昨问户部，云用六十余万丁；一丁绢两匹，凡百二十余万匹。臣顷在太府，每岁庸绢，多不过百万，少则六七十万匹，比之封家，所入殊少。……国初，功臣食封者不过三二十家。今以恩泽食封者乃逾百数；国家租赋，大半私门。私门有余，徒益奢侈，公家不足，坐致忧危。"③ 自至德二年（757）至大历三年（768），食实封者215家，则大历时比唐初，即150年间增加了七八倍，凡食44860户。自至德元年至大历三年，封异姓为王者，凡112人。④10来年，封家增加了2倍多。封家增加，向封家交纳租粮的农户增加，而国家的纳粮户减少，赋税收入减少。因此，监察御史宋务光建议，禁止封家自征租税，一切附租庸输送。韦嗣立建议纳粮户交纳租庸后，"封家诣左藏仰给，禁止自征，以息重困"⑤。直到开元时才规定："凡诸王及公主以下所食封邑，皆以课户充，州县与国官、邑官，共执文账，准其户数，收其租调，均为三分，其一入官，其二入国。公所食邑则全给焉。二十年五月敕：'诸食邑实封，并以三丁为限，不须一分入官。其物仍令封随庸调送入京。'"⑥封邑遍及

---

① 〔元〕马端临：《文献通考》卷二五《国用考三》，中华书局，1986年，第752页。
② 《新唐书》，中华书局，1975年，第4231页。
③ 《资治通鉴》，中华书局，1956年，第6634页。
④ 参见《通典》卷一九《职官典一》。
⑤ 《新唐书》，中华书局，1975年，第4232页。
⑥ 〔唐〕杜佑：《通典》卷三一《职官典十三》，中华书局，1988年，第871页。

全国，但关中封邑数量无疑会占很多，直接占有了国家的租庸调收入。

另一方面，隋唐京官的职分田、公廨田、赐田多在京城百里内外，减少了关中纳粮土地和农户，从而减少了关中的土地生产能力和国家收入。隋朝开皇初（589），苏威认为京师"户口滋多，民田不赡。欲减功臣之地以给民"。但王谊说："正恐朝臣功德不建，何患人田有不足？"①功臣土地多，而民田不赡。关中及三河，民田不足尤甚。开皇十二年（592）"时天下户口岁增，京辅及三河，地少而人众，衣食不给。议者咸欲徙就宽乡。其年冬，帝命诸州考使议之，又令尚书，以其事策问四方贡士，竟无长算。帝乃发使四出，均天下之田，其狭乡，每丁才至二十亩，老小又少焉"②。关中成为著名的狭乡，也是人口密度最高的地区之一。③另外，佛道寺院占地甚多。狄仁杰说："膏腴美业，倍取其多；水碾庄园，数亦非少。"④加之长安皇宫、王府、官邸、旅舍、民用和商业建设也在增加。

以上诸多因素，都使关中耕地减少。

（2）权势之家占有耕地，势必占有水利资源，关中郑白渠灌溉面积减少。唐朝重视水利事业，盛唐时关内道水利工程9项，次于河北道和河南道。⑤关中水利工程，大半因汉魏之旧，但是在工程数量、新辟水源和营建技术上都超过了前代。同州自龙门引黄河溉田6000余顷，朝邑、河西引洛水和黄河水灌田，水利工程向渭河南岸扩展。⑥但是郑白渠的灌溉面积减少了。秦汉时郑白渠灌溉面积达40000余顷。唐朝权势之家多在泾河渠道两岸设置水磨牟利，使水量减少，灌溉面积减少。高宗永徽六年（655），雍州长史长孙祥奏说："往日郑白渠溉田四万余顷，今为富僧大贾，竞造碾硙，止溉一万许顷"⑦。在高宗、玄宗、代宗、宪宗时代，王公权要之家以水碾阻断水流妨碍民田的情况非常严重，京兆府的官员不止一次地依法撤去私碾，但是不久就恢复如旧。"至大历（766—779）中，水田才得六千二百余顷。"⑧《全唐文》卷六〇九《高陵令刘君遗爱碑》记，自大历到宝历（825—827）60年间，上游泾阳县权势之家阻断水流，影响了下游高陵县灌溉。要之，围绕郑白渠水利所进

---

① 《隋书》，中华书局，1973年，第1169页。
② 《隋书》，中华书局，1973年，第682页。
③ 薛平拴：《陕西历史人口地理》，人民出版社，2001年，第233页。
④ 《旧唐书》，中华书局，1975年，第2893页。
⑤ 王双怀：《中国历史上的天府之国》，《陕西师范大学学报》（哲学社会科学版）2008年第4期。
⑥ 王永太：《西汉建都关中与粮食供应》，《浙江学刊》1986年第6期。
⑦ 〔唐〕李吉甫：《元和郡县图志》，中华书局，1983年，第11页。
⑧ 〔唐〕杜佑：《通典》卷二《食货典二》，中华书局，1988年，第39页。

行的水磨和灌溉之争,实际是豪强争夺国家的利益,郑白渠的灌溉能力大大缩减了。

（3）劳动力投入不足,关中社会总人口中,从事农业劳动的人口减少。唐朝京师各种消费性人口增长,而为国家纳税的农业生产力人口减少了,中唐以后情况尤甚。不少官员都指出,佛道人数增多,减少劳动力人口,从而减少了国家税收。狄仁杰说:"逃丁避罪,并集法门,无名之僧,凡有几万。"①李峤说:"今道人私度者,几数十万,其中高户多丁,……且国计军防,并仰丁口,今丁口皆出家,兵悉入道,征行租赋,何以备之?"②姚崇说:"自神龙以来,公主及外戚皆奏请度人,……富户强丁,皆经营避役。"杨炎说:"凡富人多丁者,率为官为僧,以色役免;贫人无所入则丁存。故课免于上,而赋增于下,是以天下残瘁,荡为浮人,乡居地著者百不四五,如是者殆三十年。"③佛道寺院占有土地、荫附避役农民,而为国家纳税的劳动人口大大减少了。德宗时,礼部员外郎沈既济指出,"近代已来,入仕之门太多,代胄之家太优,禄利之资太厚,督责之令太薄。……夫入仕者多,则农工益少,农工益少则物不足,物不足则国贫",九品之家,不纳赋税,子弟又得荫补恩奖,坐食百姓。得仕者如升仙,不仕者如沈泉。欢娱忧苦,若天地之相远,禄利之资太厚。④尽管缺少数量统计,但为国家纳粮的农业劳动力减少,而仰食于太仓者增多,确是唐人比较普遍的看法。汉唐时关中不足以供长安。隋文帝开皇十四年（594）,关中大旱,隋文帝率百官、百姓到洛阳"就食"。⑤唐高宗、武则天和唐玄宗等,时常到东都洛阳"就食"。武则天前后居洛阳30年210天。⑥关中粮食不足,洛阳漕运便利,当是原因之一。唐高宗末年（683）陈子昂上奏:"臣闻秦都咸阳之时,汉都长安之日,山河为固,天下服矣。然犹北取胡宛之利,南资巴蜀之饶。自渭入河,转关东之粟;逾沙绝漠,致山西之储。然后能削平天下,弹压诸侯,……今则不然。燕、代迫匈奴之侵,巴、陇婴吐蕃之患,西蜀疲老,千里赢粮。北国丁男,十五乘塞,岁月奔命,其弊不堪。秦之首尾,今为阙矣,即所余者,独三辅之间尔。顷遭荒谨,人被荐饥。自河已西,莫非赤地;循陇已北,罕逢青草,莫不父兄转徙,妻子流离,委家丧业,膏原润莽,此朝廷之所备知也。……然而流人未返,田野尚芜,白骨纵横,阡陌无主。至于蓄积,尤可哀伤……遂欲长

---

① 《旧唐书》,中华书局,1975年,第2893页。
② 《新唐书》,中华书局,1975年,第4370页。
③ 《旧唐书》,中华书局,1975年,第3421页。
④ 参见《通典》卷一八《选举典六》。
⑤ 参见《通典》卷五《食货典五》。
⑥ 王双怀:《历史地理论稿》,吉林文史出版社,2008年,第225页。

驱大驾,按节秦京,千乘万骑,何方取给?"①他反对从东都运送唐高宗灵柩回长安,其理由是三辅遭遇旱灾,长安无法供应朝廷百官的基本生活需求。开元二十一年(733)裴耀卿上奏:"国家帝业本在京师,……但为秦中地狭,收粟不多,倘遇水旱,便即匮乏。"②关中地狭、粮食不足,成为朝廷最大的忧虑。

德宗贞元十七年(801),杜佑《通典》指出,秦以关中而灭六国、唐以天下财赋供京师而国势不强的原因在于关中水田和农业劳动力不足:"按周制,步百为亩,亩百给一夫。商鞅佐秦,以一夫力余,地利不尽,于是改制二百四十步为亩,百亩给一夫矣。又以秦地旷而人寡,晋地狭而人稠,诱三晋人发秦地利,优其田宅,复及子孙。而使秦人应敌于外,非农与战,不得入官。大率百人则五十人为农,五十人习战,兵强国富,职此之由。其后仕宦之途猥多,道释之教渐起,浮华浸盛,末业日滋。今大率百人,方十人为农,十人习战,其余皆务他业。以今准古,损益可知。又秦开郑渠,溉田四万顷。汉开白渠,复溉田四千五百余顷。关中沃衍,实在于斯。盛唐永徽中,两渠所溉,唯万许顷。自大历初,又减至六千二百余顷。比于汉代,减三万八九千顷。每亩所减石余,即仅较四五百万石矣。地利损耗既如此,人力分散又如彼,欲求富强,其可得乎!……诚能复两渠之饶,究浮食之弊,恤农夫,诱其归,趣抚战士,励其勋伐,酌晁错之策,择险要之地,缮完城垒,用我所长,渐开屯田,更蓄财力,将冀收复河陇,岂唯自守而已哉!"③杜佑从农业劳动人数和水利角度,评论秦汉关中的富裕和唐中期关中的衰败。秦汉,关中农业劳动力占全部人口的1/2,农田灌溉面积近5万顷;而唐朝,关中农业人口才占1/10,灌溉面积不足万顷。如能恢复关中农业发展,就仍可建都关中。但杜佑也意识到关中经济地位的下降。稍后,韩愈《原道》说:"古之为民者四,今之为民者六。古之教者处其一,今之教者处其三。农之家一,而食粟之家六。工之家一,而用器家六。贾之家一,而资焉之家六:奈之何民不穷且盗也!"古代农、工、贾都是生产者,只有士人才是消费者。唐代从事生产的仍是农、工、贾,消费者则包括士、僧、道,即"农之家一而食粟之家六"。生产者少、消耗者众是财富贫乏、人民流离失所的根本原因。韩愈的说法,反映了人们对粮食生产与消费比例失衡问题的普遍忧虑。

开元、天宝之时天下赋税收入尚能满足长安所需的580万石粮食。天宝中,度

---

① 《旧唐书》,中华书局,1975年,第5019页。
② 〔唐〕杜佑:《通典》卷一〇《食货志十》,中华书局,1988年,第222页。
③ 〔唐〕杜佑:《通典》卷一七四《州郡志四》,中华书局,1988年,第4565、4563—4564页。

支岁计粟2500余万石，其中1000万石入两京库、京仓，充尚食、京官粮料，500万石留当为外官禄米，1000万石供诸道节度使军粮及贮当州仓。德宗时"每岁天下共敛……税米麦共千六百余万石，其二百余万石供京师，千四百万石给充外费"[①]。200余万石供京师，比开元天宝时减少1000万石。需求依旧，而赋税收入减少，六宫尚不能及时供应，京官禄米俸料不能全给。自至德后（756）不给京官禄米。"自大历（766）以来，关中匮竭，时物腾贵，内官不给。乃减外官职田三分之一，以给京官俸。每岁通计，文武正员、员外官及内侍省、闲厩、五坊、南北衙、宿卫并教坊内人家粮等，凡给米七十万石。"[②]德宗兴元元年（784）十二月诏："京百官及畿内官俸料，准元数支给。自巡幸奉天，转运路阻绝，百官俸料，或至阙绝，至是全给。"[③]昭宗乾宁初，官员建议"取中外九品以上官两月俸助军兴"[④]。遭到朱朴的反对而作罢。

长安太仓所需的580万石粮食中，关中能生产多少粮食？关中能交纳多少粮食？史书中关于郑白渠灌溉效益的记载是有问题的。[⑤]唐大历初，郑白渠灌溉6200余顷，以亩产4石计，则仅收248万余石；旱田3000顷，以亩产1—2石计，收30万—60余万石。水旱田合计收获300余万石。唐前期课户课口交纳租米，建中以后按丁产户等交纳两税。关中农户能交入京仓的税粮，最多200万石。开元二十二年后裴耀卿为转运使，三年运700万石。开元二十五年，年成丰收，朝廷在关中收购数百万石余粮，下诏停止当年关东漕粮运输。天宝中每年漕运250万石，而德宗时"令江淮岁运米二百万石"[⑥]。要之，关中每年能提供200多万石，需要漕运关东二三百万或400万石，才能满足汉唐京师长安的粮食需要。而这个数量正是汉武帝以后、唐德宗贞元以后一般年份的漕运额。因此，从严格意义上说，郑白渠并没有"衣食京师，亿万之口"。

四、自然变化的因素

以上分析了汉唐京师长安粮食供应并不完全依赖关中，而东南漕运亦占半数以上的各种社会因素。这个问题，与自然因素有无关系？朱士光先生根据陕西省气象局与气象台的统计，认为自公元前2世纪至20世纪前半叶，关中水旱有增多趋势，

[①]〔唐〕杜佑：《通典》卷六《食货典六》，中华书局，1988年，第111页。
[②]〔唐〕杜佑：《通典》卷三五《职官十七》，中华书局，1988年，第792页。
[③]〔宋〕王溥：《唐会要》，中华书局，1960年，第1660页。
[④]《新唐书》，中华书局，1975年，第5385页。
[⑤]《中国水利史稿》编写组：《中国水利史稿》（上册），水利水电出版社，1979年，第125页。
[⑥]《旧唐书》，中华书局，1975年，第390页。

并且与气候变化相关。①春秋、战国、秦与西汉前期（前770—前122），关中气候温暖、湿润，年平均气温高于现代1—2℃，平均降水量多于现在。西汉后期至北朝（前121—581），关中气候寒冷干旱。隋和唐前中期（581—805），关中气候温暖湿润，年平均温度高于现代1℃左右，年降水量高于现代。唐代后期即德宗贞元年间（785—805）至北宋（贞元年间之后的9—11世纪），气候凉干。②可以看出，长安的粮食供应与关中气候变化存在着一定的正相关性。西汉前期和唐前中期，关中比较温暖湿润，这一时期长安的粮食供应主要依赖关中。汉武帝以后及唐德宗贞元以后，关中气候以冷干为特征，长安的粮食供应则主要来自东南漕运。这个变化，除了前述的各种社会因素外，温度和降水的变化是造成关中粮食生产能力不足、依赖东南漕运的自然条件因素。温度的降低，降水的减少，主要通过影响农作物的生长期和土地的生产能力来影响人类社会。而自然因素和社会因素，各占多少比例，则难以确定。

综上，可以得出如下结论：班固引用民歌"衣食京师，亿万之口"作为信而有征的史料证明郑白渠是京师衣食之源，并不十分确切。汉唐长安粮食供应，关中只能提供200万石左右，要依赖东南漕运三四百万石。而造成关中生产能力不足的社会因素和自然因素有多种：一是长安纯消费人口的增加，即皇室及服务人口、京官京吏、京师驻军、参加选官和科举考试人员、商业和佛道等多种人口的增加；二是关中农业生产力的不足，如为国家纳粮的耕地减少，关中水利田面积减少（如食封之家的增加、京官职分田公廨田赐田多在京城百里内外、佛道寺院的占有土地以及建设占地的增加等），关中为国家纳粮的农户减少，等等；三是自然因素，如前2—6世纪（汉武帝以后至北周）、9—11世纪（唐德宗贞元至北宋前期），关中气候向冷干的转变。所以，民歌所说郑白渠"衣食京师，亿万之口"的说法并不确切。

原载《陕西师范大学学报》（哲学社会科学版）2009年第3期

（王培华，北京师范大学历史学院教授）

---

① 朱士光：《黄土高原地区环境变迁及综合治理》，黄河水利出版社，1999年，第36页。
② 朱士光：《黄土高原地区环境变迁及综合治理》，黄河水利出版社，1999年，第157—158页。

隋唐长安的市场及其相互关系

张永帅　娄韵雅

在中国八大古都中，西安（长安）是历史最为悠久的城市。它历经了12个朝代，其中以隋唐时期最为繁盛。隋唐两代是中国封建社会最鼎盛的时期之一，经济繁荣，商业十分发达，史学界对隋唐长安商业发展的研究积累了十分丰厚的研究成果，笔者在前人研究的基础上，通过对隋唐长安城商业空间进行系统性的梳理，试图分析其各类市场间的相互关系，力求在一定程度上使隋唐长安城市经济研究更加全面、深入。

一、隋唐长安的商业发展

（一）隋唐长安商业发展的原因

第一，国家统一、社会安定为长安商业的繁荣提供了根本保障。东汉末年到隋朝之间，社会处于动荡不安的状态，战乱频繁，民不聊生，关中地区的经济遭到严重的破坏。由于大量人口逃亡或死亡，大片土地被废弃，在较长的一段时期内，曾经富裕的关中地区处于残破状态。魏晋南北朝时期，国家分裂，关卡林立，导致商路不畅，商人无法顺利进行贸易，商品流通受到阻碍。这些情况对长安商业的发展造成了严重的影响。公元581年，杨坚废北周静帝，自立为帝，建立了隋朝，在长安定都。公元589年，隋灭陈朝政权，统一中国，从此结束了长达四个世纪之久的分裂割据局面。公元618年，李渊在长安称帝，创建唐王朝。幅员辽阔、国家统一、社会稳定、货币制度统一，这些都为隋唐商业的发展创造了非常有利的条件。

第二，长安在秦汉之后再度成为全国的政治中心，是长安商业繁荣发展的重要因素。隋唐两代国家统一，社会稳定。长安不仅成为政治中心，也成为人员往来中心以及全国货物的集散中心。有着庞大政府机构的国都长安人口众多，驻扎着大量的军队，聚集了为数众多的达官贵人、地主，以及数以万计的来自全国各地乃至国外的商人、手工业者、僧人、游民等。长安众多的人口必然形成巨大的消费需求，因此吸引了全国各地甚至外国的商人来此进行贸易。这也是隋唐时期长安市场繁荣的一个重要原因。

第三，发达的水陆交通是隋唐长安商业迅速发展的有利条件。隋唐以前的几个世纪，由于南北分裂，交通状况十分恶劣，商品流通受到了一定程度的阻碍。隋唐以后，国家统一，交通状况得到了很大的改善。《旧唐书》卷九四记载："且如天下诸津，舟航所聚，旁通巴、汉，前指闽、粤，七泽十薮，三河五湖，控引河洛，兼包淮海，弘舸巨舰，千舳万艘，交货往还，昧旦永日。"[1]通过这一记载可以想见当时水路交通发达的盛况。除了航运便利，隋唐的陆路交通也十分畅通。由于隋唐两代皆将都城定于长安，长安成为当时陆路交通的中心，由长安向全国各地辐射的道路多达40余条，甚至可以通往国外。中唐时的杜佑曾说："东至宋、汴，西至岐州，夹路列店肆待客，酒馔丰溢。每店皆有驴赁客乘，倏忽数十里，谓之驿驴。南诣荆、襄，北至太原、范阳，西至蜀川、凉府，皆有店肆，以供商旅。远适数千里，不持寸刃。"[2]陆路的畅通，沿途众多的驿站、旅店，为商人提供了更多的便利。长安商人可以到各地从事贸易，而全国各地甚至许多外国商人也纷纷将商品贩运到长安，从事商品交易活动。交通业的发达，为长安商业的繁荣做了铺垫。

第四，农业和手工业的发展为长安商业繁荣提供了坚实的物质基础。隋唐两代的统治者十分重视农业的发展，实行了一系列对农业发展有力的措施。由于均田制的实行，租调相对固定和减轻，农民获得了一定数量的可耕土地。生产条件的改善极大地提高了农民生产的积极性。农业生产工具的改进与广泛使用，如铁制农具的普及，曲辕犁的出现和广泛应用，再加上当时水利灌溉事业的发展，隋唐农业得到巨大的进步。隋唐的手工业在农业不断发展的同时有了很大的进步。由于长安是隋唐两代的都城，全国各地大量技艺高超的手工业者都聚集在这里。他们在前人的基础上不断改进技术，各种手工业的发展水平因此得到了很大的提高。在这一时期，纺织业、陶瓷业、造船业、造纸业等行业都显著超越了前代，为商业的发展奠定了坚实的物质基础。

（二）隋唐长安商业发展的表现

由于国家统一，社会稳定，农业、手工业的发展以及交通运输业的发达，隋唐经济迅速发展，长安成为国际性大都市，商业空前繁荣。

---

[1]《旧唐书》，中华书局，1975年，第2998页。
[2]〔唐〕杜佑：《通典》，中华书局，1988年，第152页。

"隋唐长安商业的繁荣显示在许多方面，商业的分布是其中的一个方面。"[1]隋唐两代根据将市场集中设置在固定地点的原则，在长安城中设立了规模庞大的商品交易市场——东市与西市。东市与西市是隋唐长安最重要的工商业市场，市内店铺毗连，商贾众多，贸易极为繁盛。东、西两市中分布着大量名目众多的肆、店、铺，如茶肆、酒肆、药肆、凶肆、衣肆、帛肆、书肆、饼肆、鱼肆、油靛店、鱼店、法烛店、彩缬铺、星火铺、寄附铺等。此外，还有许多用于置放商货的邸，《长安志》卷八就称东市"四面立邸"。当时的长安市场内行业分工细密、繁多，根据文献记载，东市"市内货财二百二十行"。[2]关于西市内行业的记载就更为详尽，如大衣行、秋辔行、油靛行、秤行、绢行、麸行、药行等，几乎涵盖人们日常生活所需的所有商品及服务。西市还出现了柜坊，即专代客人寄存、保管或者出售财物，类似于当铺。市内的商品种类也比前代显著增加。根据文献及考古资料记载，当时长安市场上的商品大致可分为20多个种类，包括粮食、食品、蔬果、肉类、水产品、纺织品、衣服、皮革、生活用品、文化用品、生产用品、丧葬用品等。每类商品中的品种也大为增加，如粮食类就有粟、米、小麦、大麦、粳米、大豆、麦面等，纺织品类不仅有麻织品、丝织品、毛织品，还出现了棉织品、印花织品。生产的发展极大地提高了人们的生活水平，从衣食住行到文化卫生、娱乐享受、丧葬用品，种类繁多的商品满足了人们的各种需要，这可以说是隋唐长安商业繁荣的另一个重要表现。

薛平拴认为，"来长安经商的各地商人空前增多，也从一个侧面反映了长安商业市场的繁荣"[3]。长安作为隋唐两代的国都，全国各地商贾都会来此进行贸易。据记载，汉代长安的著籍人口有246700人，而唐代长安工商业人员多达30万余。[4]长安作为丝绸之路的第一站，加上当时与西域关系密切，大量来自中亚、西亚的商人，尤其是西域各国的"胡商"都聚集于此，当时的长安可称为国际性的大都市。除了东市和西市，唐政府也在特定地点设立过集中交易的场所，如中市、宫市、南市、新市，但这些市场的地位远不如东、西二市，历代较少对此做更深入的研究。

隋唐政府对长安市场实行严格的管理。隋朝在司农寺之下，唐朝改在太府寺之下，于东、西市中分别设立了市局与平准局等市场管理机构。市局又称市署，设市令一人，市丞四人，负责管理市场交易，"掌财货交易、度量器物，辨其真伪轻

---

[1] 曹尔琴：《唐长安的商人与商业》，见《唐史论丛》（第2辑），陕西人民出版社，1987年。
[2] 芦蕊：《唐代长安两市研究》，硕士学位论文，陕西师范大学，2009年。
[3] 薛平拴：《古都西安——长安商业》，西安出版社，2005年，第185页。
[4] 薛平拴：《古都西安——长安商业》，西安出版社，2005年，第140页。

重"①。平准局下设从七品下的平准令一人,从八品下的丞四人,主要负责官市交易,买进官府需要的物品,并将官府不需要的以及没收的物品出售。由此可以看出,为了维持市场交易的公平顺利,隋唐时期对市场设置了较为完备系统的管理制度。

为了方便管理,维护社会秩序,隋唐以前以及唐代初期都实行严格的坊市制以及夜禁制度。"坊市制一个突出的特征是将市场交易局限在市中,交易的地点也有严格的限制"②,如设立了东市与西市,在居住坊内的商业活动是被严格禁止的。然而随着长安城商品经济的发展,行业分工的细密,这样的规定已经无法完全满足城市人民的物质需要了。商人们的商业活动逐渐从市场内延伸到居民坊,方便了居民的生活。唐初规定,商业活动只能在白天进行,每天中午,两市击鼓三百下,各家店铺开始营业,日落前七刻,击锣三百下,店铺关门。但随着商品经济的发展,仅限白天进行商业活动已无法满足城市各阶层的需要,于是长安城坊区内出现了夜市,最著名的有崇仁坊、平康坊。夜市的出现是商业发展的必然结果,也是长安商业空间繁荣的重要标志。

二、隋唐长安的市场空间

(一)东市与西市

唐长安城每一部分都经过精心的设计,以规模庞大、布局严谨、如棋盘般整齐划一而著称。隋唐长安商业的繁盛与其规范的空间布局关系密切。

东市与西市相当于现在的CBD商务区,是隋唐长安的主体市场。东、西二市是当时全国工商业贸易活动的中心,同时在中外各国的经济交流中充当着重要的角色。隋朝时,东市被称为"都会市",西市被称为"利人市";唐代时,根据其所处的位置,两市被改称为"东市"与"西市"。以东市、西市为中心,长安城中的工商贸易,隋代时就已相当发达,到了唐代,则随着社会经济的进一步发展而更加繁荣。③

东市与西市相互对称地设置在皇城南面的东西两侧。皇城正南方面朝一条横贯城区的宽达120米的东西向大街,这是全国的交通干线。从皇城正南门朱雀门沿着这条交通干线往东走三坊之地即为东市,往西走三坊之地即为西市。这样的设置打破

---

① 《新唐书》,中华书局,1975年,第1264页。
② 肖建乐:《唐代城市经济研究》,人民出版社,2009年,第69页。
③ 张永禄:《唐都长安》,三秦出版社,2006年,第203—204页。

了"前朝后市",即将市场设置在皇城的后面(北面)这一历代设置市场的传统,是隋唐城市规划的一大创新。东、西市的地理位置十分优越,交通非常便利,主要体现在以下两个方面:第一,临近交通要道,便于城内外商人经商贸易。东、西二市分别设置有两个北门,这四座北门面朝这条东西向的交通干线,长安城的东大门春明门就在东市往东不远处,西大门金光门在西市西边不远处,这两座东西城门都通往城外各地,便于各地商人来长安经商贸易。第二,位置适中,便于南北居民购物。从长安城整体的布局来看,东市与西市所处的位置是比较适中的,"按照这样的设置,不论是居住在城区北部的达官贵族,还是居住在城区南部的普通居民,他们要去市场购物都比较方便"[1]。

隋唐城市布局注重严谨整齐,两市不仅所处位置相对称,面积也基本相同。根据资料记载,东、西二市"各占两坊之地"[2]。根据考古的实际测量,东市南北长1000余米、东西长924米,西市南北长1031米、东西宽度在927米左右,两市均呈长方形。隋唐时期,政府规定商业贸易须集中在固定的场所中进行,因此东、西两市都是封闭性的商业市场,市场的四周都筑有围墙,与市外相隔开。西市围墙厚度约为4米,东市围墙较西市厚,有6—8米。市场的东、西、南、北四面每面都设有两个市门,方便人员与货物的往来进出。市内街道众多。除了设置在市墙内的宽约14米的沿墙平行的顺城街,市内的东西走向与南北走向上还各有两条大街,每市四条。西市的四条大街宽16—18米,东市的四街宽度比西市宽约一倍,近30米。这四条大街相互交错纵横,形成巨大的"井"字形街道,将整个市场划分为九个交易区。每个交易区里各种商店铺面均临街而设。除了这些主要的大街,市内还有许多小的曲巷,曲巷旁的店铺亦临路开设。这样的设计不仅便于交通与货物进出,对吸引顾客、进行贸易也十分有利。

(二)其他的商业活动发生地

在东市与西市之外,长安城内也设置过一些其他的交易市场,比如中市、南市、宫市,还有新市,只是这些市场的存在都不长久,远没有东市与西市兴盛。唐高宗至武则天时期曾设置过中市。据资料显示,中市占安善坊以及大业坊的半坊之地,大致位置在现在"西安市南二环以南、纬二街以北,东至翠华路,西至长安中路"[3]。中市以"口马牛驴"为主要经营内容,"口"指奴婢,也就是说中市是以

---

[1] 薛平拴:《古都西安——长安商业》,西安出版社,2005年,第124页。
[2] 杨鸿年:《隋唐两京考》,武汉大学出版社,2000年,第248页。
[3] 肖爱玲:《古都西安——隋唐长安城》,西安出版社,2009年,第129页。

牛、马、驴等牲畜交易及奴隶买卖为主的交易市场。将奴隶与牲畜置于同等的市场进行交易，也反映了当时没有"人权"观念。但这一带偏处长安城的南部，交通不便，人烟稀少，不久后即改在东市交易，"至武太后末年，废为教弩场，其场隶威远将军"①。天宝八年（749），在原中市所在的地方又设立了南市，但未存在多久就被撤销。随后还有公元817年于长安城北部的芳临门南设立的新市，唐中后期在十六王宅附近设立的专门为皇族成员服务的宫市。这些市场由于位置较偏僻，交通不便，都未存在多久便被废弃，地位也远不如东、西两市重要，历代对此都不做过多的研究。

隋唐的坊市制度也随着商业的发展而逐渐被突破。宿白在《隋唐长安城与洛阳城》一文中写道："长安工商业的日益繁盛，使限制工商业集中在东西两市的规定，很早就徒具空文了。"②自唐高宗以来，商品交易活动范围不断扩大，逐渐突破"市"的范围并扩展到"坊"内。根据文献记载，在当时的唐长安城中，很大一部分居民坊内都设置了自己的小型商业服务设施。例如，永昌坊有茶肆，开化坊有酒肆，长兴坊有饭店，丰邑坊有凶肆，买油可去宣平坊，买胡饼可去升平坊，买鱼可去永兴坊，买金银珠宝可去延寿坊等。长安作为隋唐国都，数量巨大的流动人口衍生了蓬勃发展的服务性行业，其中，旅馆业的兴盛十分引人注目。长安城中有大量的旅馆密集分布于东市、西市以及附近的居民区中，如长兴坊、亲仁坊、永乐坊、永崇坊、道义坊、宣平坊、布政坊、兴化坊、延福坊、靖安坊、新昌坊、崇仁坊、道政坊等。除此之外，皇城附近的许多坊中也有不少以接待官吏和士人为主的旅馆。这一现象说明旅馆业与商业市场的关系相当密切，旅馆业的兴盛是市场兴旺的重要标志之一。大体上看，东、西二市周围以及靠近皇城和宫城的各个坊中的商业活动均比其他坊活跃。其中位于东市西北的崇仁坊最为繁盛。崇仁坊是旅店集中之地，西面临近皇城，便于选官考试；东南靠近东市，购物方便；南面则靠近"红灯区"平康坊。崇仁坊如此优越的地理位置，吸引了大批外地来长安选官考评以及参加科举考试的文人前来居住，附属而生的酒肆饭庄等服务业也因此异常繁荣发达，昼夜喧呼，灯火不绝，成为长安诸坊中最为繁盛之处。东市西侧紧临的平康坊是隋唐长安城著名的"红灯区"，是娼妓聚集的地方，用"青楼无昼夜，歌舞歇时稀"来形容十分贴切。延寿坊西面临近西市，北面是宽阔的金光门大街，大街对面即是皇城，因此也十分繁华。总而言之，随着商品经济的不断发展，为了更好地适应市场需要，同时满足长安城居民的需要，长安坊内的各种商业活动日趋活跃。

---

① 杨鸿年：《隋唐两京考》，武汉大学出版社，2000年，第61页。
② 宿白：《隋唐长安城与洛阳城》，《考古》1978年第6期。

按照唐初政府的规定，商人只能在白天的固定时间内进行交易活动，但是随着商业的发展，居民坊内的商业活动增加，仅白天的贸易已经不足以满足各阶层市民的需要了。中唐以后，工商业贸易活动逐渐突破了政府"定时贸易"①的规定，在坊市内产生了夜市。尽管唐政府曾下令禁止，但这一命令并未收到多少效果，夜市反而更盛。

除了在市坊内开店设铺的坐商，还有一些流动售货的小贩也在进行贸易活动。《太平广记》卷四九四《房光庭》就有这样的记载："光庭尝送亲故之葬，出鼎门，际晚且饥，会鬻糕饼者，与同行数人食之。"②卖饼的人可与行人同行，做买卖到定鼎门，而行人并没有因这一行为感到惊奇，由此可得知当时类似于流动商贩这样的临时经济活动是比较普遍的。

三、隋唐长安各类市场的相互关系

（一）东市与西市的关系

隋唐长安城以布局严谨、规划整齐著称，东市与西市在最初设置时几乎没有差别，两市都是长安城内最重要的市场。市场内店肆林立，行业分工细密繁多，商品种类齐全，工商业十分发达，是国内外商人云集之地。但两市所处的地理位置、社会环境毕竟不同，随着时间的推移，两市的差异增大，逐渐趋向于为市场周围不同消费人群服务的交易场所。

东市靠近三内，周围勋贵官宦的宅邸多于西市，市内虽然店铺鳞比、财货丰积，但由于受到政治上的一些影响和限制，商业发展不如西市。因为虽然唐代经济十分发达，商业在一定程度上支撑、促进着整个国家的发展，"然贱商之见，斯时初未化除"③。唐统治者依然采取"重农抑商"的政策，在享受工商业带来的物质满足的同时又看不起工商业，将商贾视为"贱类"，并颁布禁令严禁百官进入市场。例如太宗曾多次颁布"禁五品以上过市"④的法令，德宗也颁布了"禁百官置邸贩鬻"⑤的法令。然而，东市虽不及西市繁荣，但消费水平高于西市。这是因为东市靠近勋贵官宦的宅邸，东市所面临的消费者不论是身份、地位还是财富都较高，市内

---

① 张永禄：《唐都长安》，三秦出版社，2010年，第208页。
② 《太平广记》，中华书局，1961年，第4053页。
③ 吕思勉：《隋唐五代史》（下），上海古籍出版社，2005年，第759页。
④ 《新唐书》，中华书局，1975年，第29页。
⑤ 《新唐书》，中华书局，1975年，第184页。

更多出售达官显贵所需的上等奢侈品。因此笔者认为，随着时间的推移，东市逐渐成为主要供达官显贵消费的市场，带有一些官家的性质。

西市及周边诸坊大多为普通民众，全国各地以及国外往来人口多，流动人口数量巨大，"商贾所凑，多归西市"①，旺盛的需求吸引了大量的商贩前往西市从事贸易活动，市场氛围要远比东市旺盛。西市可称为当时的一个国际性的贸易市场，这里有许多外来商人开设的店铺，如珠宝店、货栈等，尤其是西域的"胡商"众多。因为西市靠近丝绸之路入城的第一站，距离唐长安的西大门很近，西域人往来大唐，从西大门进入长安后，首先选择距离西大门不远的西市或周围诸坊作为落脚点，在此从事经商、传教等活动。这使得西市周围流动人口众多，市场需求量很大。根据历史文献，关于西市邸、店、肆、行的记载较多，例如有"大衣行、秋辔行、油靛店、经营法烛的窦家店、秤行、绢行、䴵行、酒肆、帛肆、凶肆、衣肆、食店张家楼、卖药人、卖饮子药家、药行、饼团子店、柜坊、烧炭曝布商、卖钱贯者等等"②。然而关于东市，文献只记载了"市内货财二百二十行"，却没有记录具体有什么行。从文献内关于西市商店的记载来看，西市的商铺及其所经营的货品更接近普通民众，主要是满足普通民众日常所需的大众商品。

由此可以看出，随着商业的发展，东、西二市从最初的形制基本相同逐渐发展为具有不同商业功能的交易场所，相互补充，承担着不同的商业职责。东市与西市分别满足了不同人群的需要，东市主要为上层的达官贵族服务，而西市主要面向绝大多数的普通民众。

（二）东、西市与其他市场的关系

众所周知，隋以前以及唐初期，统治者都实行严格的坊市制度，按照集中市制的原则，在长安城的固定地点设立工商业贸易市场。分别设置在长安城内皇城东南和西南的东、西二市，在有唐一代都是最主要的工商业区和经济活动中心。然而随着商品经济的发展，严格的坊市制度已不适应经济发展的需要，除了东市与西市这两个主要的市场，居民坊内逐渐出现了众多小型服务设施以及一些专门性市场，如崇仁坊、延寿坊、平康坊等。此外，定时贸易的原则也伴随着商业的发展土崩瓦解，夜市随之产生。出现这样的状态，是历史发展的必然结果。随着商业的发展，原先的经营场地已不足以满足商人的需求以及商业的发展，市的规模不断扩大，很多商人在正铺之外纷纷扩建了"偏铺"。除了宫城外，外郭城的坊市界限逐渐被打

---

① 〔清〕徐松：《唐两京城坊考》，中华书局，1985年，第75页。
② 张永禄：《唐都长安》，三秦出版社，2010年，第205页。

破。外部形态的变化也导致了内在结构的变化，如人口结构、商品结构、消费结构等都与以往有所不同。随着城市规模的扩大、城市人口的增加，消费需求也越来越大，本地的供应已经不足以满足消费的需求，于是吸引了越来越多的各地商人进入长安经营。这些商人大多居住在长安的东、西两市周围的坊内，坊内因此出现了越来越多的供商人堆放货物的邸店，坊内的商业活动也越来越多。这些情况都导致了商业活动由市向坊内延伸。

那么，东市与西市这两个隋唐长安城最主要的工商业活动中心与其他市场有什么关系呢？笔者认为，它们之间是相辅相成、相互补充的，共同构成完整的市场，呈现出以东、西市为主要商品交易市场，各个居民坊内的专门性市场、夜市以及一些临时性商业活动并存的局面。从便利居民日常生活的角度来看，简单地与当下类比，东、西市这样的大型综合性市场类似于现在的大型超级市场，商品品种齐全，分类细致，几乎可以满足人们日常生活的所有需要。若需要一次性采购较多种类的商品，去大型市场比较便利。但这样的大型超市一般来说与居民区的距离并不近，并且空间大，购物流程不如小型便利店简单，一次购物需要花费不少的时间。如果平时做饭时需要一瓶酱油、一袋盐，在这样的情况下去大超市显然不适合。因此，相当于住宅区小型便利店的各坊内的市场也就成为日常生活必不可少的一部分了。

原载《三门峡职业技术学院学报》2015年第2期
（张永帅，云南师范大学历史与行政学院教授；娄韵雅，云南大学工商管理与旅游管理学院工商管理专业研究生）

唐代长安木材供给模式刍议

贾志刚

  唐代建都关中近三个世纪，必然对其周围自然环境产生影响，[①]但影响几多，不易估量。作为研究历史时期城市与环境的问题之一，长安周边森林分布变化为解决这一难题提供了一个视角，已经引起研究者的重视。可是，文献记载"少见树木、难见森林"的不完整性，限制了此问题的深入展开。也有学者从长安城薪炭供应量和宫殿建筑用材量等领域进行研究[②]，进而评估森林破坏的环境后果，却无法克服"定性不易、定量更难"的局限性。事实上，环境影响并不是都城用材和森林供材如此简单，还存在木材采于何地、来于何方、如何供给的问题。换句话说，只有弄清唐代长安城的用材模式，才能把都市与树木、森林的关系放置于历史进程中进行考察。所以我们认为长安城木材供应模式研究可以让城市用材量研究与森林变迁研究找到结合点。

  实际上，唐代很早就制定了"取之有时，用之有节"的木材使用原则，特别是京城周围更属于禁伐区和限伐区，不仅有时间限制，如春夏不伐木，正月、五月、九月皆禁采捕，也有空间范围之限制，"凡京兆、河南二都，其近为四郊，三百里皆不得弋猎、采捕"[③]。既然京城周围采伐树木受到限制，那么京城所需要的木材从何而来呢？

一、唐代京城木材专监供应

  隋朝迁都大兴，京城营建和修造工程巨大。唐朝建立后，长安城增修和改造仍在进行，再加上文武百司的正常运转，众多人口的养生送死，均使长安城的木材需求量超过其他地区。以隋末李渊率军进入大兴城为例，唐人刘义节说："今义师数万，并在京师，樵薪贵而布帛贱，若采街衢及苑中树为樵以易布帛，岁收数十万匹

[①] 史念海：《历史时期黄河中游的森林》，见《河山集：二集》，人民出版社，1981年。
[②] 龚胜生：《唐长安城薪炭供销的初步研究》，《中国历史地理论丛》1991年第3期。
[③] 《唐六典》，中华书局，1992年，第595页。

立可致也。"①人口骤增带来樵薪供给不足的问题，正反映了这种情况。换句话说，隋唐长安既是百司所在的京城，又是人口众多的都会，需要有稳定的原料来源，当然木材也不例外。唐政府如何保证国都的木材供应，尽管史料于此记载简单，却仍有迹可循，如《唐六典》记："百工、就谷、库谷、斜谷、太阴、伊阳监：……百工等监，掌采伐材木之事，辨其名物而为之主守。凡修造所须材干之具，皆取之有时，用之有节。"注文曰："库谷监在鄠县，就谷监在盩厔县，百工监在陈仓，太阴监在陆浑县，伊阳监在伊阳县"。②又《旧唐书》记载："百工监在陈仓，就谷监在王屋，库谷监在鄠县，太阴监在陆浑，伊阳监在伊阳，皆在出材之所。"③据此可知，百工监、就谷监、库谷监、斜谷监、太阴监和伊阳监是唐政府设置于出材之所专司采伐材木的机构，负责为二都供应木材原料。细审上引诸条记事，诸监虽在监名上相同，在内容上却存在诸多悬疑。

其一是百工监与其他五监是否存在职责差异。《旧唐书》与《唐六典》都认为"百工等监，掌采伐材木"，而《新唐书》却记唐初百工监掌与木材有关的舟车及营造杂作，高宗时百工署掌东都土木瓦石之功，到玄宗时百工署改为监，又《唐六典》云："旧，将作寺百工署掌营棘葛、枪子、土砖、石作之事。开元十五年（727），改百工署为监，其职掌各分入诸署：枪子入左校，石作入甄官，棘葛、土砖等入于此署（中校署）。"④开元十五年百工监恢复后，其职掌去掉了土、瓦、石等杂项内容，只保留了与木相关的事务，但舟车之务不等于采伐材木。换句话说，百工监与其他五监相比，其职责既有采伐材木，还可能有舟车制造之责，集采伐和制造于一监，稍有不同。

其二是诸监位置问题。上引材料中，就谷监、库谷监、斜谷监的位置，甚至百工监的位置都有疑问，有待新解。最为明显的是就谷监的位置，《唐六典》记在盩厔县（属京兆府），《旧唐书》却记在王屋县（属河南府），有很大差异。顾名思义，监名就谷应该与就谷之位置有关，就谷在陕西盩厔县，就谷监可能在京兆府之盩厔县，但为何《旧唐书》记其在王屋县，存疑俟考。

百工监的位置。诸处记百工监位于陈仓，细审也有可疑之处，《新唐书》云："武德初，置百工监，掌舟车及营造杂作。"武德年间，百工监始设置，但却只设

---

① 《旧唐书》，中华书局，1975年，第2295页。
② 《唐六典》，中华书局，1992年，第598页。
③ 《旧唐书》，中华书局，1975年，第1896页。
④ 《唐六典》，中华书局，1992年，第597页。

于陕东道大行台①，其位置肯定不可能在凤翔之陈仓县。贞观中废监，到唐高宗重设百工署，却主掌东都事务，也不可能以位于陈仓县的百工监来主掌东都事务。是否唐玄宗开元十五年改署为监时移置于陈仓县，不得而知。就现在所知的几个设监之县来说，百工署（监）最有可能设在王屋县。

斜谷监和库谷监的位置。宋代孙逢吉在《职官分纪》中引用《唐六典》此段材料时又记为："斜谷监在鄠县。"此处明确记斜谷监在鄠县，较上引《唐六典》《旧唐书》记"库谷监在鄠县"不同，两种说法何者为确？检诸地志，唐代鄠县既无斜谷，也无库谷，二说都难成立。据《新唐书》"蓝田县"条的"有库谷，谷有关"知，唐时库谷属于蓝田县，以库谷命名之库谷监应当距此不远。另据李吉甫记唐郿县有斜谷："斜谷城，城南当斜谷，因以为名。斜谷南口曰褒，北口曰斜。"②汉代就有"褒斜材木竹箭之饶，拟于巴蜀"③之说法，既然以斜谷名监，应该在郿县而不是在鄠县。诚如是，则库谷监可能在蓝田县，斜谷监可能在郿县，都不可能在鄠县，与上揭诸处记载都难吻合。问题出在哪里？事实上，唐代斜谷监和库谷监的设置是无可置疑的，不仅前引诸书同时提到二监之名，永泰二年（766）官品令中也多次出现，如"《神龙令》有库谷、斜谷监也""《神龙令》有库谷、斜谷、太阴、伊阳监丞"。④这说明斜谷监、库谷监在武德年间同时设置，经神龙到开元年间一直并存，只记其中一监肯定是有所遗漏的。

如上所述，前引《唐六典》《旧唐书》不仅将就谷监、斜谷监和库谷监的位置记错，百工监的位置也值得怀疑。同时，我们发现还有漏记一监的问题，如《唐六典》《旧唐书》注文提及库谷监，却没有斜谷监的位置，宋孙逢吉所引《唐六典》则是提到斜谷监，却缺少了库谷监的位置，两种记载都存在漏记的情况，即六监只记五监的具体位置，缺少一监。虽然我们仍无法解释《唐六典》和《旧唐书》为何将六监之中四监位置记错的现象，而脱漏一监的情况似乎在提示此条史料极有可能是在记载或传承过程中因漏记一监而导致诸监与所在县错位。

不管怎样，六监皆在出材之所，其中，库谷监、就谷监、斜谷监三监位于关中，所采木材主要供给长安城，太阴监、伊阳监、百工监三监靠近洛阳，所采木材应主要供应东都洛阳。不管采木六监与所在位置是否相符，也不管行政中心是在长安，还是在洛阳，唐代木材均实行专监供应之法，以保证行政中心对木材的各

---

① 《旧唐书》，中华书局，1975年，第1809页。
② 〔唐〕李吉甫：《元和郡县图志》，中华书局，1983年，第44页。
③ 《史记》，中华书局，1959年，第1411页。
④ 《旧唐书》，中华书局，1975年，第1796、1800页。

项需求。

二、唐代长安木材专材专供

唐政府设置专司采伐之六监，以其中三监专门为长安采伐材木，从制度上保证了京城的木材供应。实际使用中，还实行按木材类型的对口供给之法作为补充，以确保政权和皇权对于某些木材的特殊需求，如少府监就有以材竹之属按时支送的规定，供其制作车乘之用：

> 漆出金州，竹出司竹监，松出岚、胜州，文柏出陇州，梓、楸出京兆府，紫檀出广州，黄杨出荆州。[①]

所列漆、竹、松、文柏、梓、楸、紫檀、黄杨等均为宫廷和政府机构制造所需车乘的特殊木料，其供给之法就是视木材种类，按其出产地指定供应，即实行所谓的专材专供之法。事实上，此法也可能是官用木材的通用之法。所引材料中除漆以外，其他诸项均属木材范围。其中，竹出司竹监。司竹监掌植养园竹之事，据《唐六典》记，"凡宫掖及百司所需帘笼、筐箧之属，命工人择其材干以供之"。注文曰："隋有司竹监及丞，皇朝因之。今在京兆鄠、盩厔，怀州河内县"。[②]由此可知，司竹监自隋代就已设置，其竹不仅供百司，也要供宫掖所需。其实，唐代司竹监不仅要供宫廷百司之用，也有其他用途，如《开元水部式残卷》（P.2507）第116行记："大阳、蒲津桥竹索，每三年一度，令司竹监给竹。"[③]造河桥之用竹量非同一般。另外，制作竹箭、竹弩等军用器械也要用到大量竹料。

值得注意的是，唐代不仅京兆鄠、盩厔设司竹监，怀州河内县也设有司竹监，从其地理方位来看，也如采木诸监一样，分别供给西京长安和东都洛阳。司竹监设在东都附近者为怀州河内县，从东汉寇恂"伐淇园之竹，理矢百余万"[④]，经魏晋时期"河内淇园竹各置司守之官"[⑤]，到唐代于此也设司竹监，前后一脉相承。再到北宋前期，河内未设监，只留下关中鄠、盩厔一监[⑥]，当时河内淇园为何不设监，不得其详。相对而言，京兆鄠、盩厔之司竹监与都城长安的关系尤其明显。此地之竹林

---

① 《唐六典》，中华书局，1992年，第574页。
② 《唐六典》，中华书局，1992年，第529页。
③ 刘俊文：《敦煌吐鲁番唐代法制文书考释》，中华书局，1989年，第334页。
④ 〔唐〕李吉甫：《元和郡县图志》，中华书局，1983年，第443页。
⑤ 《唐六典》，中华书局，1992年，第529页。
⑥ 〔宋〕乐史：《太平寰宇记》，中华书局，2007年，第648页。

早有记载，汉时有"渭川千亩竹"①或"鄠杜竹林，南山檀柘"②之说，也有司竹长之设③，晋代有"司竹都尉治鄠县，其园周百里，以供国用"④之载。至隋代有司竹监之名⑤，到唐代此地仍以多竹见载，如初唐颜师古记："芒竹在盩厔南界，芒水之曲而多竹林也，即今司竹园是其地。"⑥中唐以后，唐人李吉甫记："今按，园周回百里，置监丞掌之，以供国用。"⑦其竹仍能达到方圆百里之规模。甚至北宋时司竹监仍有"数十里不绝"⑧之盩厔官竹园。

"松出岚、胜州"记载了京城长安的松木供给格局，表明唐代开元年间京城长安的松木是自岚州、胜州采运而来，这种供应模式不仅在开元时期，甚至于开元之前和中唐以后也基本如此。据敦煌发现的《开元水部式残卷》（P.2507）第125—126行记载：

> 大阳、蒲津桥船，岚、石、隰、胜、慈等州折丁采木，浮送桥所，役匠造供。⑨

大阳桥、蒲津桥均为造舟为梁的黄河桥，二桥均处在长安通外界之冲要。要保持其通畅，每年须对河桥进行维修，需要大量木料补给。唐人李吉甫记："今造舟为梁，其制甚盛，每岁征竹索价谓之桥脚钱，数至二万，亦关河之巨防焉。"⑩仅竹索价就如此之多，而造舟之木就可想而知了。据《唐六典》记："大阳、蒲津桥于岚、石、隰、胜、慈等州采木，送桥所造。"⑪此处所记与上引《开元水部式残卷》比较，"大阳、蒲津桥"后漏掉了"船"字，即于岚、胜等州采伐浮送之木材是为了造桥脚船而用的。又《开元水部式残卷》（P.2507）第62—63行记载：

> 胜州转运水手一百廿人，均出晋、绛两州，取勋官充，不足兼取白丁，并二年与替。

据《元和郡县图志》载，岚、胜二州均近黄河，很明显，胜州置转运水手当与向京城转运所采伐之材木有关。可知"采木于岚、胜等州，浮运于关中"这一木材

---

① 《史记》，中华书局，1959年，第3272页。
② 《汉书》，中华书局，1962年，第1642页。
③ 〔唐〕杜佑：《通典》，中华书局，1988年，第729页。
④ 〔宋〕宋敏求：《长安志》，灵岩山馆线装本。
⑤ 《隋书》，中华书局，1973年，第808页。
⑥ 〔宋〕宋敏求：《长安志》，灵岩山馆线装本。
⑦ 〔唐〕李吉甫：《元和郡县图志》，中华书局，1983年，第31页。
⑧ 《资治通鉴》，中华书局，1956年，第7151页。
⑨ 刘俊文：《敦煌吐鲁番唐代法制文书考释》，中华书局，1989年，第334页。
⑩ 〔唐〕李吉甫：《元和郡县图志》，中华书局，1983年，第326页。
⑪ 《唐六典》，中华书局，1992年，第226页。

供应模式应是开元水部式制定之前就已通行的模式。

这种模式到开元以后仍旧存在,如唐德宗修造神龙寺却无法找到巨木,提及"人言开元、天宝中,侧近求觅长五六十尺木,尚未易得,须于岚、胜州采市"①。实际上,此种格局也保持到中唐以后。柳宗元《晋问》记载:"晋之北山有异材,梓匠工师之为宫室求大木者,天下皆归焉。"认为万工举斧而入晋之北山,是为宫室求大木,然后,"乘水潦之波,以入于河而流焉"②,将所伐之巨木由晋北之山浮河运入关中。唐后期仍见岚胜之木,敦煌P.2511"岚州"条:

> 二山名,山在苛岚军西北三百里,上多松木,所谓岚、胜之木是之也。③

此件文书末尾题"八年七月戊辰记",王仲荦先生认为是咸通八年(867)所记④,此条记载不见于其他地志,整理者认为是唐人韦澳为宣宗处分时事所作,可知当时以出产"岚胜之木"闻名的岚州仍然以多松木见载。由此可见,中唐以后,岚胜仍以多松见载,京城仍旧需要大量松木,故岚胜松木供给京城的格局一如既往。

"文柏出陇州"涉及京城长安的另一木材来源,陇州向京城供应木材也见于有关文献,唐人沈亚之《西边患对》记:

> 岐陇所以可固者,以陇山为阻也,昔其北林僻木繁,故戎不得为便道,今尽于斩伐矣。……虚兵之号,与实十五。又有非战斗而役,入山林伐麇鹿熊麕麝豪豕,是徭者居十之三;穷垒险障,剃繁取材,斤声合叫,不息于寒暑,是徭者居十之四;发蓄粟、金缯、文松、大梓、奇药、言禽、熏臭之具,挽辕于陆,浮筏于渭,东抵咸阳,入长安,部署相属,是徭者居十之二。⑤

这段材料是他于元和十二年(817)在岐陇之间采访故老后所写,记录了守边军队的真情实状。驻岐陇之边兵除一半为虚名外,在军营之另一半也是"别有用心",九成兵士用在非战斗事务上,其中有十分之三入山林捕猎,十分之四伐木取材,十分之二将文松、大梓之类运输入京。尤其是此处所提到的"挽辕于陆,浮筏于渭,东抵咸阳,入长安",正是岐陇木材转运京城的路线和方式。据《新唐书》"凤翔府虢县"条:"西北有升原渠,引汧水入咸阳。垂拱初,运岐、陇水入京

---

① 《旧唐书》,中华书局,1975年,第3721—3722页。
② 〔唐〕柳宗元:《柳宗元全集》,上海古籍出版社,1997年,第126页。
③ 郑炳林:《敦煌地理文书汇辑校注》,甘肃教育出版社,1989年,第179页。
④ 王仲荦:《敦煌石室地志残卷考释》,上海古籍出版社,1993年,第108页。
⑤ 《文苑英华》,中华书局,1966年,第1913页。

城。"史念海先生认为此"岐、陇水"应为"岐、陇木"之误①，可以信从。元人骆天骧《类编长安志》曰："唐垂拱初运岐、陇木。"②明确记为岐陇木，但不知何据。史载武则天曾命御史王弘义于虢州采木，因为役使过度，出现丁夫多死的情况。③虢州应是升原渠所在之地，受诏采木无疑是为京城而采。从虢州采木，开渠，到通船筏至汉长安城，④说明经水道运岐陇材木入京的格局已经形成。而唐前期岐陇木材由丁夫采伐，通过升原渠、渭水运经咸阳至汉长安城的线路，正与中唐以后由边军采伐，"挽辕于陆，浮筏于渭，东抵咸阳，入长安"之格局相似，但此长安是汉长安城而非唐长安城。大量的岐陇材木如何由渭水之滨的汉长安城运进唐长安城内，一度引起唐廷重视。唐玄宗天宝二年（743），"京兆尹韩朝宗分渭水入自金光门，置潭于西市之西街，以贮材木"⑤。史念海先生反对徐松之"渭水不能入城说"⑥，认为开通升原渠和引渭水入城之目的，主要是运输岐陇之材木，农田灌溉只是次要的。⑦浮渭而来的岐陇之木经漕渠入金光门可抵达西市，岐陇木之入城问题也许可以暂时得到解决。联系前引陈仓设采伐官监的事实，不管其监名是百工监，还是其他监，均说明陈仓所属之岐陇确实是京城长安的一个主要木材供应基地，甚至于到北宋时仍每年于此地采伐大木上万株，供给开封。⑧故京兆尹韩朝宗所谓"以贮材木"，决不仅限于薪炭，诚如沈亚之所记，文柏、文松、大梓等栋梁之材与药材、粮食等物应该是此线的主运之物。

"梓、楸出京兆府"记录了唐代长安城木材供给的又一来源，前揭蓝田库谷监、蓥厔就谷监皆位于秦岭北坡，正在京兆范围内。史载，蓝田之材木多有采运入京者，如贞观十六年（642），唐太宗"欲造一殿，仍构重阁，令于蓝田采木，并已备具"⑨，唐太宗造殿之材就取自于蓝田，说明京兆府也是殿堂之材的供应基地，并非如《隋书》等史籍所载大木皆须采自豫章、江南。但实际上，由蓝田运入京城的不限于宫廷殿材，也有公私材木，如《开元水部式残卷》（P.2507）第28—30行记："蓝田新开渠每斗门置长……公私材木并听运下。"由蓝田所开之新渠承担着公私

---

① 史念海：《中国的河山》，陕西师范大学出版社，2022年，第103页。
② 〔元〕骆天骧：《类编长安志》，三秦出版社，2006年，第182页。
③ 《旧唐书》，中华书局，1975年，第3115页。
④ 〔唐〕杜佑：《通典》，中华书局，1988年，第221页。
⑤ 〔宋〕王溥：《唐会要》，中华书局，1955年，第1598页。
⑥ 〔清〕徐松撰，李健超增订：《增订唐两京城坊考》，三秦出版社，2006年，第261页。
⑦ 史念海：《中国的运河》，陕西人民出版社，1988年，第189—191页。
⑧ 郭豫庆：《黄河流域地理变迁的历史考察》，《中国社会科学》1989年第1期。
⑨ 〔唐〕吴兢撰，谢保成集校：《贞观政要集校》，中华书局，2003年，第321页。

材木运下的责任,从而说明蓝田不仅是京城宫殿的取材之源,也是京城公私用材的采伐之地。

不仅蓝田新开渠有运木之任务,京城附近诸渠均需承担运木之务,有时会出现运木与灌溉、杂运争水的情况,如《开元水部式残卷》(P.2507)第103—104行记:

虽非采木限内,亦听兼运,即虽在运木限内,木运已了及水上有余,溉灌须水,亦听兼用。

据式文推知,水渠分成采木限内和非采木限内两种情况,如果运木与杂运争水,采木限内优先运木;不在采木限内,也是兼运,运木不能让位。如果运木与灌溉发生冲突时,运木限内是运木优先,只有木运结束或有多余之水时,才可兼顾灌溉。在以农为本的古代社会,灌溉用水竟然要让位于木运用水,耐人寻味,但也从另一方面反映出木材对于京城的重要性。唐朝为了将京兆之梓楸运入京城,在出材之所设有诸采木官监,并屡有凿渠以运薪炭材木之举,如京兆尹黎幹曾于永泰二年(766)自南山谷口"凿运水渠"[①]。此"运水渠"也应该是"运木渠"之误。

中唐以后,以采造代替官监,[②]采造山场就成为供材基地,如唐人邢汴曾任山场务判官、山场将、山场务都知官等职。[③]京兆附近也有此类山场,如盩厔山场曾为含元殿采造殿柱,其殿柱的运送过程尤可注意:"伐之倒,以俟三伏潦水涧流,方及谷口,千百夫运曳……急命千百人推曳渭流听下。"[④]据此可知,流水漂浮仍是关内巨木运送的主要方式,因为陆运只能通过千百夫拽一柱,"其下施毂"的办法,其运输成本昂贵,"终日不过三二十里","一材之费,已数十万工"[⑤]的描述也并不为过,也许这就是诸渠运木优先规定的法理所在。

唐中后期,京城长安仍离不开京兆之材,神策南山采造之设便是其证。唐文宗大和元年(827),"左神策军奏当军请铸南山采造印一面"[⑥]。此采造多指木材供应,如白居易《宿紫阁山北村》所记:"中庭有奇树……持斧断其根。口称采造家,身属神策军。"[⑦]神策南山采造的职责应是将南山材木采造运输入京,但在木材缺乏之时,军士竟然以采造之名闯入民宅伐树取材,说明京城木材不仅运输困难,采造也不容易。大和四年(830),"左、右神策军奏,当军于凤翔扶风县营

---

① 《新唐书》,中华书局,1975年,第4712页。
② 李锦绣:《唐代财政史稿》(上卷),北京大学出版社,1995年,第503—505页。
③ 吴钢主编:《全唐文补遗》(第5辑),三秦出版社,1998年,第440页。
④ 《太平广记》,中华书局,1961年,第547页。
⑤ 《新唐书》,中华书局,1975年,第3999页。
⑥ 《册府元龟》,中华书局,1960年,第678页。
⑦ 〔唐〕白居易:《白居易集》,中华书局,1979年,第10页。

田采造，宝鸡县采造斜谷，南山、吴山、宝鸡、扶风营田共四所，各请铸印，并可之。"①此段记载虽然涉及左右神策军的采造之所，却不易理解，推测是因为采造需要营田供粮，故请求赐印。从文意分析，凡有采造之所，就需营田，采造所与营田所基本一致，故不管是赐予营田印，还是采造印，所提到的斜谷、南山、吴山、扶风县，均可认为是两军采造材木之所。神策军为京城采造投入了相当兵力，据宋白《续通典》所记，左右神策军共154063人，其中左神策军外镇和采造有29603人，右神策军外镇和采造有19479人，总计有接近5万人参与采造，参与采造的将士数约占左右神策军15万人的1/3，②足见唐政府为保证京城的木材供应的确是做到力所能及的程度，而神策军通过掌握南山采伐和控制木材入京也达到掌控京城社会之目的。

为了摆脱神策军掌控材木供应的局面，唐政府也采取过一些措施，如《册府元龟》记唐文宗为限制宦官势力曾经推行收购贮蓄材木的办法供给京城，结果却由于盐铁转运使王播与判度支王涯交结宦官，以及神策军假托商人中纳材木，致使此项措施难以达到预期效果：

> （王）涯与判度支王播交结中尉王守澄，请托中纳材木，至开成元年正月，敕度支自此不得收贮材木。如或宣索，即以其直市供，诸色作料亦如之。先是，度支奏旧管右神策军及诸色人，假商人名中纳材木，计支价直三十三万二千四百余贯，所中材木，并无至者。御史台推鞠，皆涯、播之中纳，故有是命。③

唐政府欲寻找另一种供给京城长安材木的途径，以打破神策军以采造之名垄断京城材木供给的局面，却因为神策军冒充商人中纳材木，在虚耗数十万贯钱之后，收不到最初取材于他途的效果。随着王涯、王播等人在甘露事变中被杀，宦官掌政者连徒有虚名的限制神策军垄断材木的政策也被废止了。京城材木"以其直市供"在神策军掌握京城采造的情况下，也只是神策军控制京城材木供应权的遮盖布。

"紫檀出广州，黄杨出荆州"，此条揭示出京城贵重材木也采用专材专供的模式。紫檀深受唐人喜爱，唐人苏敬如此记载：紫檀"出昆仑盘盘国，虽不生中华，人间遍有之"④。"遍有"一词，说明唐人喜爱紫檀的程度，京城权贵集中，紫檀之器更为奢侈之辈追捧。但苏敬所言紫檀出昆仑国与本条之紫檀出广州并不一致，不仅如此，同为《唐六典》，记中尚署的紫檀来源又有不同，"其紫檀……出

---

① 《册府元龟》，中华书局，1960年，第678页。
② 〔明〕王祎：《大事记续编》，《四库全书》本。
③ 《册府元龟》，中华书局，1960年，第6119—6120页。
④ 苏敬：《新修本草》，安徽科学技术出版社，1981年，第359页。

广州及安南"①。又认为紫檀出广州和安南,比前又多出安南一地。之所以关于紫檀来源多有分歧,是因为记录者标准不同。从出产地的角度,紫檀多产自南海诸国,并非广州所产;从输入地来说,紫檀出广州又是指南海诸国之紫檀多由广州输入唐朝。长安紫檀来源亦不例外,原产地在南海诸国,输入地是广州。其运输渠道是由海舶运到广州进行贸易,再通过专职机构运送入京。

京城之黄杨来自荆州,唐僧远年之《兼名苑》记:"黄杨,色黄白,材坚者也。"②唐人段成式记录了唐人对黄杨的特殊认识:"黄杨木,性难长,世重黄杨以无火……为枕不裂。"③在唐人看来,黄杨有不少优点,材坚色黄白,是良材,尤其黄杨备受唐人青睐之优点是无火,这是建筑用材、制作器具的极佳材料。至于唐人以之制枕,也是其用途之一。正因为黄杨有如此好处,京城长安专门指定荆州供给其材。唐人李华《含元殿赋》也提及荆杨之材供给京城,如"下荆、杨之材",为桴为筏,经江汉、历河渭,运到长安,"交积于作宫之地"。④唐代荆州黄杨之情况不详,但与之相邻且地形气候相同的峡州既有青杨,又见黄杨之记载,如《太平广记》载:"青杨木,出峡中,为床,卧之无虫。"⑤又欧阳修《黄杨树子赋》序记:"夷陵山谷间多黄杨树子,江行过绝险处,时时从舟中望见之,郁郁山际,有可爱之色。"⑥欧阳修看到黄杨树遍地的夷陵,唐代称峡州,⑦与作为长安黄杨供应基地的荆州互为邻州,可见黄杨是荆州、峡州的共同物种,或许荆州黄杨特性优于峡州,也未可知。

三、唐代京城木材的制度性供应与非制度性供应

唐政府为保证京城长安的木材供给,推行专监专供和专材专供之法,从制度上保证行政中心对木材的需求,虽前后有所变化,但维持一种行之有效的木材供应制度一直是执政者建制立法的初衷,此可视为制度性供应。但是,现实的不确定性也为京城木材的非制度性供应留下空间,在某些时候,非制度性供应甚至由辅助性措施上升为主要供应手段。

在非制度性木材供应方面,市场供应和就近取材的方式占有相当比例。据《唐

---

① 《唐六典》,中华书局,1992年,第573页。
② 李增杰、王甫辑注:《兼名苑辑注》,中华书局,2001年,第85页。
③ 〔唐〕段成式:《酉阳杂俎》,上海古籍出版社,2000年,第694页。
④ 《全唐文》,中华书局,1983年,第3185页。
⑤ 《太平广记》,中华书局,1961年,第3282页。
⑥ 〔宋〕欧阳修:《欧阳修全集》,中华书局,2001年,第253页。
⑦ 《新唐书》,中华书局,1975年,第1028页。

六典》，钩盾署掌供邦国薪刍之事：

> 其和市木橦一十六万根，每岁纳寺；如用不足，以苑内蒿根柴兼之。其京兆、岐、陇州募丁七千人，每年各输作木橦八十根，春秋二时送纳。①

唐式规定："柴方三尺五寸为一橦。"②司农寺之木橦分成三个来源：一是京兆、陕、陇州募丁输入，7000人每人年输80根，达到56万根；一是和市获得，每年16万根；一是利用苑内蒿根柴就近供应，补充前二者之不足。前一种方式属于制度性供应，后两种属于非制度性供应的市场供应和就近取材，这虽然是薪刍的供应格局，而京城木材供应格局与其有类似之处。通过市场获得木材作为制度性供应的补充方式，曾经发挥出巨大作用，如唐太宗时君臣围绕官私木橦价格争议③，就是非常典型的市场供应方式。又开元年间，时任左拾遗的刘彤就提出伐木兴利之建议④，得到采纳。木材交易风气渐浓，甚至有人要买尽终南山树。⑤到天宝年间，又有前揭京兆尹置潭于西市以贮材木之事实，需要指出的是，所贮多属岐陇之材木，这些材木贮积于市场，其商业目的显然存在。

中唐以后，京城木材市场受到营建之风的影响，长安百姓有"木妖"之说，⑥其建筑用材多由市场购买。例如，大历十年（775）大兴善寺建文殊阁的木材来源：

> 破用及见在数如后：四千五百四十二贯五百四十五文，买方木六百一十根半；九百七十四千八百一十文，买橡柱槐木共八百四根……二百一十四千五百文，买栈七百束等用；七百四十六千二百二十五文，买柏木造门窗、钩栏等用。⑦

此次修造所用木材或为施舍，或为购买，购买所占比重较大，方木买入610.5根，占总数685.5根的89%；搏柱买入96根，占总数244根的39%；椽买入844根，占总数2414根的35%；栈买入700束，占总数的100%。通过统计发现，此次大兴善寺造阁使用木材，市场购买的比例远大于信众施入。我们注意到，就连受唐廷资助的佛寺建筑用材也主要来自市场，其他民用建筑更无须多言。有趣的是，大兴善寺不仅购买了610根方木，还卖掉了剩下的127根方木，扮演了既是买家又是卖家的角色，

---

① 《唐六典》，中华书局，1992年，第527页。
② 《资治通鉴》，中华书局，1956年，第6158页。
③ 〔唐〕杜佑：《通典》，中华书局，1988年，第4138页。
④ 《旧唐书》，中华书局，1975年，第2107页。
⑤ 《太平广记》，中华书局，1961年，第4062页。
⑥ 《册府元龟》，中华书局，1960年，第1928页。
⑦ 〔唐〕圆照：《代宗朝赠司空大辩正广智三藏和上表制集》，见《大正藏》（第49册），大正新修大藏经刊行会，1979年。

某种程度上也说明唐人对于木材商品属性的认识。正因如此，经营木材甚至成为长安商人迅速致富的手段之一。如唐德宗建中前后，窦义在长安从种榆树开始，靠卖束柴屋椽起家，鬻车轮榆材得利，他投资法烛当薪，为陆博局提供木材，从而成为京城富商。[1]窦义能成为富甲一方的商人，根本原因在于长安木材市场蕴藏着巨大商机，虽说是小说家之言，但亦能透露出时人对木材市场的些许看法。凑巧的是，诗人元稹的《估客乐》也提到"大儿贩材木，巧识梁栋形"[2]。

长安木材交易活跃，也引起唐政府的注意。前引判度支王播、盐铁转运使王涯执政期间也曾有以33.24万贯钱于京城收贮商人材木之举措，目的就是要依靠木材市场、木材商人的力量来打破神策军垄断长安木材供应的局面。虽然由于神策军士假冒商人从中破坏而无法达到初衷，毕竟执政者是看到长安木材市场的无限潜力，才会有此决策。因为京城木材市场吞吐量大，某些官员甚至提出征收竹木税之建议，如赵赞于建中三年（782）提议："竹木茶漆皆什一税之。"[3]唐德宗后来虽下诏罢免其税，但竹木税能与茶税并列之现象自有其社会现实依据，不须讨论竹木税的征税对象是公、私材木的哪一项，只从竹木税能列入政府救困之策来说，其利益一定非同小可。

就近取材的原则也是唐代木材供应的一般法则，不管是水利堤堰内外种榆柳杂树以充堤堰之用的法令[4]，还是桥道侧近州县采造木材以备用的规定，都强调就近取材。虽然唐代有京城四郊三百里不得采捕的成规，但在木材时有所缺的长安，就近取材的原则在唐代长安木材供应格局中也时有表现，如长安城出现专门以种树为业和卖树苗成名者。[5]民众房前屋后植树无疑有利于就近取材，而且经济林和观赏林也有用材价值。如前述以苑内蒿根柴补京城用柴之不足，就是遵循树木自然生长规律的合理用材之法。森林、树木的木材蓄积量在一定范围内是可再生的，有节制的利用属合理采取，而无节制的滥砍滥伐才会导致林源枯竭。

除市场供材和就近取材之法以外，属于非制度性供应的木材供给途径还有很多，诸如馈赠、贿赂等，都可以是京城木材的供应渠道。就木材馈赠而言，既有地方政府为某事的进助，如杨于陵任地方官有"进助山陵材木"[6]之举动；也有个人向

---

[1] 《太平广记》，中华书局，1961年，第1875页。
[2] 〔唐〕元稹：《元稹集》，中华书局，1982年，第269页。
[3] 《旧唐书》，中华书局，1975年，第335页。
[4] 牛来颖：《天圣营缮令复原唐令研究》，见《天一阁藏明钞本天圣令校证附唐令复原研究》，中华书局，2006年，第671页。
[5] 〔唐〕柳宗元：《柳宗元全集》，上海古籍出版社，1997年，第145页。
[6] 〔宋〕欧阳修：《欧阳修全集》，中华书局，2001年，第5312页。

政府的捐助，如长庆四年（824）波斯大贾李苏沙进沉香亭子材[①]；还有私人之间的赠送，如任职于出材之乡的岐州司功参军李义琎，因其兄李义琰宅无正寝，遂购买堂材送于京城。[②]各种情况，不一而足。

唐代京城木材供应表现出几个特点：供应方式多样，既有制度性的专监供应和专材专供，也有非制度性之市场供材和就地取材；取材之地分散，既有关内之京兆岐陇，又有关外之岚胜荆广；供求矛盾突出，求大于供的局面一直存在；管理机构多变，由前期的少府监转而归神策军；运输渠道不畅，多以水运为主，天然河道必须辅之以人工漕渠，漕渠开掘困难重重。总体而言，京城木材需求旺盛，考验唐朝木材的供应能力；京城木材大量消耗，则考验生态环境的承受能力。不仅有唐一朝受此问题困扰，历朝历代概莫能外，城市与原料供应问题的平衡点应该落在哪里，不仅是对古人的考验，也考验后来者。

原载《陕西师范大学学报》（哲学社会科学版）2013年第1期

（贾志刚，西北大学历史学院教授）

[①] 《册府元龟》，中华书局，1960年，第5477页。
[②] 《旧唐书》，中华书局，1975年，第2757页。

繁荣兴旺：《太平广记》所见唐都长安的经济意象

张林君

作为大唐的首都，长安不仅是唐人普遍向往的神圣之地，也是当时域外民族心向往之的"万方朝宗"之地，这在以长安为吟咏对象的唐人诗词歌赋中多有反映。阐释唐朝长安的文化意象，学者已经进行过有益的尝试，且取得相当的成绩。不过，就学界已经出现的相关研究成果来看，它们多是从文学与建筑学角度对唐都长安城城市建筑布局的景观意象进行描述或解析[①]。至于以历史的眼光，从城市的社会经济视角对"长安意象"进行剖析者，也不在多数。[②]基于此，本文拟以《太平广记》为核心资料，通过对其中相关小说故事之解读，分析唐朝长安社会经济方面的内容，并揭示其蕴含的唐都长安经济意象，或有裨于唐史研究之进一步展开。

一、解说《太平广记》中长安的经济意象

谈一座城市的意象，正如凯文·林奇在《城市意象》中说："从本质上来说，

---

① 关于唐都"长安意象"，从文学角度进行研究的相对较多，如杨颖的《晚唐诗歌中的长安意象》（《宜春学院学报》2010年第9期，第122—125页）、高天成的《唐诗中的长安文化符号及其意蕴之美》（《唐都学刊》2011年第1期，第1—4页）、汪枫的《唐诗中的长安意象研究》（硕士学位论文，广西师范大学，2011年）、张建华的《唐长安城市意象研究》（硕士学位论文，南京师范大学，2013年）、[日]泉佑二的《日本文学中的"长安"意象——唐文化在日本文学中的接受与影响研究》（硕士学位论文，陕西师范大学，2015年）、张慨的《唐代诗画中的长安意象》（《艺术百家》2017年第2期，第169—177页）等；从建筑学角度进行研究的相对较少，如吕宁兴的《唐长安城市审美气象研究》（博士学位论文，武汉大学，2011年）、李志红的《论长安城的意象之美》（《郑州大学学报》2017年第1期，第19—22页）等。

② 前人对唐代长安经济的研究成果有武复兴的《唐长安的市场和商业》（《西北大学学报》1985年第2期，第41—43、112页）、曹尔琴的《唐长安的商人与商业》[见《唐史论丛》（第2辑），陕西人民出版社，1987年，第118—136页]、薛平拴的《隋唐长安商业市场的繁荣及其原因》（《陕西师范大学学报》2006年第3期，第89—95页）、《论唐都长安的金融业》[见《唐史论丛》（第8辑），三秦出版社，2006年，第296—321页]等。

城市自身是复杂社会的强有力的象征，如果布置得当，它一定会更富表现力。"①唐都长安作为唐政治、经济、文化、军事中心，其所承载的社会功能，以及它作为"复杂社会的强有力的象征"，远非其他城市可以比拟。可以说，长安意象乃是唐代城市意象的最高代表和集中体现；同时，又因为长安作为首都具有其特殊性，因此其城市意象的内涵，又与其他城市有着根本性的区别。从经济角度来看，长安实力之雄厚，首屈一指，仅以人口而论，盛唐时常住居民就超过100万，在当时的世界上独一无二。如此众多人口的衣、食、住、行，都对长安的经济构成巨大压力，而能够承担这种经济上的压力，又反过来证明了唐朝长安城市的经济发达程度。

在凯文·林奇的地理研究中，"我们不能将城市仅仅看成是自身存在的事物，而应该将其理解为由它的市民感受到的城市"②。城市的概念不仅包括它是一种现实存在，还包括其内部市民对该城市的感受。也正如任何客观事物都不可能进行自我体验，城市的可意象性的物质形态被大多数城市居民感知后，得到公众几近达成共识的城市意象。研究者要把握唐都长安意象，就要尽力体悟当时长安城市居民感知到的这种公众性的意象。"迄今为止，我们对城市意象中的物质形态研究的内容，可以方便地归纳为五种元素——道路、边界、区域、节点和标志物。"③如果以唐都长安来看，"道路"为城中大型街道以及诸坊间街道，"边界"可以理解为宫墙、市墙、坊墙和京城外围城墙，"区域"指的是宫城、皇城以及郭城中的坊和市等有范围的地方，"节点"指的是宫门、市门、坊门和城门，"标志物"代表的独特建筑景观就较多了，比如兴庆宫、大明宫、曲江池、芙蓉园、慈恩寺等。而且，这五种元素类型都不是孤立存在的，是互相关联的，它们不仅构成了长安的形制，也与当时社会经济场景中的人发生联系，人们在其具有主观能动性的经济行为中表现出对城市元素的共性感知或透露出特性需求，这就是以长安城市意象为视角来呈现唐长安的社会经济变迁。

体会长安意象不仅仅是通过城市建制，这个过程更多地需要唐人的活动来填充和丰富，感受长安的经济意象也是如此。作为宋人所编一部大型类书，《太平广记》是一部中国古代纪实小说之汇总性文集，也是一部反映唐人社会生活风貌的百科全书，是具有史学研究价值的珍贵史料，其中与唐代长安及城中坊市、街道、城门等地名位置有关的人的日常活动记载颇多。《太平广记》虽因收录之神仙鬼怪类故事所占比重最大，故世人每以荒诞不经之传奇小说目之，然而，"文学即

---

① ［美］凯文·林奇：《城市意象》，方益萍、何晓军译，华夏出版社，2001年，第3—4页。
② ［美］凯文·林奇：《城市意象》，方益萍、何晓军译，华夏出版社，2001年，第2页。
③ ［美］凯文·林奇：《城市意象》，方益萍、何晓军译，华夏出版社，2001年，第35页。

人学","小说把人们所能做到的、看到的、想到的一切都变成描摹的对象。小说不但描摹一切，而且把一切都融入人生的故事之中。唯其如此，《太平广记》的价值，亦非小说史的研究所能牢笼"[1]。无论高高在上、令世人羡慕之神仙，还是面目狰狞、令百姓畏惧之精怪，实则皆出于人的创造，根本上还是对俗世社会扭曲性或夸张性的映射，显现了当时人心的欲求。因此，透过怪诞无稽之故事表象，完全可以挖掘出背后所隐藏之真实意涵，有助于从另一侧面窥探古代社会历史之真相。我们在把握长安意象的过程中，正可以通过《太平广记》里唐长安人的社会经济活动了解唐代长安社会经济情况，利用这些线索对唐都长安经济意象有所概括。

二、《太平广记》中长安的商品交易与经营

《太平广记》所载唐都长安经济意象方面的故事甚伙，可谓不胜其数，最多者为反映长安商品交易市场的故事。人们交易的商品种类丰富，经营的行肆形式多样，而且各种行商坐贾在长安的东市、西市、坊间、街道、城门处都可以见到。

（一）动物交易

在长安，活口与大型动物，如水产、家禽、牛马驴驼等都可以成为交易的商品，供人食用、娱乐与役使。太府卿崔公在长安"过天门街，偶逢卖鱼甚鲜。崔公都忘陈君之言，曰：'此去亦是闲人事，何如吃鲙。'遂令从者取钱买鱼，得十斤"[2]。唐代长安的天门街简称天街，它从皇城的朱雀门延伸开去，是长安一条南北向的中轴大街，皇帝由此街到达城南祭天，可见在天门街这样的城市主干道边能够买到大量的可食用鱼类。玄宗喜欢民间斗鸡戏，在长安设立了鸡坊："上之好之，民风尤甚，诸王世家，外戚家，贵主家，侯家，倾帑破产市鸡，以偿鸡直。都中男女以弄鸡为事，贫者弄假鸡。"[3]这种"倾家荡产"迎合斗鸡风尚的描写夸张且形象，也让我们看到了买卖鸡的疯狂场景。任氏让郑子在长安买卖马，从中获利，"郑子如市，果见一人牵马求售者，青在左股，郑子买以归"。当郑子卖马时，先是因价格不合适，没有卖成，后来"郑子乘之以归，买者随至其门……遂卖"[4]，则郑子的马在其家门口被卖出。《太平广记》关于唐代长安动物交易的情景有较多记载，不再胪举。长安的东西两市是人们进行商品交易的场所，但动物是活体动产商

---

[1] 张国风：《〈太平广记〉史话》，国家图书馆出版社，2015年，第1页。
[2] 《太平广记》，中华书局，1961年，第1125页。
[3] 《太平广记》，中华书局，1961年，第3992页。
[4] 《太平广记》，中华书局，1961年，第3695页。

品，它们的交易地点逐渐变得比较灵活，比如在街道与坊内。

（二）奢侈品交易

商品中较为特殊与昂贵的就是奢侈品。唐都长安开放包容，吸引了很多外国商人，商人中的波斯人和大食人在当时被称为"胡人"，他们擅长鉴宝，愿意以高价得宝，起初在长安西市开设有经营珠宝玉石奢侈品的邸店，后来这种商业经营进入里坊，延寿坊成为交易奇珍异宝和汇集玉石工匠之地。

长安的珠宝玉石奢侈品交易品种除了金银等贵金属，也有令人大开眼界的宝物。比如胡人贵蚌珠而轻蛇珠。长安至相寺有个贤者，"因于蛇出之处，得径寸珠。至市高举价，冀其识者。数日，有胡人交市，定还百万。贤者曰：'此夜光珠，当无价，何以如此酬直？'胡云：'蚌珠则贵，此乃蛇珠，多至千贯。'贤者叹伏，遂卖焉"[1]。

西市与延寿坊成为长安珠宝玉石奢侈品交易的场所。李林甫赠送给一僧人"如朽钉，长数寸"的"宝骨"，僧人"遂携至西市，示于胡商……胡人曰：'此宝价直一千万。'遂与之"[2]。又"果有延寿坊鬻金银珠玉者"[3]。可见延寿坊出现了卖金银珠玉的店，还有会鉴宝的能人，见于窦义的故事。"亮语义曰：'亮攻于览玉，尝见宅内有异石，人罕知之。是捣衣砧，真于阗玉，大郎且立致富矣。'义未之信。亮曰：'延寿坊召玉工观之。'玉工大惊曰：'此奇货也……'"[4]

为何在延寿坊能够出现珠宝玉石奢侈品交易呢？且看长安城的宫城坊里布局就可以知晓。延寿坊在西市东北方向，再向东是朱雀街，北接皇城，南抵诸坊，又靠近皇城的含光门、朱雀门、安上门，可谓离富贵皇城咫尺之遥。从唐高宗以后，皇帝迁至位于皇城东北方的大明宫起居听政，唐玄宗时又改至皇城东部的兴庆宫起居听政，所以官僚贵族以及宦官争相在皇城以东的各坊置办住宅，以为上朝之便，朱雀街以东更加成为地价高的"贵人区"。因此，朱雀街以西更大众化，交易市场相对热闹。延寿坊正是在东西市、皇城与"贵人区"环绕之中，并且靠近金光门至春明门（皇城南第一大街）之交通要道，它成为人们奢侈品交易在西市外的不二选择之地。

---

[1]《太平广记》，中华书局，1961年，第3739页。
[2]《太平广记》，中华书局，1961年，第3251页。
[3]《太平广记》，中华书局，1961年，第542页。
[4]《太平广记》，中华书局，1961年，第1877页。

（三）日常生活用品经营

不仅仅是奢侈品交易，"开元天宝年间商业中日常生活必需品的交易种类和交易量都大大增多了，这意味着有更多的普通民众卷入商品经济活动之中"①，人们的日常生活用品也可通过交易获得。在衣方面，纺织业和衣肆发展起来。王仙客家的仆人塞鸿赎身为平民后，"贩缯为业"②。扶风窦氏向神巫询问丈夫王愬下落，神巫让她不要担心，"（王愬）今日在西市绢行举钱，共四人长行"③。"缯"和"绢"是纺织产品，可用来制衣。私营手工生产在市内形成了作坊，塞鸿和王愬以此谋生营利，也说明当时市场上这两种纺织产品的买卖比较流行。长安西市有专门卖成品衣服的衣肆，如郑子寻找任氏，"入西市衣肆，瞥然见之"，而任氏"竟买衣之成者，而不自纫缝也"。④

在饮食方面，面食饼类生意进入里坊。长安的饼类，不仅仅是狭义范围的饼，而且包括类似于我们今天的馒头、馅饼、面条、煎饼等。如"邹骆驼，长安人，先贫，尝以小车推蒸饼卖之"⑤。除了本地人卖蒸饼，"有举人在京城，邻居有鬻饼胡"⑥；京城还有卖饼的胡人，他们在坊内开设饼店⑦，可以卖胡饼，如："贺知章，西京宣平坊有宅。……老人即以明珠付童子，令市饼来。童子以珠易得三十余胡饼，遂延贺。"⑧由上可推知，京城面食的风格多样，而且这样的食店也并不都集中在市。国子监有位中明经科的人在梦中见到一人，此人预言明经明年春天及第，"明经遂邀入长兴里饆饠店，常所过处"⑨。其梦醒之后又与店主交谈，说明此饆饠店确实开设在坊间且经久不衰。饆饠即少数民族地区传入的带馅面点。"唐郎中白行简，太和初，因大醉，梦二人引出春明门。至一新冢间，天将晓而回。至城门，

---

① 郑学檬、杨际平、陈明光等：《中国经济通史》（第4卷），湖南人民出版社，2002年，第689页。
② 《太平广记》，中华书局，1961年，第4003页。
③ 《太平广记》，中华书局，1961年，第2883页。
④ 《太平广记》，中华书局，1961年，第3693、3696页。
⑤ 《太平广记》，中华书局，1961年，第3216页。
⑥ 《太平广记》，中华书局，1961年，第3243页。
⑦ 《太平广记》卷四五二《狐六》"任氏"条："既行，及里门，门扃未发。门旁有胡人鬻饼之舍，方张灯炽炉。郑子憩其帘下，坐以候鼓，因与主人言。"参见《太平广记》，中华书局，1961年，第3693页。
⑧ 《太平广记》，中华书局，1961年，第263页。
⑨ 《太平广记》，中华书局，1961年，第2209页。

店有鬻饼馎饦者。"①在白行简的梦境中，卖馒头烧饼的店开设于城门处，虽然这是梦境，但也透露出在人流量大的城门处开店的合理性。春明门是从长安到灞桥最近的城门，人们由此可经灞桥到蓝田以及去向东方和东南各地，这是长安与洛阳、扬州等地人们互相往来的必经之门。

此外，日常生活其他方面的行肆之数不可胜计。比如卖古代典籍的坟典肆。李娃愿公子能够重新振作考取功名，带着他"至旗亭南偏门鬻坟典之肆，令生拣而市之，计费百金，尽载以归"②。又如，贺知章在坊里见到一个面相不凡的老人，便"询问里巷，皆云是西市卖钱贯王老，更无他业"③。钱贯即穿钱所用的绳子，铜钱外圆内方，用绳子贯穿，方便携带与保管。此外还有西市的秤行④、麸行⑤、秋辔行⑥、凶肆⑦等，不一而足。

值得一提的还有买卖药品。除了在东、西市有固定经营场所的药材店铺外，还有许多走街穿巷、流动性的药品商贩。例如一位不知姓名、"多于城市笑骂人"的"卖药翁"⑧，曾到长安街头卖药，实际上，这个被认为是神仙的"卖药翁"，不过是掌握一些医技或持有几个"单方""偏方"的江湖郎中的形象缩影，他们为了挣钱养家糊口，而不得不四处游走。再如，扬州人刘白云，曾得异人传授，后来游行江湖，"乾符中，犹在长安市中卖药"⑨。又如，唐玄宗开元年间，居住于长安延平门内的裴氏兄弟，贫穷而乐善好施，曾善待一乞讨老者，询问老者从事何业，老者答曰："以卖药为业。"⑩类似的故事还有许多。毋庸讳言，这些都是传奇性"神仙"故事，不必写实，但故事的形成必然有其相对应的社会土壤。如果长安东、西市中并不存在那些依靠贩卖"灵丹妙药"的流动性商贩，则断然不能出现这类故事。

---

① 《太平广记》，中华书局，1961年，第2258页。
② 《太平广记》，中华书局，1961年，第3990页。
③ 《太平广记》，中华书局，1961年，第263页。
④ 《太平广记》卷二四三《治生》"窦乂"条引《乾馔子》："先是西市秤行之南，有十余亩坳下潜污之地，目曰小海池。"参见《太平广记》，中华书局，1961年，第1877页。
⑤ 《太平广记》卷四三六《畜兽三》"张高"条引《续玄怪录》："牵入西市麸行，逢一人，长而胡者。"参见《太平广记》，中华书局，1961年，第3548页。
⑥ 《太平广记》卷一五七《定数十二》"李君"条引《逸史》："可西市秋辔行头坐。"参见《太平广记》，中华书局，1961年，第1130页。
⑦ 《太平广记》卷四八四《杂传记一》"李娃传"条引《异闻录》："邸主惧其不起，徙之于凶肆之中。"参见《太平广记》，中华书局，1961年，第3987页。
⑧ 《太平广记》，中华书局，1961年，第263页。
⑨ 《太平广记》，中华书局，1961年，第180—181页。
⑩ 《太平广记》，中华书局，1961年，第215页。

还有一些依靠在西市卖药而致富者，如："长安完盛日，有一家于西市卖饮子，用寻常之药，不过数味，亦不闲方脉，无问是何疾苦，百文售一服，千种之疾，入口而愈。常于宽宅中，置大锅镬，日夜锉斫煎煮，给之不暇。人无远近，皆来取之，门市骈罗，喧阗京国，至有赍金守门，五七日间，未获给付者。获利甚极。"①只有在西市这样人口密集的地方，才可能"门市骈罗，喧阗京国"，如果地处居民区的坊里，则未必会有那么多的登门求医者。正是由于来往西市的人员众多，才导致"给之不暇"，甚至手持金钱等待六七天才能拿到汤药。

（四）银行业经营

唐中叶以前，以实物交易为主。当商业发展到一定的程度，商人开店携带大量货币不甚安全，有人就设置固定机构代客商保管财物，以此收取柜租。商人需要用财物时，再凭信物提取。这种存放贵重物品并能兑出钱财的柜坊经营应运而生，成为我国银行的雏形。《太平广记》中出现了"柜坊"：胡人米亮"谓义曰：'……又西布柜坊，鏁钱盈余，即依直出钱市之'"②。可见经营柜坊营利颇大，难怪米亮建议窦义速速买下来。

还有与柜坊功能类似的场所。"李子有货易所，先在近，遂命所使取钱三十千，须臾而至。"③李黄派仆人去近处的"所"取来三十千钱，仆人马上就取来了。这里的"所"能够凭李的存放物给他兑换现钱，而且出钱速度很快，钱的数目也多，虽然没有确指"所"是否为柜坊，但是功能差别不大。公子在李娃家生活，"囊中尽空，乃鬻骏乘及其家童。岁余，资财仆马荡然"，又要随李娃去庙里祭祀祈祷，"乃质衣于肆，以备牢醴"。④公子将衣物在肆中当了，否则就没有财力筹备祭品。这里没有写明肆的功能，可是公子"质衣于肆"后却有了钱。以上说明所和肆可能还具有抵押、典当功能。

长安城中，能够进行典当交易的是寄附铺。住在长安胜业坊的霍小玉本是霍王的小女儿，为探寻情郎李益的消息散尽资财，因此生活拮据，"往往私令侍婢潜卖箧中服玩之物，多托于西市寄附铺侯景先家货卖。曾令侍婢浣沙，将紫玉钗一只，诣景先家货之"⑤。小玉常常私下让侍女偷偷去卖掉箱子中的服装和玩赏的东西，大

---

① 《太平广记》，中华书局，1961年，第1679—1980页。
② 《太平广记》，中华书局，1961年，第1877页。
③ 《太平广记》，中华书局，1961年，第3751页。
④ 《太平广记》，中华书局，1961年，第3986、3987页。
⑤ 《太平广记》，中华书局，1961年，第4009页。

多是托西市侯景先变卖,而寄附铺就类似于代人出售旧物的场所。

柜坊与寄附铺存在于唐代实物交易与钱币交易的转换时期。官府欲禁断私铸恶钱的不利后果,交换媒介仍以布帛为重,但元和七年(812)户部王绍等人就奏闻:"伏以京都时用多重见钱。"[1]随着钱币在通流中平衡物价的作用逐渐明显,柜坊的业务又利于商贸的开展,长安人民对发展柜坊与货币的需求会越来越大,这促进了唐代银行业的兴起。

(五)旅店业经营

柜坊能代人存钱物,而且来往于长安的商人还可以在邸店落脚,这是因为唐代邸店不仅能够供人住宿与存物,也是进行货物贸易之所。仅就提供住宿功能的邸店来说,经营邸店、客舍这样的坐贾商人,可谓富甲一方,西京怀德坊富商邹凤炽"其家巨富,金宝不可胜计,常与朝贵游,邸店园宅,遍满海内,四方物尽为所收"[2]。供人住宿的邸店兴盛,足见长安的旅店业发展可圈可点。

旅店可在长安四围的城门外设置,方便出入长安城的人居住。"太和初,沈亚之将之邠,出长安城,客索泉邸舍。"[3]邠州在长安的正北方向,猜想"索泉邸舍"在长安以北。长安东边也有旅店,"唐卢氏子不中第,徒步及都城门东。其日风寒甚,且投逆旅"[4]。"近代有士人应举之京,途次关西,宿于逆旅舍小房中……明日相与还京。公主宅在怀远里"[5],根据怀远里在长安城中的位置以及书生和公主第二天就到达来看,关西的旅舍就在长安西边不远处。秦川富家少年收到一封骗他钱财的信,信中指明让他去的地点是"出于春明门外逆旅"[6],可见春明门外有处旅舍。唐德宗建中年间朝中租庸使刘震面对泾原兵变,安排外甥王仙客出长安城,"乃装金银罗锦二十驮,谓仙客曰:'汝易衣服,押领此物,出开远门,觅一深隙店安下;我与汝舅母及无双,出启夏门,绕城续至。'仙客依所教,至日落,城外店中待久不至。城门自午后扃锁,南望目断,……仙客失声恸哭,却归店。三更向尽,城门忽开,见火炬如昼,兵士皆持兵挺刃,传呼斩斫使出城,搜城外朝官。仙客舍辎骑惊走,归襄阳,村居三年"[7]。若城门处火炬光亮与兵士呼喊声都能感受真切,

---

[1]《旧唐书》,中华书局,1975年,第2103页。
[2]《太平广记》,中华书局,1961年,第4062页。
[3]《太平广记》,中华书局,1961年,第2248页。
[4]《太平广记》,中华书局,1961年,第2005页。
[5]《太平广记》,中华书局,1961年,第2397页。
[6]《太平广记》,中华书局,1961年,第1839页。
[7]《太平广记》,中华书局,1961年,第4002—4003页。

则王仙客逃到开远门外的旅舍离长安城很近,而且这家旅舍能够容纳他的二十驮宝物,看来占地面积很大。

长安的旅店是多种经营为一体且客流量、信息量大的场所。宰相马周发迹之前,身世凄苦,虽然有学识,但不被人关注。"西至新丰,宿旅次。主人唯供设诸商贩人,而不顾周。周遂命酒一斗,独酌。所饮余者,便脱靴洗足,主人窃奇之。因至京,停于卖馉饨肆。数日,祈觅一馆客处,媪乃引致于中郎将常何之家。媪之初卖馉也,李淳风、袁天纲尝遇而异之。"①这个故事讲述了马周从新丰的旅店辗转到长安,在卖蒸饼女老板的店铺里留宿,后来他想找个做门客的地方,卖蒸饼的女老板帮他引荐给中郎将常何。此故事透露出旅店的特点:其一,从材料中这两家旅店来看,至少有两个功能,即供人住宿和餐饮;其二,旅店的客源从商贩扩大到平民;其三,旅店的客流量、信息量大,这也就无怪女老板熟识常何,能为马周做门客"牵线搭桥",还被李淳风、袁天纲遇到。正是由于长安经济发展兴旺,京城的旅店业如火如荼,且能令人发家致富,所以出现了功能多样的旅店,同时带动其他行业的发展。

(六)酒肆经营

邸店中还有酒肆。唐建中三年(782)开始官方榷酒,抑制私人酿酒,但"以京师王者都,特免其榷"②,于是长安酒业发展拥有了优厚条件。得益于社会经济的高度繁荣,唐都长安的酒肆业格外发达,这从长安东、西市中颇多酒肆就可以得到说明。如李淳风预言有七个婆罗门僧人明日将会在西市饮酒,太宗命人去看是否应验,结果果然如此:"有婆罗门僧七人,入自金光门,至西市酒肆,登楼,命取酒一石。持碗饮之,须臾酒尽,复添一石。"③穆将符纵逸自放,好饮酒,其好朋友姚生在东市经营一间酒肆,穆将符经常往来其家,"饮酒话道"④。由于长安酒肆众多、饮酒成风,故而有"争如且醉长安酒"⑤"曲江宴饮"之类的吟咏。

经营酒肆已然突破市的规定。如王鄩"又其年至长安开化坊西北角酒肆中,复

---

① 《太平广记》,中华书局,1961年,第1719页。
② 《旧唐书》,中华书局,1975年,第2130页。
③ 《太平广记》,中华书局,1961年,第479页。
④ 《太平广记》,中华书局,1961年,第275页。
⑤ 《太平广记》卷八三《异人三》"贞元末布衣"条引《潇湘录》:"贞元末,有布衣,于长安中游酒肆,吟咏以求酒饮。至夜,多酣醉而归。旅舍人或以为狂……布衣又吟曰:'有形皆朽孰不知,休吟春景与秋时。争如且醉长安酒,荣华零悴总奚为。'老叟乃欢笑,与布衣携手同醉于肆。"参见《太平广记》,中华书局,1961年,第536—537页。

见任公。问其所舍，再往谒之，失其所在矣"①，说明长安开化坊中已有酒肆。这里还有悬酒招旗的旗亭，同样经营酒肆生意。咸通九年（868），同昌公主出嫁，住在广化里，"时有中贵人，买酒于广化旗亭"②。而如上述所言，作为居民区的坊出现酒肆经营，其意义不同寻常，可视为中国古代商业进一步发展的重要标志，因为这可能意味着坊与市之间已无严格的界限，商业经营开始进入居民区。

《太平广记》关于唐都长安的商品交易与经营的描述体现出以下三点内容：首先，商品交易与行肆经营的种类涉及生活的方方面面，可谓内容广泛，大小生意都能满足人们对物质与精神的需求；其次，行肆经营的主题明确精细，经营相同或相近生意的行肆在地理位置上也集中，甚至产生了某店肆在某坊专营的场面，亦有经营主题可合并兼容的店肆，为人们提供形式多样的一站式周到服务，如邸店与酒肆联结的住宿餐饮组合；最后，长安的商品交易与行肆经营的规模有一定的变化，其地点从城中的市扩张到里坊与城郊，还不乏行商，而且有些行业逐步形成完整的生产、加工和销售一体的经营链条模式，并带动了其他行业的资源流通与整合。

三、《太平广记》中长安经济的特征

通过品读《太平广记》对长安商品交易与经营的记载，可发现长安经济的特征，具体表现为：逐渐完善的劳动力市场，皆所积集的交易市场，广泛多样的商业经营对象。

（一）逐渐完善的劳动力市场

长安的劳动力市场有一种现象是短佣，顾名思义，即雇佣人来做短期工作。如，窦乂"雇日佣人，于宗贤西门水涧，从水洗其破麻鞋。曝干，贮庙院中……西市买油靛数石，雇庖人执爨。广召日佣人，令锉其破麻鞋，粉其碎瓦，以疏布筛之，合槐子油靛。令役人日夜加工烂捣，候相乳尺，悉看堪为挺，从臼中熟出。命工人并手团握，例长三尺已下，圆径三寸。垛之得万余条，号为法烛"③。可见这些重复性工作并不复杂，只是有时候会需要大量人手。辛苦的工作会耗时较久。除了日佣，也可以月为计。"寿州唐庆中丞栖泊京都，偶雇得月作人，颇极专谨，常不言钱。"④再者，短佣人出卖劳力，雇主需付给费用。如，公子因李娃欺骗，流浪街

---

① 《太平广记》，中华书局，1961年，第559页。
② 《太平广记》，中华书局，1961年，第1826页。
③ 《太平广记》，中华书局，1961年，第1876—1877页。
④ 《太平广记》，中华书局，1961年，第547页。

头,"由是凶肆日假之,令执穗帷,获其直以自给……其东肆长知生妙绝,乃醵钱二万索顾焉"①。最后,短佣人可在坊内寻找。如,辛察同意送黄衫人出城,找一个拉车的脚夫,"(辛)察思度良久,忽悟其所居之西百余步,有一力车佣载者,亦常往来,遂与黄衫俱诣其门"②。可见坊内有居民可能就在从事短佣工作。

除了短佣,长安还出现一些专业性或行业性的劳动力市场,如长安通化门附近作为车辆制造和修理的集散地,俨然已成"车工"汇聚之所,据《太平广记》卷八四《奚乐山》云:

> 上都通化门长店,多是车工之所居也。广备其财,募人集车,轮辕辐毂,皆有定价,每治片辋,通凿三窍,悬钱百文,虽敏手健力器用利锐者,日止一二而已。有奚乐山者,携持斧凿,诣门自售,视操度绳墨颇精,徐谓主人,幸分别辋材,某当并力。主人讶其贪功,笑指一室曰:"此有六百片,可任意施为。"乐山曰:"或欲通宵,请具灯烛。"主人谓其连夜,当倍常功,固不能多办矣。所请皆依。乐山乃闭户屏人,丁丁不辍。及晓,启主人曰:"并已毕矣,愿受六十缗而去也。"主人洎邻里大奇之,则视所为精妙,锱铢无失。众共惊骇,即付其钱,乐山谢辞而去,主人密候所之。其时严雪累日,都下薪米翔贵。乐山遂以所得,遍散与寒乞贫窭不能自振之徒,俄顷而尽。遂南出都城,不复得而见矣。③

从中可以看到,长安"通化门长店"俨然为车辆制造和修理的工厂,不仅车辆部件的制造和车辆组装皆有相应的定价("轮辕辐毂,皆有定价,每治片辋,通凿三窍,悬钱百文"),而且对所加工的部件也有具体要求("每治片辋,通凿三窍")。另外,从中可以看到,前来应征的工匠必须手艺精良。正是由于对车辆部件加工的技术要求比较严苛,因此"虽敏手健力、器用利锐者,日止一二而已",意即技术娴熟、精力充沛且工具精良的工匠,每天也不过完成一两件而已。

还有一个问题,就是长安通化门附近何以成为"车工"汇聚之所?其中原因值得深究,必须联系通化门的特殊地位进行考虑。通化门始建于隋朝初年,唐肃宗至德三年(758)一度改称达礼门,不久恢复原名。通化门位于长安外郭城东面偏北,西对皇城延喜门、安福门及郭城西面偏北的开远门,南距春明门大约2110米。通化门初建时,并无特别之处。唐高宗永徽五年(654),通化门始起楼观。此后,伴随着大明宫逐渐取代太极宫成为大唐皇帝的长居之地和皇城的政治中心,通化门的

---

① 《太平广记》,中华书局,1961年,第3988页。
② 《太平广记》,中华书局,1961年,第3073页。
③ 《太平广记》,中华书局,1961年,第541—542页。

地位日渐凸显。唐玄宗开元二十年（732），通化门内又修建夹城复道，由于通化门临近"东内"大明宫、"南内"兴庆宫，兼之可以通过平遥城复道，由大明宫经过通化门，就可以直通兴庆宫、曲江、芙蓉园，因此，通化门成为除明德门之外，皇帝出入宫城的一座重要外郭城门。既然通化门成为出入的重要通道，故来往其间的车辆势必络绎不绝，这就造成了对"车工"——车辆修造人员的需求。因为无论是车辆的雇用与驾驶，还是车辆的制造和维修保养，都需要掌握一定车辆修造技术的人。

当然，通化门附近成为"车工"汇聚之地，主要还是因为这里作为重要交通孔道，每天都有大量的车辆出入。[①]通化门的车流量为何如此之大？这又与通化门在交通路线上所处的特殊位置有直接关系。有唐一代，从首都长安通往东都洛阳的官道只有两条。通化门则为南路的起点，凡从长安出发启程前往洛阳或洛阳以东地区，多数都以通化门为始发地；同样，从洛阳或洛阳以东地区前来长安，也以通化门为重要落脚点。通化门作为往来长安人群的集散地，不仅带动了附近地区旅店业的发展，也直接使通化门附近地区成为交通车辆汇聚的渊薮。来往出入通化门的各色人员，虽有行脚而至者，但多数可能还是需要乘坐车马，从而造成对出行车辆的大量需求，而对出行车辆需求的增加，又势必带动车辆制造、修理等行业的兴旺发达，进而造成对"车工"的旺盛需求。这则充满传奇色彩的故事特别提到"轮辕辐毂"的加工，主要是因为在车辆构成部件中，车轮属于"易损件"，故需求量最大，而车轮中又以"车辋"最难加工制造，对技术要求最高，故而其价钱也最高，达到

[①] 笔者以"通化门"作为检索词汇，在《太平广记》中共搜索得6条史料，除正文所引"奚乐山"条外，其余5条分别为卷二〇三"宋沇"条、卷三一一"史遂"条、卷三二八"沙门英禅师"条、卷三三四"河间刘别驾"条、卷三四五"裴通远"条。在这几条史料中，除正文所引外，通化门无一例外地和"送别""送客"或出入通化门等行为有关系，而且多数又可见到与车有关的信息。如卷二〇三"宋沇"条引《羯鼓录》云："又曾送客出通化门，逢度支运乘，驻马俄顷。忽草草揖客别，乃随乘行。"（《太平广记》，中华书局，1961年，第1535—1536页）这是写宋沇送客出通化门时刚好遇到度支使运送货物的车队，于是稍作停留以后，就与客人匆匆告别，与度支使的车队同行。这则材料告诉我们，唐朝中央度支使司转运货物的车队，可能就是经由通化门进出长安城的。又如卷三三四"河间刘别驾"条引《广异记》云："河间刘别驾者，常云世间无妇人，何以适意？后至西京通化门，见车中妇人有美色，心喜爱悦，因随至其舍，在资圣寺后曲。"（《太平广记》，中华书局，1961年，第2652页）刘别驾在通化门所遇到的美人，是乘车出入的，大概长安城中的富家女性出入长安城游玩时，多数都是乘坐车马的。又如卷三四五"裴通远"条引《集异记》云："唐宪宗葬景陵，都城人士毕至。前集州司马裴通远家在崇贤里，妻女辈亦以车舆纵观于通化门。及归日晚，驰马骤，至平康北街。"（《太平广记》，中华书局，1961年，第2734页）可见，长安居民有时举家到郊外游玩，多数情况下也是乘坐车辆，且往往经由通化门出入。

"每治片辋，通凿三窍，悬钱百文"这样的高价。

（二）皆所积集的交易市场

按照唐代政府的规定，长安城的东市和西市是人们进行交易活动的区域。东西两市是在隋代都会市和利人市的基础上发展而成的，市以墙圈围，每边各开两扇门供出入，和城中其他坊间隔开来。《长安志》卷八"东市"条载："南北居二坊之地。"注曰："……市内货财二百二十行，四面立邸，四方珍奇，皆所积集。"①《长安志》卷一〇"西市"条记："南北尽两坊之地，市内有西市局。"其注："隶太府寺，市内店肆如东市之制……浮寄流寓，不可胜计。"②可见每个市各占两坊面积，东西市内格局排布相似，市局机构位于市的中心，起到管理市中交易的作用，具体要求"诸市，每肆立标，题行名"③，表现出市内分肆列行的形制。

长安东、西二市商业交易繁荣，汇聚了来自天下各地的物品。这些货品无论来自南北东西，还是中国域外，都可能出现在长安的东、西两市，这里可举出一例："唐丞相兰陵公萧俛，清誉俭德，时所推伏，尝统戎于番禺，有酌泉投香之誉，以是夷估辐凑。至于长安宝货药肆，咸丰衍于南方之物，由此人情归美。"④其中所说"长安宝货药肆，咸丰衍于南方之物"，即指长安的珠宝店、药材铺中所陈列的来自南方的货物十分丰富，可见长安虽地居北方，但产自南方的物品在这里却很容易买到。

东市有时也被用作行刑的场所。例如，高丽婢毒害中书舍人郭正一，并偷盗金银器物后潜逃，后来高丽婢及帮助她潜逃的归化高丽人、捉马奴等人，全部被抓获，于是"奉敕斩于东市"⑤。长安东、西二市为都城商业贸易的中心，为何要在这里处决犯人呢？大概因为这里来往的人很多，在此处决一些罪大恶极之刑事犯，可以起到震慑人心的作用。

宫市即为皇室采买各种货品，有时由长安县尉负责，如"薛矜者，开元中为长安尉，主知宫市。迭日于东西二市；一日于东市市前，见一坐车，车中妇人，手白如雪……"⑥，可见宫市采办的地点，就是东、西二市。换言之，东、西二市的商

---

① 《太平广记》，中华书局，1961年，第198页。
② 《太平广记》，中华书局，1961年，第240页。
③ ［日］仁井田陞：《唐令拾遗》，栗劲、霍存福、王占通等编译，长春出版社，1989年，第644页。
④ 《太平广记》，中华书局，1961年，第819页。
⑤ 《太平广记》，中华书局，1961年，第1256页。
⑥ 《太平广记》，中华书局，1961年，第2627页。

品可满足唐朝皇室之用，衣食住行、柴米油盐等等，其商品种类之丰富由此可知。又，薛矜在东市市前见到坐车妇人，可知平时到市场购物者，亦必有家庭妇女，甚至富贵人家的妇女也会亲自前往市场采买所需之物。

东、西二市不仅是各种商品交易的集散地，还是各种人力资源的麇集之所，但凡社会所需求之各种手工艺匠人或有特殊技能的人员，都可以在东、西二市找到。如李林甫为相既久，自知"阴祸且多，天下颇怨望"，担心有"鬼灾"，遂求助于术士，术士对他说："可于长安市求一善射者以备之"，李林甫"乃于西市召募之，得焉"。①可见，西市中有"善射者"。另，开元中，刘生想要知道自己选授官职的事情，"闻西市有李老善卜，造而问之"，后来李老所言皆中，还说出了原因，"生大伏焉"。②类似这样拥有某种特殊技艺的人，大概东、西二市都有，他们凭借掌握的特殊技艺，游荡或悬名于东市、西市，随时等待着他们的雇主。

东、西二市除了那些拥有固定店铺、坐地经营的坐贾之外，也有行走里巷、沿街叫卖的小商贩——行商。如长安人邹骆驼，"先贫，尝以小车推蒸饼卖之。每胜业坊角有伏砖，车触之即翻，尘土涴其饼，驼苦之……"③像邹骆驼这样的行商，大概因为缺少足够的资金，无力在东、西二市租赁店铺，故只能穿街过巷做些养家糊口的小本经营。那么，邹骆驼卖蒸饼的地点，除了东市以外，是否也会到居民区——坊里呢？或据其经常路过胜业坊，可能会得出这种看法，然笔者认为此事尚需辨证。唐代长安城的管理十分规范，严格执行坊、市区分管理的城市管理制度，即商业经营必须到东、西二市进行，作为居民区的坊或里，严禁商业经营活动。然而，这个卖蒸饼的邹骆驼，却每每经过胜业坊，该如何解释？实际上，只要看唐代长安城的坊里布局，就一切了然矣。胜业坊位于东市的正北面，与东市仅隔一条大街，大概邹骆驼从其家前往东市卖饼，一定要先经过胜业坊，所以才留下了他每经过胜业坊角的时候，经常被砖墙触翻小车的情况。

（三）广泛多样的商业经营对象

长安商业经济发达，还有一个重要表现，就是任何物品都可能成为商业经营的对象。其上者如土地、房产等不动产，均可进入交易市场，成为买卖的商品；其下者如收购与买卖废品，甚至于从事被世人轻蔑甚至耻笑的下贱之业，也都可能致

---

① 《太平广记》，中华书局，1961年，第2659页。
② 《太平广记》，中华书局，1961年，第1656页。
③ 《太平广记》，中华书局，1961年，第3216页。

富。这就是说,在唐代长安城中,没有什么不可以成为交易的商品,也没有什么不能成为经营的产业。这方面的例子可以举出一些,如河东人裴明礼,善于理财,凭借"收人间弃物,积而鬻之",从而致"家产巨万";后来,他又在金光门外,购买一块布满瓦砾的不毛之地,经过一番整理之后,就在这块地上牧羊、耕种,"所收复致巨万"。[1]裴明礼显然是靠经营废品而致富,后来又通过低价购买土地,经营农牧业,而使财富增值。再如长安人罗会,其家世代以"剔粪自业",并因此而致巨富。曾有士人陆景阳在其家止宿,见罗家如此富有,遂问罗会"何为不罢恶事"[2]?大概陆景阳觉得,经营"剔粪"业乃是一种令人恶心的下贱事。然而,罗会却告诉他,自己曾经停废过一两年,但家中连续出现奴婢死亡、牛马失散的情况,而一旦恢复经营此业,一切便又顺风顺水。实际上,这则故事隐喻罗会并不以经营"剔粪"业为耻的心态。大概这也是长安商业界的一种普遍心态,即只要能够赚钱致富,则无不可以经营,亦没有什么事情可谓下贱。长安经商致富最典型的事例,莫过于窦义经营多个产业,而皆能赚钱致富。窦义出自扶风窦氏,自唐高祖李渊窦皇后之后,"诸姑累朝国戚",原本不必依靠经商亦可获得富足生活,但他天生擅长理财,无论经营何业都很容易赚钱。据诸故事所载,窦义经营范围很广,包括废品收售、树木种植与木材加工出售、麻鞋制作与售卖、蜡烛制作与售卖、土地买卖、房产买卖、店铺经营、玉器加工与经营等等。从文献记载中可知,在经营交易的环节中,皆有契约文书作为凭据,如李晟曾经向窦义提出购买宅院,"他日乃使人向义,欲买之。义确然不纳,云:'某自有所要。'候晟沐浴日遂具宅契书,请见晟,语晟曰:'……今献元契,伏惟府赐照纳'"[3]。可见,当时长安城中的房产是可以自由交易的,但交易时必须有"宅契书"即房契,购买方必须拿到"元契"即房契原件,才算是合法的房产交易。

长安的房产买卖,其例颇伙,如邢凤寓居长安平康里南,"以钱百万,买故豪洞门曲房之第"[4]。邢凤所买宅院价值百万,可谓不菲,而考其房价如此昂贵,或与宅院位于平康里,而平康里又紧挨皇城和长安东市有某些关系[5]。也有一些房产因地理位置不佳,或因"闹鬼""凶宅"等因素,只能低价出售,如唐玄宗天宝年间,长安永乐里有一处"凶宅",凡居住者皆破家败业,渐渐就无人问津了,于是房屋

---

[1] 《太平广记》,中华书局,1961年,第1874页。
[2] 《太平广记》,中华书局,1961年,第1875页。
[3] 《太平广记》,中华书局,1961年,第1878页。
[4] 《太平广记》,中华书局,1961年,第2248页。
[5] 平康里位于皇城东南角,其东侧即长安东市。

愈加破败，仅存堂厅，院子里长满杂草树木。扶风人苏遏"恓恓遽苦贫穷，知之，乃以贱价，于本主质之，才立契书，未有一钱归主。至夕，乃自携一榻，当堂铺设而寝"①。"元和十二年，上都永平里西南隅，有一小宅，悬榜云：'但有人敢居，即传元契奉赠，及奉其初价。'大历年，安太清始用二百千买得，后卖与王姁。传受凡十七主，皆丧长。布施与罗汉寺，寺家赁之，悉无人敢入。有日者寇鄘，出入于公卿门，诣寺求买，因送四十千与寺家。寺家极喜，乃传契付之。"②从中可见，即使房屋破败、价格低廉，甚至转手出售，也必须与"本主"签订房产买卖的"契书"。

唐代长安人口极盛时超过百万，由此造成长安的房屋租赁业十分发达，《太平广记》所载赁房而住、租房以居的事情颇为常见，就是房屋租赁业发达的证明。这些租赁房屋者，有些是经商的外地商贾，有些是进京的举子和选人。"上都安邑坊十字街东，有陆氏宅，制度古丑，人常谓凶宅。后有进士臧夏僦居其中。"③"唐余干县尉王立调选，佣居大宁里。"④这些身份的人相对本地居民较不固定，而且随身财帛有限，他们无力在长安买房产久居，也使得房屋租赁业蓬勃发展起来。

长安租赁业发达，并不限于房屋租赁一端，但凡人们日常生活所需，包括衣食住行在内，都有相应的租赁市场。例如，长安东市就有专为人们的出行提供脚力的租赁行，大概驴、马、车等各种出行工具均可提供。如扶风人马震居住在长安平康坊，有一天正当午时，听到有人叩门，前往查看究竟，结果看到一个"赁驴小儿"，对他说："适有一夫人，自东市赁某驴，至此入宅，未还赁价。"但实际上，马震家并没有人来，但马震还是付钱，将赁驴小儿打发离开。然而，"经数日，又闻扣门，亦又如此，前后数四，疑其有异，乃置人于门左右，日日候之，是日果有一妇人，从东乘驴来，渐近识之，乃是震母，亡十一年矣。"⑤马震亡母变为鬼魂赁驴骑乘之事，自属荒诞，但所写长安东市有提供驴马租赁的租赁行，以及租赁行中有"赁驴小儿"为租客提供服务并负责收取租赁费用之事，却清楚地表明，长安确实存在专门提供出行服务的租赁行业。

《太平广记》中记载唐都长安的经济状况，从侧面反映出唐代是我国古代经济繁荣的时期之一，长安的经济发展空前兴盛。唐都长安经济最突出的特征就在于长

---

① 《太平广记》，中华书局，1961年，第3218页。
② 《太平广记》，中华书局，1961年，第2725页。
③ 《太平广记》，中华书局，1961年，第2739页。
④ 《太平广记》，中华书局，1961年，第1471页。
⑤ 《太平广记》，中华书局，1961年，第2741页。

安具备了专业性较强的劳动力市场，使劳动力合理配置以提高劳动生产率，保证了社会生产的正常进行；也在于长安集中设置了功能齐全的市，汇聚了各地的奇珍异宝与各种能人异士，既使物资流通颇有秩序，又促进了人们交易的进程；还在于长安允许有纷繁复杂的商业经营对象，不论是廉价物还是不动产，都可以用来经营，体现了人们灵活变通的思想，这些智慧进而催生了城市租赁业。由此可见，唐都长安呈现出繁荣兴旺的经济意象。

四、结语

《太平广记》关于唐都长安的故事无不透露着长安繁荣兴旺的经济意象。借凯文·林奇的城市意象研究理论，唐都长安作为一座国际性大都市，它所展现的宏阔气魄是令人神往的。人们在这座城市中进行商品交易与行肆经营，其背后显示了唐代长安拥有逐渐完善的劳动力市场、皆所积集的交易市场和广泛多样的商业经营对象。唐代长安经济是古代城市经济的典型，它的繁荣兴旺体现于唐代长安坊市的严格界限被逐步打破，人们的经济活动也由封闭走向开放，交易形式愈加灵活，从而更能刺激古代商品经济的发展。通过挖掘历史文献，感受唐人居于长安之"意"，再探寻唐都长安社会经济之"象"，则城市地域中每一个经济元素都会尽显唐代长安的历史变迁，也让我们更加深刻地感受到唐代社会经济的特色，体会长安经济意象之生动。

原载《重庆第二师范学院学报》2020年第4期

（张林君，河北大学历史学院讲师）

唐都长安郊区蔬菜水果种类及分布研究

张 斌

唐代，长安城作为一国之都，据研究其人口数量已经接近百万。[①]作为农耕民族，饮食结构以粮食为主，辅之一定的蔬菜水果，才能满足人体所必需。因而拥有众多人口的长安城对蔬菜水果必然会产生巨大的需求。长安城内分布着零散的蔬菜水果产区[②]，特别是城郊地区存在着一些集中的蔬菜和水果的种植地。[③]但由于城内空间有限，其分布面积不会很大，远远满足不了城内的需求。[④]加上蔬菜水果不耐长时间储存和不便运输等特性，长安城郊区必然承担着供应都城蔬菜水果的重任。

关于中国古代蔬菜水果的农业研究成果虽然很多，但其研究范围的时空跨度都很大，研究对象主要集中在粮食作物和花卉、油料等经济作物上。在古代城市研究方面，关于郊区的研究也较为薄弱。目前关于唐代长安郊区农业地理学的研究很少，特别是对唐长安郊区蔬菜水果的历史地理研究更为缺乏。本文在前人与之相关的研究基础之上，立足史料，对唐长安城郊蔬菜水果品种、分布及特征，进行深入的考证与分析。以蔬菜水果为切入点来探究唐代长安郊区的农业，这将是对以往薄弱研究领域的补充，具有重要意义。

一、长安郊区的范围

（一）郊区的定义

我国学者从我国城市特点出发，对郊区有不同的理解。其中地理和历史学派认为，郊区是漫长历史过程中，伴随城市规模的扩大、城市功能的完善、市政界限的

---

① 张永禄：《唐都长安》，西北大学出版社，1987年，第130页。
② 马文军、曹艳英：《唐长安城的农耕性质及其启示》，《晋阳学刊》2005年第5期。
③ 马文军：《唐代长安城中的农艺业》，《人文杂志》1996年第1期。
④ 郭声波：《隋唐长安的水利》，见《唐史论丛》（第4辑），三秦出版社，1988年，第268页。

变迁而逐步形成的，地理概念上指包围城市又毗邻城市的环状地带。具体地说，是市政界限以内，城区用地周围的田园景观地带以及为之服务的农副经济区，是城市的重要组成部分。简而言之，郊区就是为城市提供农副产品的服务区。①本文所指的郊区，就是满足城内居民生活所需的蔬菜、水果的城外供应地区，即为城市服务的农业经济区。

（二）唐长安城郊区的范围

郊区的概念在古代没有特别明确的概念，只有对"郊"的认识。叶骁军认为中国古代实行的是"大郊区制"，首都圈是首都的支撑与基础。在首都圈内京城周围着意发展和建立起一系列县级城市，成为首都的卫星城。②

关于唐代长安城郊区范围，今人的一些论述有所涉及。武伯纶认为万年县和长安县城外的部分是郊区，文中谈到了昭应县的新丰。③所以唐代长安郊区似乎又不能仅限于长安县和万年县。王静认为大致可将长安及其附近地区划分为都城北郊皇家三苑，西北郊为帝王陵区，东、西郊一般为墓葬区和别业，南郊又可以分为城南及南山两部分。④王静先生的划分比较合理，但是地理位置还是有些模糊。妹尾达彦先生在他的《唐代长安近郊的官人别庄》一文中重点谈的是东郊和南郊，对于北郊和西郊没有谈到。文中所指的东郊是城东浐灞一带，南郊包括了樊川、神禾原、终南山、鄠杜。妹尾先生在文中提到"唐代长安近郊区"这一名词，这里的"近郊区"包括了万年县的城外部分，他在文中还谈到了位于蓝田县的辋川。⑤也有学者从居民生活方式的角度来划分郊区，认为长安城的靖善坊以南的数坊阡陌织横，跟郊区无异。⑥

基于前人对郊区的研究，本文认为在古代，"郊"指的是城外部分，虽然靖善坊以南的"围外"地人口稀疏，且存在着大量的农业耕作区，⑦但其终归还是在长安

---

① 徐荣安：《中国城郊经济学》，农业出版社，1989年，第22页。
② 叶骁军：《古代的首都圈及其有关问题》，见《中国古都研究》（第4辑），浙江人民出版社，1989年，第54页。
③ 武伯纶：《唐万年、长安县乡里考》，《考古学报》1963年第2期。
④ 王静：《终南山与唐代长安社会》，见荣新江主编：《唐研究》（第9卷），北京大学出版社，2003年，第129页。
⑤ ［日］妹尾达彦：《唐代长安近郊の官人别庄》，见日本唐代史研究会编：《中国都市の历史的研究》，刀水书房，1988年。
⑥ 王社教：《隋唐长安城的选址及其内部结构的形成与原因》，见《中国古都研究》（第13辑），山西人民出版社，1998年。
⑦ 马文军：《唐代长安城中的农艺业》，《人文杂志》1996年第1期。

城内，不符合郊区的概念，故不应该作为郊区。

本文所指的郊区范围，北至渭河南岸，东达骊山、蓝田地区，南到终南山，西抵盩厔、鄠县，并进行四郊的划分，如图1所示：

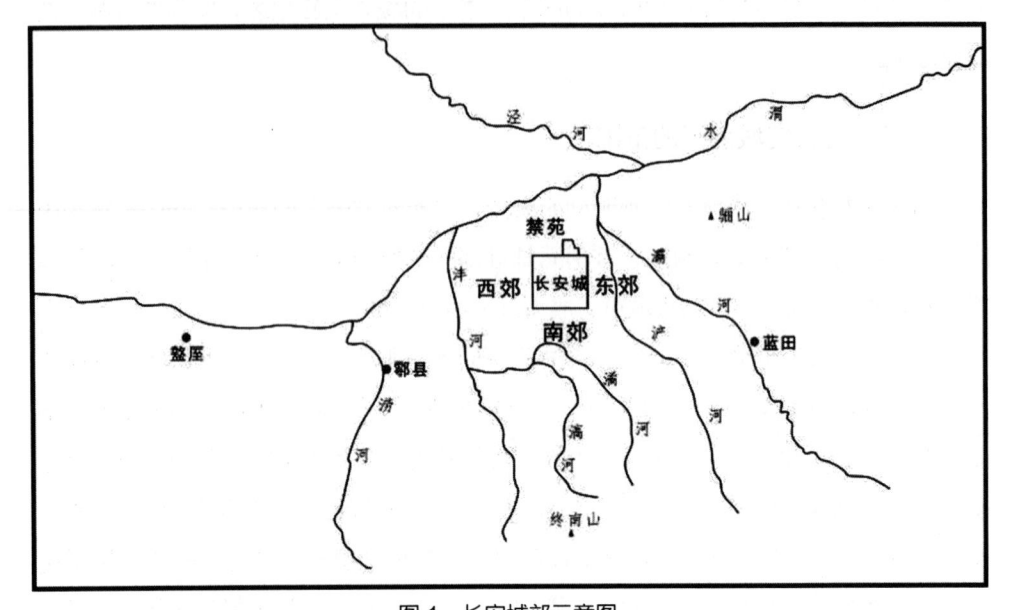

图1 长安城郊示意图

（底图据史念海主编：《西安历史地图集》，西安地图出版社，1996年）

城郊蔬菜水果的规划布局也只是在近些年来现代的城郊规划中逐渐形成的。在此之前，蔬菜水果的城郊分布十分杂乱，研究难度很大。加上本文要研究的时间段为唐代，历史久远，几乎没有什么历史遗迹，且文献资料破碎零散，研究起来难度较大。因而在界定郊区范围时，带有一定的主观性，但也是在借鉴前人的基础之上，结合行政地理、自然地理以及大量史料对其进行划分。区域的划分标准是以现存史料中该地区是否与长安城存在密切的蔬菜水果供需关系为前提的。

（三）唐代长安郊区的自然概况

唐代长安郊区位于关中平原内，自然条件非常优越，地形较为平坦，土壤肥沃，又有渭河及其支流流经，分别是泾、灞、浐、沣、滈、潏、涝，故有"八水绕长安"之说。加上郊区本就有很多湖泊，这就使得长安郊区的水资源特别丰富。根据竺可桢先生的研究，唐代的长安地区气候比现在要温暖得多，一些现在分布在南方地区的蔬菜水果，这时候也可以在长安地区生长。[1]此外，史念海先生在《汉唐长

---

[1] 竺可桢：《中国近五千年来气候变迁初步研究》，《考古学报》1972年第1期。

安城与生态环境》①一文中更加详细地论述了汉唐长安城附近优越的自然环境，认为其有利于发展农业。班固的《西都赋》就赞赏长安地区"陆海珍藏，蓝田美玉，竹林果园，芳草甘木，郊野之富，号为近蜀"②。关中地区因其物产富饶被称为"陆海"。

二、唐长安郊区蔬菜水果的种类

唐代长安郊区蔬菜水果种类非常丰富，在留存至今的历史文献中可以发现很多。但是由于不同品种的蔬菜水果，在史料中往往出现一物多名或一名多物的情况，加上唐代距今时间久远，很多蔬菜水果在经过人为培育后，会产生出多个亚种，这对研究造成了很大的困难。可喜的是，近年以来从植物学的角度对古代蔬菜水果种类研究的成果已经非常丰富③，这就为本文关于长安蔬菜水果种类的研究打下来很好的基础。本文在前人的基础上，对唐长安郊区蔬菜水果的相关历史文献进行了详细梳理，不完全统计在唐代长安郊区的蔬菜和水果品种大概有30余种和20余种之多。由于精力和能力有限，本文重点探究蔬菜水果种类，而非品种，因而在统计数据的过程中将一些亚种或衍变品种都归为一个种类，例如，面梨、棠梨、御梨、紫梨、霜梨等都作梨来统计。此外，为了研究方便，本文对蔬菜水果的种类划分按照一定的标准进行归类，如下所述。

（一）蔬菜

蔬菜，古称"蔬亚于谷"，是人类生活生存的必需品。长安地区自古以来自然环境优越，本土蔬菜的种类十分丰富。加上自汉丝绸之路开辟以来，域外一些新品种的蔬菜源源不断地传入长安地区，到了唐代蔬菜种类更加多样。④根据文献记载，唐代蔬菜有30余种，其中绝大多数在长安地区有所分布。为了更好地了解其品种，现根据食用蔬菜部位，将唐长安郊区的蔬菜品种按照食根类、食叶类、食茎类、食果类、食用菌类五种进行划分论述。如表1所示：

---

① 史念海：《汉唐长安城与生态环境》，《中国历史地理论丛》1998年第1期。
② 《文选》，上海古籍出版社，1986年，第22页。
③ 李璠：《中国栽培植物发展史》，科学出版社，1984年，第22页。
④ ［美］爱德华·谢福：《唐代的外来文明》，吴玉贵译，科学出版社，1995年，第166页。

表1 唐长安郊区蔬菜种类统计表

类型	种类	史料出处
食根类	芋	王维《游感化寺》："香饭青菰米，嘉蔬紫芋羹。"
	藕	白居易《白孔六帖》卷五载："终南山有旱藕，饵之延年，状类葛粉，帝作汤饼赐大臣。"
	姜	王建《饭僧》："蒲鲊除青叶，芹斋带紫芽。愿师常伴食，消气有姜茶。"
	胡蒜	即为今大蒜，《唐语林》卷四载："玄宗在藩邸时，每岁畋于城南韦、杜之间，尝因逐兔，意乐忘反，与其徒十余人，饥倦休息于大树下。忽有一书生，杀驴拔蒜，为具其备。"
	薤	白居易《村居卧病三首》云："种薤二十畦，秋来欲堪刈。望黍作冬酒，留薤为春菜。"
	芜菁	韩偓《闲居》："厌闻趋竞喜闲居，自种芜菁亦自锄。"
食叶类	韭	韩愈《城南联句》："畦肥剪韭薤，陶固收盆罂。"
	葱	《全唐文》卷八七僖宗《改元中观为青羊宫诏》："侧近属观田地，约有两顷，近来散属黎氓，多植葱蒜。"
	蕨菜	钱起《过孙员外蓝田山居》："对酒溪霞晚，家人采蕨还。"
	马齿苋	《唐语林》卷一记载："德宗初即位，深尚礼法。谅暗中，召朝士食马齿羹，不设盐酪。"
	荠菜	《明皇杂录·补遗》载："高力士既谴于巫州，山谷多荠而人不食，力士感之，因为诗寄意：'两京作斤卖，五溪无人采。夷夏虽有殊，气味终不改。'"
	菠菜	《唐会要》卷一〇〇《杂录》载："泥婆罗国（今尼泊尔一带）献波棱菜……火熟之，能益食味。"
	菘菜	唐彦谦《移莎》："移从杜城曲，置在小斋东。……试才卑庾薤，求味笑周菘。"
	藿	《全唐诗》卷四〇五元稹《开元观闲居酬吴士矩侍御三十韵》所云："灌园多抱瓮，刈藿乍腰镰。"
	莴苣	杜甫《种莴苣》序云："既雨已秋，堂下理小畦，隔种一两席许莴苣，向二旬矣。"
	薇菜	孟郊《长安羁旅行》："山蔬薇蕨新。"
	蓼	《元氏长庆集》卷一〇元稹《开元观闲居酬吴士矩侍御》诗云："已得餐霞味，应嗤食蓼甜。"
	苍耳	杜甫《驱竖子摘苍耳》："苍耳况疗风，童儿且时摘。"
	槐叶	杜甫《槐叶冷淘》诗云："青青高槐叶，采掇付中厨。"
	苋菜	杜甫《种莴苣》："野苋迷汝来，宗生实于此。"
	苜蓿	李商隐《茂陵》："汉家天马出蒲梢，苜蓿榴花遍近郊。"

续表

类型	种类	史料出处
食茎类	芹	柳宗元《龙城录》记载："魏徵好嗜醋芹，每食之，欣然称快。"
	竹笋	李商隐《初食笋呈座中》云："嫩箨香苞初出林，五陵论价重如金。皇都陆海应无数，忍剪凌云一片心。"
食果类	葵	王维《积雨辋川庄》："山中习静观朝槿，松下清斋折露葵。"
	冬瓜	义存《劝人》："冬瓜长侹侗，葫芦剔突圞。"
	萝卜	古称"土酥"，杜甫《病后遇王倚饮赠歌》："长安冬菹酸且绿，金城土酥净如练。"
	茄子	《酉阳杂俎》卷一九："茄子熟者，食之厚肠胃，……僧人多炙之，甚美。"
	葫芦	古称"瓠""匏""壶""甘瓠""壶卢""蒲卢"，白居易《感兴二首（其一）》："虽异匏瓜难不食，大都食足早宜休。"
	菱角	萧至忠《陪幸五王宅》："摘荷才早夏。"
食用菌	菌、蕈、菇	韩谔《四时纂要》："种菌子：取烂构木及叶，于地埋之，常以泔浇令湿，两三日即生。……如初有小菌子，仰杷推之，明旦又出，亦推之，三度后出者甚大，即收食之。"
	猴头菇	贯休《避寇游福山院》："猕猴菌嫩豆苗稀。"
	木耳	韩愈《答道士寄树鸡》："软湿青黄状可猜，欲烹还唤木盘回。"自注："树鸡，木耳之大者。"

从表1中可以看出，在所列举的32种常见蔬菜中，唐代长安郊区分布的蔬菜食叶类的占最大比重，品种达到15种。究其原因，可能是叶类蔬菜的采摘和种植较为方便，加上生长周期快，自然就得到了人们的普遍食用。食果类种类数目次之，也达到了8种。食用部位为根和茎的蔬菜数量相比较少。而食用菌类的蔬菜最少。古人对食用菌的划分还没有十分准确，多用"菌""蕈""菇"等代替。这可能是由于食用菌的分布有明显的区域特征，即多分布在湿度较大的山林地，加上唐代古人对食用菌的食用还不是特别普遍，因而数量最少并且认识不足。但值得注意的是，在唐代已经有了人工栽培食用菌的记载。

（二）水果

水果，是指多汁且主要味觉为甜味和酸味，可食用的植物果实。水果不但含有丰富的营养，而且能够促进消化，因而受到人们的普遍食用。早在唐代，长安地区就有种类丰富的水果来供人们采摘和食用。为了研究方便，本文以水果植物的形态特征，将其划分为乔本水果、藤本水果和草本水果三大类，叙述如表2：

表2　唐长安郊区水果统计表

类型	种类	史料出处
乔本水果	桃	于濆《季夏逢朝客》："浐水桃李熟，杜曲芙蓉老。"
	杏	元稹《西归绝句十二首》："只去长安六日期，多应及得杏花时。"
	梨	王建《原上新居十三首（其八）》："移家近住村，贫苦自安存。细问梨果植，远求花药根。"
	枣	魏晋时期无名氏《长安为王吉语》："东家有树，王阳妇去。东家枣完，去妇复还。"
	苹果	古代多称"奈""楱""白奈"等，道世《颂六十二首（其六）》："久厌无明树，方欣奈苑鲜。"
	柿	郑谷《游贵侯城南林墅》："韦杜八九月，亭台高下风。荷密连池绿，柿繁和叶红。"
	栗	李洞《鄠郊山舍题赵处士林亭》："圭峰①秋后叠，乱叶落寒墟。四五百竿竹，二三千卷书。云深猿拾栗，雨霁蚁缘蔬。"
	柑橘	《全芳备祖》卷五八载："宫内种柑子数株，今秋已结实一百五十颗。乃与江南及蜀中所进不异。"
	李	于武陵《赠卖松人》："长安重桃李，徒染六街尘。"
	枇杷	白居易《山枇杷》："深山老去惜年华，况对东溪野枇杷。"
	樱桃	白居易《秦中吟·伤宅》："攀枝摘樱桃，带花移牡丹。"
	无花果	古称"阿驿"，《酉阳杂俎》卷三〇载："波斯国呼为阿驿，拂林呼为底珍，长四五丈，枝叶繁茂，叶有五出，似椑麻，无花而实，实赤色，类椑子，味似干柿，而一月一熟。"
	桑葚	丘为《答韩大》："长安落桑酒，或可此时望携手。"
	山楂	柳宗元《同刘二十八院长述旧言怀感时事奉寄澧州张员外使君五十二韵之作因其韵增至八十通赠二君子》："谁采中原蔌，徒巾下泽车。俚儿供苦笋，伧父馈酸楂。"
	石榴	刘禹锡《百花行》："长安百花时，风景宜轻薄。……唯有安石榴，当轩慰寂寞。"
藤本水果	葡萄	古多称"蒲桃"，崔颢《杂曲歌辞渭城少年行》："驿使前日发章台，传道长安春早来。棠梨宫中燕初至，葡萄馆里花正开。"
	猕猴桃	岑参《太白东溪张老舍即事寄舍弟侄等》："渭上秋雨过，北风何骚骚。……中庭井阑上，一架猕猴桃。"
	甜瓜	王缙《送孙秀才》："帝城风日好，况复建平家。玉枕双纹簟，金盘五色瓜。"胡曾《咏史诗·青门》："唯有东陵守高节，青门甘作种瓜人。"
草本水果	甘蔗	常衮《谢赐甘蔗芋等状》："其形丰，其味甘。曲被生成之恩，宛同吴蜀之物。"

① 圭峰，在今终南山。

通过表2可以发现，长安郊区的水果种类十分多样，有约20种。其中乔本水果种类数量最多，占到了水果种类的绝大部分，达到15种。而藤本水果和多年生草本水果数量都很少。长安地区拥有如此种类丰富的水果，既有域外水果传入的因素，例如葡萄和石榴的传入丰富了果品，也有南方水果北移迁植的原因，甘蔗和柑橘就是其中的代表。

三、长安郊区蔬菜水果分布

长安郊区蔬菜水果分布面积十分广泛，按照主要供给地的方位可以把唐长安郊区蔬菜水果的分布大致划分为4个区域，分别是北郊、东郊、南郊和西郊。现就四郊蔬菜水果的分布进行论述。

（一）北郊

北郊主要指的是禁苑，在长安城之北。禁苑东西二十七里，南北三十里，东至灞水，西连故长安城，南连京城，北邻渭水。苑的四周筑有垣墙，东西各有二门，南北各有三门。禁苑四面均设监，分别掌管花草树木种植、园苑修缮，其总负责者为总监，隶属司农寺。苑内有桃园、梨园、葡萄园、石榴林、樱桃园等，是皇室的菜园子和水果园子。根据史料记载："太和七年八月九日敕，司农寺每年供宫内及诸厨各藏菜，并委本寺自供，其菜价，委京兆府约每年时价支付，更不得配京兆府和市。"[①]皇帝下令，所产蔬菜水果主要供给皇室食用，不得进入市场进行售卖。禁苑内的蔬菜水果产量也是十分大的。史书中记载了一个事件：贞元七年（791）冬，司农寺应当供给宫廷过冬的蔬菜二千车，但因途中遇雨，菜多腐败，德宗责怪司农卿李模疏于职守，李模也因此被免官。[②]从中可以看出，宫廷过冬一次性就需要二千车蔬菜，这些全部都由司农寺负责，可见禁苑内蔬菜水果产量之多。还有一个例子也可以证明禁苑内蔬菜水果产量的丰富。据《新唐书》记载，在武则天执政初期，由于供应宫廷的冬贮果菜过盛，政府官员之间产生过可否向百姓出售的争论。并且，还有一些官员偷偷将禁苑所产蔬菜进行贩卖，虽然没有成功，但足以看出禁苑所产蔬菜水果之丰盛，其正是皇室生活所需的蔬菜水果的主要供应地。

禁苑除了是一个经济性的园林外，还是外来蔬菜水果的试验场和推广地。例如，唐太宗于贞观十四年（640）收复高昌以后，"收马乳葡萄实，于苑中种之，并得其酒法，自损益造酒，酒成凡有八色，芳香酷烈味兼醍醐，既颁赐君臣，京中

---

① 《册府元龟》卷九〇，凤凰出版社，2006年，第1000页。
② 《册府元龟》卷五八，凤凰出版社，2006年，第615页。

始识其味"①。太宗在试种马乳葡萄成功后,京兆府所属各县竞相种植,这对马乳葡萄的传播起到了重要作用。唐代中期,唐代宗将原产自热带和亚热带的甘蔗在禁苑中进行试种,结果"其形丰,其味甘。曲被生成之恩,宛同吴蜀之物"②,获得了成功。在炎热的夏季,皇帝为了犒劳官员,赐给大臣们甘蔗汁来消暑解渴,因而王维在其诗《敕赐百官樱桃》中就有了"饱食不须愁内热,大官还有蔗浆寒"的感叹。

(二) 东郊

长安城的东郊地区,广泛分布着大面积的蔬菜和水果,是长安城重要的蔬菜水果供应地之一。这片肥沃的土地,自然环境优美,一些贵族官僚因长安城内居住空间相对狭小,为了追求更高的生活品质,纷纷在东郊建起了庄园别业。为了满足生活需求,在这些庄园别业中,农业经济往往多靠自给自足。这里种植了大量的果树和蔬菜。例如,左拾遗耿讳有东郊菜园。一些庄园由于种植的作物面积很大,出现了征税的情况。太平公主的东郊别业中设有"田……数年征敛不尽"③。可见这些庄园中蔬菜水果面积之大。

东郊因其独特的自然环境,使得该区域所产蔬菜水果与其他郊区所产水果有着巨大的差异,主要体现在反季节蔬菜、水果的种植。骊山位于长安城东郊,附近有温泉涌出,加上局部地形,有"坑谷中温处",该地一些地区有显著的小气候,即冬季由于温泉的加热和坑谷的防风保温作用,一些地区冬季的温度比其他地区温度要高出很多。因而在严寒的冬季,这里仍然可以产出反季节的蔬菜和水果。唐代,朝廷在上林署的机构下面特设温泉监来负责管理汤池宫禁之事。"凡近汤之地,润泽所及,瓜果之属先时而毓者,必苞甄而进之,以荐陵庙。"④温泉监的职责还包括对那些距温泉较近,又能利用温泉地热进行促成栽培的人员进行管理;同时负责把那些早熟的瓜果蔬菜加以精心收集、包装,然后把它们进献给皇帝作为祭祀祖先的祭品。唐代诗人王建的"酒幔高楼一百家,宫前杨柳寺前花。内园分得温汤水,二月中旬已进瓜"⑤,就是利用骊山地区温泉作为地热资源开展保护地栽培,并能在早春二月就把成熟的瓜菜进献给皇帝享用的真实写照。此外,从唐代开始就有了在骊

---

① 〔宋〕王溥:《唐会要》卷一○○,清武英殿聚珍版丛书本,第1126页。
② 〔唐〕常衮:《谢赐甘蔗芋等状》,见《全唐文》卷四一八,中华书局,1983年,第4278页。
③ 《旧唐书》卷一八三《武承嗣传》,中华书局,1975年,第4727页。
④ 《唐六典》卷一九《司农寺》,中华书局,1992年,第529页。
⑤ 〔唐〕王建:《宫前早春》,见《全唐诗》卷三○一,中华书局,1960年,第3425页。

山温泉附近栽培韭黄的历史记载。[1]除了骊山的温泉外，在新丰和蓝田均有温泉。因而这一带的农民可以利用温泉来栽培早熟的蔬菜水果，这样就大大丰富了早春时节长安城的蔬菜水果种类，这里也成为供给长安城反季蔬菜的重要产地。

（三）南郊

长安城南郊的范围包括终南山在内的长安城南至终南山山麓的广大地区。在这片沃土上，人们种植了大量的蔬菜和水果。南郊自然风光优美，土地肥沃，"天府取之而不竭，陆海探之而无底"[2]，可见其物产之丰富。那么自然有大量的皇室贵族纷纷在此修建庄园别业，其中南郊的韦、杜两族就是代表。"其人物，则有汉唐已来，韦杜二氏，轩冕相望，园池栉比"[3]，可见庄园规模之大。规模宏大的庄园，自然要种植大面积的果蔬来满足庄园内的生活需求，特别是韦庄就种植了大量果树。"万株果树，色杂云霞。"[4]果园里果树的叶子堪比云霞，足见其规模之大。这些大规模的庄园水果生产，极大地满足了城市的果品需要。

在南郊除了大规模的庄园以外，终南山脚下还分布着"千亩竹林"[5]。诗云："嫩箨香苞初出林，五陵论价重如金"[6]。从诗中可以看出，竹笋在当时的长安作为一种常见的蔬菜，其价钱特别昂贵。其昂贵的原因，一方面是由于竹笋的保质期很短，另一方面就是竹笋的分布有一定的区域性。竹子在长安城内外广泛分布，但并不是所有的竹笋都可以食用，城内的竹子绝大部分是观赏用的，不在食用范围之内，因而竹笋的采集主要在外野进行。城南的这片竹海，政府并未设置专门的管理机构，对于野外采集者来说，是一片乐园。

唐代长安地区的农业经济已经很发达了，人们种植各种蔬菜和水果，以保证和丰富长安城中饮食的基本需要。然而，由于当时社会生产力的限制和自然灾害的经常侵袭，当种植业有时并不能完全满足长安地区食物消费的总需求时，人们往往会到自然界中去采集各类可食植物，当作饮食生活的补充。例如，荠菜作为一种野

---

[1] 梁家勉：《中国农业科学技术史稿》，农业出版社，1989年，第348页。

[2] 〔明〕张宗孟编纂：《明·崇祯十四年〈鄠县志〉》（注释本），郑义林等注释，三秦出版社，2014年，第68页。

[3] 〔明〕张宗孟编纂：《明·崇祯十四年〈鄠县志〉》（注释本），郑义林等注释，三秦出版社，2014年，第68页。

[4] 〔唐〕宋之问：《春游宴兵部韦员外韦曲庄序》，见《全唐文》卷二四一，中华书局，1983年，第2437页。

[5] 〔唐〕宋之问：《春游宴兵部韦员外韦曲庄序》，见《全唐文》卷二四一，中华书局，1983年，第2437页。

[6] 〔唐〕李商隐：《初食笋呈座中》，见《全唐文》卷三七四，中华书局，1983年，第8053页。

菜，就是长安城内一种重要的蔬菜。高力士有一次去巫州，看到漫山遍野的荠菜无人采食，不由地发出"两京作斤卖，五溪无人采"①的感叹。

城南的终南山由于相对高度较大，加上唐代湿润温暖的气候，垂直地带性差异明显，这就使得从山麓到山顶分布着种类丰富且数量巨大的野外蔬菜水果。特别是在终南山有大片的栗林，"艺植以来，萧林繁茂"②。终南山一带有着十分普遍的蔬菜水果采集现象。③例如储光羲的《终南幽居献苏侍郎三首时拜太祝未上》就有"平明去采薇，日入行刈薪"的记载。此外，终南山作为长安地区重要的产菌区域，常可见到人们采摘菌菇的身影。如《全唐诗》卷八二八贯休的《深山逢老僧二首》云："山童貌顽名乞乞，放火烧畬采崖蜜。担头何物带山香，一笼白蕈一笼栗。"其中"白蕈"指的就是白色的蘑菇。

（四）西郊

根据现有的史料可知，唐代长安西郊是重要的蔬菜水果产区，这里的蔬菜水果分布面积和产量特别丰富。④除了西郊优越的自然环境以外，这还可能跟历史惯性有关。长安城实行严格的坊市制度，经济活动主要集中在西市和东市，西市尤其繁荣，有"金市"之称。到了唐中期以后坊市制度逐渐被突破，出现了市内增设店铺或破墙开店的现象，主要集中在内城城门外及外城关区。例如靠近内城景风门的崇仁坊"一街辐凑，遂倾两市，昼夜喧呼，灯火不绝，京中诸坊，莫之与比"⑤；外城关区的春明门、通化门、金光门、延平门等由于人口流动频繁，城内蔬菜水果的旺盛需求，直接刺激了西郊的蔬菜水果种植。《太平广记》就记载了唐代商人裴明礼专门到金光门外买地种植果苗以贩运入城贸易的例子。

> 唐裴明礼，河东人，善于理生。收人间所弃物，积而鬻之，以此家产巨万。又于金光门外，市不毛地，多瓦砾，非善价者。乃于地际竖标，悬以筐，中者辄酬以钱。十百仅一二中，未浃浹。地中瓦砾尽矣。乃舍诸牧羊者。粪既积，预聚杂果核，具犁牛以耕之，岁余滋茂，连车而鬻，所收复致巨万。乃络甲第，周院置蜂房，以营蜜。广栽蜀葵杂花果，蜂采花逸而蜜丰矣。⑥

---

① 〔唐〕高力士：《感巫州荠菜》，见《全唐诗》卷七三二，中华书局，1960年，第8372页。
② 〔唐〕徐坚等：《初学记》，中华书局，2004年，第678页。
③ 王赛时：《唐代的采集食物》，《古今农业》2000年第3期。
④ 武伯纶：《唐长安郊区的研究》，《文史》1963年第3辑。
⑤ 〔清〕徐松：《唐两京城坊考》，中华书局，1985年，第49页。
⑥ 《太平广记》，中华书局，1961年，第1874—1875页。

唐代果品市场有了进一步的发展，从首都到全国各地城镇都有果品市场。长安西丰乐乡有位郭橐驼善种树："其乡曰丰乐乡，在长安西。驼业种树，凡长安豪富人为观游及卖果者，皆争迎取养。视驼所种树，或移徙，无不活，且硕茂早实以蕃。"①郭橐驼是长安西郊的农业技术人员或者经营果树苗圃的专业户，通过郭橐驼的活动可知西郊种植果树的农民数量不在少数，果树的种植面积也应该十分大。

安乐公主西庄就是在长安城西的司农乡②，并修建了规模宏大的庄园。该庄园内种植了大量的农业作物，其中就有很多的蔬菜和水果，还专门设置了管理人员进行种植管理。另有唐德宗为酬李晟平朱乱的大功，寅赐李晟的亦有"延平门之林园"，在此园林也定有大片菜圃。③柳宗元在长安城西也有大量的沃田来种植蔬菜。

西郊的鄠县、盩厔地区分布着大量竹林。为了有效地管理和利用这些竹子，政府专门设置了司竹监来进行管理。④司竹监的一项重要任务就是采集春季新鲜的竹笋，供给皇室食用。而平民百姓想吃竹笋，只能去政府的非管制区进行采集。

（五）分布特征

城郊是城市蔬菜水果的提供地，当今城市的郊区有大规模的蔬菜水果生产地来满足城市居民生活的需要。这些蔬菜水果生产地都是经过政府的科学规划形成的。那么1000多年前长安郊区的蔬菜水果分布又有什么特征呢？本文认为，古代城郊蔬菜水果生产供给都城，在唐代多是城郊居民自发的，少有政府干涉，缺乏相应的法律规定，更不用说蔬菜水果分布的合理规划。加上绝大部分的蔬菜水果对自然环境的适应性很强，因而很多种蔬菜水果的分布带有很大的随意性，特别是本土蔬菜水果，例如荠菜、枣、桃等。但由于长安郊区自然环境的差异和历史惯性，蔬菜水果的分布呈现出一定的规律和特征。

1.蔬菜水果分布的广泛性

长安郊区蔬菜水果的分布具有广泛性，具体体现在范围分布的广泛性和同一蔬菜水果品种分布的普遍性。其中范围分布的普遍性，也就是说长安郊区处处分布着蔬菜和水果。得利于关中地区拥有"天府之国"的优越自然环境条件，在四至的这

---

① 〔唐〕柳宗元：《柳宗元集》，中华书局，1979年，第473页。
② 〔唐〕武一平：《景龙文馆记》，中华书局，2015年，第172页。其中有记载："安乐公主西庄，在京城西延平乡外二十里司农乡。"
③ 《旧唐书》卷一三三《李晟传》，中华书局，1975年，第3661页。
④ 《唐六典》卷一九《司农寺》，中华书局，1992年，第529页。

片范围内，鲜有不毛之地，到处都分布着可供食用的蔬菜水果。

长安郊区蔬菜水果种类丰富。在这些蔬菜水果中，大部分的蔬菜水果品种的分布具有广泛性的特点。例如，苜蓿的分布。苜蓿是我国古代重要的饲料作物和救荒作物，其嫩芽是一种常用蔬菜。"陶隐居云：'长安中乃有苜蓿园，北人甚重此。南人不甚食之，以其无味故也。'"其栽培在汉代就已经广泛分布于长安地区，到了唐代种植更为普遍。《新唐书·百官志》说："凡驿马，给地四顷，莳以苜蓿。"可知苜蓿在唐代遍及长安郊区。莲藕，是一种重要的水生蔬菜，是荷花（莲花）的水下根茎，司马相如的《上林赋》中就有"咀嚼菱、藕"的记载。现存的唐代史料中也有大量关于莲藕的记载，其中包括诗词歌赋、药书、农书等。韩鄂编著的《四时纂要·春令卷之一》记述了莲藕的栽培方式。荷花因观赏价值高，对自然环境的适应性强，只要有水体存在的地方都可以生长。根据相关研究，唐代关中地区的湖泊数量很大，见于史料记载的有191个[①]，其中大部分位于长安城郊。唐代长安地区只要有湖泊的地方，人们或出于观赏或出于经济等因素的考虑都会种植荷花，而荷花的根茎部分便是莲藕。这样莲藕作为根茎类蔬菜就广泛地存在于长安的郊区。

2.庄园经济地位突出

长安城的郊区自然条件特别优越，唐代一些贵族和权臣凭借金钱和势力占据了大片良田，建立起了很多郊外庄园。商人也争相购置庄田，且"多居要路津，千金买绝境，永日属闲人"[②]。为了满足庄内生活生产需求，别庄内大多种有蔬菜和水果，"……乃于灞陵东坡下得水树以居之。……田三百亩，果蔬占其一"[③]。这些蔬菜水果除了满足庄园所需之外，其余主要供给长安城。[④]北郊的禁苑实际上就是最大的皇家庄园，苑中产出丰富的蔬菜水果来供给宫廷。长安东郊的浐灞两河流域有"三辅胜地"之称，贵族权臣竞相在此购置庄园，例如高宗时太平公主，中宗时长寿公主，玄宗时的薛王李业、宁王李宾、李林甫、鱼朝恩。城南也有官人的别业，牛僧孺有樊乡郊居，岑嘉州有杜陵别业、终南别业、高冠谷，郎士元有吴村别业，元微之有终南别业。有些官员的别业规模很大，如元载的别业："城南膏腴别墅，连疆接畛，凡数十所"[⑤]。妹尾达彦先生专门对长安近郊的别业做了统计和论述。据

---

① 赵天改：《关中地区湖沼的历史变迁》，硕士学位论文，陕西师范大学，2001年。
② 〔唐〕刘禹锡：《城东闲游》，见《全唐诗》卷三五七，中华书局，1960年，第4019页。
③ 〔唐〕杜牧：《唐故灞陵骆处士墓志铭》，见《全唐文》卷七五六，中华书局，1983年，第7837页。
④ 蔡晓燕：《唐代长安城与郊区的经济互动》，硕士学位论文，北京师范大学，2006年。
⑤ 《旧唐书》卷一一八《元载传》，中华书局，1975年，第3409页。

其统计,光是长安的东郊及南郊的别业就达90多所[①]。城西郊区,也有大量的庄园别业,其中安乐公主西庄就在长安城西的司农乡,在安乐公主城西庄有赵履温专管种植,所种植的当是花木果蔬。另有唐德宗为奖励李晟平朱乱大功,寅赐李晟的亦有"延平门之林园",在此园林也定有大片菜圃。这些郊外庄园数量多,规模大,在集约化的蔬菜水果种植下,所生产的蔬菜和水果数量是一般农民所不能相比的,这既满足了庄内的自身需求,也在长安城蔬菜水果的供给方面起到了重要作用。

3.蔬菜水果分布的差异性

长安四郊的蔬菜水果分布各有特点,且对长安城内蔬菜水果的供应侧重点各不相同。其中北郊,是以皇室禁苑为主的皇家园囿区,该区域所产水果和蔬菜主要供给皇室。此外,北郊的禁苑往往还是外来蔬菜水果品种的试验地和推广区域。东郊的骊山地区具有得天独厚的温泉,大量的反季蔬菜能在东郊存在,这就使得东郊的蔬菜水果分布与其他三郊差异性更加明显。南郊地区同样存在一些别业、庄园,但是该地区将南部的终南山囊括在内,使得该地区的蔬菜水果主要以野生采集为主要特征。南郊对长安城的影响相比其他三个郊区影响最小,主要是因为长安城南部区域,唐代本就人口稀疏,加上围外地有着大量的菜园子,[②]这就使得对南郊地区蔬菜水果的需求没有其他地区旺盛。西郊,由于土壤肥沃、河流众多,蔬菜水果的种植有着得天独厚的自然条件,加上长安西市市场的刺激,使得西郊的蔬菜水果种植十分普遍。根据现存所查史料可以发现,这一地区农业经济相当繁华,特别是蔬菜水果的种植更是普遍,成为唐长安城内重要的郊区蔬菜水果供应基地。

四、小结

唐代长安地区自然环境优越,本土蔬菜水果种类十分丰富,加上域外蔬菜水果的传入,其品种更加多样。长安四个郊区作为长安城蔬菜水果的重要供给地,呈现出不同的特点。其中西郊对城内起着重要的供给作用,北郊则是皇室的菜园子,东郊主要满足了贵族生活需求和贵族对反季蔬菜水果等高档蔬菜水果的需求,而南郊以多野生蔬菜水果而异于其他三个郊区,且对长安城的影响相比其他三个郊区影响最小。

关于唐代长安郊区蔬菜水果的史料,十分零碎,且在谈及蔬菜水果时,大部

---

① [日]妹尾达彦:《唐代长安近郊の官人别庄》,见日本唐代史研究会编:《中国都市の历史的研究》,刀水书房,1988年。

② 马文军:《唐代长安城中的农艺业》,《人文杂志》1996年第1期。

分只是蜻蜓点水地一笔带过，从中能获取的信息如长安地区，但是具体位置不得而知。本文根据现存相关的史料，结合其他学科的成果，通过合理推断和猜测长安郊区蔬菜水果种类和分布的情况，以期最大限度地复原当时的历史面貌。

原载《中国古都研究》（第36辑），陕西师范大学出版总社，2019年

（张斌，中共三门峡市湖滨区委办公室法规股股长）

唐中后期市场制度变迁原因探析
——以唐长安东、西两市的演变为例

芦 蕊

一、长安市场发展概述

西周以前的城市,除了偃师二里头的古城遗址及郑州古城遗址,我们知之甚少。周代的城邑为以后历代的城镇制度建立了一个基本形态。《周礼·考工记》中有关城市规划的后人记载虽然不免过于理想化,过于整齐,但大体应该是反映了周代的实况。中国城市的设置虽然主要的因素是政治和军事防御的需要,但随着社会的发展,经济因素的影响则越来越重要。直到唐初,规划的意味还相当浓厚,但自唐中后期开始,伴随经济的发展,州县之外的地方已经出现由市集发展而来的城镇,经济逐步成为城市形成发展的主要因素。笔者认为,长安城也处于这样一个无形的变化之中,即由封闭式转向开放式。

唐长安东、西两市是在隋代都会市、利人市的基础上发展起来的,隋代时,这两市本已很繁荣。唐前期,市场交易活动基本上一直在这种封闭的市场内进行。经过百余年的发展,唐代中后期以后,这种封闭式传统里坊制度的藩篱逐渐被突破了。有些人不顾里坊制度的约束,居然在"诸坊市街曲,有侵街打墙,接檐造舍等"[①],虽然唐政府三令五申要立即拆除,但收效不大,几乎变成了一具空文。到了宋代,为适应商品经济进一步发展的需要,以京城汴梁为代表的开放式的城市便登上了历史舞台,正式宣告了封闭式的坊市制度的结束。

关于长安商业的起源与发展,薛平拴先生在《古都西安——长安商业》中已有系统论述,笔者不再赘述。本文试从唐长安东、西两市的发展演变来探讨唐中后期市场制度变迁的原因。

---

① 〔宋〕王溥:《唐会要》卷八六《街巷》,中华书局,1960年,第1576页。

二、唐长安两市的演变

坊市制度的逐渐松动，首先表现在市的规模的扩大上。除宫城仍是封闭形态外，外郭城内的坊市逐渐打破界限，官署、民居、商铺的分区逐渐模糊，形成混合区。规模扩大导致行业细化，行业组织形成，坊内商业活动增多，并出现了夜市。

唐中宗景龙元年（707）十一月，唐政府规定："两京市诸行，自有正铺者，不得于铺前更造偏铺，各听用寻常一样偏厢。"[1]由此可以看出，景龙元年前，长安市中的不少店铺已经在原来的店铺（正铺）之前，扩建新的店铺，即所谓"偏铺"。这一现象说明，原来的经营场地已不够使用，所以要扩建新的经营场所。这充分说明，当时的市场规模已相当大，政府所设定的商业区已很难满足商人的需求，因而更难满足商业的发展。

专业化和分工程度越高，从最初生产到最终消费的整个环节也就越多。环节的增多就意味着行业的细化，行业的细化就产生了自身管理问题。唐中后期的行已经不再只是行业之行了，已带有行业组织的性质。长安两市各行的行头都已经发挥管理本行的作用。具体说来，行头既有统一本行商品价格和监督管理本行商人买卖的权利，又有对官府提供本行物资、代官府出卖有关物资以及代官府看验有关物资、稳定价格的责任。行业组织的功能与权限越来越多，在商业活动中所起的作用越来越大，这是城市中社会经济发展、商人社会地位提高、商业繁荣发展的表现。

随着商品交换的发展，长安的邸店也日益增多。以前，市内商店的货物来源，主要依赖本地的坐商和一部分行商，但是，随着城市人口的增长，消费需求的增加，仅靠本地供应已不足以满足消费的需要，还需要大商人经常从外地运来。唐朝时期（尤其是中唐以后），进入长安两市经营的外地客商很多，而且呈现出不断增加的趋势。正如元稹《估客乐》所说：各地的行商"经游天下遍，却到长安城。城中东西市，闻客次第迎。迎客兼说客，多财为势倾"[2]。这些外地的行商进入长安后，有些直接入市销售，相当部分则需要借助于设在长安坊、市里的邸。随着长安商业的逐渐繁荣，这种邸也应该不断增多。例如，史称东市市内"四面立邸，四方珍奇皆所积集"[3]，西市亦当如此。因而客商所需的邸店日益增多。邸店就是

---

[1] 〔宋〕王溥：《唐会要》卷八六《市》，中华书局，1960年，第1581年。
[2] 《全唐诗》，中华书局，1979年，第4611页。
[3] 〔宋〕宋敏求：《长安志》卷八《唐京城二》，辛德勇、郎洁点校，三秦出版社，2013年，第291页。

供客商堆货、寓居并进行交易的行栈。外来的客商大多住在东、西两市附近的坊中，如《太平广记》卷四八六《无双传》记西市东南兴化坊住有"以贩缯为业"的"客户"。

坊内的商业活动日渐增多，坊的商业功能越来越强。唐代实行坊市分置，市是集中贸易之所，坊是居民区。虽然坊主要为居住区，然而种种迹象表明，唐长安坊内存在不少工商业活动的事实。在唐人笔记小说中，可以见到不少的作坊。例如，《太平广记》"杨元英"条："杨元英，则天时为太常卿，开元中，亡已二十载，其子因至冶成坊削家，识其父圹中剑，心异之，问削师，何得此剑？"[1]此所谓"冶成坊"，也就是冶铸工业聚萃之地。《乐府杂录》："文宗朝，有内人郑中丞，善胡琴。内库有二琵琶，号大小忽雷，郑尝弹小忽雷，偶似匙头脱，送崇仁坊南赵家修理。大约造乐器，悉在此坊，其中二赵家最妙。"[2]按此所记，制造乐器的作坊大多集中在崇仁坊。从上引文可知，唐长安有各种小作坊工业，诸如铜坊、官锦坊、染坊、纸坊等等分类聚居在各坊内。笔者认为，尽管唐政府规定商业活动必须在固定的市内进行，但小规模的交易活动在坊中还是一直存在的，不可能完全禁断。日本学者妹尾达彦先生在其文《唐代长安的东市与西市》[3]中就对长安城坊内的商业活动有详细的考证。

坊内允许居民夜间行走和举办活动，这是坊内工商业者在夜间从事生产经营的前提，在此基础上，坊内夜间也确实存在工商业活动。唐代实行宵禁，但据《唐律·杂律》规定："若坊内行者，不拘此律"。这也就为夜市的出现提供了依据。夜市的出现是长安商业迅速发展的必然结果，也标志着长安市场的空前繁荣。尽管唐政府下令禁止夜市，但并未起到多少作用，夜市反而更加普遍。到了北宋，京城工商业活动从坊市内延伸到坊市外的大街上，夜市也取得了合法地位。如果说，这条材料说明，至少在文宗之前夜市就已经出现，那么从逻辑上来讲，文宗之前的时间都有这个可能，只是没有形成规模，没有引起政府的足够重视而已。

在长安商业区的演变过程中，商业点多分布在两市周围的坊。因为东、西两市及其周围人口密集，流动人口多，于是在这周围形成了很大的消费群体。中唐以后，坊市制度被逐渐打破，长安最为繁盛的居民坊，就是位于东市西北的崇仁坊。《长安志》载：崇仁坊"工贾辐凑，遂倾两市，昼夜喧呼，灯火不绝，京中诸坊，

---

[1]《太平广记》卷三三〇《鬼十五杨元英》，中华书局，1961年，第2625页。
[2]〔唐〕段安节：《乐府杂录》，吴企明点校，中华书局，2012年，第132页。
[3]〔日〕妹尾达彦：《唐代长安的东市与西市》，见樊英峰主编：《乾陵文化研究》（4），三秦出版社，2008年，第327—377页。

莫之与比"①。对于这些市外商店的分布，李瑞《唐长安商业空间形态分析》一文对东、西两市的周围进行了梳理。据其统计，商业点分布在朱雀大街以东的有40处，分布在街西的有15处，东西分布是不均衡的。没有商业点分布的坊有74个，占总数的68%；有商业点分布的坊为34个，占总数的32%。②据其研究得出，唐代中后期商业点分布并没有遍布全城，而是集中分布在一定区域。东、西市同样是长安的两大核心商业区，为何在发展中会有这样的差别？笔者以为，原因无外乎三点：第一，朱雀街东居民中官僚贵族聚集，有较强的购买力，并且进奏院也主要分布在街东的平康坊和崇仁坊等坊，再加上来京应试的选人，这些人要吃要喝要住宿，于是在这里就形成了一个很大的消费群体。例如崇仁坊的娱乐业、旅馆业、餐饮业都比其他坊发达，是"要闹坊曲"。第二，皇室采购方式也在逐渐转变。③皇室需求的增大，导致宫市的出现。担任宫市任务的宦官还只能到东、西两市的固定市场或"要闹坊曲"内去选购所需物品，而这些"要闹坊曲"自然也多形成在宫殿周围的地方。第三，贯穿通化门、春明门、延兴门的三条干道，在此沿线的诸坊形成了城东的闹市区，尤其是在连接东市、平康坊北门东、崇仁坊北街的街区中，诞生出象征着长安精英文化的欢乐场。④而许多在此的商业点都是为了迎合这类人群的消费需求建立的。

三、演变原因

关于唐中后期坊市制度所发生的变化，历来都是学者们感兴趣的内容，在这一方面所取得的成果也颇为丰富。但由于侧重点不同，绝大多数论著在论证时，基本上是反复征引同样的材料，以得出坊市制松动的结论。导致坊市制度瓦解的原因，有诸如人口的增长、城市规模的扩大、商业的发展等。市场制度随着商业的发展而改变，似乎是历史发展顺理成章的结果。那么，从制度经济学的角度去看，其中的深层原因到底是什么？本文试从制度变迁理论来解释。

经济史中的名词"制度"与"变迁"的含义是什么呢？根据诺思的解释，制度是一种社会博弈规则，是人们所创造的用以限制人们相互交往的行为的框架。他把博弈规则分为两大类：正式规则（宪法、产权制度和合同）和非正式规则（规范

---

① 〔宋〕宋敏求：《长安志》卷八《唐京城二》，三秦出版社，2013年，第275页。
② 李瑞：《唐长安商业空间形态分析》，《中国历史地理论丛》2005年第2期。
③ 宁欣：《内廷与市场：对唐朝"宫市"的重新审视》，《历史研究》2004年第6期。
④ 〔日〕妹尾达彦：《唐代长安的东市与西市》，见樊英峰主编：《乾陵文化研究》（4），三秦出版社，2008年，第327—377页。

和习俗）。变迁则指制度创立、变更及随着时间变化而被打破的方式。制度变迁是制度的替代、转换与交易过程，可以被理解成一种效益更高的制度对另一种制度的替代过程。诺思认为，制度变迁的内容包括正式规则、非正式规则和实施机制三个方面。制度变迁的方式有两种：一种是非连续性的变迁，指正式规则的一种根本变迁，它常常是武力征服和革命的结果；另一种是渐进的变迁，是指交易双方为从交易中获取潜在的收益而再签约。但是，"关于制度变迁的唯一最重要的一点是必须要掌握的，这就是制度变迁中绝大部分是渐进的"[①]。诺思认为，制度变迁的渐进性在很大程度上与非正式规则的演进和性质有关。由于非正式规则的深层基础是人们不断学习、不断纠错的经验总结，所以在正式规则整个发生变迁后，许多非正式规则仍然具有强大的生命力，它们仍然能解决参与人之间基本的交换问题。这些社会的、政治的和经济的规则从不同的方面对整个制度进行重建，从而产生出新的远离革命的渐进式的均衡。

国家制定的正式规则，即制度是一种正式的演化过程，而在此过程中还有非正式的制度的演化过程，如文化、习俗等的演化。非正式制度是人们有意识的选择，在很大程度上，不是人们深思熟虑的结果，在这个过程中，实际上没有人选择它，或者没有人正视它。但是它与正式制度是相互影响的，或者互补，或者冲突。这个过程就是制度的变迁。国家是市场制度的制定者，同时，伴随文化、习俗、技术等人们有意识的那些行为被广泛地接受，这种非正式的制度对正式制度造成压力，造成市场制度的变迁。

许多制度都是人们在社会经济生活中不断学习的经验总结。就拿市制发展的过程来看。在固定市场形成之前，假设两个人需要和对方交换货物，其中一个人可能在一个月中的任何一天到适中的地点，等待和另一个人交换，但那个人可能来，也有可能不来。而来的人却要付出路程和等待的时间，还有费用。交换固然能使双方获益，但若有一人未到，交易就不能达成。人们在不断的学习探索过程中发现，如果双方约定在每月的某天某时去某个地点进行交换，问题就可以解决了，于是，固定的市就这样形成了。政府也因此提供了相应的制度安排：规定人们在固定的场所——市中集中交易，坊市制度就这样形成了。这样一种制度解决了人们的交易问题，从而降低了交易费用。然而，随着商品交换的发展，坊市制度已经满足不了人们日益扩大的交易额和交易范围，于是需要从外部寻求更大的利润，这样一来，坊市制度渐渐走向瓦解。人们开始在固定的市以外的地方进行交易，沿街沿桥，居住

[①] ［美］道格拉斯·C.诺思：《制度、制度变迁与经济绩效》，刘守英译，上海三联书店，1994年，第119页。

区内，交通要道，无处不在。

在制度的演化上存在两种观点：一种观点认为制度是自然演化的结果，另一种观点则认为制度是人为设计的结果。哈耶克就认为市场自发的秩序，是以相互性或相互受益为基础的，自然秩序是最好的秩序，比建立在命令上的组织或安排更有效率。[①]人为设计的所谓制度创新，很容易形成既得利益集团。但值得指出的是，现实生活中我们很难将这两种演化方式分开。人为设计虽然会为呼声最高的利益集团所左右，比如国家利益集团，但是，理性的统治者也必须遵守经济原则。国家会从自己的利益出发来制定制度，但它也必须做收益与成本的比较。而国家作为制度的制定者，"它能以最短的时间和最快的速度推行制度变迁，能以自己的强制力和'暴力潜能'等方面的优势降低制度变迁的成本"[②]。因此，制度的变迁是这两种演进方式博弈的结果。从相对封闭的坊市制到宋代以后的开放式市制，正是自然演进与人为设计双方互相补充、互相博弈的结果。唐代中后期就处在这个转型期。一方面，商业的发展使坊市之间的界限在逐渐模糊，长安东、西两市之外的商业点以星火之势逐渐蔓延；柜坊、飞钱等商业信用新体系的逐渐形成，牙人的出现与普遍化使交易方式发生变化，从国家规定的市场内交易到许多市外草市的形成，这一交易地点的变化，这些新的形式无疑节约了交易费用，降低了交易成本。另一方面，唐中期后财政困难，国家除了在专卖产品上加强控制外，对于许多新兴部门，特别是金融、货币汇兑、票据交易、商品储存与批发等方面控制力较为薄弱，使得在这些部门中的市场规律得到较为充分的体现，促进了这些产业的迅速发展。唐后期的这些变化给坊市制度造成的压力，使非正式规则与正式制度之间的博弈最终形成新的制度，宋政府宣告了坊市制度的结束，新的开放式的市场制度成为人们新的交易规则。

原载《榆林学院学报》2010年第5期

（芦蕊，宝鸡文理学院经济管理学院副教授）

[①] 何信全：《哈耶克自由理论研究》，北京大学出版社，2004年，第117页。
[②] 卢现祥：《西方新制度经济学》，中国发展出版社，2003年，第113页。

制度与空间：明清西北城镇体系的多元建构与经济中心的成长
——以西安、三原、泾阳为中心的考察

张 萍 杨 蕊

明清时期中国城镇研究历来是明清经济社会史研究中的重头戏，普遍的城镇经济繁荣，以经济发展为主导的市镇的勃兴，成为传统城镇发展当中特有的现象，影响着城乡社会的发展，并引领着中国传统经济的发展方向。无论南北，大量经济型市镇普遍成长，形成地域间新的景观格局，城镇空间体系更加复杂，城镇的空间化序列更为多样。有鉴于此，从不同角度研究城市与市镇的发展机制成为这一研究的主要内容，近年来相关研究不断出现，各种视角的解释也层出不穷，学者从地区开发的角度、制度层面以及时间尺度的延伸，均在讨论市镇发展的动力机制。就目前的研究来看，大多集中在江南地区，对于城镇的研究也多集中于单体城镇，对于城镇与城镇间的关系，城镇与乡村的关系的探讨均少有涉及。固然明清江南市镇经济的发展具有非凡的代表性，各种研究资料较他处亦丰富许多，对于华北、西南、西北、岭南等区域的相关研究远非可比。尽管明清时期不同地域的城镇在发展规模上存在着差异，但这一时期中小城镇的发展在全国是一个普遍的现象，不分南北东西。大大小小经济型市镇的成长，且不断超越其所属州县城镇的经济发展程度，形成地方经济中心与政治中心的分离，这种现象遍及全国。是何原因导致这种经济现象的出现？如何解释传统经济条件下区域城镇的发展模式？这不仅仅是城市史研究的问题，同时牵涉城乡之间、国家与地方之间关系的互动，乃至中国传统制度及其影响经济发展方向的问题，其研究意义是非常明显的。

明清时期陕西三原、泾阳城镇经济的成长过程就是一个典型案例，值得我们深思。众所周知陕西地处中国的西北地区，是西北五省的东大门，明清时期也是西藏、四川前往京师驿路的中坚，因此，商品流通联系数省区。而作为陕西布政使司所在地的西安，是在隋唐长安城基础之上改建而成的，其选址曾经隋文帝君臣多方论证，自然与交通地理位置都十分优越，但在明清时期其经济发展却要让位于三原

与泾阳——关中盆地北部的两个名不见经传的县级城市。何以这样的小城镇可以一跃成为影响远播全国的"三秦大都会",其与陕西布政使司所在地——会城西安又存在着怎样的相互关系?这样一种经济格局是怎样形成的,在全国又有什么样的典型意义?本文拟以此为切入点,分析明清时期中国城镇体系的多元发展过程,不当之处,敬祈斧正。

一、明清三原与泾阳城市经济的发展

要想说清楚明清时期三原、泾阳与西安的经济关系,首先需要对三者经济发展方向与职能进行定位。三原、泾阳两县均位于关中盆地的中部,三原因南有丰原、西有孟侯原、北有白鹿原,故而得名。泾阳因处泾水之北,水北为阳,因以名县。两县均是平原广畴,水利发达,历史上就以"关内膏腴之最"而著称,是陕西的"形胜之区""关中之上郡也",始终是关中地区的重要农业区,明清时期是关中重要的粮棉产区之一。

1.明清三原城镇商业市场发展及其职能

明代三原县商业市场是继元代发展而来的,北方边防四镇军事消费需求又是促进其商业发展的外在动力。元末明初三原经济已较发达,人称"小长安"。县城建于至元二十四年(1287),周围九里以上是为三原南城。明代三原城市商业发展非常突出,不仅市场上各种商品齐备,居民所需生活用品应有尽有,而且形成了行市分区的布局结构。县城经济发展使城市规模不断扩大,形成南北两城,周围达十五里。在整个陕西县级城市市场当中,非它县可比。史载:三原县商业街市之上"四方商货日云集阛阓"[1],城市之中"集四方商贾重赀,昏晓贸易"[2]。富商大贾东走齐鲁,西逾陇蜀,"四方任辇车牛,实辐毂其口,盖三秦大都会也"[3]。清以后,三原县商业市场延续明代格局又有发展,不仅市场规模大,而且内部结构更加完备。

就明代三原市场来看,它最主要的商业职能就是为西北边区提供物质供应,是边区服用物品的供应基地。众所周知,明代陕北沿边一线分布着甘肃、固原、宁夏、榆林四镇,号称"陕边四镇"。陕边四镇长期驻守官兵,而这一区域又不产棉花,棉布、棉花均靠外运。据考证明代陕边四镇年需布匹大约60万匹[4],陕西本省仅

---

[1] 〔明〕温纯:《温恭毅公文集》卷九,《温氏丛书》民国二十五年铅印本。
[2] 《(康熙)三原县志》卷六《艺文志》。
[3] 〔明〕马理:《明三原县创建清河新城及重隍记》,见《溪田文集》卷三,清刻本。
[4] 《(嘉靖)全陕政要》记载,四镇每年需布"五十六万五千一百三十三匹"。

能提供一半左右，其余30万匹均需外运，这些布匹大多来自松江、上海一带，以其周围所产"标布"为主要买售对象，供四镇官兵军资之用与边贸贡市所需。它成就了三原商人的商业活动，也带动了三原商业经济的发展。所谓"盖三原天下商旅所集，凡四方及诸边服用，率求给于此，故三原显名于天下"①。三原县城门上便冠以"西达甘凉""三边要路"的石额。这种局面一直持续到清代，清以后，虽然西北战事平靖，供应军旅的"标布"失去市场，但民用布匹的需求量却不断增加。由于清代西北地区统一疆域较以往更加广大，人口大量增加，而西北地区纺织技术普遍落后，运往甘肃以西的布匹、绸缎有增无减。西北交通的开辟又使三原成为联系整个西北区域的枢纽城市，经此转输西北的布匹数量更大，三原成为名副其实的布匹转运中心。同治以后，三原征收厘金总数表明，"大布居十之五，药材、棉花约各有二，皮毛、杂货又一成而已"②。甘肃则专门设有"三原大布统捐"。布匹来源包括湖北"德安、历山、浙河、随州、枣阳、应山等布"，也有名为"梭布、阔布、猴布、台子小布的"③，统名为"大布"。这些布产自湖北，经白河或龙驹寨运抵三原，再进行改装、染色，然后分东南与东北二路入甘。三原成为布匹改装、染色与转运中心。

另外，清代三原还是西北药材外销东南各省的商品集散地。药材是清代西北出口量最大的货物之一，川甘及陕西省南北两山所产药材称"西口药材"，多由此转销他省。名贵药材如礼泉县所产之地黄，乾州"最著者为红软柴胡，即所称西柴胡"，这些药材经过三原"转贩豫、晋、鄂、苏等处销售"。据宣统年间统计，三原局所征厘金中，药材所占份额只低于大布之下。

再者，三原还是本地和渭北地区商品集散中心。这一点在明代就已形成，由于明代三原为军防用品供应基地，形成供应商品齐全、商业贸易发达的西北商业中心，对周围地区商品也有吸纳功能，因此成为区域的商业中心，当时陕省各县的商品供应也多从三原进货。《耀州志》载，本地"人持五金以上者，率就三原以市"④。清代时渭北地区所产棉花、回绒毡、布帽等大多汇于三原，转销川甘，尤其棉花一项。晚清时期，渭北各县均出产棉花，三原实为之缩毂，当时"汉中及川北附近陕省等处，纺纱捻线皆用陕省河北（渭河以北）一带所产之棉，每至秋冬，凤

---

① 〔明〕马理：《明三原县创建清河新城及重隍记》，见《溪田文集》卷三，清刻本。
② 陕西清理财政局编辑：《陕西全省财政说明书·岁入部·厘金》，清宣统元年排印本，第82页。
③ 经济学会编辑：《甘肃清理财政说明书》次编上《百货统捐》，民国铅印本，第60页。
④ 〔明〕乔三石：《耀州志》卷四《市集》，清光绪增刻本，第1册，第6b页。

县、留坝一路驮运棉花，入川者络绎于道"①。这些棉花大多经三原输出，三原也被誉为"陕西渭河以北商业之中心"。

2.明清泾阳城镇商业市场发展及其职能

关于明清泾阳县商业发展状况，史籍记载较少。但是，从一些文献的片断记载，仍可看到它的市场影响力。明代的泾阳商税少于三原而多于会城西安，泾阳城市市场仍相当繁华，志载："泾邑系商贾辐辏之区"②，县城中"泉刀四集，肆廛甲第塞路"③。受其影响，周围市镇经济也得以发展。县北四十里之云阳镇，"易仓钞，贩花布"，史称"其利颇巨"。县西北四十里石桥镇，当时盛产红花，"每五六月间，贾客辐辏，往来如织"④。这些都说明明代泾阳县商业经济之发达。清代泾阳县的商业市场更加繁华，东西两门之间道路两旁市街邻比，市况较盛，城内有山西会馆，关城内又有水烟行会馆。据民国初期记载："该县在清代同治年间，即有票号十余家，钱店二十余家，每月起解金标除西安、三原外，均以其间为周转调拨之柜址。"⑤从当时的记载我们仍可看出清代泾阳县商业的繁荣程度。

清代泾阳县的商业多与手工加工业相联系，发展为具有地域特色的市场经济类型。其商业发展特征大致表现在以下三个方面。

第一，清代的泾阳是西北茶叶贸易总汇之区。这里既是茶叶加工、装载中心，也是销行西北茶叶的集散、转运中心。这一商业地位的确立，得益于本地优质的水源。清代西北所销之茶大多来自湖南，少部分来自湖北、江西、安徽的红茶。红茶在加工过程中需要二次发酵，挤压成砖，形成"茶砖"，发酵过程中对水质要求很高，泾阳人炒茶"所用水为井水，味咸，虽不能做饮料，而炒茶则特殊，昔经多人移地试验皆不成功，故今仍在泾阳"⑥，可见泾阳优质的水源适合砖茶的制作。道光年间，"官茶进关，运至（泾阳）茶店，另行检做，转运西行，检茶之人亦万有余人"⑦，泾阳县从事这一行业的人员多、利润厚，他处无比。

---

① 〔清〕仇继恒：《陕境汉江流域贸易表》卷上《入境货物表》。
② 《（康熙）泾阳县志》卷三《贡赋志》。
③ 《（康熙）泾阳县志》卷二《市镇》。
④ 〔日〕东亚同文书会编：《中国省别全志》第7卷《陕西省》，东亚同文书会，大正七年（1918年）二月，第51页。
⑤ 原玉印：《陕西泾阳县概况调查》，《农本半月刊》1941年第46卷第7期。
⑥ 《陕行汇刊》1939年第3卷第1期、第2期。
⑦ 〔清〕卢坤：《秦疆治略·泾阳县》，见《中国方志丛书·华北地方》（第288号），清道光年间刻本影印，台湾成文出版有限公司，第30页。

第二，清代的泾阳是西北皮毛、毛织品加工及运输、转销中心。西北多畜牧之利。清代陕西出口商品的大宗贸易以皮货为主。皮货的利润大，陕西又有地缘优势，自然著名全国，这种优势促进了泾阳毛皮加工业的发展。清中叶该县"东乡一带皮毛工匠甚多"，"借泾水以熟皮张，故皮行甲于他邑。每年二三月起至八九月止，皮工齐聚其间者，不下万人"。①当时西宁、洮岷、宁夏、新疆等地运来的猞猁、狼、豹、狐、羊皮大多集中于泾阳进行加工，关中、陕北也是泾阳皮业进货渠道，所制皮毛销往全国各地。清末，仅泾阳县城即有作坊数十家，每年皮货成本有十七八万两左右，是泾阳厘金局抽收厘金的大宗货品之一。在受地方起义影响之前，这里作坊更多，收益更高。

第三，泾阳还是兰州水烟运销东南各省的转输中心。"水烟产于兰州而行销沪汉一带"，由甘贩陕往往经泾阳发庄。据宣统元年统计，甘肃全年运泾之水烟大约有二万数千担，每担二百四十斤，每担抽银一两四钱，可得厘银三万余两。这样算来，甘肃大约全年就有600万斤水烟要经泾阳发庄②，转销他处，约占其全部产量的三分之二了。可见泾阳是兰州水烟最重要的输出庄口，在清末泾阳厘金收入中，兰州水烟是最重要的一项抽收货品，也是收厘最多的产品。

二、明清西安城镇商业与市场职能的发展特征

1.明代西安城镇商业特征

有关明代西安城市市场发展的记载史籍较为欠缺。据嘉靖《陕西通志》可知，南大街东开元寺附近有骡马市，是明代西安城的牲畜交易市场。五味什字与南广济街元代被称为"药市街"，因药店密集，故有此名。创立于天启二年（1622）的著名药店藻露堂即设于此，明代这里依然是中药店铺集中区。另外，许多街区名称与商业市场相关联，由此可以推断出明代西安商业市场的分布情况。其中东关城中的炮房街，以制作售卖纸炮作坊店铺集中而得名，源于明代，当为明代纸炮作坊与市场集中区。鸡市拐为明清时代鸡、粮食专门市场。南大街东、西木头市街名源于明代，为当时木器作坊集中区，是西安著名的木器市场。西大街左近大、小皮院因明清时皮业繁盛得名，附近的麻家十字为回民聚居区，明清时以出售回民小吃闻名。

---

① 〔清〕卢坤：《秦疆治略·泾阳县》，见《中国方志丛书·华北地方》（第288号），清道光年间刻本影印，台湾成文出版有限公司，第30页。
② 陕西清理财政局编辑：《陕西全省财政说明书·岁入部·厘金》，清宣统元年排印本，第82页。

北门附近的糖坊街最早是明代的制糖作坊。这些市场均出现于明代,且延续至清。从街名可以看出明代西安城商业发展情况。

上述记载虽然零碎,但还是可以看出明代西安市场的大体格局,南大街、东关、南院门左近(以五味什字为中心)及大、小皮院附近的回民市场等是四处较大的商业区,也是清代西安城市市场结构的雏形。这四处市场区中的东关与南大街市场属咸宁县,大小皮院及南院门附近市场大多归长安县,在分区上显示出两县市场区发展较为平衡。但事实上,咸宁县由于处于较好的交通地段,东关市场直接迎对的是东南省区西运的货物,是西安市场中较重要的中转枢纽。南大街左近则为整个西安城的中心地带,秦王府以及临潼等其他五位藩王府等均分布于此,市场消费较高。因此,咸宁县的两处市场区远较长安县繁华,两县商业税收也明显有差距。据《(嘉靖)陕西通志》卷三四《民物二·田赋》记载,明中期咸宁县商税课程银为37.49两,而长安县则只有11.94两。总之,明代西安城市市场主要为城市消费服务,作为大宗货品的集散与批发功能的记载几乎不见,与三原、泾阳商税税收的比较也表现出明显的弱势(表1)。这与西安城市的政治与军事地位相比,极不相称。

表1 明代三原、泾阳、西安商税课程钞比较表(单位:两)

三原县	116.72两
泾阳县	68.9两
西安府(咸宁、长安二县)	49.43两(其中咸宁县为37.49两,长安县为11.94两)

资料来源:

《(嘉靖)陕西通志》卷三四《民物二·田赋》,陕西省地方志办公室校点本,三秦出版社,2006年,第1850—1853页。

2.清代西安城镇工商业的缓慢进步

清以来,西北边疆民族矛盾缓和,西安城内明藩王府拆撤,西安城市市场较前有了一定的发展,除上述明代各商业街区保留延续外,又出现了一些新的市场与店铺集中区。清初,西安城东部咸宁县所辖市场大体包括十六类市场与十七种店铺。从城市分区上可以划分为城内区与四关市场五个部分。城内市场除咸宁县治东边的"羊市"较为孤立外,其他市场均呈集中分布的趋势,基本可分为四大商业区。

第一,南大街两侧及附近商业区。其中包括南大街东马巷坊的面市,跌水河西的骡马市、草市;开元寺东的木头市、案板市,稍远四门牌楼的粮食市;街西通政坊的糯米市。第二,南院门市场区。包括粉巷的猪市、竹笆市及其附近的鞭子市、瓷器市。第三,西大街及鼓楼前市场区。包括鼓楼前鸡鹅鸭市、书店、金店、椒盐摊，鼓楼西的梭布店、云布店、红店、纸店、壶瓶店、绸缎店、南京摊。第四，满城内市场。包括大、小菜市，布店三处小规模市场。第五，关城市场区。关城具有地理位置优越的特点，也是独立的经济单元，咸宁县所辖东、南、北三关均有市场。南关有青菜市；北关有锅店、过客店；东关是市场最繁荣的区域，内有粮食市、菜子市，又有盐店、药材店、棉花店、糖果店、生姜店、过客店。

清中期以后，西安城市市场较前有所繁荣，又出现了一些新的商业街区，大多仍围绕这几处市场区添加，形成较为稳固的集中市场区。钟楼南大街附近的案板街，以出售案板为主，油店巷因巷中分布有较多的油坊得名，印花园则多为印花布店铺集中区。南院门北、中牛市巷则以牲畜交易闻名。此外，咸宁、长安二县也集中了大量的典当、寄卖行，雍正时，咸宁县共有当铺28座，长安县有27座。当然，这些当铺并非全部分布在西安城中，城外市镇也有部分，就是这样依然可以看出当时集中于西安城中咸宁、长安两县的当铺数量还是很多的。

从以上西安市场分布情况来看，具有以下四个特征：第一，市场受城市结构的制约，均分布于城南与西北地区。满城所占城区范围虽大，但仅有大、小菜市与布店等维持日常生活最基本需求的店市，封闭性十分明显。第二，南大街、南院门以及鼓楼西大街附近市场区属于西安人口集中区，街市的繁华与人口分布多寡成正比。第三，从城内市场商品构成可以看出，城内市场以出售日用消费品为主，大多与居民日常生活联系紧密，除粮食、蔬菜、牲畜之外，大多为方板、木头、瓷器、竹笆、药材、布店等，反映出西安城市商业功能的单一性。第四，四关之中东关商业市场最繁荣，店铺种类较多，且有过客店，兼具批发功能。这一点在清后期厘税征收情况中也有反映。厘税征收，各省实行时间不同，"陕西百货榷厘肇自咸丰八年（1858），时因发逆之乱"。省城四关设局，始自同治六年（1867）。据宣统元年（1909）清理财政统计，咸宁县东关局共收厘银8822两、南关局3525两、北关局447两，长安县西关局共征2100两。在四关榷厘税银中，东关局遥遥领先。其时东关"地当大道之冲，左近有各行店，生理甚盛，凡东北、南各路大宗货物若布匹、绸缎、京货、杂货、药材，其来或入城或投行局，实为之枢纽"①。清中后期西安东关商业市场的集散功能已相当强。在其带动下，西安城市商业职能也在不断提高，会城经济中心地位逐步完善，这是清代西安商业发展最大的进步。

清代中后期，随着西安城市商业的发展，市场商业功能也在不断加强。

第一，西安城市市场是东北南路运来洋货、杂货聚散之地，"会垣为洋货荟萃

---

① 陕西清理财政局编辑：《陕西全省财政说明书·岁入部·厘金》，清宣统元年排印本，第75页。

之区",也是京广福杂货集中购运之地（虽史籍没有明确记载省垣为京广福杂货汇萃之区,但从关中、陕北、甘肃等地杂货进货渠道上可以明显反映出来）。这些货品大致包括纸张、茶、糖、香料、海产品、洋布、洋布小帽、洋金线、洋布饭单、闽糖姜、建莲子、南芡实等等。如光绪三十二年（1906）由白河榷厘员仇继恒所作《陕境汉江流域贸易表》中统计,经白河局过漫川关入西安的货物就有产于广东潮州等地的白糖、红糖,产于湖南的南铁,产于南洋、吕宋等处的苏木,产于东西洋之洋颜料,产于湖北均州、河南邓州之烟叶,产于湖北应城的石膏等。这些洋货以及京广福杂货一方面运入西安消费,另一方面则发往本省各县以及甘肃省。据宣统元年统计,甘肃所入绸缎、海菜等均由西安发庄入甘。西安是西北地区洋货与京广福杂货集散、转输中心。

第二,西安是本省及西北地区牲畜外运的输出口岸。府城西关是本境出产、运入城中猪、羊、骡、马、驴等牲畜之入口,而南关则为"牲畜由西来赴东南去"的重要出入口岸。

第三,西安担负着部分西口药材东运的中转职能。东关南街是药行与药店的集中区,当时川甘药材运至三原加工、炮制,改装车骡运输,部分运至东关,再分运全国。同治以后,东关所征厘金中即有药材一项。它的运输量虽不比三原,但仍为一重要输出口岸。

第四,西安是东南布匹运发本省的集散地。由潼关、龙驹寨以及白河运来之湖北、东南诸省所出布匹,大多经三原集散,分销到甘肃及附近各县。但是,也有部分布匹经西安东关而销行省内各县。定边县所需布匹就来自西安,榆林则部分来自三原,部分来自西安。

3.从会馆设置看晚清西安城市商业功能的加强

会馆明代即已出现,本是设于异地供同乡之人寄寓之所。随着明清以后全国经济的发展,各地间的交流日益广泛与频繁,会馆逐渐演变为同乡客商在异地交流信息、住宿休息、存放货物的重要场所,商业功能不断加强。陕西会馆出现较晚,西安城中设置最早的大致应为乾隆年间建于骡马市街上的梨园会馆。商业会馆最早兴建的当为东关城中的山西会馆,嘉庆《咸宁县志》东郭图中已标有"山西会馆",说明至迟在嘉庆年间就已落成。目前,从现有资料中可以统计出,清代西安城中会馆达33处之多。详细划分,这些会馆又可分为手工业会馆、商业会馆,省级会馆、各县会馆,部分专门行业会馆等多种形式。清中后期西安城市商业功能的加强可以从众多工商会馆的设置反映出来（表2）。

表2 清代陕西会馆分布统计表

州县	会馆	时代	崇祀	馆址	出处	备注
西安	两广会馆		关帝、文昌	大皮院东口	光绪十九年（1893）《西安府图》、民国二十五年（1936）《咸宁长安二县续志》卷七《祠祀考》	
	湖广会馆		夏禹王	四府街		
	全浙会馆		夏禹王	大湘子庙街		
	绍兴会馆		夏禹王	东木头市		
	中州会馆		先贤先儒	五味什字		
	八旗奉直会馆		先贤先儒	盐店街		
	安徽会馆		朱文公	五味什字		
	山东会馆		孔子	五味什字		
	江苏会馆		吴泰伯、仲雍	大保吉巷		
	福建会馆		天后圣母	南院门		
	四川会馆		文昌	贡院门		
	甘肃会馆		三皇	梁家牌楼		
	三晋会馆		关帝	梁家牌楼		
	江西会馆		许真君	小湘子庙街		
	中州西馆			五味什字		
	安徽东馆			湘子庙街		
	畜商会馆（瘟神庙）	道光九年（1829）		西关	民国二十五年（1936）《咸宁长安二县续志》卷七《祠祀考》	
	山西会馆	清中叶		东关	嘉庆《咸宁县志·东郭图》	
	直隶会馆				《中国省别全志》第787—818页	
	五省（燕、冀、辽、吉、黑）会馆			现盐店街副廿八号		
	梨园会馆	乾隆年间	唐玄宗、楚庄王	骡马市街	舒叶：《建国前碑林地区会馆知多少》，见《碑林文史资料》（第9辑）	三意社地址
	裁缝会馆			东木头市		尚友社地址
	银匠会馆			南大街油店巷口南侧		市日用五金制品研究所
	鞋匠会馆	道光十三年（1833）	孙膑	北柳巷南口三号地址		
	厨师会馆			东关索罗巷中段（田师庙）		现已拆除
	澄城会馆			南广济街		南院门派出所
	华州会馆			印花布园街		
	园艺会馆（花神庙）			东关长乐坊	黄云兴：《长安花神会》，见《碑林文史资料》（第6辑）	长乐坊东段
	南药会馆			东关	郭敬仪：《旧社会西安东关商业掠影》，见《陕西文史资料》（第16辑）	

续表

州县	会馆	时代	崇祀	馆址	出处	备注
西安	两江会馆			大皮院	民国《西京快览》第6编《公共事业》	
	药材会馆			骡马市	《首建梨园会馆碑》	
	鄠县会馆	光绪二十六年（1900）		城隍庙后街	民国《鄠县县志》卷二《官署》	
	咸阳会馆				民国《咸阳县志》	

手工业会馆在西安众多会馆中所占比重不大，只有裁缝会馆、银匠会馆、鞋匠会馆、厨师会馆、花神庙五种，占全部会馆总数的15%。从这些会馆来看，大多属于城市消费行业，与日常生活紧密相关。

畜商会馆、药材会馆、南药会馆是畜商与药材商集资兴建的行业会馆。畜商会馆设于西关瘟神庙内。陕西处于西北畜牧区与东南农耕区交错地带，西北牲畜南运、东走大多通过西安中转。南关是清代"牲畜由西来赴东南去"的重要通道；西关则为本地牲畜转运中心，"本境出产，由乡运城之物，猪、羊、骡、马、驴较多"①。可见两处为牲畜转输较为重要的通道，也是畜商集中之区，畜商会馆设于西关自然较为方便。

清代西安城有几处药材会馆，史籍记载不详。城内骡马市梨园会馆对面有药材会馆，这从《首建梨园会馆碑》中可以得到可靠的证据。此会馆修建较早，在整个西安城会馆建设史上也是首屈一指的，至少在乾隆年间即已存在。另外，田克泰称，西安东关有药材会馆，而郭敬仪记，西安东关有南药会馆，这两处与药材有关的会馆具体位置，文中均未交代。可以肯定，晚清、民国时期，西安东关存在过与药材有关的会馆，这与东关作为清末西北商货集散中心，尤其作为药材转输中心的地位也是不矛盾的。但东关是否存在有药材会馆与南药会馆，抑或只存在上述某一家会馆则无从考证，尚有待新材料的证实。清初西安东关是西口药材东运的中转地。当时川甘药材运至三原加工炮制，部分改装车骡运抵东关，再分运全国。东关南街是药行、药店的集中区，其中际盛隆、全盛裕两家老号药店在乾隆时就很有名。满族贵族问病、吃药，总是推荐际盛隆、全盛裕。②同治以后，东关征收厘金，

---

① 陕西清理财政局编辑：《陕西全省财政说明书·岁入部·厘金》，清宣统元年排印本，第80页。
② 郭敬仪：《旧社会西安东关商业掠影》，见《陕西文史资料选辑》（第16辑），1964年。

"所收土产货物则以牛羊皮、山纸、木耳、生漆为大宗,橘子、椒、蜂蜜、桐漆油次之,药材等又次之",说明药材行业在东关占有举足轻重的地位,药材商于此建馆也是很自然的事情。

全国性省级会馆在西安的分布非常多,除宁、青、新、西藏、云、贵、内蒙古等偏远地区外,其余各省在西安均建有会馆,多达20余省。可见,清中后期西安商业辐射范围已遍及全国。各省商业会馆在西安乃至西北的影响力很大,据民国年间东亚同文书院调查资料显示,"全浙会馆由江苏一部以及浙江全省人民组成,其中绍兴、金华、钱江、宁波四帮有名气。据说,会员总数达到四千人。宁波帮从事棉花、煤炭、杂货、鸦片、药材、鱼、海产物、酱园业。绍兴帮从事酒业和装饰业,除了汾酒和高粱酒以外的酒业由该帮独占"①。从其经营项目与市场占有份额上来分析,清代此帮商业发展当不会弱。本省各县在西安建会馆的并不多,醴泉、澄城、华州3处,因没有过多的材料加以说明,很难分清其为乡试会馆抑或商业会馆。

三、西北地区商业中心的确立及地点的递嬗

以上我们对明清时期三原、泾阳与西安市场状况进行了一定的复原,那么,我们究竟应该如何定位三者的经济关系呢?

就明代三原、泾阳、西安的市场吐纳,我们可以看出,无论在重要商品的集散与转输能力上,抑或商税税收、城市商业经济发展、行市分区等多方面,西安均无法与三原、泾阳相比。三原、泾阳经济区承担了西北与东南各省大宗商品包括布匹、食盐的主要批发与转运功能,三原自不必说,泾阳也成为"易仓钞,贩花布"利益颇巨的关中壮县。另外从明代三原与泾阳商人辈出也可证明此点。张瀚《松窗梦语》卷四《商贾纪》载:"至今西北贾多秦人,然皆聚于汧雍以东,至河华沃野千里间,而三原为最。"这就是说,所谓山陕商人,主要来源就是以三原、泾阳两县为中心的渭水沿岸各地区。下面两表是以康熙、乾隆两朝《两淮盐法志》中的材料为主,参照同治时《两淮盐法志》卷四七《科第表》对明代两淮山陕籍商人科第者进行整理的。表3所列为明代两淮山陕商籍登进士第人员统计,共计37人。而陕西三原籍共计17人,约占总人数的45.9%;泾阳籍8人,约占总人数的21.6%。表4是对明代两淮山陕商籍考中举人人员所做的统计,共计43人。陕西三原县籍计有22人,约占总人数的51.2%;泾阳籍14人,约占总人数的32.6%。两表显示山陕商人中

---

① [日]东亚同文书会编:《中国省别全志》第7卷《陕西省》,东亚同文书会,大正七年(1918)二月。

三原人数最多，其次为泾阳，两县相加则分别占到全部山陕商人总人数的69.4%和83.8%，足见明代三原、泾阳两县经商人员之众，商业影响力之大。

表3　明代两淮山陕商籍登进士第人员统计表

籍贯	人员
陕西三原县	王恕、梁泽、王承裕、秦伟、秦稿、雒昂、来聘、梁木、温纯、秦一鹏、焦源清、马逢皋、焦源博、来复、秦新式、房廷建、石隆
陕西泾阳县	赵谧、赵兰、何宗贤、李思达、牛应元、韩继思、韩琳、张询
陕西其他县	魏秉、阎世选、武献哲、阎汝梅
山西籍	亢思谦、李承式、李植、李杜、高邦佐、马呈秀、李柄、杨义

资料来源：

据《山西商人研究》第五章"山西商人谱系"整理而成。参见［日］寺田隆信：《山西商人研究》，张正明等译，山西人民出版社，1986年，第221页。（正统戊辰科—崇祯癸未科，1448—1643年）

表4　明代两淮山陕商籍考中举人人员统计表

籍贯	人员
陕西三原县	申春、仇庄、雒守一、韩清、孙佐、申琼、马桢、来贺、马栻、秦四器、仇让、王弘祥、秦际皞、梁文熙、石胜、张善治、房象乾、梁应基、李于奇、雒献书、梁松、梁茂
陕西泾阳县	寇恕、杨九皋、牛昭、强书、康渭、茹巨鳌、韩复礼、韩易知、张惇、何漠杰、鱼赐腓、毛宗昌、赵虞佐、张嶙
陕西其他县	阎复、阎士聪
山西籍	刘有纶、亢孟桧、亢秉忠、李楫、李承弼

资料来源：

据《山西商人研究》第五章"山西商人谱系"整理而成。参见［日］寺田隆信：《山西商人研究》，张正明等译，山西人民出版社，1986年，第223页。（永乐甲午科—崇祯丙子科，1414—1636年，不包括已进士及第者）

那么，为什么明代三原、泾阳只作为渭北区区两县，可以成长为声名远播的"三秦大都会"？而作为经过长期论证选址，曾经担负起国际大都市重任的隋唐国都所在——长安，即明代陕西布政司所在地的会城西安，此时却完全失去了经济发展优势，其原因何在？

众所周知，明代的西安作为陕西布政司所在地、西安府的府城，以及咸宁、长安两县的县城，城池是在唐末韩建所筑新城的基础上扩建而成的。隋唐长安城面积84.1平方公里，是当时世界上首屈一指的国际大都市，但经唐末五代战乱，损毁至为惨重，几成废墟，后梁韩建缩城，只取唐长安的皇城加以修葺，号"新城"，面积只有5.2平方公里，为唐长安城的1/16。[1]朱明王朝建立以后，朱元璋次子朱樉坐镇西安，对西安城加大了修筑的力度，以西墙、南墙为准绳，将北墙与东墙分别向外扩展了1/4，城区面积比韩建所筑新城增加了1/3。但即便如此，城市规模也仅为11.5平方公里，加关城不足15平方公里。[2]比之隋唐长安城的规模已是大大缩小了。

按照朱元璋巩固边防的国策，诸皇子皆分封各地以为藩王，坐守军政重镇以求屏蔽诸邦。他封次子朱樉为秦王，就藩西安，下令扩修西安城的同时，在西安府城内东北部修筑了秦王府。作为藩王之首，秦王府有"天下第一藩封"之称。王府不仅"富甲天下，拥赀千万"[3]，而且在规模上也是首屈一指的，据实测数据显示，秦王府城面积应不小于0.3平方公里，约为西安大城面积的1/38。[4]当时人曾说这一规模与南京的宫城规模不相上下。朱樉于洪武十一年（1378）"就藩西安"[5]。按照明制规定，藩王嫡长子袭封藩王，其余诸子册封为郡王，郡王亦各有封地，然秦王子孙分封郡王虽多，但却均未分驻各地，而是在西安城内纷纷建起了郡王府宅。原因主要是以当时陕西的经济条件，很难找到稍好一些的封地，只有城高池深、位居腹里的西安城是其最好的居地选择。最初所封的朱樉次子永兴王朱尚烈封藩于巩昌府，三子保安王朱尚煜封藩于临洮府，而巩昌、临洮等地邻近边塞，防御条件又差，秦王子孙均不愿就藩边地，明廷虽已在当地为其修建了王府，但二人仍以留居西安"以敦同气"[6]为由，上奏朝廷，不再迁出。开此先例，以后秦王诸子也大多留居西安，而其他子孙或为镇国将军，或为辅国将军，在城西安内筑宅居守。这样，整个明代，西安城先后建有9所郡王及32所镇国、辅国将军府，这些王府占据了城中大片空间，在当时全国各省会城市中是独一无二的。

除众多的郡王、将军府外，明代的西安城尚分布有众多官府、衙门、贡院、文庙以及驻防军队等，如陕西布政司衙门、巡按察院、都察院衙门、清军道、巡茶察院、西安府署、咸宁县署、长安县署等。这些官府衙门不仅占据城中大面积的土地，成为限制城市商业空间拓展的一个重要因素，更重要的是它成为盘剥商民、百姓的垄断机构，这一点可以说对明代西安城市商业发展的打击是致命的。仅以秦王各支系的府邸来看，其豪华程度就可略见一斑。第一代秦王朱樉的秦王府，规模庞大。同为"塞王"，分封于北京，手握重兵的燕王朱棣的府城，面积只是秦王的一

---

[1] 史念海主编：《西安历史地图集》，西安地图出版社，1996年，第109页。
[2] 史红帅：《明清时期西安城市地理研究》，中国社会科学出版社，2008年，第66页。
[3] 〔清〕谷应泰等：《明史纪事本末》卷七八，中华书局，2015年，第1359页。
[4] 史红帅：《明清时期西安城市地理研究》，中国社会科学出版社，2008年，第29页。
[5] 《明史》卷一一六《诸王一·秦王樉》，中华书局，1974年，第3560页。
[6] 《（嘉靖）陕西通志》卷五《土地·封建·皇明藩封》，三秦出版社，2006年，第197页。

半左右。①秦王府府邸不仅拥有宫殿区、祭祀区、官署区、护卫区，还有规模不小的苑囿区，以及城外的离园。洪武九年（1376），"定亲王宫殿门庑，及城门楼皆覆以青色琉璃瓦"②，秦王府为府邸所用琉璃瓦的供应，专门在陕西同官县（今铜川市）同官故城东南四十里的立地坡盆景峪建有琉璃厂③，"正统、景泰、天顺、成化间，皆尝经理督造。迨嘉靖甲申、乙未之岁，秦宫室及承运等殿，复动工重建，而琉璃之费无穷"④。这里所说的还仅仅是琉璃瓦一项开支，秦王的园林别馆更是极尽奢华，珍禽异兽、奇花异草满目皆是，无怪当时人称秦王为"天下第一藩封"，"拥赀数百万"⑤，"今天下诸藩无如秦富"⑥。

那么，以明代的陕西而言，经济发展已非同往昔，国都东迁，远离全国经济重心，富庶程度不比华北，更无法与江南相提并论；北部黄土高原沟壑纵横，与蒙古长期争战，民不聊生。这样的经济发展条件如何能成就这"天下第一藩封"？秦王的财富从哪里来？无非来源于对地方的盘剥，据《明实录》记载：成化十四年（1478）"三月己卯，定陕西等处秦、庆、肃、韩四府郡王以下府第工价则例。工部言陕西镇守巡抚等官，议奏四府先年皆以有护卫，凡郡王以下出阁，营造府第，未尝役军民。后因支庶日繁，奏请有司营造。迁延勒逼，民甚苦之"⑦。这里还仅指役用民工而言，至于经费、银钱所出更是军民、商工之灾了。时人有记，其时"诸冠盖往来者"，尚且不愿进入西安，往往都要"以避入省参谒、挂号"，商贾行人更是"惮经会城，往往自渭南、临潼取道于此（泾阳），以故京兆者什三，出是邑者反什七也"。⑧就是说，由于秦王府邸之众，官府衙门之多，对百姓的盘剥已使官员、吏民、商贾、行人视西安为畏途，能绕则绕，可避即避，致使陕西行走路线发生改变，明代经商于此的商贾行人大多不走官驿大道，70%的行人由潼关走渭南、临潼而入泾阳、三原，只有30%的人继续维持原路，走西安入省城。这才是成就泾阳、三原商业经济繁荣，而会城西安商业反而落后于两县的主要原因。明人李维桢曾经称道："陕以西称壮县，曰泾阳、三原，而三原为最，沃野百里，多盐荚高资商

---

① 史红帅：《明清时期西安城市地理研究》，中国社会科学出版社，2008年，第29页。
② 《明会典》卷一八一《工部一·营造·亲王府制》，中华书局，2007年，第919页。
③ 秦凤岗：《立地坡琉璃厂》，见《铜川城区文史》（第2辑），1989年，第45—46页。
④ 《同官县志》卷一二《工商志》，民国三十年铅印本，第2册，第3页。
⑤ 〔清〕彭孙贻：《流寇志》卷八，浙江人民出版社，1983年。
⑥ 〔明〕倪元璐：《救秦急策疏》，见《四库全书·集部·别集类·明倪文贞奏疏》卷一〇。
⑦ 《明宪宗实录》卷一七六，江苏国学图书馆传抄本，第9b页。
⑧ 《（康熙）泾阳县志》卷三《贡赋志·驿站》。

人,阛阓骈比,果布之凑,鲜车怒马者,相望太仓,若蜀给四方镇饷,岁再三发,若四方任辇车牛,实缩毂其口,盖三秦一大都会也。"[1]由于这样一种制度因素的影响,大大限制了明代西安城市工商业的发展,致使许多商人视西安为畏途,宁可绕道避走也不愿入城经商。那么选择平原广畴、交通方便,又无经济干扰的三原、泾阳作为商品转输中心,就成为一种必然。

很明显,明代陕西西安城市的商业职能没有随着政治与军事职能的加强而提高。一方面由于明代西安的政治与军事色彩过于浓重,限制了城市商业的扩展,高城深池阻碍了商品经济的渗透;另一方面,政治上衙门、王府过于集中,盘剥苛重,使商人视此为畏途,故而退避三舍,也使城市商业无法发展。这两点是限制明代西安城市商业发展的主要因素,也由此成就了三原、泾阳西北商业中心的地位。这样说来,明代西北商业中心在三原与泾阳两县,而非西安,形成了政治以西安为中心,经济以泾阳、三原为中心的二维空间格局。

进入清朝以后,随着明王朝的败亡,秦王、将军府被拆除,封王守疆的制度也被废弃,这大大便利了西安城市商业的发展,西安商业发展明显显示出生机,以乾隆四十四年(1779)《西安府志》统计数字来看,长安、咸宁两县的课程银、牙税银均已超过泾阳、三原,当税的收入也遥遥领先。从这一数字上的变化也能看出,至少到乾隆时期,咸宁、长安两县从商铺数量到当铺数量,乃至行业行商等方面均已超过了三原、泾阳两县。当然,咸宁、长安两县的商税收入不只包括西安府城一区,但从中也能看出其商业发展的势头(表5)。清中叶以后,伴随各省区商业势力的渗透,大量南北商帮活跃于西北地区,会馆林立,城东关担负起南北货物的集散与转输中心的作用,大大提高了会城西安的经济地位,使之成为京广福杂货荟萃之区,并担负起部分省内大宗货品诸如布匹、牲畜等集散与转输的中坚作用,商业税收大幅度增加。那么,西安与其北部的三原、泾阳在经济上又是怎样的一种关系呢?

表5 乾隆年间西安、三原、泾阳商税比较表

县份	课程(两)	当税(两)	牙税(两)
长安县	20.92润加1.743	190	46.61
咸宁县	37.65润加0.1375	640	85.9
泾阳县	22.16润加1.8466	195	97.3
三原县	34.21润加2.8558	295	45

资料来源:乾隆《西安府志》卷一五《食货志中》。

---

[1] 李维桢:《太泌山房集》;转引自《明清陕西社会经济史》,首都师范大学出版社,2000年,第252页。

从前面对清代三原、泾阳两县商业发展特征的分析能够看出，在清代，两县并未因西安商业的发展而退出历史舞台，相反，多数东南与西北地区贸易货品的转输仍由两县承担，如东南运往西北的布匹、茶叶，西北销往东南的皮毛与水烟等都还是由三原与泾阳转运，在大宗货品的加工与转输方面，西安仍远远不能取代二者的经济地位。原因何在？这仍然需要从一些制度因素上来找答案。从历史发展来看，我们不难发现，尽管清王朝建立以后，西安的秦王府第被拆除，封建政治势力对商业干预有所减弱。但是，清王朝对其军事上的控制没有丝毫放松，在经营上仍将西安视作控制西北的重要军防重镇，这一点从满城与南城的修筑上可以明显体现出来，这两处军营驻防系统占据了西安城几乎一半的空间，给西安城市市场圈的发展带来许多不利因素。满城的修筑本是清王朝巩固统治的一个国策，不仅西安存在，全国各区域中心城市都建有满城，清政府认为，清王朝以异族进入中原，"虑胜国顽民，或多反侧"，于是"乃于各省设驻防兵，意至深远"。[1]但是西安的满城是当时全国最大的一座八旗驻防城，驻扎八旗军兵也最多。西安满城修筑于顺治时期，顺治二年（1645）开始划定驻防城范围，至顺治六年（1649）最后筑成。[2]满城中居住的全部都是八旗马甲及其家属，俨然成为一军事堡垒，这种局面更加加重了西安城市的军事氛围。满城建于西安大城的东北部，东墙与北墙借用大城城墙，西墙与南墙新筑，不仅将原明代秦王府全部围在满城之内，还包括了明保安王府、临潼王府、汧阳王府等一系列建筑，面积4.7平方公里，比秦王府所占空间还要大。[3]满城筑成不久，康熙二十二年（1683）又在满城南面加筑了南城，南城是清政府为进一步加强驻防军力量而增筑的，主要为镇压当时不断涌起的反清浪潮和农民的反抗斗争。南城位于满城之南，除西城墙为新筑，其余全部利用西安原城墙，面积约0.6平方公里，与满城相加，约占全部西安大城面积的45%。[4]这样，接近一半的西安城区都为军防城所占据，使西安城市空间显得极端拥挤，大大损害了城市商业空间的拓展。

从传统社会的角度来看，西北地区的城市始终与城墙联系在一起，无论政治与经济空间都需在城墙包围之内完成，即便商贸发展突破城墙的限制，政府也会再筑新的城池，将之包围于城墙之内，城市规模往往与城墙范围相始终，无法突破，与江南地区的河街布局具有本质的不同。这样一种格局也是出于对地方经济的保护，

---

[1] 刘锦藻：《清朝续文献通考》卷二二〇《兵考一》，浙江古籍出版社，2000年。
[2] 史红帅：《明清时期西安城市地理研究》，中国社会科学出版社，2008年，第29页。
[3] 史红帅：《明清时期西安城市地理研究》，中国社会科学出版社，2008年，第29页。
[4] 史红帅：《明清时期西安城市地理研究》，中国社会科学出版社，2008年，第29页。

毕竟西北地区居于军防前线,战争的威胁时时会有。从清代西安城市地图上可以看到,钟楼南大街并非位于全城的中心地带,而是略显偏南。东部的满城影响了这一地区商业的发展,市场不得不向西扩展,而城西部又显得集中与拥挤。为填补东部的空档,东关膨胀发展,人口增多,商业市场繁荣,较其他三关发展迅速,商业影响力加强。从清代西安城市整体布局来看,城市空间利用率已相当高,南部甚至形成挤压的格局。这样的城市空间格局已很难再容纳新的工商业进驻发展,更何况如布匹加工、毛皮熟涨等带有加工与批发产品于一体的大宗商贸市场的发展。因此,具有地缘优势,又具备加工条件与技术积累的原明代商业中心泾阳与三原,当仁不让地成为补充西安商业中心发展空间不足的最佳城镇选择。从清代的三原与泾阳商业特点上不难看出,两地成长起来的商业经济均建立在加工工业基础之上。三原是湖广大布运入、改卷、整染、发卖中心,泾阳是湖茶与毛皮两项货品加工与转输中心,除这种大宗商品的加工与转运外,其余商品贸易额都在减少。到清末,人们再形容三原就只说它是"渭北各地贸易总汇之区"[1]了,而非如明代所云"盖三秦大都会也"[2],可见其经济地位还是有所下降的。

四、余论与思考

从以上分析我们可以看到,明清时期陕境区域商业中心有一个复杂的发展过程。明代西北地区商业中心在三原和泾阳两县,三原、泾阳完全取代了千年古都——西安的商业中心地位,成为西北地区的商贸中心。清代伴随会城西安经济发展,商业地位提高,逐渐成长为西北地区"洋货与福广杂货"的转输中心以及商业信息的传递中心,与泾阳、三原三足鼎立,共同构成西北地区的商贸中心。这种局面的形成与明清两代封建制度有着直接关系,在中国传统社会,城镇总是和政治、军事相联系的,尤其地方治所城镇,是国家机器发挥效力的最重要的基层单元,是封建统治的堡垒。城市经济的成长自然也要受到来自政治、军事制度的干扰,从而带来城镇体系构成方面的变形。就西安来讲,作为西北地区的交通枢纽,居关中平原的中心地带,是经过千年发展而来的中心城市,其优越的地理位置与富饶的资源环境在西北地区首屈一指,自周秦汉唐以来这里就一直是国家的经济中心,宋代国都东迁,这里虽已是明日黄花,但仍不失为地区政治、军事与经济的中心,在没有外力干扰的情况下,西安从未失去西北经济中心的地位。1912年中华民国建立以后,伴随西安城墙拆除,陇海铁路西进,西安城市空间大为拓展,经济地位进一步

---

[1] 刘安国:《陕西交通挈要》(上编)第六章"重要都会·三原",中华书局,1928年。
[2] 〔明〕马理:《明三原县创建清河新城及重隍记》,见《溪田文集》卷三,清刻本。

提升,再次成为西北独一无二的政治、经济与文化中心,至今其西北商业中心的地位再未动摇。这一点也足以证明西安在整个西北地区具有经济发展的绝对优势。排除政治、军事等因素的干扰,商业中心地位舍此莫属。

那么,对于明清时期中国城镇经济发展来讲,如西安、泾阳、三原这样的案例非只一个,可以说,在各个区域环境条件下,不受政治因素的制约,经济中心与各级行政中心的分离是一个普遍现象。《广阳杂记》有对明代"四大聚"的记载,所谓"汉口不特为楚省咽喉。而云、贵、四川、湖南、广西、陕西、河南、江西之货,皆于此焉转输,虽欲不雄天下,不可得也。天下有四聚,北则京师,南则佛山,东则苏州,西则汉口"[①]。这段文字从全国的角度分析了明代中国东南西北四大商业中心,这里除京师作为全国政治中心城市外,其他均非地区政治中心。苏州虽为苏州府的府城,但其时作为南直隶的政治中心为南京,南京与苏州承担了这一地域城市不同的发展职能。而汉口、佛山则仅为区区市镇而已。清代这样的发展结果更多,如所谓四大镇,广东的佛山镇、江西的景德镇、湖广的汉口镇、河南的朱仙镇,是名副其实的市镇级城市,但都声名远播,影响远及数省区,成为区域的商业中心。有学者在对佛山的研究中也指出,在清代前期,岭南区域内存在着广州与佛山两个中心市场,为"二元组合式中心市场"[②],这种局面的形成与佛山自身优越的地理位置与经济基础相关联,但与明清两代城市发展内要逻辑同样应该存在一定的联系。

从城市地理学的角度来说,城镇是人类社会经济活动在空间上的投影,它应该是区域的核心,起到周围乡村中心地的作用。那么城镇所赖以存在的周围区域的大小和范围同样会制约城镇数量的多少与规模的大小。这样说来,每个城镇都不是独立于地方之外的空间综合体,城镇与城镇之间,城镇与周边区域,均会通过各种联系孔道交相发生作用,在联系过程中,各个城镇也必然会形成各自的势力范围,构成城镇体系的空间网络格局。地域城镇数量的增加与规模的扩展往往受到原有城镇体系的牵制,每个城镇的成长都要受到区域空间的限制,也受到它周边城镇的制约。这种区域城镇发展关系不得不让我们思考,为什么明清时期大量的市镇在全国各地蓬勃兴起,且许多市镇均超越其周边的行政治所,成长为地区的经济中心?一地的治所城镇,即地方的行政中心大多位于各地的中心位置,而且往往具有良好的经济发展条件与悠久的成长历史,超越这样的中心而独立发展出新的经济增长点绝非易事,经济因素固然重要,制度因素在其中也扮演着重要的角色,将不同地域不

---

① 〔明〕刘献廷:《广阳杂记》,中华书局,1957年,第193页。
② 罗一星:《明清佛山经济发展与社会变迁》,广东人民出版社,1994年,第254页。

同时期地方城镇与市场关系置于特定的时代背景与经济条件下进行分析，会让我们看到各地方更深层次的经济发展关系，甚至可以窥见其中国家与地方关系的互动，这对于我们理解传统社会的地域社会关系都会是一个很好的视角。

原载《人文杂志》2013年第8期

（张萍，首都师范大学历史学院教授；杨蕊，山东女子学院马克思主义学院讲师）

西京银行公会与抗战时期国民政府的金融监管

张天政　成　婧

银行业同业团体在抗战时期对金融监管制度建设能够发挥重要作用。而对西京银行公会代表的西安银行业研究的论著[①]，只是涉及银行业本身，这为西京银行公会研究提供了背景性材料，但从未提及该公会。本文拟对西京银行公会在抗战时期协助政府实施金融监管及引起的金融制度变迁加以探讨，以冀补充近代中国金融团体研究的薄弱方面。

---

① 前人成果见李振民等的《陕西通史》（民国卷）（陕西师范大学出版社，1997年）一书第六章"抗日战争时期的陕西"在一定程度上关注到抗战期间陕西金融业的发展。魏永理等编的《中国近代西北开发史》（甘肃人民出版，1993年）一书第七章"西北近代金融事业的开发"把西北近代金融业分为两个时期，即20世纪30年代初到抗战前和抗战期间。20世纪30年代初到抗战前关于陕西金融业的内容涉及陕西省银行、陕北地方实业银行、国家银行和商业银行零星在陕西省设立分支机构，但只是简单介绍而已，并未做系统、深入的分析。田霞编的《抗日战争时期的陕西经济》（中国矿业大学出版社，2002年）一书第四章"财政金融"第二部分"金融业的发展和管理"就陕西省近代银行包括国家银行、省地方银行、县银行、商业银行和其他金融机构发展和演变做了简要介绍。屈秉基的《抗日战争时期的陕西金融业》（《陕西财经学院学报》1984年第2期）和《抗日战争时期的陕西金融业（续完）》（《陕西财经学院学报》1985年第3期）两篇文章较多介绍在陕西省分布的包括银行、钱庄、合作金库和其他金融机构以及银行资本运用和管制。李云峰、赵俊在《1931—1937年间西北金融业的恢复与发展》（《民国档案》2004年第1期）一文中指出1931—1937年局部抗战阶段，国家金融势力的进入以及沿海地区一些商业银行分支机构的设立，使西北各省的金融业得到了较快的恢复和发展。赵俊《抗日时期国民政府开发西北金融问题研究》（硕士学位论文，西北大学，2004年）一文写到九一八事变到抗战爆发前国民政府对西北金融业的初步开发和抗战时期国民政府对西北金融业的进一步开发，涉及陕西省金融业尤其是银行体系建立过程。此外还包括杨斌、张士杰《试论抗战时期西部地区金融业的发展》（《民国档案》2003年第4期），张天政、张英杰《20世纪30年代上海华资银行在陕西的农贷活动》[《上海档案史料研究》（第5辑），上海三联书店，2008年]，张天政《抗战时期国家金融机构在陕西的农贷》（《抗日战争研究》2009年第2期）。

一、西京银行公会的成立

1910年大清银行来陕,在西安梁家牌楼筹建分行,并发行银票数种,这是在陕西省最早设立的银行。20世纪30年代前期,陕西省银行业兴起具备以下条件。

在杨虎城支持下,陕西省政府吸纳资金,恢复经济。1928年陕西大旱,灾情特别严重,粮价飞涨,饿死穷人无数。1930年冬,杨虎城将军回陕西主政,担任陕西省政府主席,采取恢复地方经济建设、调剂地方金融的政策。为此,杨虎城热烈欢迎国内及华侨实业家来陕投资兴办实业,并制定了不少来陕投资的优惠政策。杨虎城曾多次与上海商业储蓄银行领导人陈光甫等联系,鼓励来陕投资,为恢复地方经济做出贡献。

大体在20世纪30年代前期,国内银行业看好陕西棉麦的投资前景,以上海银行为代表的华商银行及国家银行纷纷来陕。陕西关中地区地理环境和气候均适宜于棉花和小麦的种植,但当时遍种鸦片。地方当局在20世纪30年代初采取禁种鸦片、鼓励种植棉麦的农业政策。据记载,抗战前在西安设立商业银行的分支机构有上海商业储蓄银行、金城银行、浙江兴业银行、边业银行4家。至1938年,上海商业储蓄银行在陕西省境内共设立分行及办事处5家;金城银行设立办事处2家;另有浙江兴业银行、边业银行在西安设立办事处。抗战爆发后,至1941年共设立各种银行14家。[①]这表明了陕西银行业初具规模。之后,在西安设立的银行包括中国通商、川康、永利、建国、亚西、美丰、兴文、四明、工矿、华侨、山西裕华、大同银行12家,以1943年设立者为最多,计11家。上海、通商、四明、永利银行等还在宝鸡设有办事处,金城银行在宝鸡和南郑各设有办事处1所。[②]

国家银行来陕不仅是看好棉麦广阔的市场前景,而且有推行币制统一、控制地方金融的需要。抗战前中国银行、中国农民银行、交通银行、中央银行均先后在陕西设行。至1941年底,陕西境内中国银行分行1所、支行1所、办事处3所、寄庄7所,中国农民银行分行1所、办事处4所、分理处1所,交通银行分行1所、支行2所、办事处6所,中央银行分行6所、办事处1所。[③]国家银行的增多,不仅有助于国民政府插手和渗透地方金融,而且是政府当局管制战时地方金融的需要。国家银行的设

---

① 西安市档案局、西安市档案馆编:《陕西经济十年(1931—1941)》,1997年,第298—299页。
② 屈秉基:《抗日战争时期的陕西金融业》,《陕西财经学院学报》1984年第2期。
③ 西安市档案局、西安市档案馆编:《陕西经济十年(1931—1941)》,1997年,第297—299页。

立，也是为"剿匪"或防共的国民党军队提供军费或需要。1934年陕甘根据地、陕北红军迅猛发展；1935年10月，中央红军到达陕北。期间国民党军队一直围追堵截，急需军费补给。蒋介石曾多次致电各国家银行在陕甘设立银行，要求补给军费。[①]

从20世纪30年代初开始一直到抗战爆发后，设在陕西省的国家银行、商业银行、外省的地方银行在陕西的分支机构，以及陕西地方银行、县银行和私营银号、钱庄、信用社等金融机构如雨后春笋般兴起。一方面，陕西银行业的兴起，银行间业务联系的频繁，需要建立统一的业务制度及协调市场秩序的同业组织；另一方面，抗战前期，面对数量日益增加的陕西银行家，如何对其进行金融管理，如何聚集现有金融力量进行抗战便提上日程，在银行业间成立同业组织势在必行。20世纪40年代初，西安银行业中每星期有一联席会议商讨同业一切事务，这也为西京银行公会成立奠定了组织基础。同时，政府要求各地有3家以上银行，市县须成立银行公会，西京银行公会的成立势在必行。

1942年9月13日，由中国、交通、上海、金城、河北省、陕西省银行及邮政储金汇业局7家银行或金融机构发起成立了西京市银行业同业公会。[②]成立大会上，陕西省政府的有关机构社会处尹立荣、市商会赵雄飞受邀出席。作为成立大会临时主席的中国银行陕西分行经理李紫东在致辞中强调："本来本市银行业公会早应成立，因为同业中每星期向有一联席会议商讨同业中一切事物，所以过去关于银行业同业尚不缺乏联系，今后公会正式成立各同业自必更趋团结一致，努力自身业务以固守金融界在战时为国家、为社会应有之岗位。"[③]可见，西京银行公会的成立不仅是西安银行业也是整个陕西省银行业的一件大事，与过去由政府直接管理银行业相比，政府借助银行公会管理银行，开启了陕西银行业管理的新时代。这不仅有助于建立统一的业务制度及金融市场秩序的协调，而且推动该会加强银行业联系、团结，促进业务发展；不仅为西北银行业同业公会的建立做出样板或示范，而且有助于同业公会实现其协助政府金融监管及为支持抗战做出贡献的职能。银行公会成立后采用理监事制。第一届选出五位常务理事，分别是贾玉璋、李紫东（中国银行）、严敦

---

① 中国人民银行金融研究所编：《中国农民银行》，中国财政经济出版社，1980年，第53页。

② 《西京市银行业同业公会成立大会会议记录》，1942年9月13日，上海商业储蓄银行重庆分行档案0310-1-2079，重庆市档案馆。

③ 《西京市银行业同业公会成立大会会议记录》，1942年9月13日，上海商业储蓄银行重庆分行档案0310-1-2079，重庆市档案馆。

彝（交通银行）、经春先（上海银行）、张六师。①公会成立的发起银行中，陕西省、中国、交通、上海银行代表均进入常务理事。后经各当选的常务理事提议并征询社会处指导员尹立荣同意，推定陕西省银行总经理贾玉璋为西京市银行业同业公会理事长。贾玉璋，河北武清人，属于冯玉祥西北军，原为西北银行管理处长。西京银行公会会员行在1942年9月13日成立后共有16家；到1944年西京市银行加入西京银行公会后，会员行共27家，包括中国、中央、交通、中国农民银行、裕华、川康平民、四川美丰、上海储蓄、亚西实业、金城、通商、兴文、河南农工、四明、建国、工矿、永利、大同银行，甘肃省行、河北省行、陕西省行、长安县行、绥远省行，中国农民银行东大街支行、中国银行盐店街支行和信托局、邮汇局。②

二、银行公会对缴纳存款准备金的反应

20世纪40年代初，商业银行投资商业较为严重。存款准备金旨在收缩商业银行信用规模，防止挤兑风潮发生，并由国家银行控制、引导资金投入战时经济建设。1943年财政部西安区银行监理官办公处成立后，其工作之一是进一步督促管辖区内银钱业公会及会员行庄缴纳普通存款准备金。抗战时期存款准备金的缴纳最初依据的是1940年8月财政部颁布的《非常时期管理银行暂行办法》，后该法几经修订。按财政部1943年1月7日修订后的《修正非常时期管理银行暂行办法》第三条规定："银行经收存款，除储蓄存款应照储蓄银行法办理外，其普通存款应以所收存款总额20%为准备金，转存当地中、中、交、农四行任何一行，并由收存行给以适当利息。"③1943年4月6日，西京银行公会根据财政部西安区银行监理官办公处的训令，要求会员行依据《修正非常时期管理银行暂行办法》第三条规定，对普通存款准备金于每年的三、六、九、十二月分四次缴纳，并尽快缴纳三月份准备金。④这是笔者目前所见史料自银行公会成立以来，首次为缴纳存款准备金通知会员行。不久，银行监理官办公处又转达财政部有关收缴存款准备金手续的训令，即中国、中央、交

---

① 《西京市银行业同业公会成立大会会议记录》，1942年9月13日，上海商业储蓄银行重庆分行档案0310-1-2079，重庆市档案馆。
② 《财政部西安区银行监理官办公处1943年至1944年监理官银行工作报告》，财政部西安区银行监理官办公处档案37-1-20，陕西省档案馆。据记载，至1944年3月，西安市有银行28家。未入会者有华侨银行。
③ 《财政部公布之修正非常时期管理银行暂行办法》，1943年1月7日，见中国第二历史档案馆编：《中华民国史档案资料汇编》第5辑第2编"财政经济（三）"，江苏古籍出版社，1997年，第23页。
④ 《西京市银行业同业公会通知》，1943年4月6日，上海商业储蓄银行重庆分行档案0310-1-2106，重庆市档案馆。

通、农民四行任何一行在收到各银行钱庄普通存款及准备金旬报表后，详细核明签注意见，连同该承办行造送之收存普通存款准备金月报表汇成一册，送交银行监理官办公处查核，不得分散送核至重庆等地；另需送交财政部各项存款及准备金总登记表、准备金数额报告表。西京银行公会及时予以转达，要求各会员行遵照办理。上海商业储蓄银行西安分行即收到公会转来上述通知。[①]之后，财政部又规定将存款准备金于每年的三、六、九、十二月月底依据该月存款总额调整一次。关于调整期内具体规定：

> 各银行、钱庄缴存普通存款准备金，每届调整之期，应即于该月份终了后三日内，将应缴或应退之款，经向各该承办行洽明调整完竣。如系由总行或管辖行汇报汇缴者，应由该总行或受辖行于各该月终了后十五日内，将应缴或应退之款，向各该承办行洽明调整完竣。如有延不遵办情形，应由各承办行报明该受区银行监理官。[②]

函文发于1943年7月，当时该年3月底调整期限已过，6月底调整之期已到，西京银行公会协助银行监理官办公处调查并告知受辖区内各银钱行庄"如有未依据三月底存款总额缴存准备金者，一律限于六月底调整期内依据该月底存款总额重行调整，如再有延不遵缴者，应即查明报部以凭核办，限三日内调整完竣"。银行公会对政府通过存款准备金实施金融监管持积极协助态度，曾多次转达训令，通知会员银行遵照。如西京银行公会曾按照监理官办公处的决定，转知会员行遵办。[③]从货币银行学角度而言，从商业银行普通存款收缴存款准备金，是中央银行三大货币政策的工具之一。抗战时期，由于一些地区仍未设立中央银行分支机构，因而收缴存款准备金业务也由中、交、农民各国家银行办理。银行公会从全局考虑立刻要求会员行遵行，这有助于推进存款准备金的尽快收缴。如至1943年3月底，西京市各银行钱庄缴存普通存款准备金14099800.99元，6月底各行庄缴存存款准备金1360余万元，9月底缴纳2150余万元。[④]

但另一方面，财政部颁布的《修正非常时期管理银行暂行办法》中缴存存款准备金比率较高且一步到位的规定，银行公会会员行执行起来实属不易。西京银行公

---

① 《西京市银行业同业公会通知》，1943年4月29日，上海商业储蓄银行重庆分行档案0310-1-2106，重庆市档案馆。

② 《西京市银行业同业公会通知》，1943年7月9日，上海商业储蓄银行重庆分行档案0310-1-2107，重庆市档案馆。

③ 《西京市银行业同业公会通知》，1943年7月9日，上海商业储蓄银行重庆分行档案0310-1-2107，重庆市档案馆。

④ 财政部西安区银行监理官办公处档案37-1-20，陕西省档案馆。

会叹息道：通观世界各国的银行，将存款总额的20%作为存款准备金转存中央银行的情形十分少见，再加上战争状况下资金流动性增大，活期存款在银行存款中占大多数，银行不得不多准备现金，以备存户提存。这样一来，可供银行自由支配的金额本来就小，银行本身开支浩繁，现在加上20%的存款准备金，可活动周转资金更少，银行经营举步维艰。尽管如此，在银行公会下达指示后，会员行并未表示异议，一致遵照办理。

但是中央银行对九月缴存的准备金不再只要求缴存存款准备金，连本票也计算到存款内要求缴纳20%的准备金。银行公会不能接受并认为："银行、钱庄收受普通存款，应按百分之二十交存贵行，作为准备并于每年三、六、九、十二月底调整一次，本市各行庄历经遵办无异。"但各会员行庄纷纷报称："窃行庄等此次根据九月底存款总额，向中央银行缴存准备金，中行拒绝收受，坚称各行庄所出本票，亦应照存款计算，提存准备金百分之二十。行庄等以本市提存准备金，向来均以普通存款为限，本票一项因系暂时性质，并无提存之规定。此次中行新开此例，行庄等事前并未奉有关令。"[①]因此银行公会一面上呈财政部请示，一面转知会员行："在未奉明令以前，暂照旧案办理。"[②]西京银行公会认为：各行庄所出本票，除同业拆借多以本票开付外，其余均为往来顾客，当时不愿提取现金，请由行庄开立即期本票，但最迟于第二天或最多一二天即经交换科转账。其性质与普通存款迥然不同，自应免予提存。不久财政部回复道："嘱暂缓发还以资兼顾，故本期调整仍照以往标准，按其实际情形，决定其免缴或照缴。中央银行业务局之意，各行庄本票，除同业互相拆借款项自应免缴准金外，其余私人或公司、商号抬头如系即期，在数日之内自可不缴普通准金，倘系远期或定期在五日以上者，仍应照缴普存准金，以杜流弊。除暂时照旧案办理外，相应函请迅予核复以凭照办。"[③]对于财政部的答复，西京银行公会认为其从实际考虑，表示赞成并连同西安区监理官办公处一同函复中央银行称："各行庄本票除同业互相拆借款项自应免缴准金外，其余私人或公司商号抬头之本票如系远期在五日以上者，仍应照缴普存普金一节，经核尚无不合，应

---

① 《西京市银行商业同业公会通知》，1943年12月3日，上海商业储蓄银行重庆分行档案0310-1-2107，重庆市档案馆。
② 《西京市银行商业同业公会通知》，1943年12月3日，上海商业储蓄银行重庆分行档案0310-1-2107，重庆市档案馆。
③ 《西京市银行商业同业公会通知》，1943年12月3日，上海商业储蓄银行重庆分行档案0310-1-2107，重庆市档案馆。

准照此试办，中央银行酌情形随时妥善改进。"银行公会转知各会员行一体遵照。①但鉴于吸收游资之重要存款成本之增高，1943年12月底，银行公会理事长贾玉璋通过银行公会事务所联络、会同西京钱业公会，拟具呈文向主管官署申请增加提存央行二成准备金之利息，由银行公会理事长暨钱业公会理事长会签，经由双方盖章联衔呈请监理官办公处请为核转。②

可见，西京银行公会甚至钱业公会，一方面接受并协助政府监管存款准备金收缴，一方面利用政府允许给予准备金利息的制度规定，注意会员行庄的困难与实际情形，甚至采取金融业团体联合形式，申明理由、据理力争，切实维护会员行庄的利益。

三、银行、钱业公会应对财政部法规中放款监管

1943年财政部颁布《修正非常时期管理银行暂行办法》，财政部依次注意督促银行公会通过银行放款旬报表等监管银行业。1943年3月18日，鉴于仅有3家银行报送存放款旬报表，财政部西安区银行监理官办公处要求银行公会及银行业遵照《修正非常时期管理银行暂行办法》第十条规定，即银行每旬应造具放款旬报表等报告表呈送财政部查核。否则，该处将依据该法第十四条第四款给予1万元以下之罚款。银行公会根据财政部西安区银行监理官办公处代电内容，要求会员行在每旬终了后三天将该旬报表等，由各总分支行处分别编制送部，并送银行监理官办公处一份；各银行要从三月开始报送放款旬报表，并在克日内报送本月第二旬报表。最后，银行公会要求遵照限期报送审核，克日照办。③银行公会及时转达该电，在配合财政部从每旬放款监督银行业务方面发挥关键作用。

西京银行公会尤其注意应对财政部颁布银行信用放款管制法规、制度。抗战时期，为兼筹并顾，财政部于1942年5月21日公布《管理银行信用放款办法》。其中第二条规定："对工商各业信用放款，数额在五千元以上者，应以经营本业之厂商已加入各该业同业公会持有会员证，并取具两家以上曾在主管官署登记之殷实厂商，联名保证其到期还款，并担保借款系用于增加生产或购运必需物品销售者为限，放款期限最长不得超过三个月，每户放款不得超过该行放款总额百分之五，各户总计

---

① 《西京市银行商业同业公会通知》，1943年3月20日，上海商业储蓄银行重庆分行档案0310-1-2106，重庆市档案馆。
② 《西京市银行商业同业公会第二届第八次全体理事会议记录》发（二）字第289号，1943年12月30日，上海商业储蓄银行重庆分行档案0310-1-2107，重庆市档案馆。
③ 《西京市银行商业同业公会通知》，1943年12月3日，上海商业储蓄银行重庆分行档案0310-1-2107，重庆市档案馆。

不得超过该行放款总额百分之五十。"①银行公会成立后已经督促会员行遵行。但对于放款对象，1943年3月10日财政部强调，西安银行业对工商业放款，要依照《修正非常时期管理银行暂行办法》及《管理银行信用放款办法》规定，以经营本业之厂商且已加入各该业同业公会者为限；银行公会接到财政部训令后要求各会员行查照办理。②至于放款审核，财政部西安区银行监理官办公处在1943年3月24日致函银行公会，要求不仅要各会员行送审5万元以上及以下之放款，也要将5万元放款按照5万元以上放款送审；银行公会决定转知各会员行遵照办理。③银行业每旬放款应送1943年初成立的西京银钱业放款委员会审核，但鉴于三四月间仍有承做5万元放款银行未能送旬报表至该委员会审核者，财政部西安区银行监理官办公处要求各银行，对于三四月间承做放款未经事前送审者一律补送；自5月1日起5万元以上放款如再不送银钱业放款委员会审核，定予核办。银行公会接到银行监理官办公处来电后，立即转知各会员银行遵照办理。其中，上海商业储蓄银行西安分行经理经春先接到通知后，批示应切实遵照报核。④

然而放款委员会对于未参加同业公会但申请放款用途正当、抵押等手续合乎规定的个别厂商也予通融放款，但要求其在贷款到期前须加入同业公会。⑤针对类似案例，对借款担保厂商未加入该业同业公会仍予贷款的规定，西京银行公会会员行仍存在疑问。约1943年5月，西京银行公会从陕省省情考虑上呈财政部，如果拟寻担保的厂商仅在主管官署登记尚未加入该业同业公会应否准其作保？财政部接到呈文后，着手调查陕西省同业公会组织情况。根据陕西省社会处和西安市各级县县政府呈报，"该市县重要工商业分别组织先竣，属于比较次要之工商业亦在积极组织中"。财政部后明确答复："西安市各种同业公会业已组织成立，所有商民已一律加入该同业公会，借款厂商之保证人仅在主管官署登记，尚未加入同业公会，属本

---

① 《管理银行信用放款办法》，1942年5月21日，见中国第二历史档案馆、中国人民银行江苏省分行、江苏省金融志编委会：《中华民国金融法规档案资料选编》（下），档案出版社，1989年，第1101页。
② 《西京市银行业同业公会通知》，1943年3月25日，上海商业储蓄银行重庆分行档案0310-1-2106，重庆市档案馆。
③ 《西京市银行商业同业公会第一届第十一次常务理事会议记录》，1943年3月26日，上海商业储蓄银行重庆分行档案0310-1-2106，重庆市档案馆。
④ 《西京市银行业同业公会通知》，1943年4月30日，上海商业储蓄银行重庆分行档案0310-1-2106，重庆市档案馆。
⑤ 《西京市银钱业放款委员会致上海银行函》，1943年5月14日，上海商业储蓄银行重庆分行档案0310-1-2106，重庆市档案馆。

身尚未取得合法资格,自未便准属作保。"之后银行公会致函各会员行遵照办理。①可见,财政部对放款办法中担保厂商资格的规定,表明了政府严密监管金融的强硬态度,既有助于增强银行放款的安全性,又会防止商人运用资金囤积居奇。西京银行公会作为陕西省的同业公会组织之一,站在同业公会的立场,力争降低工商业贷款门槛,但同时又必须严格遵守财政部颁发的《管理银行信用放款办法》,特殊地位决定其只能服从后者。

除商人囤积居奇外,鉴于陕西金融市场游资充斥,高利贷盛行,1943年9月14日,财政部致西安区银行监理官办公处电文称:"陕甘边远行庄,承做期汇,形成变相信放,助长标期黑息高利,有达数十分者,钱庄沿用旧时账簿无法检查,弊端尤多。"②面对信放市场的混乱,七省限政会议热烈商讨并制定3项办法,即"①银行期汇业务,应视同信放,依法送当地放款委员会审核。②酌量提高国家银行存放款利率,责成各地的中央行依法挂牌公告,逾率者惩用,绝黑息而利回笼。③严令各行庄一律加入公会并奉行部颁统一银行会计规程,违者勒令停业"③。对上述3项办法的解读分别是:①银行经营期汇业务一节,前经财政部通饬西安区银行监理官办公处调查各地情形,报财政部核办。银行监理官办公处应即迅将调查情形报财政部,以凭统筹拟议管制办法办理,如将放款申请送放款委员会审核等。②提高国家存放款利率及杜绝黑息一节。早经财政部商请四联总处即中央银行办理,前为加强管制一般银行存放款利率起见,曾令西京银行公会、钱业公会对于同业间放款拟定日拆,报请当地中央银行核定办理,该项日拆并可作为一般利率之基。比如有银行故意高抬利率之事,应由西安区银行监理官办公处严予取缔。③严令各行庄一律加入公会并奉行部颁划一银行会计科目。西安各行庄应一律加入同业公会,已多次经财政部令饬西京银行公会、钱业公会强制执行。西安各银行、钱庄加入公会以后,既受非常时期管理银行暂行办法约束,又受银行、钱业公会章程制度限制。双重约束会使信放市场利息高涨之风有所收敛;至于奉行部颁划一银行会计科目,经由财政部通饬西安各行庄自1943年1月起实行。当时重庆市各行庄均已遵照办理。但各地行庄历陈困难情形,呈请暂予缓期。财政部以所请尚属实情,允准西安各行庄自1943年7月1日起一律遵行。西安银行钱庄执行划一的银行会计科目后,其在信放市

---

① 《西京市银行业同业公会通知》,1943年6月11日,上海商业储蓄银行重庆分行档案0310-1-2107,重庆市档案馆。
② 《西京市银行商业同业公会通知》,1943年10月27日,上海商业储蓄银行重庆分行档案0310-1-2107,重庆市档案馆。
③ 《西京市银行商业同业公会通知》,1943年10月27日,上海商业储蓄银行重庆分行档案0310-1-2107,重庆市档案馆。

场遵行统一记账制度，杜绝有些银行幕后操作。接到财政部电文后西京银行公会"督导各会员行遵办"。自办法公布后，西京银行公会严格把关，监理官办公处积极监督，财政部严格监管。在三方共同作用下，民间放高利贷者急于收回贷款，囤积居奇者乃相继出售存货，不久以后物价均趋低落，信放市场也渐趋稳定。①

四、参与组建银钱业放款委员会审核放款

1942年11月，蒋介石致电财政部和四联总处要求"对于各商业银行其业务如何分配，应由我政府统制规定，希望拟具办法实施为要"②。随后蒋介石又起草加强统制商业银行资金运用手令。根据蒋介石的训令及其所起草手令，财政部为实施金融统制政策，加强管制商业银行放款业务起见，特制定实施办法并报蒋介石批准，要求各地四联分支处会同当地银钱业公会组织放款委员会，旨在审核银行放款，督导资金运用。③1943年3月5日，四联总处陕分处会同西京市银行公会和钱业公会成立西京市银钱业放款委员会，由陕分处主任委员任放款委员会负责人，银行、钱业公会理事长等担任放款委员。该会成立目的在于加强商业银行资金运用和审核所属行庄资金贷放。该委员会组织章程十三条、办事细则十六条都是根据财政部颁发各地银钱业组织放款委员会通则的规定制定，组织章程的主要内容包括：①该会的名称即西京市银钱业放款委员会。②该会的任务。主要包括：审核各行庄的放款业务；考察各行庄的放款用途；调整当地的经济形势和农工商矿业状况；编拟各业资金贷放比例计划；报告审核及调查工作；其他财政部饬办及本区银行监理官委办事项。③该会决策层的产生及执行机制。本会设委员七人，内主任委员一人，由四联陕分支主任委员潘益民充任，副主任委员两人，由西京市银行业同业公会理事长贾玉璋及西京市钱业商业同业公会理事长谢鉴泉分别充任，其余四人由银钱业公会推选之。其中，银行公会理事金城银行西安分行经理刘知敏、银行公会监事交通银行西安分行副理经刘钟仁，曾由银行公会推选担任该会委员。该会委员开会时须邀请本区银行监理官办公处派员出席指导。④该会的内部组织下设总务、审核、调查三组，每组设组长一人，承正副主任委员之命处理本会事务，各组视事实需要得酌设办事员、雇员若干人分办各组事务。⑤该会经费。该会经费由西京市银行业同业公

---

① 《西京市银行商业同业公会通知》，1943年10月27日，上海商业储蓄银行重庆分行档案0310-1-2107，重庆市档案馆。
② 《蒋介石为令统制商业银行业务代电》，1942年11月4日，见《四联总处史料》（下册），中国档案出版社，1993年，第449页。
③ 《照抄财政部训令》，1943年2月22日，上海商业储蓄银行重庆分行档案0310-1-2106，重庆市档案馆。

会及西京市钱业商业同业公会担任之，其分担比例另定之。①西京市银钱业放款委员会在组织章程和办事细则中一些未说明的问题，在放委会第一届委员会议上做了说明，如办公地址、委员会开展工作即需经费等，即"暂借四联分处地址办公，由银行担任三分之二，钱业担任三分之一，每星期一、三、五午后二时开会"②。

当时放款审核管理机构，国家银行对工农商业放款审核由四联总处各支处负责，银钱业放款委员会旨在审核商业银行对工农商业放款，财政部银行监理官办公处负责对银行公会及银行业业务监督、考核。对银钱业放款做出制度规定，银钱业放款委员会由四联支处负责人参与并主持，旨在加强对银钱业放款的监管，防止商业投资过大乃至造成商人囤积居奇，对放款投资战时经济建设加以引导。

西京银行公会与放款委员会联系频繁，能够及时转达该会制度规定，而且曾督促会员行遵行该委员会一些重要制度。1943年4月间，鉴于送审放款材料中部分借款人之营业概况、借款用途、申请书信息多不清楚，西京银钱业放款委员会要求各银行报送审核材料要填明以下各项：①是否已经合法登记，加入同业公会及所领会员证号码；②资产负债金额；③存贷数量及价值；④各行庄往来情形；⑤借款用途；⑥信用放款须有两家保证，抵押放款须注意押品名称、数量及总值。银行公会收到该函后及时转达并要求各会员行查照。③

1943年5月4日，西京银行公会通知包括上海商业储蓄银行在内的各会员行，转达放款委员会来函：该年3、4月份各行庄5万元以上放款未经审核者，统限于5月10日以前补送，从5月1日起必须遵章办理。最后银行公会要求各会员行查照办理。④1943年9月17日，放款委员会发来函件："十万元以下放款，应于每旬终了，填送旬报表连同申请书，送本会密核，并呈报监理官办公处转饬遵报。"西京市银行商业同业公会第二届第二次理事会经过决议，批准放款委员会的函件，并转知各会员行按照会议决议一并遵照办理。⑤放款委员会自成立后，对放款审核监督甚严。而上述条文均是财政部会同四联总处根据蒋介石加强统制商业银行资金运用手令制

---

① 《西京市银钱业放款委员会组织章程草案》，上海商业储蓄银行重庆分行档案，档案号0310-1-2103，重庆市档案馆。

② 《西京市银钱业放款委员会第一次委员会议议事日程》，1943年3月5日，上海商业储蓄银行重庆分行档案0310-1-2103，重庆市档案馆。

③ 《西京市银行业同业公会通知》，1943年4月17日，上海商业储蓄银行重庆分行档案0310-1-2106，重庆市档案馆。

④ 《西京市银行业同业公会通知》，1943年5月4日，上海商业储蓄银行重庆分行档案0310-1-2106，重庆市档案馆。

⑤ 《西京市银行商业同业公会第二届第二次理事会议记录》，1943年9月17日，上海商业储蓄银行重庆分行档案0310-1-2107，重庆市档案馆。

定实施办法并报蒋介石批准的内容。①鉴于银行业对放款监督态度消极，该会三令五申，规定详细制度并不断催促，旨在落实蒋介石加强统制商业银行资金运用的手令。银行公会起到及时转达、督促会员银行遵照执行的关键作用。

至于信用及抵押透支，均属于放款性质。但其送放款委员会审核数额应如何规定，1943年11月，西京银行公会上呈财政部请求明示，财政部回复道："所有信用及抵押透支，送审限额自应援照普通放款送审限额之规定办理。凡透支契约订定透支最高数额满五万元者，须提经放款委员会审核通过，并经监理官办公处核定后，方得透支；不满五万元者，由各行庄事后报请放款委员会备核。"1943年11月24日，西京银行公会接到此令后，立刻下发给会员行并要求遵照办理。②

西京市银钱业放款委员会是审核西京市银钱业放款业务的专门组织。当放款超过限额时，就送交放款委员会审核，其实质是对放款人的限制。放委会主要针对银钱业三种对外放款方式即信用放款、抵押放款和贴现放款进行审查。送审办法有事前送审与事后送审两种。法令规定信用、抵押放款在10万元以上者须事前送经放委会核准后才可承放；10万元以下者则可由各行庄先行承放事后报会审核。至于贴现放款无论数额多寡均可由各行庄先行承放事后再送放委会审核。几个月下来，一些工商厂号并未完全遵守政府法令配合放委会的审查，它们借法令的空隙"设某厂号，在一个月内分向十家银行各借放款限额以内之款以购货"。这样难免不生囤积居奇之弊，而放委会如果进行跟踪彻查，困难颇多。只有对借款人的借款总额加以限制，才能从源头上堵住超额借款现象。西京银行公会和西安区银行监理官办公处为解决此事曾上呈财政部。财政部明令："同一厂商分向各银行借款，化整为零，企图逃避管制情事，应饬由放款委员会予以注意，必要时由该银行监理官会同当地主管官署对该借款厂商施行检查，严密考查其用途，又各监理官办公处审核各行庄放款报表时，如发现某厂商借款逾期未还，一面仍继续贷出新借款，并应特加注意或会同主管官署施行检查，以资防范。"西京银行公会支持财政部的命令并通知各会员行遵照。③这样，各厂商向银行借款如其用途正当，银行自可遵照现行法令予以贷放，不再予以限制以妨碍其事业之进行；如其用途不合规定，以借款来囤积居奇，银行自不予贷放。国民政府对银行放款业务的各项管制法令，意在使银行资金

---

① 《西京市银行商业同业公会通知》，1943年2月22日；《照抄财政部训令》，1943年2月22日；上海商业储蓄银行重庆分行档案0310-1-2107，重庆市档案馆。

② 《西京市银行商业同业公会通知》，1943年11月24日，上海商业储蓄银行重庆分行档案0310-1-2107，重庆市档案馆。

③ 《西京市银行商业同业公会通知》，1943年12月28日，上海商业储蓄银行重庆分行档案0310-1-2107，重庆市档案馆。

的运用纳入安全合理的用途，积极引导银行资金投向生产建设事业，促进经济发展。

银行公会参与下的西京银钱业放款委员会成立一年有余，审核放款事宜。据统计，1943年4月接到放款申请额437万元，核准放款273万元，1944年4月核准放款则猛增了137.79万元。①大约至1943年底审核各业贷放比例如下：工矿事业占60%；商业占30%；交通及公用事业占10%。②在西京银行公会引导下贷放比例大致适应当时的经济状况，贷放的资金大量投放于战时生产建设事业，增加货物供应，有助于支持抗战中的军需民用。

西京银行公会作为西京市放款委员会的重要成员之一，其曾在公会内部专门成立小组委员会，审核西京银钱业放款委员会1943年下期经费预算并提供意见。该小组委员会成员由姬奠川、经春先、王萼楼、张六师、周敬远、姚伯言、李兢西组成，受西京银行公会第九次理监事联席会议的委托，于1943年7月13日上午在川康银行召集小组委员会，专门讨论西京放委会1943年下期经费预算并提出意见报告如下：

> 根据四月来放款委员会实际经办之案件，认为现行分组办事之组织于实际上尚无此必要，且依照原会遵转之程序于工作效率亦多影响。再则各组主管人员均系兼职，事实上对于职内事件上碍难亲手处理，而将审核重任分置于低级办事人员，预算因之增多，预算因之膨胀，未能达遵。兹原旨且因承人员多未尽量，财政部设立各地放款委员会对于银钱业扶持维护之原，刻用意于审核技术上多未适宜，运用致人员愈多而最终之效果愈差。③

对于此项意见，小组委员会提出调整的方法如下：其一，①取消分组办事之组织。②设立一高级专任人员，秉承委员会整理各项送审案件及办理日常事务，于开会时担任记录，类似银行公会之秘书。③设立办事员二人受第2项所设专任人员之指挥，办理收发文书事项事务。④设立工友一人，信差一人。④小组委员会提出的调整意见是从高效、节俭角度考虑的，有利于减低成本、集中人力办理放委会一切事项。其二，"依据第二项意见则员工薪金及办公设备等费均可得根本调整，至各员

---

① 《总处关于陕西省动员委员会、省政府制定管制金融暂行办法的来往电函》，1942年，四联总处西安分处档案32-1-17，陕西省档案馆。
② 《银行监理官一年来的工作概况（续）》，《西京日报》1944年2月26日。
③ 《西京市银行业同业公会第九次理监联席会议记录》，1943年7月5日，上海商业储蓄银行重庆分行档案0310-1-2107，重庆市档案馆。
④ 《西京市银行业同业公会第九次理监联席会议记录》，1943年7月5日，上海商业储蓄银行重庆分行档案0310-1-2107，重庆市档案馆。

工待遇，在此生活高涨之时，既属完全专任自应从优拟定，可比照银行公会员工待遇办理此项协议"①。员工待遇的提高可有效提升员工工作积极性。其三，"放款委员会职责在于，审核各承放行庄办理放款业务是否与财部规定相符，至借款厂商内容、情形以及信用等项，各借款行事先既需详细调查，始允承借，而后填具申请书表。则放款委员会实则再行调查必要，以免重复、费时而杜日久流弊。即或放款委员会派员调查仅一、两次之实地察看，结果自远不如各行自身与该借款户久有往来之确切调查。预算书所列调查旅费事项似应删除"②。小组委员会认为各银行钱庄借出款项时，对借户已进行详细调查并填写申请表，而且银行和借户长期合作，久而久之关系密切。放委会审核放款时对借户再一次调查，人力、物力方面有所浪费。如放款委员会和借款行庄保持密切联系，在对借户调查时互通有无，可避免二次调查时出现的资源浪费。"放款委员会主任委员主持会务，对内对外自均烦琐，似应透支适当数额之使马费以酬劳庸。依照以上四项意见，估计下配开支转成都之放审会例约已增加一倍，如中、交、农、邮等行局果免担任，则各行负担已属甚重"③。西京银行公会本着对西京放委会高度负责的态度，专门组织小组委员会就放委会预算给出意见。小组委员会经过审核对部分放委会意见提出疑问，并由银行公会理监联席会议最后讨论决定是否送放委员参考、采纳。④当然，这表明西京银行公会对银钱业放款制度建设有重要建言，这些建议符合当时银钱业放款制度的实际情形，有益于改进、完善对西京银钱业的放款审核制度。

五、协助呈验银行资本

抗战前，财政部颁布了《银行注册章程》十二条，适用范围包括："凡开设银行经营存款、放款、汇兑、贴现等业务者；凡经营前项业务不称银行而称公司、庄号或店铺者均依本章程办理。其中对资本的验资注册做了如下规定：凡核准设立的银行应具备下列条件，呈财政部验资注册，发给营业执照后方可开始营业：①出资人姓名、籍贯、住址清册；②各出资人已交未交资本数目清册；③各职员姓名、籍

---

① 《西京市银行业同业公会第九次理监联席会议记录》，1943年7月5日，上海商业储蓄银行重庆分行档案0310-1-2107，重庆市档案馆。
② 《西京市银行业同业公会第九次理监联席会议记录》，1943年7月5日，上海商业储蓄银行重庆分行档案0310-1-2107，重庆市档案馆。
③ 《西京市银行业同业公会第九次理监联席会议记录》，1943年7月5日，上海商业储蓄银行重庆分行档案0310-1-2107，重庆市档案馆。
④ 《西京市银行业同业公会第九次理监联席会议记录》，1943年7月5日，上海商业储蓄银行重庆分行档案0310-1-2107，重庆市档案馆。

贯、住址清册；④所在地银行公会或商会之保结；⑤注册费。独资或其他无限责任组织之银行，还应具备其他条件资金。"[1]1929年4月财政部又颁布了《银行注册章程施行细则》，该细则对银行呈请注册的主体资格、银行注册资本的核验、申报文件等做出了具体阐述。[2]因此无论是《银行注册章程》还是《银行注册章程施行细则》的条款，都要求银行在注册时对资本的核验有严格的流程。

抗战期间，西京银行公会接到财政部的训令并转知各会员行一并遵行，"对设立银行呈验资金，应依照银行注册章程及施行细则规定，将资金缴存当地中央银行，查验给证，呈部核办。在未设有中央银行地方，即由财政部指定其他银行负责查验"[3]。查验资金的用意，一方面在证明设立银行并不以其他财产代替资本，更重要的是，查明各股东缴股时期及数目，以杜妄报股本。但在当时流转过程中，因为我国地方广博，交通不尽便利，缴验及核定发还资金，公文往返需时较多，所以对于银行资金的运用，充满不便。为确定考核银行股本的实收情形及便利资金运用起见，各地银钱行庄呈验资本，准送交当地中央银行存储，由中央银行尽快派员，到该申请验资行庄，查明资本账，核对其传票及收股存根，其属于增资或补行注册者，亦将各该行庄整个资负情形详为检查，验明其所收股本无误，应即给予验资证明书并将存验资金先为发还，同时将申请查验行庄之资产负债表、收股存根号数，列为清单，函送财政部备核，如当地未设中央银行者，仍由财政部指定其他银行，依照上述手续办理。可见，财政部比较注重呈送事项的程序，实际上强调了它在查验资金方面的权威性。西京银行公会起到协助、转达的作用，有助于查验西安银行业资本金数额及其变化，防范金融风险。约至1944年8月银行业经呈验资本，陕西省各行已奉部颁营业执照者43家，其余十数家部令暂停营业经办登记注册手续。[4]1943年对钱庄呈验资本规定，独资或合伙经营，如为无限公司，其资本总额至少需达20万元，如为股份有限公司两合公司其资本总额需达50万元。各庄号原有资本共计257万余元，至1943年底，西安补行注册各庄号共计63家，资本总数计为3542.9万元，补行注册各庄号按照股份有限公司组织者计13家，按照无限公司组织者计50家。[5]呈验

---

① 《财政部银行注册章程》，1929年1月12日，见《中华民国金融法规档案资料选编》（上），档案出版社，1989年，第561—563页。
② 《银行注册章程实施细则》，1929年4月20日，见《中华民国金融法规档案资料选编》（上），档案出版社，1989年，第564—565页。
③ 《西京市银行商业同业公会通知》，1943年12月28日，上海商业储蓄银行重庆分行档案0310-1-2107，重庆市档案馆。
④ 《银行监理制获良好效果》，《西京日报》1944年8月25日。
⑤ 《银行监理官办公处一年来之工作概况》，《西京日报》1944年2月22日。

资本后才允许银行钱庄重新登记注册，有助于从资本金方面监督会员银行、钱庄业务运作。

抗战时期，尤其是20世纪40年代初，陕西商人囤积居奇严重，游资充斥，高利贷盛行，物价飞腾，国民政府及地方当局试图通过推行金融法规加强金融统制，通过实行存款准备金政策，控制商业放款，限制信用放款，引导资金投入工农业生产建设，增强抗战经济力量；银行公会协助国民政府执行战时金融政策、法规、制度，并对监管制度提出建言，切实督促会员行及钱庄业遵行，促使金融安全、平稳发展，引起社会经济管理及社会经济生活的变动，对于控制商业投资、防止商人囤积居奇、防范金融风险、限制高利贷、引导资金投入抗战需要的经济建设事业、促进经济结构的调整及经济转型、控制区域物价上涨、增强大后方抗战实力发挥了独特作用。西京银行公会尽到了银行业同业团体的职责。

原载《中国社会经济史研究》2013年第2期
（张天政，南昌职业大学马克思主义学院教授；成婧，吕梁市离石区江阴高级中学教师）

论陇海铁路对西安城市发展的影响（1934—1949）

胡　勇　琚　婕

交通运输条件是区域经济发展和空间扩展的主要推动力之一。铁路作为一种先进的近代交通工具对沿线城镇的发展产生重大影响，推动了中国城市近代化的演进。民国时期，陇海铁路在陕西的修建改变了陕西的交通运输状况，方便了人员的流动、物资的集散，使得西安成为铁路沿线城镇的中心，为西安的城市建设注入了早期现代化的活力因素，对西安市居民的衣、食、住、行及其价值观念、社会风气产生了积极影响。近年来，学术界对近代西安城市发展的研究有一些成果，代表性的有朱世光、吴宏岐、史红帅等学者的论著。[1]其中关于陇海铁路与陕西区域发展关系的有郭海成、谭刚等的研究。[2]上述成果主要运用了历史城市地理学的基本理论对相关领域进行了比较深入的探讨，但大都局限在城市规划和建设等方面，对陇海铁路与西安城市发展之间关系的关注不多，仅有郭海成的著作专节论述了铁路对西安城市拓展模式、空间布局、经济空间变动及火车站周围商业发展的影响，而关于陇海铁路对西安总体工商业、人口结构、市民社会生活及西安社会变迁的影响等诸多方面还需要专门深入探讨。

本文主要借鉴了历史学、交通经济学、交通社会学的相关理论和研究方法，通过论述民国时期陇海铁路的修建对西安城市发展的影响，探讨陇海铁路如何作为基础设施促进经济增长、城市化，及其在西安近代社会文化变迁中的意义，弥补学术

---

[1] 参见朱世光、吴宏岐主编：《西安的历史变迁与发展》，西安出版社，2003年；史红帅、吴宏岐：《西北重镇西安》，西安出版社，2007年；阎希娟：《民国西安城市地理初步研究》，硕士学位论文，陕西师范大学，2002年；阎希娟、吴宏岐：《民国时期西安新市区的发展》，《陕西师范大学学报》2002年第5期；任云英：《近代西安城市空间结构演变研究（1840—1949）》，博士学位论文，陕西师范大学，2005年。

[2] 参见郭海成：《陇海铁路与近代关中经济社会变迁》，西南交通大学出版社，2011年；郭海成：《陇海铁路与近代关中经济发展论析（1931—1945）》，《兰州学刊》2008年第10期；王静：《民国时期陇海铁路对咸阳城市化的影响》，《洛阳师范学院学报》2006年第1期；阎希娟：《民国时期西安交通运输状况初探》，《中国历史地理论丛》2002年第1期。

界在这方面研究的不足。这对于推进西部大开发进程以及推动西安向国际化大都市的发展,有一定的学术意义和现实意义。

一、交通环境的改善推动西安经济中心的确立

国于世界,必有以立,铁道其一也。现代国家,可谓为一有机体,铁道实为其骨干,或为其血脉。①陇海铁路是中国连接欧洲大陆桥的重要组成部分,始建于1905年,由于受到近代中国社会动荡的影响,直到1932年12月才修通到陕西潼关。国民政府出于救灾和战备需要,加上主政陕西的杨虎城积极努力,之后陇海铁路的修建速度有所加快,1934年7月通车渭南,1934年12月通车西安。1937年宝鸡的通车,标志着陇海铁路贯通陕境,陕西交通条件得到彻底改善。

民国初期,西安的交通运输依然沿用传统的官道,主要依靠畜力,其运输能力相当有限。西安城内的交通工具主要依靠马车、轿车和人力。1921年,长潼汽车局设立,并开始发展城区公共交通系统,开办城内由钟楼至东、南、西、北四门的市内公共汽车。1922年,关中东部的主要通道——西安至潼关公路已能通行汽车,同年又开办汽车客货运输业务,陕西的近代新式交通运输业自此开始。20世纪20年代后期,又先后修建了西长公路、西凤公路、西眉公路等,关中地区新式交通有了初步发展,但由于受到政治经济等因素之影响,公路质量较差,仅可勉强通行汽车。

陇海铁路通车后由于高速且运费便宜,渐渐取代公路成为主要的运输方式。据《西北视察记》记载:"首堪称述者,即去岁(廿三年)杪,陇海路通车西安,新通车之潼西段,分站未建,路基未固,而营业状况,即蒸蒸日上,可卜该路前途之发达,必与路线延长为正比。"②铁路扩大了西安与铁路沿线城镇之间的客流量,陇海铁路通车至西安后,仅1935年一年西安的旅客发送量就达到了189.5万人次,1936年西安至宝鸡间年旅客发送量增加到278.6万人次。抗战时期的1942年由于咸同支线投入运营,1943年旅客发送量增加到了738.7万人次。③陇海铁路的通车使得地处铁路沿线的西安、咸阳和宝鸡等城镇客流量大增,城市人口猛增。1931年西安仅有118135人,1937年就增至197257人,1945年更增至489779人。④

传统商道沿线的三原、泾阳一直是近代陕西的经济中心,但在陇海铁路贯通

---

① 陇海铁路潼西段工程局编:《陇海铁路潼西段工程纪略》,陇海铁路潼西段工程局,1935年,第2页。
② 陈赓雅:《西北视察记》(下册),上海申报馆,1936年,第452页。
③ 谭刚:《陇海铁路与陕西城镇的兴衰(1932—1945)》,《中国经济史研究》2008年第1期。
④ 西安市地方志编纂委员会编:《西安市志》(第1卷),西安出版社,1996年,第446页。

陕西后，三原、泾阳也因远离交通干线而相继衰落，到民国中期，西安的工业、商业、金融业发展水平已经超过三原、泾阳，也超过了新兴工商业城市如宝鸡、咸阳，成为陕西的经济中心。当时陕西向外输出的货品主要是农产品，以稻、小麦、棉花为大宗，这些都是以西安为商品运销地。陇海铁路关中段沿线各镇的农产品，如兴平土布，凤翔烟草，宝鸡的木料、药材，同官的煤矿等都是通过铁路运至西安，除在西安当地销售外，悉由陇海铁路东运。西安不仅作为关中段各县输出商品的门户，也成为东南工商制造品输入的门户，其凭借便利的交通区位成为陕西重要的商品运销地和中转站。

根据《秦风日报》所载："统计全省工厂现有162家，西京即有64家，占全省三分之一强。各工厂分布情形，西京市64厂，宝鸡9厂，泾阳7厂，眉县7厂，南郑6厂，同官、宜川、宁强、岐山各5厂，咸阳4厂，渭南、三原、城固、华阴各3厂，耀县、武功、镇巴、兴平、榆林、留坝、略阳各2厂，白水、凤翔、周至等19县各1厂，此全省工厂之总资本为40053030元。"[①]由上分布情形可知，陕西工业，当以关中区为第一，汉中区次之，陕北区最少。由此可见，关中段沿线各镇以西安作为与外省经济交往的窗口，带动了当地经济发展。

陇海铁路陕西段的通车，加强了关中地区各城镇之间的联系，使陕西近代交通有了跨越式的发展。清末陕西从东南沿海及海外输入机器等近代工业文明，所走的路线基本上是通过溯长江、汉江，翻越秦岭到达省城西安的。交通的落后极大地阻碍了机器向陕西输入的步伐。陇海铁路的通车给西安带来的最直接影响就是改善了西安的交通运输条件，方便了人员的流动、物资的集散、贸易的往来，为西安与周边省区的联系提供了更为便捷的条件。通过陇海铁路的进一步延伸和支线的修筑，西安在关中地区乃至西北地区的经济、文化中心地位得到加强，西安火车站的选址对东北城区的开发、商贸重心的转移、人口的分布都产生了巨大影响，有力地促进了西安城市的近代化发展。

二、陇海铁路刺激了西安工商及金融业的发展

1. 陇海铁路通车前西安工商、金融业发展概况

由于近代西安运输不畅，20世纪30年代前几乎无现代工业可言，较大的工厂仅有西安集成三酸厂、西京电厂等少数企业。据《西京市工业调查》记载："西安古

[①] 转引自西安市政协文史资料委员会编：《西安文史资料》（第19辑），西安出版社，1993年，第190页。

称帝王之都,昔年文物之盛,为全国冠。然年移代迁,事物更迭,自吾国海禁开放以来,沿海各埠工商各业之组织,焕然一新,其蓬勃气象,与时俱增。独西安地处西北,交通阻隔,凡百经营,都属简陋,即偶有一二近代规模之组织,亦因环境不良,运输阻滞,或以经营不力致遭失败,或以资本脆弱难于维持,民元而后,连岁苦饥,迭遭丧乱,本市工业不毁于战火,即苦于滞销。故过去谈西安工业者,除旧式手工业之生产方式尚可略举外,余则不足轻重,若与东南各省新兴工业相比较,更觉瞠乎其后……"[1]比起东南沿海如上海、宁波、福州、广州等城市的同期发展水平,西安至少落后七八十年。其余传统手工作坊式的小型店铺,仍集中于西大街、南院门、北院门、马坊门、五味什字、粉巷一带。一些行业还形成了各自较为集中的区域,以利于扩大影响、提高竞争力,如绸缎、皮货、鞋帽、瓷器、花粉多集中在南院门、马坊门一带,铁铜器具、广货多在南广济街,钱庄、银行多在盐店街和梁家牌楼,干果、海味多在鼓楼什字等。

民国初年,西安的金融业没有大的发展,仍以票号、钱庄、银号为主要的金融信用机构。1914年,中国银行(原大清银行)在西安设立分行。1917年,秦丰银行改名为富秦银行,随后,西北银行成立。1930年12月,陕西省银行成立。1926年至1931年间陕西围城之役、连年大旱等天灾人祸导致钱庄业务衰退,不过之后钱庄数量也有所增长,业务渐次恢复。总之,民国初期,西安的金融机构以钱庄为主,银行为辅。

2. 陇海铁路通车后西安工商、金融业的快速发展

陇海铁路通车西安,使之成为中原进入西南、西北的重要通道,西安随即成为西北农畜产品输出及东南工商制造品输入的门户。便利的交通运输系统是发展现代工业的基本条件之一,从1932年开始,特别是1937年抗战全面爆发以后,东部沿海、沿江省份相继沦陷,陇海铁路便利了沦陷区工厂企业的内迁,使地处西北的西安生产力得到飞跃发展,生产方式和产业结构上发生了一定变化,由原来传统手工作坊式生产逐渐向现代化的大机器生产转变。西安近代工业迎来了发展的黄金时期。

陇海铁路的通车,首先解决了西安近代工业所需要的能源问题。有学者考察,至1936年年底,陇海铁路煤炭运输最大的受益者是连云港与西安,前者占陇海路总运量的48%,后者占19%。陕西煤炭虽然蕴藏量大,但陕西省交通不便,若不通火车,距西安不足100公里的同官矿区,在产地每吨煤炭高不过5元,而运抵西安,每

---

[1] 陕西省银行经济研究室编:《西京市工业调查》,陕西省银行经济研究室,1940年,第1页。

吨要50元左右才能收回成本。因此陇海路筑成后，西安主要用河南之煤，成为东煤西运的特例。①解决了工业发展必需的燃料问题，才使得西安工业发展具备了先决条件。正如时人所言："自陇海铁路西展后，西安的各种建设及工业，如雨后春笋逐渐举办，如电灯、电话近都完成，纺纱厂、面粉厂、打包厂以及大小机器铁工厂，又先后开始营业。再如自来水工程，行将投标，咸同铁路及洋灰厂，借款也在商洽进行中等是。此种实业机器的动力，完全赖于煤炭的燃烧。所以煤炭销售额逐渐增加，国内各矿源源而来，大有争先恐后之势。"②

从表1可知，1934年至1937年间，西安先后建立了以纺织业、面粉业、卷烟业为主的轻工业，以机器制造业、化学、电气为主的重工业。其中以纺织业和面粉业发展较快。1937年前后，包括西京电气工业、北关各面粉厂、大华纱厂、城关各铁工厂在内，计50余处。手工业如"东关之织布、毛巾、造胰、火柴、造纸、印刷、做炮各工厂，计约百数十号余"③。1940年，西安各工厂数目的比例为机器业17.4%，化学工业17.4%，制革业19.5%，面粉业13%，纺织业6.5%，其他工业26.1%。④由此可见，自陇海铁路通车之后，西安的近代机械工业已全面发展并形成一定的规模，推动了城市化进程加快发展。

表1　陇海铁路修建后（1940年前后）西安主要工厂企业一览表

厂名	资本来源	资本额（万元）	开办年月	所在地
西京机器厂	公营	9	清末	南马道巷
新履制革厂	合股	10	1923年	大保吉巷
集成三酸厂	合资	12	1934年10月	香米园
国华烛皂厂	独资	1.7	1935年3月	城隍庙后街
西北化学制药厂	合资	30	1936年6月	崇礼路
成峰面粉厂	集资	76.3	1935年8月	玉祥门外
玉德工厂	合资	0.5	1935年8月	中正门外
西北制革厂	合股	11.6	1935年8月	南马道巷
小多制革厂	合股	0.3	1935年9月	南大街
义聚泰工厂	合资	0.1	1935年12月	西大街
襄明玻璃厂	合资	1.2	1935年	糖坊街

① 刘龙雨：《清代民国华北煤炭开发》，博士学位论文，复旦大学，2006年，第76页。
② 韩仲鲁：《开发陕西煤藏之可能性》，《陕西省地方政务研究会月刊》1936年第5、6期。
③ 西安市档案局、西安市档案馆编：《筹建西京陪都档案史料选辑》，西北大学出版社，1994年，第128页。
④ 史红帅、吴宏岐：《西北重镇西安》，西安出版社，2007年，第166页。

续表

厂名	资本来源	资本额（万元）	开办年月	所在地
新华机器砖瓦厂	集资	8	1935年	红庙坡北关外
西京电厂	公营	100	1936年1月	火车站东
大华纱厂	集资	300	1936年3月	中正门外
华锋面粉厂	集资	60	1936年4月	北门外自强路
华盛皮件厂	合股	2	1936年7月	南院门
中南火柴公司	集资	5	1936年7月	东关
盛隆制革厂	独资	1	1936年12月	北四府街正巷
大业香皂厂	独资	0.2	1936年	城隍庙后街
诚东制革厂	合股	0.2	1937年3月	南院门
东升面粉厂	合资	5	1937年4月	北广济街
德记工厂	合资	0.1	1937年5月	西大街
西京机器制造厂	集资	20	1937年6月	崇孝路
同发祥铁工厂	合资	0.03	1937年8月	西大街
成东面粉厂	合资	0.2	1937年9月	北广济街
建厅培华合办织染厂	公营	1.2	1937年11月	甜水井
上海玻璃厂	合资	1	1937年	小农村
西北电池厂	集资	5	1937年冬	香米园
陕甘工厂	独资	1	1938年2月	新华巷
西北化学制革厂	合股	15	1938年7月	崇耻路
启新印书馆	公营	8	1938年8月	梁府街
协兴造纸厂	集资	17	1938年	崇孝路
同兴面粉厂	合资	0.5	1939年1月	东关中大街
军用颜料制造厂	军政部及商民各半	20	1939年1月	东厅门
华西制药厂	合资	20	1939年4月	香米园西口
中国文化服务社陕西分社	党政机关主办	20	1939年9月	北大街
秦丰烟草公司	集资	100	1940年1月	中正门外
大华纱厂酒精部	由大华纱厂拨用	—	1940年3月	市城外东北
益生造纸厂	集资	20	1940年5月	北关外
西京毛纺厂	集资	10	1940年8月	崇义路
平津皮革厂	合资	1	—	东大街234号
德顺恒（皮革厂）	合资	3	—	城隍庙后街

资料来源：

陕西省银行经济研究室编：《西京市工业调查》，陕西省银行经济研究室，1940年，第176—188页。

为了客观反映西安工业的发展状况，有必要和同一时期其他城市加以比较。现依据1948年的数据将西安和其他19座城市工厂工业与作坊手工业所占比例列表如下（表2）。

表2　1948年各大城市工厂工业与作坊手工业所占比例（%）一览表

地域	工厂工业（%）	作坊工场手工业（%）	地域	工厂工业（%）	作坊工场手工业（%）
西安	34.78	65.22	广州	56.87	43.13
南京	4.05	95.95	台湾	20.81	79.19
上海	25.14	74.86	兰州	43.59	56.41
北平	18.01	81.99	汕头	12.40	87.60
天津	17.75	82.25	福州	9.66	90.34
青岛	51.89	48.11	昆明	45.45	54.55
重庆	14.52	85.48	贵阳	57.83	42.17
沈阳	42.55	57.45	长沙衡阳	10.65	89.35
汉口	18.74	81.26	南昌九江	14.91	85.09
总计				25.53	76.47

资料来源：
史红帅、吴宏岐：《西北重镇西安》，西安出版社，2007年，第163页。

就上表来看，西安的工厂企业在工业中所占比例较大多数城市更高，甚至高于当时的北平、上海。尽管当时西安的总体工业水平较低，工厂企业数量较东部沿海城市为落后，但若与清末以来各城市的发展做纵向比较，相比原先西大街传统手工操作、技术含量很低的"前店后厂"的生产模式，西安工厂企业的发展仍有很大进步。[①]

陇海铁路通车西安后，商业发展也出现欣欣向荣的局面。西安作为交通枢纽的地位较之前更为突出，与中、东部地区的联系更为密切，给整个西安的商业市场带来了勃勃生机，这在很大程度上促进了西安商贸的繁荣，西安逐步成为陕西重要的商埠和西北五省物资集散中转重地。

对此时人观察到，"西京市商业年来机关增多，交通发达，日呈繁荣之象"[②]。据《陕西经济十年》记载，1934年西安城区商户数量为5000余家，以中小商户居多，成立的同业公会共涉及39个行业。1934年年底，陇海铁路通车西安后，西安商贸也大为兴盛。据1935年9月统计，当时西安的商号，除小本经营外，其有局面者

---

① 史红帅、吴宏岐：《西北重镇西安》，西安出版社，2007年，第163、178页。
② 陈赓雅：《西北视察记》（下册），上海申报馆，1936年，第441页。

3000余家，正式成立工会者39家，涉及45个独立行号。39个行业公会包括1900余家商号，45个独立行业包括1101家，合计为3000余家。[1]

抗战全面爆发后，东部沦陷区工商业相继迁入西安，新开设的工商业户也增加很多。至1936年3月，西安共计大小商会、公会95家，商号数量猛增至6337家。[2]1940年，西安商号的总数达到6509家，其中资本在15万元以上者4家，10万元以上者6家，5万元以上者24家，3万元以上者53家，1万元以上者78家，7000元以上者93家，5000元以上者213家。[3]1941年，又新增了汽车业、料货业、戏剧电影业、棉纺织业、面粉工业、报业、猪羊肠业等新兴行业。由上可知，随着交通的便利、人口的增加，自1935年起，商店增多，商业资本额不断扩大，西安的商业迎来了比较繁荣的时期。但是随着战争扩大，物价飞涨、运输困难，到了1941年左右，多数商家开始入不敷出，有的不得不停业或改行。尽管如此，西安作为西北五省的经济重镇，商业仍然占有重要地位，即使在艰难的环境中，西安的商业机构仍在不断增多。

金融业自陇海铁路延伸至西安后也略有发展，除传统钱庄外，中央和地方也相继在西安开设了银行。民国时期西安的金融机构还有典当业、信托业、保险业等。从民国建立到民国十九年（1930）的近二十年中，西安仅设立过秦丰银行、西北银行等几家银行，营业处于时断时续的状态。1930年12月至1942年春，西安城内已相继设有银行共14家[4]，以发行钞券、办理帖放、存款、放款、汇兑、收兑为主要业务，这一时期是西安银行业相对较为发达的时期。

由表3可知，西安的银行机构增多，除设立在梁家牌楼、盐店街等街道外，东大街、尚仁路这些新兴商业街也开始有银行分布，反映了新旧商业区交替的特点。

表3　1942年春西安城内各银行情况调查表

名称	开办时间	地址	附设机构
陕西省银行总行	1930年12月	梁家牌楼	4个分行、47个办事处
中国银行分行	1933年11月	尚仁路	2个支行、2个办事处、8个寄庄
中国农民银行分行	1934年6月	梁家牌楼	3个办事处

---

[1] 西安市档案局、西安市档案馆编：《陕西经济十年（1931—1941）》，1997年，第186、187页。

[2] 史红帅、吴宏岐：《西北重镇西安》，西安出版社，2007年，第163、178页。

[3] 西安市档案局、西安市档案馆编：《陕西经济十年（1931—1941）》，1997年，第186、187页。

[4] 朱士光、吴宏岐主编：《西安的历史变迁与发展》，西安出版社，2003年，第516页。

续表

名称	开办时间	地址	附设机构
交通银行分行	1934年11月	粉巷	1个支行、5个办事处
上海商业银行分行	1934年12月	南院门	1个办事处
中央银行分行	1935年5月	西木头市	6个分行
金城银行分行	1935年10月	东大街	1个办事处
山西省银行、铁路银行联合办事处	1939年1月	梁家牌楼	—
河南农工银行办事处	1939年5月	盐店街	—
裕华银行办事处	1939年1月	梁家牌楼	—
湖北省银行办事处	1941年10月	东木头市	—
甘肃省银行办事处	—	东大街	—
川盐银行西安分行*	1942年	南大街	—
川康平民商业银行分行*	1942年	五味什字	—

资料来源：

西安市档案局编：《陕西经济十年（1931—1941）》，西安市档案局，1997年，第299—300页。其中带*者为当时正在筹建中。

三、陇海铁路促进西安城市职能的加强和新市区的发展

1. 陇海铁路通车前西安新市区的初步发展与市政建设

1912年9月，陕西都督府下令拆除了满城西、南两面城墙。[①]满城拆除后，官府便开始对其进行重新规划。1912年12月，张凤翙修整了东大街，并修盖了临街的街房，东大街成为当时市内最宽敞的街道。同年，陕西军政府还将原满城南部官地327.5亩划归西安红十字会医院（今西安市中医院），又将原满城东南隅官地41亩划归英华医院。[②]由此可见，民国初年，沿东大街一线的满城南部地区是开发的重点，其他地区尚未有所涉及。但是，民国初期的军阀混战、天灾人祸，却使西安城的发展裹足不前。

1926年冯玉祥解西安之围，改"皇城"为"红城"，1927年陕西省政府从北院门移至"红城"并改名为"新城"，此后新城一直作为西安的行政中心。1928年，原满城所有地被划定为新市区，西安市政府在新市区规划道路、拍卖荒地，将新市区划分为30个平均约50亩大的街坊。1930年，西安市政府设立了新市区管理处，负

---

① 西安市地方志编纂委员会编：《西安市志》（第1卷），西安出版社，1996年，第75页。
② 西安市地方志编纂委员会编：《西安市志》（第1卷），西安出版社，1996年，第76页。

责新市区的建设和管理，新市区逐渐成为西安的行政中心。1931年1月，西安市政工程处成立，办理西安城关一切市政工程事宜，该年3月1日，市政工程处开始分段招标修筑西大街碎石路面，至翌年1月25日竣工，完成了西安第一条碎石路面的修筑工程，[①]这标志着西安市政工程建设正式拉开序幕。

由此可知，陇海铁路通车前西安新市区开始初步建设，从1927起，行政中心一直设在新市区，沿东大街一线的商业发展开始成为城市新的发展轴线。这一时期城东北部的发展还是十分缓慢的，但东北部的大片空地已逐渐成为后来吸纳新兴工商业、安置移民、城市扩建的理想场所。西安的工业仍以传统的手工业作坊为主，机器大工业尚处于萌芽阶段，此间市政建设也取得了一定成效，出现了电灯、银行等现代化设施。但总的说来，民国初期，西安城市的近代化发展十分有限。

2. 陇海铁路通车后西安城市职能加强、新市区兴起

首先是新市区经济、文化的快速发展。陇海铁路通车西安，以及西安作为陪都的筹备建设，政府对于西北的提倡开发，使这一时期西安人口渐增，工业化程度提高，市政建设加快，新市区随之兴起，成为西安的经济、文化中心，西安由具有单一的政治职能逐渐演变为具有政治、经济、文化多元化的城市职能。陇海铁路通车后，新市区的建设脚步随之加快。西京市政建设委员会开始对新市区进行了一系列修筑街道、城市规划的工作。[②]从1933年到1949年，在新市区陆续开辟多条纵横有序的干道。"街道亦甚宽敞，人车分行，可免杂沓，两旁新植槐柳，市容突增美观……东西大街及自陇海门至南街，今春更已开驶公共汽车。各街道正由主管机关逐渐修筑碎石路……"[③]从北新街到东城墙由西向东依次称作尚平路、尚智路、尚仁路、尚俭路、尚勤路、尚爱路；东西方向街道从火车站到中山大街由北向南依次为崇孝路、崇梯路、崇忠路、崇信路、崇礼路、崇义路、崇廉路和崇耻路八条东西向交通干道。[④]这些道路使得新市区的交通得到了很大改善，直到现在，这些道路仍是市内主要的交通线路。1934年，西京市政建设委员会制定了《西京市新市区公有土地处理办法》，并相继完成了新市区土地估价规则、招标规则以及地价区等级图。这已是具有现代意义的城市区域土地利用规划文件。陇海铁路通至西安后，火车站附近开始成为城市新的经济增长点，"本市商业中心，在火车未通以前，以南院门

---

① 西安市地方志编纂委员会编：《西安市志》（第1卷），西安出版社，1996年，第92页。
② 西安市政工程处：《西安市工季刊》1936年第1期。
③ 陈赓雅：《西北视察记》（下册），上海申报馆，1936年，第441页。
④ 朱士光、吴宏岐主编：《西安的历史变迁与发展》，西安出版社，2003年，第512页。

及东大街,为精华荟萃之区,至铁路通达后,为新市区及大差市一带,因接近车站之故……地价大涨"①。东大街和尚仁路(今解放路)由于距火车站较近,逐渐取代了原先的商业中心西大街、南院门和东关而迅速成为新的商业中心。新的经济因素导致城市经济空间的演变,并带动了城市商业发展,由分散发展逐渐走向集中。

就企业空间分布而言,据表1得知,1940年前后的42家工商企业,较有实力的31家,位于新市区及火车站北部区域的就有16家,占总数的52%,东北城区和北郊的工商企业增长很快,这些企业涉及机器、电气、机制面粉、纺织、化学、制药、烟草、造纸等多个行业。新市区和火车站北部区域工业企业的大量分布是这一时期工业格局的显著特征。

尚仁路两侧由北向南分布着中国银行、陇海路管理局、北京饭店、西京招待所、民生市场、民乐园,其中民乐园和民生市场是西安棉布、棉纱和日用百货市场,中山大街(今东大街)两侧分布着中央航空公司、华侨银行、西京饭店等机构。这里集中了当时城内最主要的行业以及多家著名的饭店和旅馆。

随着工厂内迁、资金转移,西北经济有了较快发展,从而推动了整个西北文教事业的发展。1938年,教育部在西安设立了国立西北工学院、西北大学等一批高等院校,同时发展中小学教育、职业学校、补习学校等教育机构,学校的数量和类型不断增加,逐渐形成了现代教育体系的构架。崇廉路(今东七路)以北分布着省立师专、省商专二院,后宰门街以北分布着西安女中、西安女师、省妇女会、培华女职、作秀女中、美龄幼稚园。②这些都标志着教育机构增多,教育水平提高。东大街有大同医院、红十字会,崇礼路(今西五路)以北分布着西大医学院、西大医院、西京医院、助产学院等医疗机构,南侧有右任中学,再向南去,北大街东侧还有圣路中学、市立小学、长安大舞台、电报局、邮局、正中书局、中华书局、钟楼书局等文化、教育机构。新市区的北部则逐渐发展成为西安城内新兴的文化教育中心。中山大街两侧分布着天生园、大同园、大公报馆、青年会、华夏通讯社等机构。1943年,革命公园、大学习巷等处还设置了民众阅览室,除此之外,还设有一座公共体育场和一所私立图书馆,这些有利于提高市民素质。新市区文化设施的兴建,逐步发展为空间的集中布局,形成以钟楼为中心的文化娱乐中心,标志着西安市和新市区文化含量的提高。

其次,陇海铁路通车还促使西安市民社会生活日趋开化。20世纪初,据外国人观察,西安人对浮华、轻佻的娱乐并不感兴趣,戏院对其社会生活的影响比其他城

---

① 西安市档案局、西安市档案馆编:《陕西经济十年(1931—1941)》,1997年,第186页。
② 朱士光、吴宏岐主编:《西安的历史变迁与发展》,西安出版社,2003年,第512页。

市小得多。①自从陇海铁路通车直达西安以后，一切新鲜的生活资料叩关而入，这使西安市民的生活发生了很大的改变。从陇海线上载出了大量的当地出产的棉花和麦子，从外省各大埠运进了各种商品，久陷于贫困古朴的西安市民便开始和各种新奇的商品接触，使他们的生活从古老守旧的方式逐渐转变过来。虽然在陇海铁路没有通车以前，西安也有各色外埠的货物运输进来，但为数极少，而享受的人更属寥寥。据《西京》的描述："通车以后，货物接踵而来，外埠的政务工作人员以及商人们，也都随着到西京去，许多新的习尚，被这班外乡人带了进去，渐渐地西京市内一般人，也普遍同化了。"②铁路为西安市民的生活注入了更多的现代化要素，包括衣食住行、文化教育、公共娱乐、新闻出版等与市民生活息息相关的社会领域。

陇海铁路的通车使得西安市民衣食住行发生了显著变化。就衣着方面来说，自古关中的服饰质朴守旧，铁路通车后，截发高跟的女郎，也常常徜徉在长安市上。③在饮食方面，据《西京》记载："西京的食，和其他较大的城市一样，各色口味全备，近年来因为国内外的考察团和旅行团一批批不断地前去，因此西菜在西京也成了一种很普通的食物。在从前喝一瓶汽水得花一元的代价，喝啤酒更贵，现在铁路通达后，价目较为便宜，但是捐税很重，售价仍嫌过昂，只有上等人士吃得起。西京市上的菜馆，著名的有西京招待所（西菜）、南京大酒楼（江苏馆兼办西菜）、西北饭店大餐间（西餐）、玉顺楼（河南馆）、天锡楼（教门馆）、第一楼（陕西馆）、十锦斋（天津馆）、鸿源饭庄（河南馆）。这许多餐馆，大都集中在东大街一带，专供外来的旅客和当地的富绅官员们宴乐之用。"④在居住方面，20世纪30年代，国内外许多都市，都处在经济没落的漩涡之中，而西安反呈极度繁荣，商店数目及贸易额均有极度增加，建筑事业更是突飞猛进，如雨后春笋，异常活跃，土地价格自每亩数十元暴涨数百元，甚至数千元。旅馆营业尤为兴盛，无论大小旅店，莫不利市三倍。街巷房屋，亦皆供不应求。如中山大街（东大街）、竹笆市民众大街（南院门）一带均为百货、绸缎、皮货、纸张等商店，装潢尚不少新式者。旅馆饭店，再如中山大街之西京饭店及西北饭店，建筑设备，在西北尚属难得。⑤1936年前后，在新城北门外的北新街一带陆续盖起了"一德庄""四皓庄""五福庄""六谷庄"以及"七贤庄"等新村，这成为当时西安城内最为阔绰的住宅和街

---

① ［美］弗朗西斯·亨利·尼科尔斯：《穿越神秘的陕西》，史红帅译，三秦出版社，2009年，第70页。
② 倪锡英：《西京》，中华书局，1936年，第131页。
③ 倪锡英：《西京》，中华书局，1936年，第132页。
④ 倪锡英：《西京》，中华书局，1936年，第132—133页。
⑤ 陈赓雅：《西北视察记》（下册），上海申报馆，第441页。

坊。①可见当时西安社会生活日益丰富，有了现代化气息。正如时人所言："长安居大不易之观，顿呈现眼帘，缘西安繁荣，系以陇海铁路通车为主要原因。"②在行的方面，陇海铁路通车，也使得从中原到西安交通便利，人们出行更加方便，从西安到西北主干道的出现，也有利于开发西北事业。

1930年，西安就已出现了国民影院和先声电影院。1933年，阿房宫电影院在竹笆市成立。1934年，西安开始出现有声电影，并且影院生意不错。"长安城内修养身心之娱乐机关，除图书馆、民众教育馆之外，有戏院；秦腔有易俗社、牖民社，……三意社、正俗社，京戏有大舞台、新舞台二处，影戏有阿房宫、民光、西京三处，花园有建国公园、革命公园、莲湖公园、宋家花园及其他名胜古迹。"③据1928年的资料记载："报纸除《新秦报》外，有《中山报》。以八百万同胞之陕西，每日仅仅有此数百份之单张报纸宣传文化，因邮局阻隔，尚无材料可登，其可怜可哀为如何。"④陇海铁路通车以后，新闻报纸、杂志社和各类通讯社等新闻传播机构也空前繁荣起来。民国后期，不足60万人口的西安市，汇集着18家报社、28家杂志社和15家通讯社。这些报刊除了报道新闻，也涉及文娱、医药、经济、少儿等专门性报刊。

《西京民报》的一位作者形象地描绘了当时社会变化的情景："在开发西北的热流中，陇海通车西安，加之大部国军西移，西安遂成中国西北政治、经济、文化以及军事的重心。西安繁荣也在飞跃地发展着，各色各样的人也一列车一列车（陕西以东诸省）运来。眼所见的，是巍峨壮丽的洋式建筑，代替了古旧的黑油板门。耳所闻的，是抑扬顿挫的南腔北调，淹没了本地的土腔，所谓陕西亦非陕西之陕西了！"⑤

四、陇海铁路的通车与西安人口的变化

1. 人口激增，性别比例失调

民国初年，由于战争、灾荒及经济萧条等原因，西安人口增长缓慢，造成劳动力短缺。1924年以前，西安城区总人口约为12万，经过1926年围城和1927年大旱，1931年6月调查所得市区人口减少到10.8万，这是民国西安城区人口的最低值。

---

① 朱士光、吴宏岐主编：《西安的历史变迁与发展》，西安出版社，2003年，第515页。
② 王阴樵：《西京指南》（上册），中国文化服务社，1941年，第66页。
③ 中国国民党陇海铁路特别党部编：《陇海铁路调查报告》，中国国民党陇海铁路特别党部，1936年，第143页。
④ 刘更生：《苦闷枯燥的西安》，《贡献》1928年第1期。
⑤ 《说老陕》，《西京民报》1936年8月1日。

1931—1932年，西安城区人口在11万—13万。当时西安的人口主要居住在今城西大街南院、五味什字、粉巷一带和东关地区。[①]1937年抗战全面爆发，大量外地移民通过陇海铁路涌入西安，导致贫困人口数量大为增加，男女性别比例失调，这成为20世纪三四十年代西安人口的基本特征。

西安的交通状况因陇海铁路的通车得到极大的改善，加速了人流、物流、信息流的流通，城市经济得到了很大的发展，特别是抗战爆发后，东南部沦陷区部分工厂、企业、学校内迁，加之黄泛区难民西逃，西安一时涌入大量人口定居，使得城市人口迅猛增长。如《西京民报》一篇短评所言："陇海铁路的车头，已将陕西的生产方式，突然冲破。以前的生产方式，只是农作，今后却要加入些工业的成分，必将随时间的进展而愈趋浓厚，农村里面的人，自然会渐渐走进都市来。加以外省人民联袂而上，而西安市人口的突飞猛进，自为必须结果。"[②]我们从表4的统计也可以清楚地看出这一明显的增长趋势。

表4 民国时期西安人口统计表（1929—1945） 单位：人

年份	男	女	合计	较前增长的百分比（%）
1929	71239	36078	101548	0.00
1931	76794	41341	118135	16.33
1932	70519	41109	111628	−5.83
1935	93627	57873	151500	35.72
1936	148814	64480	208856	37.86
1937	136845	60412	197257	−5.83
1938	127519	78958	246478	24.90
1939	153628	76985	230613	−6.40
1940	152788	71059	223847	−2.90
1941	166990	84668	251658	12.40
1943	216686	128743	345429	37.30
1944	248374	143885	392259	13.65
1945	295862	193917	489779	31.20

资料来源：

西安市地方志编纂委员会编：《西安市志》（第1卷），西安出版社，1996年，第446页。本表中1929年、1936年、1938年的男女人口数据与合计数据不相符，可能是《西安市志》本身编纂发生错误。这些数据并未影响本文的论证。

① 西安市政协文史资料委员会编：《西安文史资料》（第1辑），西安出版社，1981年，第229—230页。

② 《贫民住房问题》，《西京民报》1936年8月2日。

从表4可以看出，1935年，西安为151500人，1937年达到197257人。1937年抗战全面爆发后，从华北、华东等沦陷区迁出的人口不少于1000万。因陕西受战争影响相对较小，又是连接沦陷区和西南、西北的要道，因此，经陇海线入陕的移民络绎不绝，主要分布在以西安为代表的关中地区的铁路沿线城市，从而再次形成西安人口增长的高潮。到1945年前后，西安城郊人口几近50万。在短短的十年里，大量战争移民的迁入，扩大了西安人口总量，西安人口增加了2倍多。新增人口主要集中在新市区一带，相应地改变了近代西安人口的分布格局，城西因此失去了清代以来的人口密集区的地位，而原先城东北人口稀少的地区反而一下繁荣起来。铁路通车以前，关中一带人口分布较为分散，移民借由铁路的迁入迅速形成了人口的集聚效应，促进了城市的繁荣。

除了人口数量的较大增长以外，当时的人口结构还呈现出男女比例悬殊的特点。由于西安的农业人口以男性居多，而因抗战内迁来西安的职员、军政人员也以男性为主，这就造成了民国时期西安人口比例一直都是男多于女，抗战时期尤为突出。据1948年的调查资料，全市人口共有59万，男性占36万，女性占23万。同期西安市15岁以上人口中，有配偶的男性占所有男性的63.5%，而女性中有配偶的比例达75.5%，[1]这也显示了男女比例悬殊。

2. 外地移民、难民涌入

陇海铁路陕西段的修通，还便利了河南难民的西迁。1937年抗战全面爆发，鲁、冀、晋、豫诸省相继沦陷，各地难民沿陇海线向西迁移，在陕西境内多分布于铁路沿线城市。西安作为郑州以西的第一座火车枢纽站，其北侧地区逐渐聚集了大批难民，其中尤以河南籍难民为多。难民大都辗转洛阳，沿陇海铁路前往西北"大后方"。有位《大公报》记者于1942年12月份从陕西入河南，见陇海铁路上河南灾民成千成万逃往陕西。据统计，至1943年4月初，"豫籍入陕求食者先后已达80万人"[2]。抗战时期，西安成为移民、难民集中之地，城区贫困人口因而迅速增加。此外，东北、华北、华东大批军政机构、工厂、学校等内迁西安，也使城区人口大为增加。外来移民、难民集中分布在火车站周边及其以北一带、东北城区等地。1947年前后，西安接纳的难民仅来自晋南、豫西两地的就达43919人，其他各地16224人，共计60143人。西安市该年度总人口统计为559127人，其中外省人口就有410229

---

[1] 西安市档案馆编：《西安解放档案史料选辑》，陕西人民出版社，1989年，第7页。
[2] 《救济灾民难民》，《新华日报》1938年7月29日；转引自张颖：《抗战时期人口内迁对陕西民众社会生活的影响》，《西安社会科学》2008年第4期。

人，占全市人口的70%左右。[①]据1948年4月统计，西安市559127人中，外省人士就有410229人，占到73.4%；本省人士仅有148898人，占26.6%。[②]近四分之三的人为外来移民，西安显然成为一座移民为主的城市。西安的各地移民、难民多从事简单的体力劳动或摆摊设点，经营小本生计，其中河南籍商贩最多。这一时期，还有大量外地移民、难民和本地贫困人口处于无业状态。不过，这些商贩活跃了市场，他们为西安的发展做出了贡献。大量难民也给西安早期近代化企业如大华纱厂等提供了充足的劳动力，他们云集于太华路出卖苦力糊口，逐渐形成产业工人的集中区，这些有力促进了近代西北地区工业的发展。此外，这些移民、难民客观上促进了文化的交流与融合，如河南方言、豫剧在西安的流行，使关中文化与中原文化碰撞，形成相互兼容的文化现象，对塑造现代西安城市文化起了重要作用。

结语

第一，陇海铁路陕西段的通车，加强了关中地区各城镇之间的联系，使陕西近代交通发生了跨越式的发展，方便了人员的流动、物资的集散、贸易的往来，为西安与周边省区的联系提供了更为便捷的条件。通过陇海铁路的进一步延伸和支线的修筑，西安在关中地区乃至西北地区的经济、文化中心地位得到加强，西安火车站的选址对东北城区的开发、商贸重心的转移、人口的分布都产生了巨大影响，有力地促进了西安城市的近代化发展。

第二，从1932年开始，特别是1937年抗战全面爆发以后，东部沿海、沿江省份相继沦陷，陇海铁路便利了沦陷区工厂企业的内迁，使地处西北的西安生产力得到飞跃发展，生产方式和产业结构上发生了一定变化，由原来传统手工作坊式生产逐渐向现代化的大机器生产转变，西安近代工业迎来了发展的黄金时期。

第三，陇海铁路通车西安后，商业、金融业发展也出现欣欣向荣的局面。西安作为西北、西南、华北和中东部地区交通枢纽的地位较之前更为突出，与中、东部地区的联系更为密切，给整个西安的商业市场带来了勃勃生机，这在很大程度上促进了西安商贸的繁荣，西安逐步取代了三原、泾阳成为陕西重要的商埠和西北五省物资集散中转重地。金融业也有较大发展，有了西北地区金融中心的雏形。

第四，陇海铁路通车西安、西安作为陪都的筹备建设，以及政府对于西北的提倡开发，使这一时期西安人口渐增，工业化程度提高，市政建设加快，新市区随之兴起，成为西安的经济、文化中心，西安由具有单一的政治职能逐渐演变为具有

---

① 西安市政府统计室编：《西安市政统计报告（1947—1948）》，1948年，第65页。
② 西安市政府统计室编：《西安市政统计报告（1947—1948）》，1948年，第67页。

政治、经济、文化多元化的城市职能。陇海铁路通车后，新市区的建设脚步随之加快。随着工厂内迁、资金转移，西北经济有了较快发展，从而推动了整个西北文教水平的提高。陇海铁路通车还促使西安市民社会生活日趋开化。

第五，陇海铁路通车西安后，西安人口结构发生重大变化。特别是抗战爆发后，东南部沦陷区部分工厂、企业、学校内迁，加之难民西逃，使得城市人口迅猛增加。1937年抗战全面爆发，大量外地移民通过陇海线涌入西安，导致贫困人口数量大为增加，西安成为移民、难民集中之地。东部大批军政机构、工厂、学校等内迁西安，也使城区人口大为增加，近四分之三的人口为外来移民，西安成为一座以移民为主的城市。大量移民使城市管理出现一定困难，并在经济上发生一些波动，但也提供了大批工业劳动力和各类人才，从长远来看，促进了西安近代化的发展。

总之，近代西安的发展是铁路与其他多种因素如国民政府计划建设陪都、国防需要、战时移民、迁厂等共同作用的结果，其中陇海铁路扮演了重要的角色。数百年来，因山川阻隔与外界联系力度较弱的西安，不像同时期一些城市有开埠的历史，直到陇海铁路通车，中东部地区先进的工业文明才沿着陇海铁路大举进入西安，西安才真正步入近代发展阶段。所以，陇海铁路作为纽带将西安同外部世界紧密联结，激活了西安这一传统内陆城市的近代化发展。当然，我们还应看到，铁路交通的发展对西安经济社会发展的影响是一种双向互动的关系，城市规模、人口、基础设施、市民生活等的变化，反过来又刺激和要求该地区交通事业进一步发展和趋于完善。

原载《史学月刊》2013年第5期

（胡勇，西北大学历史学院副教授；琚婕，西北大学出版社编辑）

产业经济与城市社会

"浮寄流寓"与唐都城工程建筑业研究之一

宁 欣

人口向大城市,主要是都城的流动与集中,是唐宋城市发展变化的主要特征。[1]《通典》云:"今兵革未宁,黎庶凋瘵。数年前,天下簿账到省百三十余万户。自圣上御极,分命使臣,按比收敛,土户与客户共计得三百余万。比天宝才三分之一,就中浮寄仍五分有二。出租赋者减耗若此,食租赋者岂可仍旧。"[2]那么,浮寄户主要的流向是什么?据《长安志》载:"长安县所领四万余户,比万年为多,浮寄流寓不可胜计。"[3]长安城所谓的"浮寄流寓"不可胜计,显然是指那些没有著籍的外来人口,包括相当数量的流动人口。这些人的来源、性质及去向是什么?这两段史料揭示了一个基本史实,唐中后期,随着均田制的崩溃和两税法的推行,以客户为主的大量浮寄人口溢出户籍,流寓异乡。这些浮寄人口的流向,有相当一部分涌入了可以提供更多生存空间的城市,主要是以京城长安和洛阳为主的大城市。

唐代城市发展过程中,有两类行业是紧缺而急需人的:一是日益增长的商业、手工业、服务业、娱乐业,二是方兴未艾的建筑业。两者亦可视为相辅相成、吸纳浮寄流寓人口的渊薮。关于城市与商业、手工业、服务业、娱乐业的互相促进,很多学者已经论及,但对于第二类需求,尚停留在对官私手工业及官私手工工匠研究领域。建筑业与城市发展关系及其相关问题,还有很多可以进一步探讨的空间。

由此引出本文关注的问题:作为京城的长安和洛阳,在城市经济发展的背景下,具有巨大而持久的公私建造需求。那么,建筑业所需的劳动力来源是什么?如何估测长安建筑市场所需劳动力数量?这些不可或缺的劳动人口最终走向何方?借此或许可以更深入探讨在古典城市化进程中长安城市社会阶层变动、人口构成及数

---

[1] 我们也可称为古典城市化,以别于近代工业兴起后的城市化。
[2] 〔唐〕杜佑:《通典》卷四〇《职官二十二》,中华书局,1988年,第1108页。
[3] 〔宋〕宋敏求:《长安志》卷一〇《唐京城四》,辛德勇、郎洁点校,三秦出版社,2013年,第337页。

量的问题，也可以对流动人口与京城人口的关系有更深入的了解和清醒的认识。同时这关系到我们进一步探讨城市管理、流动人口、建筑消费市场的容量，建筑业对拉动长安城市社会经济和促进城市人口结构变化的影响和作用等诸多问题。

一、京城大型公共建造工程

唐长安和洛阳的建筑工程可分为两大类：一是官府修建业，二是民间营修业。官府主持和负责工程政令、修缮、工匠管理等事项的工部、少府、将作，各司其职。[①]《唐六典》卷七《尚书工部》载："郎中、员外郎掌经营兴造之众务，凡城池之修浚，土木之缮葺，工匠之程式，咸经度之。……凡兴建修筑，材木、工匠，则下少府、将作，以供其事。"[②]《唐六典》卷二二《少府监》载："少府监之职，掌百工伎巧之政令，总中尚、左尚、右尚、织染、掌冶五署之官属，庀其工徒，谨其缮作；少监为之贰。"[③]《唐六典》卷二三《将作监》载：

> 将作大匠之职，掌供邦国修建土木工匠之政令，总四署、三监、百工之官属，以供其职事；少匠贰焉。凡西京之大内、大明·兴庆官，东都之大内、上阳宫，其内外郭、台、殿、楼、阁并仗舍等，苑内宫、亭，中书、门下、左·右羽林军、左·右万骑仗、十二闲厩屋宇等，谓之内作。凡山陵及京·都之太庙、郊社诸坛·庙，京、都诸城门，尚书·殿中·秘书·内侍省、御史台、九寺、三监、十六卫、诸街使、弩坊、温汤、东宫诸司、王府官舍屋宇，诸街、桥、道等，并谓之外作。凡有建造营葺，分功度用，皆以委焉。[④]

都城内外的官府修建业可分为几类：一是必须营建修缮的城、墙、宫殿、官署、庙、楼、阁、门、坛、仓窖等；二是城市基本建设及设施，如道路、坊墙、官舍、桥梁、沟渠、绿化等；三是长安城内外的水利工程及设施；四是皇家寺观等。虽然皇家营修与官府公共事务工程有所不同，其经费来源也不同，但因都是由官府相关部门主持和征调人力、物力，故可归为一类。由官府主持的各类工程，工程浩繁，用工费，用时长，大大小小工程具有不间断性，且需要大量人力和物力，尤其

---

① 军器监也掌管少量工匠，但主要是制作兵器，与建筑业基本关系不大，故不在本文讨论范围内。
② 《唐六典》卷七《尚书工部》，中华书局，1992年，第216、222页。
③ 《唐六典》卷二二《少府监》，中华书局，1992年，第571—572页。
④ 《唐六典》卷二三《将作监》，中华书局，1992年，第594页。

是都城营建所耗费的人力、财力和物力,非其他工程可比。①

隋文帝开皇二年(582),兴建大兴城,以左仆射高颎为营建新都大监②,太子左庶子宇文恺"领营新都副监"③,"创制规模",主持设计工作。④第二年三月竣工,之后又陆续有修缮、增高、加固之举。大兴城(唐长安城)外郭城规模"周六十七里"⑤。城垣则累次叠筑,逐渐加高,规模较大的如隋炀帝大业九年(613),动用10余万人在宫城和皇城以外对外郭城进行续修。⑥唐高宗永徽五年(654)十一月,为修京城罗城,"和雇京城百姓四万一千人,版筑三十日而罢,九门各施观"⑦。如每人每天工作量计1工,共计123万工。

再如隋炀帝大业元年(605),营建东都洛阳,以杨素为营东京大监⑧,以杨达、宇文恺等为副监⑨。据《大业杂记》载:"一时布兵夫周匝四面,有七十万人。"⑩另有"九旬而就"⑪"城周匝两重,延袤三十余里,高四十七尺,六十日成。其内诸殿基及诸墙院又役十余万人"⑫的记载。《隋书》卷二四《食货志》记载:"始建东都,以尚书令杨素为营作大监,每月役丁二百万人。"⑬还有配套工程西苑,规模更大。《大业杂记》载:"元年夏五月,筑西苑,周二百里。其内造

---

① 牛来颖在《唐宋州县公廨及营修诸问题》[见荣新江主编:《唐研究》(第14卷),北京大学出版社,2008年,第327—346页]一文中,讨论了包括京兆府在内的地方官署的营修,并将官府营修工程按照《营缮令》令文的逻辑,区分为新造为营和修理为缮两类,指出其经费来源和用工也有不同。

② 《隋书》卷四一《高颎传》,中华书局,1973年,第1180页。据西安出土《故邛州别驾陇西公李君墓志》云,墓主李询也任职大监。参见辛德勇:《隋唐两京丛考》,三秦出版社,2006年,第2页。

③ 《隋书》卷六八《宇文恺传》,中华书局,1973年,第1588页。

④ 〔宋〕宋敏求:《长安志》卷六《宫室四》,辛德勇、郎洁点校,三秦出版社,2013年,第231页。

⑤ 〔宋〕宋敏求:《长安志》卷七《唐京城一》,辛德勇、郎洁点校,三秦出版社,2013年,第254页。

⑥ 辛德勇:《关于隋大兴城外郭城的修建》,见《隋唐两京丛考》,三秦出版社,2006年,第6—8页。

⑦ 《旧唐书》卷四《高宗纪上》,中华书局,1975年,第73页。

⑧ 《隋书》卷四八《杨素传》,中华书局,1973年,第1291页。

⑨ 《隋书》卷四四《观德王雄传附杨达传》,中华书局,1973年,第1218页。

⑩ 〔唐〕杜宝撰,辛德勇辑校:《大业杂记辑校》,三秦出版社,2006年,第15页。

⑪ 《隋书》卷六七《裴矩传》,中华书局,1973年,第1578页。

⑫ 〔唐〕杜宝撰,辛德勇辑校:《大业杂记辑校》,三秦出版社,2006年,第15页。

⑬ 《隋书》卷二四《食货志》,中华书局,1973年,第686页。每月役丁二百万,与《大业杂记》所记"兵夫七十万"不同。

十六院，屈曲周绕龙鳞渠。"①其他配套工程还未计，主体工程大约用时10个月。

长安和洛阳的扩建和修缮工程频繁持久又具有一定规模。如有名的大明宫，原为太宗贞观八年（634）所置永安宫，后改名曰"大明宫"，以备太上皇清暑②，南接京城之北面，西接京城之东北隅。规模宏大，南北五里，东西三里，"公卿百僚争以私财助役"③。高宗龙朔年间（661—663）又大加兴造，陆续修建了蓬莱宫、含元殿、紫宸殿、宣政殿、蓬莱殿等，宫内外还有很多建筑和设施。

仅据《册府元龟·帝王部·都邑二》列举的长安重要工程即达60余项，如高祖武德五年（622）营弘义宫，武德八年（625）造太和宫于终南山，太宗贞观八年（634）修永安宫（贞观九年改大明宫），玄宗开元二年（714）修兴庆宫之勤政务本楼和花萼相辉楼，开元十一年（723）于骊山造温泉宫，开元十二年（724）修兴庆宫，天宝元年（742）造长生殿，穆宗长庆元年（821）于禁中造百尺楼，等等。④再如唐玄宗为其胞妹金仙、玉真二公主所修道观，可谓京城一绝。《两京新记》载，金仙女官观"制度造为京城之华丽"，玉真女官观"事源物制与金仙同"，"此二观南街东当皇城之安福门，西出京城之开远门，车马往来，实为繁会。而二观门楼琦槲，耸对通衢，西土夷夏，自远而至者，入城遥望，窅若天中"⑤。宏伟华丽，尽在此中。虽然工程的归属比较模糊，但也是征调夫役进行营建的。

类似这样的修建很频繁，史籍也仅是择要而记。这些皇家、官府、公共重大工程需要数量巨大的人力，史不绝书。大臣们的进谏、劝阻，亦史不绝书。

据《册府元龟·帝王部·都邑二》的不完全统计，从唐高祖武德到唐宣宗大中二年（848），官府和皇家系统在长安的重要建筑工程各朝记载如下（非私人建筑）：高祖2次，太宗4次，高宗10次，玄宗10次，德宗13次，穆宗3次，敬宗3次，文宗8次，武宗2次，宣宗4次。肃、代两朝未载，昭宗时期1次，是在朱温的主持下进行的，可忽略不计。兴造规模比较大和频率较高的是隋，唐朝则是太宗、武则

---

① 〔唐〕杜宝撰，辛德勇辑校：《大业杂记辑校》，三秦出版社，2006年，第13页。
② 唐大明宫究竟因何而建，有专家提出不同看法。高本宪对大明宫的初建史事进行了新的诠释，分析了永安宫与大明宫的关系，订正了大明宫创建的原因、时间，也对相应历史背景做了探讨，且认为永安宫和大明宫是两个独立的宫。可备一说。参见高本宪：《大明宫遗址》，陕西人民出版社，2011年。
③ 〔宋〕王溥：《唐会要》卷三〇《永安宫》，中华书局，1955年，第553页。
④ 《册府元龟》，中华书局，1960年，第154—168页。《唐会要》卷三〇记载，从高祖武德年间到宣宗大中年间的宫殿营造和修缮，罗列了近40项工程。更详细的记载以一览表呈现，限于篇幅，暂略，此处只能是择其而录之。参见〔宋〕王溥：《唐会要》，中华书局，1956年，第549—564页。
⑤ 〔唐〕韦述撰，辛德勇辑校：《两京新记辑校》，三秦出版社，2006年，第30页。

天、玄宗、德宗、文宗时期记载比较多。肃宗和代宗朝,可能由于是战乱时期无暇修造或没有进行较大的工程,缺载。[①]工程最多征用70万民夫,工期阶段性持续最长时间是90天,还有一些工程从开始到完工,中间虽有停歇,但持续数年。

二、京城中小型修缮工程

潘镛在《唐代的长安》一文中推算:"唐长安城的宫城约占全城总面积的3.7%,皇城约占6.3%,居民区约占63.8%,其他面积为道路、河渠等设施所占。"[②]按照他的比例计算,城市设施占据城市面积达到了26.2%。因此,需要持久而频繁的修缮和维护,所用的人力、物力、财力也是非常可观的。

这些城内公共设施的修缮,如修桥、修路、挖沟、开渠、修补城墙坊墙、零散修缮等中小型工程,虽然规模不大,但也是持续和频繁的,人力、物力从何而出,仅有些零星记载。首先,坊墙的修缮,经常由坊内众人共修,但从制度上似无依据。据《文苑英华》卷五四四《筑墙判》云:"洛阳县申,界内方〔坊〕墙因雨颓倒,比令修筑,坊人诉称,皆合当面自筑,不伏率坊内众人共修。"卢俌对判云:"坊人以东里北郭,则邑居各异;黔娄猗顿,乃家产不侔;奚事薄言,佇遵恒式;既资众力,须顺人心;垣高不可及肩,板筑何妨当面?"同卷载阙名之《对筑墙判》,命题同前,判文亦云:"广术颓墉,见铜驼之咫尺,仲尼数仞,无复及肩。"[③]其次,若所在坊并非普通民户所居,当由官府出钱和雇工匠修筑。如"贞元四年二月有敕,京城内庄宅使界,诸街坊墙有破坏,宜令取两税钱和雇工匠修筑,不得科敛民户"[④]。最后,一些公共设施由当界官府负责修缮。"京洛两都,是惟帝宅,街衢坊市,固须修整。……其旧沟渠,令当界乘闲整顿疏决。墙宇桥道,亦当界渐修,不得广有劳役"[⑤]。由此可知,制度上规定公共建筑物及市政设施等应由当界或所辖官府负责,但"科敛民户","广有劳役",使当界百姓自修等现象很普遍,不得不明令禁止。"科敛"应指以修缮名目向当界各户摊派钱物;"广有劳役"应指向当界各户征调劳力;敕令禁止,即由当界官府出钱雇人修缮,而非以此名目向当地百姓摊派。由此也知,既然京城内当界官府机构这种现象都如此普遍,

---

① 因没有考核其他材料,只能是不完全统计,俟后有机会再进行补充。
② 潘镛:《唐代的长安》,《昆明师范学院学报》(哲学社会科学版)1981年第4期。
③ 《文苑英华》,中华书局,1956年,第2778页。
④ 〔宋〕王溥:《唐会要》卷八六《街巷》,中华书局,1955年,第1576页。这也说明,此前必定有科敛民户的行为。
⑤ 〔唐〕唐玄宗:《修整街衢坊市诏》,见《全唐文》卷三〇《元宗十一》,中华书局,1983年,第339—340页。

恐怕各级地方官府更甚。

各官署及官府机构建造和修缮花费极为可观，仅京兆府府廨就用去2万贯钱[①]，河南府廨占洛阳宣范坊半坊之地[②]。再如南唐袁州，总600余间[③]，规模可见一斑。白居易为苏州刺史，府衙内景致宜人，装修及装饰超出他的想象。[④]此外，中央和地方官府都非常重视官衙内的装饰，壁画是最重要的装饰，装饰工程所需画师、画匠、工匠和大量材料的支出，花费必然不菲。

三、工程所需工匠及民工的来源

上述这些工程所需工匠与民夫，主要是四个来源：一是服役的工匠和丁夫[⑤]；二是禁军系统的卫士和官健；三是和雇或招募；四是科配当界居民。一般是几种同时并存，但唐前后期又有明显的侧重和变化。下面述及四种来源的变化。

一是服役的工匠和丁夫。隋和唐初的大型修建，动辄征调数万乃至数十万工匠和丁夫。少府监管辖19850名工匠，将作监管辖15000名工匠，"散出诸州"[⑥]，单列匠籍，有需要时，征调至京师。如"其驱役不尽及别有和雇者，征资市轻货，纳于少府、将作监。其巧手供内者，不得纳资。有阙则先补工巧业作之子弟。一入工匠后，不得别入诸色"[⑦]。所需丁夫，京畿地区是重点征役区，劳役负担畸重，朝廷也因此多次减免京畿地区民众的赋税。

据魏明孔的研究，自开元天宝之际，随着商品经济的发展，大部分官府工匠已经由和雇而来，力役的征发反倒退居次要位置，而且越来越不重要，官府工匠的身

---

① 《东观奏记》记载："故事，京兆尹在私第，但奇日入府，偶日入逓院。崔郾为京兆尹，囚徒逸狱而走。上始命造京尹廨宅，京兆尹不得离府。上以崔罕、郾并败官，面召翰林学士韦澳，授京兆尹，便令赴任。上赐度支钱二万贯，令造府宅。澳公正方严，吏不敢欺。委长安县尉李信主其事，造成廨宇，极一时壮丽，尚有羡缗却进。澳连书信两上下考焉。"参见〔唐〕裴庭裕：《东观奏记》，田廷柱点校，中华书局，1994年，第107页。

② 〔清〕徐松撰，李健超增订：《增订唐两京城坊考》，三秦出版社，2006年，第303页。

③ 〔唐〕刘仁赡：《袁州厅壁记》，见《全唐文》卷八七六，中华书局，1983年，第9158页。牛来颖讨论了包括京兆府在内的地方官署的营修。参见牛来颖：《唐宋州县公廨及营修诸问题》，见荣新江主编：《唐研究》（第14卷），北京大学出版社，2008年，第327—346页。

④ 〔唐〕白居易撰，朱金成笺校：《白居易集笺校》卷二一《格诗歌行杂体》，上海古籍出版社，1988年，第1402页。

⑤ 关于丁夫是一类人还是两类人，《唐律疏议》记载："丁谓正役，夫谓杂徭，及杂色工匠、诸司工、乐、杂户。"（刘俊文：《唐律疏议笺解》卷二八，中华书局，1996年，第1981页）有不同理解，待考。

⑥ 《唐六典》卷七《尚书工部》，中华书局，1992年，第222页。

⑦ 《唐六典》卷七《尚书工部》，中华书局，1992年，第222页。

份也逐渐与私人工匠的身份趋同。①虽然不是专指建筑工程,但也具有普遍性。②通过专项和临时筹措的资金,采用和市与和雇,应该是唐后期官府工程营修解决所需工匠酬资来源的主要方式。③征役的方式则逐渐淡化。

二是禁军系统的当番卫士、兵夫、官健。开元以后,京城与宫城、皇城、皇室有关的修建主要征调神策军将士。玄宗开元二十二年(734),"修缮三宫,增峻城隍","因抽当番卫士",④人数不详。开元二十三年(735),修缮"两京城皇及诸门并助铺","量抽当处职掌卫士,以渐修营"。⑤宪宗元和二年(807)六月,"诏左神策军新筑夹城,置元[玄]化门晨辉楼"。元和十二年四月筑夹城,诏右神策军2000人,自云昭门过芳林门西至修德里,以通于兴福佛寺。元和十三年,修麟德殿右廊,后龙首池起承晖殿,雕饰绮焕,徙植佛寺之花木充实,诏六军使主持。⑥元和十四年(819)三月,"诏左右军各以官健二千人修勤政楼"⑦。元和十五年(820)八月,"发神策六军三千人浚鱼藻池";十月,"发右[左?]神策军各千人,于门下省东少阳院前筑墙及造楼观"。敬宗宝历元年(825)五月,发神策军于苑内古长安城中修汉未央宫⑧;宝历二年(826),"正月甲戌,发神策六军穿池于禁中"⑨,《册府元龟》对此次具体人数有记载:"左右神策六军威远皇城左右金

---

① 魏明孔:《浅论唐代官府工匠身份的变化》,《中国经济史研究》1991年第4期。

② 毋庸置言,私人营建自筹经费,所需工匠和民夫一般也通过劳动力市场,如何通过市场将另文讨论。

③ 关于京城营建修缮工程的经费来源,可参见李锦绣《唐代财政史稿》(上卷第3分册)(北京大学出版社,1995年,第1096页)、牛来颖《论唐长安城的营修与城市居民的税赋》[见荣新江主编:《唐研究》(第15卷),北京大学出版社,2009年,第91—110页]、彭丽华《唐前期两京官府工程的经费筹集》(《南都学坛》2014年第3期)。关于雇募工匠的讨论,可参见唐长孺《魏、晋至唐官府作坊及官府工程的工匠》(见《魏晋南北朝史论丛续编》,生活·读书·新知三联书店,1959年,第29—92页)、张泽咸《唐代工商业》(中国社会科学出版社,1995年,第206—215页)、李鸿宾《唐代和雇及对官私手工业的影响》[《山西大学学报》(哲学社会科学版)1992年第2期]。此外,关尾史郎、朱雷、杨际平、郑炳林、郝春文、马德等利用敦煌吐鲁番出土文书,对唐代工匠的诸多问题进行了深入研究。参见彭丽华:《唐五代工匠研究述评》,《井冈山大学学报》(社会科学版)2014年第2期。

④ 《旧唐书》卷九八《杜暹传》,中华书局,1975年,第3076页。

⑤ 〔宋〕王溥:《唐会要》卷八六《城郭》,中华书局,1955年,第1584页。

⑥ 以上列举参见〔宋〕王溥:《唐会要》卷三〇《杂记》,中华书局,1955年,第549—563页。

⑦ 〔宋〕王溥:《唐会要》卷三〇《兴庆宫》,中华书局,1955年,第559页。

⑧ 以上列举参见〔宋〕王溥:《唐会要》卷三〇《杂记》,中华书局,1955年,第549—563页。

⑨ 《新唐书》卷八《敬宗纪》,中华书局,1975年,第228页。

吾共差二万人，入内穿池修殿。"①从元和二年（807）到大中二年（848），《册府元龟》记录比较重要的皇室和宫城工程共13次。其中，除太和九年（835）诏诸司营造曲江池亭馆，经费自筹外，征调劳力而有身份记载的共7次，明确列出神策军的6次、六军使1次，其他5次未列修建人员的身份和人数。②可知，第二种征用禁军士兵的方式，自开元后，逐渐成为营修皇城和宫城内有关工程的主力，征调一次最多达2万人。③士兵越来越多承担起兵夫的任务，并成为一种固定身份和称谓。这种由驻京军队营建和修缮京城内外的基建和市政建设，即承担更多的军工职能，被后代沿袭并有所变通。④

三是雇募。上文已经论及，直接征调丁夫、工匠服役从事营建及修造等工程的方式，逐渐被和雇、雇募等方式取代，这种趋势从唐前期已经开始。唐高宗永徽五年（654）十一月，为修京城罗城，和雇雍州夫41000人，30日毕。⑤玄宗天宝年间，筑兴庆宫墙起楼观。对于此次工程，《旧唐书》记为，天宝十二载冬十月，"和雇京城丁户一万三千人"⑥；《册府元龟》记为，十二载（753）十月"役京师及三

---

① 《册府元龟》卷一四《帝王部·都邑二》，中华书局，1960年，第161页。《旧唐书》卷八《敬宗纪》载：宝历二年（826）"甲戌，以诸军、丁夫二万入内穿池修殿"（《旧唐书》，中华书局，1975年，第518页）。《册府元龟》只列举了诸军，《旧唐书》却有丁夫，但同时期的工程基本看不到征调丁夫，大内的营建和修缮一般都用诸军或神策军了。此外，以神策军为主的禁卫军，还有陪侍皇帝表演杂技、角抵、倡戏、击鞠、狩猎、竞渡等多项任务。

② 《册府元龟》卷一四《帝王部·都邑二》，中华书局，1960年，第160—161页。其中，唐宣宗大中以后，缺载，需要通过其他史料进行补充。据胡三省考，"唐中世以后以左右羽林、龙武、神武为六军也"（《资治通鉴》卷二四一"宪宗元和十五年正月"条注，中华书局，1956年，第7777页），属北衙禁军。另可参见张国刚：《唐代禁卫军考略》，《南开学报》（哲学社会科学版）1999年第6期；齐勇峰：《唐后期的北衙六军、飞龙、威远和皇城将士》，《河北学刊》1989年第2期。

③ 《册府元龟》卷一四《帝王部·都邑二》，中华书局，1960年，第161页。

④ 关于禁卫军从玄宗开元时起，承担更多军工职能，拟另文探讨。牛来颖曾指出，宋令有杂役兵人，且宋令有民籍和军籍征役的不同规定。参见牛来颖：《唐宋州县公廨及营修诸问题》，见荣新江主编：《唐研究》（第14卷），北京大学出版社，2008年，第336、340页。

⑤ 《旧唐书》卷四《高宗纪上》载，永徽五年（654），"和雇京兆百姓四万一千人，板筑三十日而罢"（《旧唐书》，中华书局，1975年，第72页）。此外，《旧唐书》卷四《高宗纪上》载："以工部尚书阎立德领丁夫四万筑长安罗郭。"（《旧唐书》，中华书局，1975年，第72页）《唐会要》卷八六《城郭》载："和雇雍州夫四万一千人，修京罗城郭，三十日毕。"（〔宋〕王溥：《唐会要》，中华书局，1960年，第1583页）可见，唐前期很多大型工程也是采用和雇的方式征集丁夫、丁匠的。需要强调的是，唐前期的和雇带有更多的强征色彩。参见张泽咸：《唐五代赋役史草》，中华书局，1986年，第378—396页。

⑥ 《旧唐书》卷九《玄宗下》，中华书局，1975年，第227页。

辅人一万三千人"①；《唐会要》则载，天宝十三载（754）十月十七日，"和雇华阴、冯翊、扶风三郡丁匠，及京城人夫一万三千五百人，筑兴庆宫城，并起楼，四十九日毕"②，又载，"乾符六年十月，京兆府奏：政尚父子仪庙，因霖雨倒塌，敕减赐御膳钱三千贯，雇丁匠修筑。仍令所司，明年仲春，以太牢祭于庙"③。当然，前期虽然有雇募字样，但仍然带有浓烈的强制征役的色彩。

这就涉及官府和皇家建筑工程所需经费和人力的来源问题。李锦绣关于唐前期的兴造支出有过专门论述。④《唐六典》也有详细记载，"凡修补之料"，由京兆府、河南府及诸州供应，"然石灰赤土之属"，则需通过和市购买，"不恒其数"。⑤一般修缮，以将作监掌管的15000名工匠和少府监掌管的19850名工匠为主，并规定，"其驱役不尽及别有和雇者，征资市轻货纳于少府、将作监"⑥。这也说明开元时期和雇已经比较普遍，而且可纳资代役。和雇所承担的工程，也是官府工程。

国家财政仅支持一般性的维修，规模较大的或临时性的修建，通过其他各种途径临时筹措经费，而"尽量不挪用正赋"⑦。筹措经费的渠道也有多种，如贞观八年为修永安宫，"公卿百僚争以私财助役"⑧；永徽四年，为续修宫室，"征天下口税一钱，更增筑之"⑨；龙朔三年，为修蓬莱宫等，"税延、雍、同、岐、幽、华、宁、鄜、坊、泾、虢、绛、晋、蒲、庆等十五州率口钱"，又"减京官一月俸"充助修费用；⑩则天久视元年（700），为造大像，"令天下僧尼每人日出一钱助成其

---

① 《册府元龟》卷一四《帝王部·都邑二》，中华书局，1960年，第159页。

② 〔宋〕王溥：《唐会要》卷八六《城郭》，中华书局，1955年，第1584页。如果前期也是雇募，丁夫的含义就是丁壮劳动力，那么是否就没有正役和杂徭之分？张泽咸对各种"役"有比较详细的论述。参见张泽咸：《唐五代赋役史草》，中华书局，1986年。

③ 〔宋〕王溥：《唐会要》卷四五《功臣》，中华书局，1955年，第813页。

④ 李锦绣：《唐代财政史稿》（上卷第3分册），北京大学出版社，1995年，第1093—1097页。

⑤ 《唐六典》卷二三《将作监》，中华书局，1992年，第596页。

⑥ 《唐六典》卷七《尚书工部》，中华书局，1992年，第222页。

⑦ 李锦绣：《唐代财政史稿》（上卷第3分册），北京大学出版社，1995年，第1096页。另可参见彭丽华：《唐前期两京官府工程的经费筹集》，《南都学坛》2014年第3期。

⑧ 〔宋〕王溥：《唐会要》卷三〇《大明宫》，中华书局，1955年，第553页。

⑨ 〔宋〕王应麟：《玉海》卷一七四《宫室·东京城》，江苏古籍出版社、上海书店，1987年，第3185页；〔元〕骆天骧：《类编长安志》卷二《京城》，黄永年点校，三秦出版社，2006年，第42页。

⑩ 〔宋〕王溥：《唐会要》卷三〇《大明宫》，中华书局，1955年，第553页。

事"①，武则天自己也捐出2万贯脂粉钱作为助修经费；②景云年间，为金仙、玉真二公主修道观，"用功巨亿"③，对外宣称是用公主宫内钱；开元二十一年（733），修百司廨宇，经费来源于"赋余"；④也有用赃赎钱作为营修费用的；⑤太和九年（835），为恢复曲江池旧貌，令"诸司营造曲江亭馆"⑥，经费令诸司自筹。

综上，修建费用有百官捐献，有强征京畿近州口钱，有百官减俸钱，有强令僧尼出钱，有赋税之余钱，有宫内自掏钱，有诸司自筹钱，有没官赃赎，不一而足。

临时筹措的经费和临时性的修建，所需材料主要采取和市方式，所需工匠大概也应主要采取和雇方式。据研究，唐后期为工程营缮设置了较为固定的经费来源，即羡余钱及本钱出举所得。⑦牛来颖指出，城市居民缴纳的"地子"应该是长安城营修费用的组成部分。⑧总之，官府为工程营缮设置了专项经费，在规范和加强乃至增加城市居民税收的同时，其中有一部分是与长安城的营建和修缮（包括大小工程）有关的。

随着纳庸代役、纳资代役、和雇、明资等的实施和普及，建筑工程所需的工匠和丁夫越来越多采用雇募的形式。如则天久视元年造大像，"用功数百万"，"穷

---

① 《册府元龟》卷三二七《宰辅部·谏诤第三》，中华书局，1960年，第3873页。
② 清王昶《金石萃编》卷七三《奉先寺像龛记·河洛上都龙门山之阳大卢舍那像龛记》记载："咸亨三年（672）壬申之岁四月一日，皇后武氏助脂粉钱二万贯。"参见中国东方文化研究会历史文化分会编：《历代碑志丛书》（第4册），江苏古籍出版社，1998年，第479—480页。
③ 《旧唐书》卷一〇一《韦凑传》，中华书局，1975年，第3145页。
④ 〔宋〕王溥：《唐会要》卷六〇《御史中丞》，中华书局，1955年，第1050页。
⑤ 参见牛来颖：《唐宋州县公廨及营修诸问题》，见荣新江主编：《唐研究》（第14卷），北京大学出版社，2008年，第342页。
⑥ 〔唐〕唐文宗：《听诸司营造曲江亭馆》，见《全唐文》卷七四，中华书局，1983年，第777页。
⑦ 李锦绣和牛来颖分别对此进行了阐述。〔李锦绣：《唐代财政史稿》（下卷），北京大学出版社，2001年，第809、1121—1125页；牛来颖：《论唐长安城的营修与城市居民的税赋》，见荣新江主编：《唐研究》（第15卷），北京大学出版社，2008年，第91—110页〕彭丽华则将其进一步细化，认为唐前期缺少固定经费而不得不杂以多种方式筹集经费，唐后期为工程营缮设置了较为固定的经费来源，即羡余钱及本钱出举所得。（彭丽华：《唐前期两京官府工程的经费筹集》，《南都学坛》2014年第3期）
⑧ 牛来颖专门讨论了唐长安城居民的税赋与长安城营修的关系，认为城市居民缴纳的"地子"应该是长安城营修费用的组成部分："地税不仅用于义仓赈济功能，同时也用以营建所需及力役科派的经费"，"史籍中具体到营建经费支出的记载相对不足，两京修营多以和市和雇为名义解决"。参见牛来颖：《论唐长安城的营修与城市居民的税赋》，见荣新江主编：《唐研究》（第15卷），北京大学出版社，2008年，第91—110页。

奢极壮，画绘尽工"，①令天下僧尼每人日出1钱助成其事。关于全国僧尼的人数，据《唐六典》记载：

> 凡天下观总一千六百八十七所。一千一百三十七所道士，五百五十所女道士。每观观主一人，上座一人，监斋一人，共纲统众事。……凡天下寺总五千三百五十八所。三千二百四十五所僧，二千一百一十三所尼。每寺上座一人，寺主一人，都维那一人，共纲统众事。②

《新唐书》卷四八《百官志三》记载："天下观一千六百八十七，道士七百七十六，女官九百八十八；寺五千三百五十八，僧七万五千五百二十四，尼五万五百七十六。"③仅按两书记载，僧尼人数至少有十几万之多。

也有学者统计，天下僧尼在籍的数量，唐前期大约在5万—20万之间④，但并没有确切数字。如以5万计，日出1钱即5万钱。如以《唐六典》和《新唐书》为据，十几万僧尼日出1钱即十几万钱。这些征集缴纳的钱，都应该作为雇募民夫工匠和材料等的支出。按1功为1个民夫的日工作量，以200万功计，需要4万民夫连续劳作50天。

四是向当界居民摊派，征调劳力。当界公共设施的修缮，会经常性摊派，向居民征调劳动力。按照规定，应该由官府和雇人工，官府希望按照既定的征调制度和原则，不增加当界民众的负担，因此有禁止广泛科敛和广有劳役的现象。这里的"广"并非指广泛的地区，因为不存在从全国或大区域征调民夫修缮当界公共设施的情况，只会征调和科敛当界民众，因此"广"是指具有普遍性。"变征役为雇召"的趋势，使得这些劳作和修缮也更多地采用雇召方式。于是，出现两种情况：一是通过征收各种名目的免役钱由官府临时雇召；二是由官府出面成立专业队伍，进行修缮和淘沟疏渠等工作，经费仍然来源于居民缴纳的钱。在唐代，这部分经费和责任还处于过渡和磨合期，不是很明确，因此中央和当界官府处置不一。北宋的情况就有不同了，官府采取雇役的方式，从事市政管理和维护，出现了官夫、役夫

---

① 《册府元龟》卷三二七《宰辅部·谏诤第三》，中华书局，1960年，第3873页。
② 《唐六典》卷四《尚书礼部》，中华书局，1992年，第125页。
③ 《新唐书》卷四八《百官志三》，中华书局，1975年，第1252页。
④ 周奇：《唐代国家对僧尼的管理——以僧尼籍账与人口控制为中心》，《中国经济史研究》2008年第3期。

等人称，有些应该属于官府掌控的负责城市修缮基建市政等工作的专业人员。①"变征役为召雇之目"②，是从魏晋南北朝到隋唐工程营缮等与建筑业相关劳动力来源变化的大趋势，尤其是唐后期，召雇成为官私建筑业所需工匠和民夫的普遍现象。这个大趋势古人今人达成了共识，近年来的研究也解释了工程所需经费构成及来源问题③，但是京师长安城内外的官府和皇家工程所召雇之人的来源是什么，却涉论很少。笔者将在"'浮寄流寓'与唐都城工程建筑业"其他研究中主要讨论京城私人建筑业市场的繁荣、京畿地区劳动力进入建筑业市场的分析以及"浮寄流寓"人口对京城建筑业的贡献等问题。

原载《中国经济史研究》2016年第4期

（宁欣，北京师范大学历史学院教授）

---

① 《枫窗小牍》卷下记载，北宋"宣和三年二月，新郑门官夫淘沟"〔〔宋〕袁褧撰，〔宋〕袁颐续：《枫窗小牍》，〔明〕姚士麟校，见《丛书集成初编》（第2784册），商务印书馆，1939年，第26页〕。《铁围山丛谈》卷五载："开宝寺灾，殿舍既雄（笔者按：吴本作'峻'）人力罕克，施鲁公时尹天府，夜帅役夫拯之，烟焰属（笔者按：吴本'属'作'烛'）天矣。"（〔宋〕蔡绦：《铁围山丛谈》，冯惠民、宋锡霖点校，中华书局，1983年，第85页）《梦粱录》卷一三《诸色杂货》载："亦有每日扫街盘垃圾者，每日支钱犒之。"（〔宋〕吴自牧：《梦粱录》，符均、张社国校注，三秦出版社，2004年，第200页）《夷坚志》乙志卷二〇《神宵宫商人》记载，有潦倒之人，"日日从役污渠中"（〔宋〕洪迈：《夷坚志》，何卓点校，中华书局，1981年，第357页）。

② 〔唐〕陆贽：《陆贽集》卷二二《均节赋税恤百姓六条》，王素点校，中华书局，2006年，第726页。

③ 参见魏明孔的《浅论唐代官府工匠身份的变化》（《中国经济史研究》1991年第4期），以及前述牛来颖、李锦绣、彭丽华等人论著，兹不赘述。关于宋代税收与雇役的关系，也有学者进行了研究，参见包伟民：《宋代城市研究》，中华书局，2014年，第237—271页。

论唐代的"行"与城市商业组织
——以长安、洛阳为中心

刘啸虎　陈　浙

多年来，中国行会史研究成果显著，但中外学者对行会产生的时间尚无定论。学界普遍认为，唐代的"行"与后世的行会存在某种关联。研究唐代的"行"，对于探索中国商业组织的形成发展具有重要意义。关于唐代的"行"，日本学者加藤繁认为唐宋同业商人组织似乎胚胎于同业商店的街区，而作为商人同业组织的"行"是会馆公所之先驱，已经具有行会的一些特征。[①]清水盛光进一步提出"中国的行会至少始于唐宋时期"[②]。全汉升更是认为"周末至汉代"工商业行会已存在，其在隋朝凸显并且有了"行"之称。[③]刘永成、赫治清认为"唐宋是行会的形成时期"[④]。彭泽益也明确指出："至迟在八世纪末（780—793），唐代已有行会组织的雏形存在。"[⑤]张沛则将唐代诸"行"的性质具体分为行业店铺与同业组织两种，并分析了作为行会的"行"出现的原因与特征。[⑥]冯兵、黄俊棚进一步指出唐代"行"的肇兴与商品经济的发展有密切联系，并研究了唐代"行"在城市管理中的作用与地位。[⑦]有关唐代的"行"，除了围绕行会的产生问题进行探讨，尚须进一步厘清其具体所指和含义变化，明确其在唐代社会中扮演的角色和产生的影响。所以，唐代的"行"仍有待更加深入的研究。

---

① ［日］加藤繁：《论隋唐时代的商业组织"行"并及清代的"会馆"》，见《中国经济史考证》（第1卷），吴杰译，商务印书馆，1959年，第337—355页。
② ［日］清水盛光：《传统中国行会的势力》，陈慈玉译，《近代史学刊》2016年第1期。
③ 全汉升：《中国行会制度史》，百花文艺出版社，2007年，第21—23页。
④ 南京大学历史系明清史研究室编：《中国资本主义萌芽问题论文集》，江苏人民出版社，1983年，第120—121页。
⑤ 彭泽益：《中国行会史研究的几个问题》，《历史研究》1988年第6期。
⑥ 张沛：《论唐代工商业者的"行"——以长安西市为中心》，《咸阳师范学院学报》2010年第25卷第3期。
⑦ 冯兵、黄俊棚：《隋唐五代时期"行"与城市工商业管理》，《河北学刊》2017年第37卷第6期。

一、"行"在"市"下

目前所见有关唐代诸"行"史料,"行"主要应指"市"下的同业店铺集聚区。众所周知,唐代的"市"是商品交易的专门场所,《唐律疏议·名例律》载:"邸店者,居物之处为邸,沽卖之所为店。"[1]王仲荦先生指出,在唐代,"邸"相当后世的货栈和批发店;"店"相当后世的商店,经营零售;市里陈列货物和出售货物的铺子,称作"肆"。[2]唐初贾公彦《周礼注疏》释"凡建国,佐后立市,设其次,置其叙,正其肆,陈其货贿",以"置其叙"为"谓胥师贾师等所居",将"正其肆"释作"谓诸行列肆之等"。[3]在唐人眼中,"市"下不仅存在像"邸""店""肆""行"这样作用不同、规模各异的单位,恐怕还存在"市—行—肆"的金字塔形状等级关系。

具体而言,隋唐时期作为同业店铺集聚区的"行"是"市"下的重要单位。隋人杜宝《大业杂记》言洛阳事,"桥南二里有丰都市,周八里,通门十二,其内一百二十行,三千余肆"[4]。清人徐松在《唐两京城坊考》亦记洛阳南市,"〔隋曰〕丰都市,东西南北居二坊之地,其内一百二十行,三千余肆"[5]。唐代洛阳南市即隋时丰都市。从这两则史料看,"行"作为重要单位,应在"市"之下、"肆"之上。日本僧人圆仁《入唐求法巡礼行记》卷四"会昌三年六月二十七日"条言:"夜三更,东市失火,烧东市曹门已西十二行、四千余家,官私钱物、金银绢药等物烧尽。"[6]同样说明"行"在"市"之下。《唐会要》更载:"(唐宣宗大中)五年八月,州县职员令,大都督府市令一人,掌市内交易,禁察非为,通判市事丞一人,掌判市事。佐一人、史一人、师三人。掌分行检察州县市,各令准此。"[7]王永兴先生认为这里的"师"即敦煌文书中的"市壁师",职司在"市"内分"行"检查,而"行"就是对沿着"市"的四"壁"、按行业整齐排列的各"店""肆"的总称。[8]这些都表明,彼时的"行"是在"市"之下,由众多"肆"组成的集聚区。

---

[1]《唐律疏议》,中华书局,1983年,第92页。
[2] 王仲荦:《隋唐五代史》(上册),上海人民出版社,2003年,第382页。
[3]〔汉〕郑玄注,〔唐〕贾公彦疏:《周礼注疏》,彭林整理,上海古籍出版社,2010年,第248页。
[4]〔唐〕杜宝:《大业杂记》,中华书局,1991年,第6页。
[5]〔清〕徐松:《唐两京城坊考》,中华书局,1985年,第160页。
[6][日]圆仁:《入唐求法巡礼行记》,上海古籍出版社,1986年,第172页。
[7]〔宋〕王溥:《唐会要》,中华书局,1955年,第1583页。
[8] 王永兴:《敦煌唐代差科簿考释》,《历史研究》1957年第12期。

从唐人韦述《两京新记》中，亦可辨析"行"与"市""店""肆"之关系："东都丰都市，东西南北，居二坊之地，四面各开三门，邸凡三百一十二区，资货一百行。大业六年，诸夷来朝，请入市交易。炀帝许之。于是修饰诸行，葺理邸店，皆使门市齐正，高低如一，环货充积，人物甚盛。时诸行铺竞崇侈麗，至卖菜者亦以龙席藉之。……（西市）隋曰利人市。南北尽两坊之地，隶太府寺。市内店肆，如东市之制。市署前有大衣行，杂糅货卖之所，讹言反说，不可解识。"①清人徐松《唐两京城坊考》引"市署前有大衣行"句，下有按语云："市署前有大衣行，当即此大衣肆也。"②不知何据。韦述言"市内店肆如东市之制"，所谓"店""肆"者，已见前文。细究文意，"大衣行，杂糅货卖之所"，此处之"行"应作"同业集聚区"解。又《两京新记》此段行文，"店""肆""行"三者俱在。韦述熟谙唐都掌故，不会不知此三者之异同，其在此处用"大衣行"应足为今人所采信。

又如《太平广记》卷二四三引《乾馔子》之"窦义"条，言唐德宗建中年间长安巨富窦义事："先是西市秤行之南，有十余亩坳下潜污之地……绕池设六七铺，制造煎饼及糰子。……遂经度，造店二十间……店今存焉，号为窦家店。"③由行文的层次与逻辑观之，"行"自是与"店""铺"相区分的。这里的"秤行"当指集聚众多相关店铺的街区。再如《太平广记》卷一五七引《逸史》之"李君"条，记李君得仙人三书相赠之事。李君启第一封书有富贵，后"又三数年不第，尘土困悴，欲罢去，思曰：'乃一生之事，仙兄第二缄可以发也。'又沐浴，清旦启之，曰：'某年月日，以将罢举，可开第二封，可西市秋辔行头坐。'见讫复往，至即登楼饮酒"④。去处为"秋辔行头"，而此同业店铺集聚区"行"之"头"乃是一家酒楼。《玄怪录》卷三"吴全素"条，记吴全素被地府判官错判后回到阳间前在地府一游事，其中便描绘了鬼吏及其登门捉人投胎的情景："乃相引入西市绢行南人家，灯火荧煌，呜呜而泣，数僧当门诵经，香烟满户。"⑤此与前揭"李君"条同理，都说明了唐代的"行"主要指同业店铺集聚区，是"市"下之重要单位。

或因彼时名称尚未固定，唐代史料中"肆"与"市"实际也可泛指作为同业店铺集聚区的"行"。如唐传奇名篇《李娃传》中郑生流落之"凶肆"："生怨懑，

---

① 〔唐〕韦述：《两京新记》，中华书局，1985年，第9页。
② 〔清〕徐松：《唐两京城坊考》，中华书局，1985年，第118页。
③ 《太平广记》，中华书局，1961年，第1877页。
④ 《太平广记》，中华书局，1961年，第1130页。
⑤ 《唐五代笔记小说大观》，上海古籍出版社，2000年，第400页。

绝食三日,遘疾甚笃,旬余愈甚。邸主惧其不起,徙于凶肆之中。绵缀移时,合肆之人,共伤叹而互饲之。……初,二肆之佣凶器者,互争胜负。其东肆车舆皆奇丽,殆不敌。唯哀挽劣焉。其东肆长知生妙绝,乃醵钱二万索顾焉。其党者旧,共较其所能者,阴教生新声,而相赞和。累旬,人莫知之。其二肆长相谓曰:'我欲各阅所佣之器于天门街,以较优劣。不胜者,罚直五万,以备酒馔之用,可乎?'二肆许诺,乃邀立符契,署以保证,然后阅之。"①这里的"肆"显然非前揭王仲荦先生言"市里陈列货物和出售货物的铺子"。所谓"凶肆",其实是唐代长安丧葬业店铺集聚之"凶行"。沦为乞儿的郑生与李娃重逢之后,"娃命车出游,生骑而从。至旗亭南偏门鬻坟典之肆,令生拣而市之,计费百金,尽载以归"②。所谓"坟典之肆",所指当然是长安市内售卖书籍的同业店铺集聚之"书行",今人则多称其为"书市"。与《李娃传》同出自白行简手笔的《记梦》言:"长安西市帛肆,有贩粥求利而为之平者,姓张不得名。"③如果"帛肆"仅为一家店铺,姓张之人显然无以"贩粥求利"。"帛肆"所指当为帛行,即售帛店铺的集聚区。

又《柳宗元集》卷一七《宋清传》云:"宋清,长安西部药市人也。居善药。有自山泽来者,必归宋清氏,清优主之。长安医工得清药辅其方,辄易雠,咸誉清。……岁终,度不能报,辄焚券,终不复言。市人以其异,皆笑之,曰:'清,蚩妄人也。'"④依唐制,文中"长安西部"应是长安西市。从"有自山泽来者,必归宋清氏"看,采药之人优先将"善药"卖给宋清,此"药市"应是具有开放性的同业市场,即西市之下药店同业集聚的药肆。"市人以其异,皆笑之",便是同业之人对宋清的排挤。作为泛指的"市""行"和"肆"有时混用,当加以留意。

二、"行头"与"肆长"

如上文所述,唐代市下的"行",指同业店铺的集聚区,是严格的市制下人为规划而成的单位。而作为同业组织的"行",一般认为系唐中期以后由其衍生而出。傅筑夫先生言:"行既是工商各业的总称,而工商业者的组织不论是临时的还是常设的,事实上又只能按照共同行业来形成,所以行又很自然地成为工商业者的组织名称。"⑤唐代,作为同业店铺集聚区的"行"和作为同业组织的"行",都是

---

① 《太平广记》,中华书局,1961年,第3987—3988页。
② 《太平广记》,中华书局,1961年,第3987—3988页。
③ 《全唐文》,中华书局,1983年,第7102页。
④ 〔唐〕柳宗元:《柳宗元集》,中华书局,1979年,第471—472页。
⑤ 傅筑夫:《中国经济史论丛》,生活·读书·新知三联书店,1980年,第402页。

在同业的基础上形成的，同业之首"行头"（又称"行首"）受官府管控。不同之处在于，作为同业店铺集聚区的"行"，是唐代官府为方便市场管理而设的；作为同业组织的"行"，则是同业商人为维护自身利益而组织的。关于唐代同业店铺集聚区"行"如何衍生出同业组织"行"，加藤繁先生认为：

> 同业商店集聚在同一个地方，结果，自然就有了共同行动的机会。换句话说，大约先发生共同祭祀神佛的事情，更进一步的，为营业的方便多少互利共协。而等到市的制度崩溃，同业商人的业务独占权受到威胁的时候，同业商人就团结起来，要维护他们的特权，于是，行就成为有力的组织，代替了市的制度，而成为维护特权的屏障。①

加藤繁先生之论高屋建瓴，其将唐宋的"行"谓为同业组织的处理方式尤为精辟。唐前期坊市制度已有松动迹象，《唐会要》载："景龙元年十一月敕……两京市诸行，自有正铺者，不得于铺前更造偏铺，各听从寻常一样偏厢；诸行以滥物交易者，没官。"②发布此等敕令，意味着在诸行内已有人挑战原本严格的市场规划。中唐以后，突破坊市制度的现象更是层出不穷。③这种背景下，唐代作为同业组织又具有行会特征的"行"开始出现。究其出现和发展的过程，则可将"行头"作为观察的切入点。

唐初贾公彦《周礼注疏》卷一六"肆长"条记："肆长，各掌其肆之政令。"按照唐人的理解："此肆长，谓一肆立一长，使之检校一肆之事，若今行头者也。"④又《唐六典》载："京、都诸市令掌百族交易之事；丞为之贰。凡建标立候，陈肆辨物，以二物平市，以三贾均市。"⑤唐代前期设有市令、丞等官吏专门管理市场，彼时"行头"仅是市下各"行"的小头目。与前文所论"行"和"肆"有时混用一样，"行头"与"肆长"在唐代语境之下同样如此。前揭唐传奇《李娃传》中，东西二"凶肆"各有"肆长"，实际应为"凶行"之"行头"。二肆长"欲各阅所佣之器于天门街，以较优劣"，于是"邀立符契，署以保证"之后，"士女大和会，聚至数万。于是里胥告于贼曹，贼曹闻于京尹。四方之士，尽赴趋

---

① [日]加藤繁：《论隋唐时代的商业组织"行"并及清代的"会馆"》，见《中国经济史考证》（第1卷），吴杰译，商务印书馆，1959年，第358页。
② [宋]王溥：《唐会要》，中华书局，1955年，第158页。
③ 盛会莲：《唐代坊市制度的发展变化》，《西北师大学报》（社会科学版）2000年第3期。
④ [汉]郑玄注，[唐]贾公彦疏：《周礼注疏》，彭林整理，上海古籍出版社，2010年，第540页。
⑤ 《唐六典》，中华书局，1992年，第543页。

焉，巷无居人"①。所谓"天门街"，所指当为长安城中轴线之朱雀门大街。经过东西二市之"肆长"商议，便可借用"天门街"场地举办竞赛性的大型商业展示活动。即便这仅为彼时小说家言，但一定程度上也反映出唐代坊市制度的松动和城市商业经济的发展。

尤为重要的是，此事决于两名"肆长"之议，再由里胥经贼曹一路上报至京兆尹。掌管长安地方事务的京兆尹只是被动批准，事先并无所闻，更未参与相关工作。有学者就此指出，市场是唐代商业活动的中心，也是以皇帝为中心的行政机构之一部分，因此设有管理市场的官吏；虽受到中央集权的支配，市场还是有市人自主的活动空间，行政机构也承认市场的部分独立性。②在这场东西两市"凶肆"（或曰"凶行"）的较量之中，市场的部分独立性正是由两名"肆长"（或曰"行头"）来承担的，其作为同业组织首领的色彩已颇为鲜明。

同样有学者注意到，唐代龙门石窟造像题记中有"北市丝行像龛""北市彩帛行净土堂""南市香行社"，造像时间均在7世纪末的唐前期。③唐代佛教大兴，造像风气盛极一时。而平民百姓受财力所限，无法独立完成造像，众人合作"共舍身资"，便成为广大佛教信徒普遍采取的方式。④龙门石窟造像题记中有诸"行"，说明市人已经以"行"为单位集体进行此类宗教造像活动。但题记中所见主持造像活动者，仍是"社官""邑正"之类基层社会组织首领，尚不见同业之"行头""肆长"出面。尽管如此，这样的宗教造像活动应对同业组织"行"的成型与发展有所推动。正如陈宝良先生所指出的，商业社团与民间的宗教社团关系匪浅。⑤

《太平广记》卷二八〇引《纂异记》之"刘景复"条："吴泰伯庙，在东阊门之西，每春秋季，市肆皆率其党，合牢醴，祈福于三让王。多图善马、彩舆、女子以献之，非其月，亦无虚日。乙丑春，有金银行首纠合其徒，以绢画美人，捧胡琴以从。"⑥这则史料展现了中晚唐江南社会的面貌。"行首"即"行头"，彼时苏州吴泰伯庙祈福这样的宗教活动由"金银行首纠合其徒"共同参与。唐前期龙门石窟造像题记中，主持本"行"造像活动者尚为"社老""社官"，而中晚唐的江南，"市肆皆率其党"祈福于苏州吴泰伯庙，扮演本"行"组织者角色的已是"行

---

① 《太平广记》，中华书局，1961年，第3987—3988页。
② ［日］小南一郎：《唐代市人小说》，刘苑如译注，《政大中文学报》2004年第2期。
③ 高俊苹：《龙门石窟所见唐朝商业行会造像研究》，《文物世界》2012年第5期。
④ 李晓敏：《造像记：隋唐民众佛教信仰初探》，《郑州大学学报》（哲学社会科学版）2007年第1期。
⑤ 陈宝良：《中国的社与会》，浙江人民出版社，1996年，第215—216页。
⑥ 《太平广记》，中华书局，1961年，第2235—2236页。

首""行头"。从中清晰可见,作为同业店铺集聚区乃至同业组织的"行",力量正逐渐增强。

三、作为同业组织的"行"

"行"的外部环境也在发生变化。《旧唐书·食货志》载:"建中元年七月,敕:'夫常平者,当使谷价如一,大丰不为之减,大俭不为之加,虽遇灾荒,人无菜色。自今已后,忽米价贵时,宜量出官米十万石,麦十万石,每日量付两市行人下价粜货。'"①姜伯勤先生认为,唐宋时期"行人"是属于城市中一定行业的工商人户,并且逐渐成为加入一定同业组织行会的工商人户之名称。②此处"行人"应为专卖米粮的工商人户,甚至是同业组织米麦行的成员。同业集聚区"行"虽已衍生出同业组织"行",但同业组织"行"的力量尚有限,"行头"角色地位尚不甚重要。中唐时官府对市场仍可采取直接管理,"每石量付两市行人",并不经过"行头"。

"行头"在官府对市场的调控管理中虽不甚重要,但地位显然在不断上升。《旧唐书·食货志》载:"(元和)四年闰三月……自今已后,有因交关用欠陌钱者,宜但令本行头及居停主人、牙人等检察送官。如有容隐,兼许卖物领钱人纠告,其行头、主人、牙人,重加科罪。"③此时"行头"已是同业店铺集聚区乃至同业商人的代表或负责人,向官府承担义务。从"行头"的身份地位观之,中晚唐作为同业组织的"行"已发展至一定程度,初具后世行会的雏形,尽管其依旧处在官府的严格控制之下。

及至宋代,《梦粱录》卷一六"米铺"条记杭州人烟稠密,遍地米商,"且言城内外诸铺户,每户专凭行头于米市做价,径发米到各铺出粜"④。与唐代中期官府直接管理市场、平抑米价大相径庭,宋代已是由一行之首的"行头"统一掌握本"行"(本同业组织)的经营活动,负责为本行接洽生意、决定价格。又《东京梦华录》卷三"雇觅人力"条云:"凡雇觅人力,干当人、酒食作匠之类,各有行老供。"⑤由唐至宋,"行头"的地位和作用不断得到强化。从"行头"地位和作用的强化中,能较为清晰地看到"行"的发展。再就具有行会特征的同业组织"行"本

---

① 《旧唐书》,中华书局,1975年,第2124—2125页。
② 姜伯勤:《敦煌文书中的唐五代"行人"》,《中国史研究》1979年第2期。
③ 《旧唐书》,中华书局,1975年,第2102页。
④ 〔宋〕吴自牧:《梦粱录》,浙江人民出版社,1984年,第149页。
⑤ 〔宋〕孟元老撰,伊永文笺注:《东京梦华录笺注》(上册),中华书局,2006年,第338页。

身而言，《太平广记》卷二五七引《卢氏杂说》之"织锦人"条：

> 唐卢氏子不中第，徒步及都城门东。其日风寒甚，且投逆旅。俄有一人续至，附火良久，忽吟诗曰：学织缭绫功未多，乱投机杼错抛梭。莫教官锦行家见，把此文章笑杀他。又云：如今不重文章事，莫把文章夸向人。卢愕然，忆是白居易诗，因问姓名。曰：姓李，世织绫锦。离乱前，属东都官锦坊织官锦巧儿，以薄艺投本行。皆云："如今花样，与前不同。"不谓伎俩儿以文彩求售者，不重于世，且东归去。①

出身织锦人家者，因"如今花样，与前不同"而遭"本行"拒绝接纳。王仲荦先生认为这里的"行"为组织之"行"，"行家"犹今言"内行"。②事实上，无论此则史料中"本行"是"行业"还是作为同业组织的"行"，两者并不矛盾。李姓人前属"织宫锦巧儿"，其"伎俩""花样"无疑优秀。"本行"却皆以相同的理由拒绝他，表明彼时应已存在一个团结众多同业店铺、对本行业产品实施统一章程的"行"。该"行"排斥外来竞争，保护同业利益，显然具有同业组织的特质。"行"中掌握一定话语权的"行家"，正是李姓人诗中嘲讽的对象。前揭嘲笑宋清之"药市"，应亦属此类。姜伯勤先生以敦煌曹氏归义军时期《节度押牙董保德建造兰若功德颂》为例，通过考证该文献中"画行"的上下尊卑关系，证明了沙洲行会制度的存在。③实际上，这种尊卑关系更表明同业组织"行"彼时已发展到一定程度。此种发展并非曹氏归义军对应的五代时期可以一蹴而就的，从侧面印证了同业组织"行"在唐代的出现与发展。

四、结语

唐代的"行"作为同业店铺聚集区，在唐代语境中虽亦用于泛指，但基本可以明确为"市"之下、"肆"以上的单位。自唐代史料可知，"行"乃是唐代城市商业经济结构中承上启下的一环，不可或缺。唐代前期，"行"仍是官府划定的商业聚集形态。及至中晚唐，作为一行之首的"行头"地位上升，并得到官府认可，同时，"行"在一定程度上呈现出朝同业组织方向发展的趋势。王仲荦先生认为：

> 行的出现，一方面说明唐代的手工业商业确比以前有了很大的发展，但由于封建社会内部商品生产发展不充分，如海外贸易受到限制，国内市场比较狭小等等，因而小商品生产者之间的竞争激烈。他们不得不利用行

---

① 《太平广记》，中华书局，1961年，第2005页。
② 王仲荦：《隋唐五代史》（上册），上海人民出版社，2003年，第424页。
③ 姜伯勤：《敦煌文书中的唐五代"行人"》，《中国史研究》1979年第2期。

这一组织来保护自己，防止同行的竞争，并排斥外来的竞争。……另一方面，在当时封建制度还比较巩固的情况下，由于手工业者和商人的势力还极其微弱，封建统治者往往利用行这一组织，来对手工业者和商人进行勒索和压榨。……这就点明了行是封建统治者剥削手工业者和商人的一种工具。[①]

王仲荦先生识见弘深。无论是同业店铺集聚区"行"，还是同业组织"行"，都具有双重性：一是工商业发展之产物，一是封建制度之附庸。不过，同业组织"行"随着社会经济的发展而产生，体现出彼时市场的独立性和自主性，与官府划定的同业店铺集聚区"行"并不相同。"行"在唐代的发展相对缓慢，且始终处于官府的控制之下。但"行"经过在唐代的缓慢发展，摆脱了部分束缚，建构起了同业组织的内涵，为后来的发展打下了基础。在此意义之下，可以将唐代"行"的变化发展放置在历史转型的宏观语境中去考察，这同样为研究唐宋时期社会经济的发展变化提供了一个重要的视角。

原载《咸阳师范学院学报》2022年第5期

（刘啸虎，湘潭大学碧泉书院讲师；陈渐，四川大学历史文化学院硕士研究生）

---

① 王仲荦：《隋唐五代史》（上册），上海人民出版社，2003年，第381页。

论唐代工商业者的"行"
——以长安西市为中心

张　沛

一、文献中所能见到的唐代诸"行"

我国古代工商业者以"行"为名,最初似见于隋代。唐人韦述的《两京新记》东京(洛阳)"南市"条云:"〔隋曰〕丰都市,东西南北居二坊之地,四面各开三门,邸凡三百一十二区,资货一百行。"①清人徐松的《唐两京城坊考》东京"大同坊"条云:"本曰植业坊,隋大业六年徙大同市于此。凡周四里,市开四门,邸一百四十一区,资货六十六行。"②此所谓"资货",即指货物。由此可知,隋东都洛阳丰都市的货物有一百行,大同市的货物有六十六行。这是历史文献中所能见到的对于工商业者的"行"的最早记载。

对于这些"行"的性质可以有两种解释:一种是行业之"行",另一种是行会之"行"。上述隋洛阳丰都市的一百行和大同市的六十六行究竟属于哪一种,这从韦氏《两京新记》的另一条记载即可得知。另一条记载云:"大业六年,诸夷来朝,请入市交易,炀帝许之。于是修饰诸行,葺理邸店,皆使甍宇齐正,卑高如一,瑰货充积,人物华盛。时诸行铺竞崇侈丽,至卖菜者亦以龙须席藉之。夷人有就店饮啖,皆令不取值。胡夷惊视,寖以为常。"③当时隋炀帝为表示对西域商人的欢迎,并为了夸耀隋朝的声威和富饶,下令丰都市"修饰诸行,葺理邸店",要求"诸行铺"都要做到"甍宇齐正,卑高如一"。由此不难看出,隋时洛阳的所谓"诸行",虽然名目难详,但显然都是指各行业的店铺,即行业之"行",并非行会之"行"。

唐代前期,经过贞观之治,在整个国民经济得到迅速恢复和发展的同时,手工业和商业显示了特殊的繁荣,尤以商业的发展为突出。当时京师长安城内有西市

---

① 〔唐〕韦述撰,辛德勇辑校:《两京新记辑校》,三秦出版社,2006年,第86页。
② 〔清〕徐松:《唐两京城坊考》,中华书局,1985年,第169页。
③ 〔唐〕韦述撰,辛德勇辑校:《两京新记辑校》,三秦出版社,2006年,第86页。

（隋利人市）、东市（隋都会市）和中市（在万年县属安善坊和弘业坊北半部）三个市，其中以西市最为繁盛。据日本僧人圆仁的《入唐求法巡礼行记》记载，会昌三年（843）六月二十七日夜三更，"东市失火，烧东市曹门已西十二行、四千余家，官私钱物、金银绢药等物烧尽"[①]。"曹门"在东市何处，无以得知，不过仅曹门以西即有十二行、四千余家，其商业繁华程度于之可知。宋敏求的《长安志》说，东市所在的万年县户口减于西市所在的长安县，"又公卿以下居止多在朱雀街东，第宅所占勋贵，由是商贾所凑，多归西市"[②]。缘于区位优势，西市一带人口众多，加之"浮寄流寓，不可胜计"[③]，特别是西市为胡人胡商聚居之地，一直是丝路贸易的重要集散地，因而，西市商业明显盛于东市。韦述《两京新记》云：长安西市"市内店肆如东市之制"[④]，而东市之制如何？据宋氏《长安志》，东市"街市内货财二百二十行。四面立邸。四方珍奇，皆所积集"[⑤]。既然西市内"店肆如东市之制"，无疑至少也应有二百二十行。但由于各种史籍语焉不详，资料阙失，西市究竟有多少行，今已无法得知。

从迄今所见的确切资料来看，长安西市只有绢行（牛僧儒《玄怪录·吴全素》）[⑥]、大衣行（韦述《两京新记》）[⑦]、秋辔行（阙名《逸史·李君》）[⑧]、麸行（李复言《续玄怪录·驴言》）[⑨]和秤行（温庭筠《乾䉑子·窦乂》）[⑩]5行，而从文献资料推测，西市必有米麦行（《旧唐书·食货志下》）[⑪]、布帛行（《旧唐书·宪宗本纪下》）[⑫]、木材行（《乾䉑子·窦乂》）[⑬]、口马行（《长安志》）[⑭]、屠沽行（阙名《独异志·吴道玄》）[⑮]、兵器行（《唐六典·太府寺·两京诸市署》）[⑯]

---

① [日]圆仁：《入唐求法巡礼行记》，上海古籍出版社，1986年，第172页。
② 〔宋〕宋敏求：《长安志》卷八，长安县志局重印毕沅新校正本，1931年，第12页。
③ 〔宋〕宋敏求：《长安志》卷一〇，长安县志局重印毕沅新校正本，1931年，第7页。
④ 〔唐〕韦述撰，辛德勇辑校：《两京新记辑校》，三秦出版社，2006年，第49页。
⑤ 〔宋〕宋敏求：《长安志》卷八，长安县志局重印毕沅新校正本，1931年，第12页。
⑥ 《唐五代笔记小说大观》，上海古籍出版社，2000年，第400页。
⑦ 〔唐〕韦述撰，辛德勇辑校：《两京新记辑校》，三秦出版社，2006年，第49页。
⑧ 《太平广记》，中华书局，1961年，第1130页。
⑨ 《唐五代笔记小说大观》，上海古籍出版社，2000年，第454页。
⑩ 《太平广记》，中华书局，1961年，第1877页。
⑪ 《旧唐书》，中华书局，1975年，第2124—2125页。
⑫ 《旧唐书》，中华书局，1975年，第445页。
⑬ 《太平广记》，中华书局，1961年，第1878—1879页。
⑭ 〔宋〕宋敏求：《长安志》卷八，长安县志局重印毕沅新校正本，1931年，第12页。
⑮ 《太平广记》，中华书局，1961年，第1622页。
⑯ 《大唐六典》，三秦出版社，1991年，第385页。

和药行（圆仁《入唐求法巡礼行记》）①7行，合计12行。考虑到长安西市为当时最大的国内贸易市场和国际贸易市场，其内的"行"必定很多，绝不只有这12行。究竟西市还会有哪些行，不妨看一下当时同在长安城内的东市、中市和后来设置的南市，东都洛阳的南、北二市，以及南方的扬州、苏州，北方的幽州、涿州，西方的西州、沙州等驰名商业城市的情况。

先看长安城内西市以外的其他三市。据有关资料，当时的东市除西市已有的米麦行、绢行外，还有笔行（释道世《法苑珠林·十恶篇·感应缘·唐西京东市笔行赵氏女》）、铁行（《乾䉵子·郑群玉》）②、药行（释法藏《华严经传记》）③、肉行（康骈《剧谈录·王鲔活崔相公歌伎》）④及印刷行（据敦煌莫高窟藏经洞印本）等，为西市所未见；中市为"口马之肆"，自有口马行；而南市不只有口马行，又有麸行（段成式《酉阳杂俎·前集》）⑤。另外，据阙名《虬髯传·虬髯客》，西京还有马行⑥，只是不知在哪个市中。

再看东都洛阳。洛阳主要为南、北二市。南市北店有马行（龙门文管所1994年征集的《雷氏买地幢》），北市有彩帛行、丝行（龙门石窟题刻）⑦及香行（龙门石窟题刻）⑧。又据《太平广记》引《卢氏杂说》，东都还有宫锦行⑨。

另外，其他著名商业城市如南方的扬州（今江苏省扬州市）有鱼行（《酉阳杂俎·续集·支诺皋记下》）⑩、药行（《太平广记》引《广异记》）⑪，苏州（今江苏省苏州市）有金银行（李玫《纂异记·刘景复》）⑫。其中名目较多的为北方的幽州（范阳郡，治今北京城西南）。据房山石经题记，唐时工商业中有白米行（凡12见）、米行（3见）、大米行（1见）、粳米行（1见）、油行（4见）、肉行（2见）、五熟行（1见）、屠行（4见）、绢行（12见）、大绢行（9见）、小绢行（2见）、新绢行（1见）、丝绢彩帛行（3见）、总绢彩帛行（2见）、丝帛行（2

---

① ［日］圆仁：《入唐求法巡礼行记》，上海古籍出版社，1986年，第181页。
② 《太平广记》，中华书局，1961年，第2043页。
③ 王仲荦：《隋唐五代史》（上册），中华书局，2007年，第456页。
④ 《唐五代笔记小说大观》，上海古籍出版社，2000年，第1462页。
⑤ 《唐五代笔记小说大观》，上海古籍出版社，2000年，第671页。
⑥ 《太平广记》，中华书局，1961年，第1447页。
⑦ 王仲荦：《隋唐五代史》（上册），中华书局，2007年，第457页。
⑧ 阎文儒：《房山石经》，《中国历史博物馆馆刊》1989年总13—14期，第137页。
⑨ 王仲荦：《隋唐五代史》（上册），中华书局，2007年，第458—459页。
⑩ 《唐五代笔记小说大观》，上海古籍出版社，2000年，第730页。
⑪ 《太平广记》，中华书局，1961年，第158页。
⑫ 《太平广记》，中华书局，1961年，第2235—2236页。

见）、市绢行（疑即绢行，"市"为"郡市"之"市"。1见）、小彩行（4见）、丝绵行（3见）、布行（1见）、幞头行（7见）、磨行（6见）、生铁行（1见）、炭行（2见）及诸行（此处犹言各行，并非单一行名。2见）。①阎文儒先生又补布绢行、大彩帛行、丝绸彩帛行及果子行。②以上共计有26行。涿州（今河北省涿州市）次之，有肉行（1见）、椒笋行（1见）、果子行（2见）、靴行（1见）、新货行（2见）、杂货行（1见）及染行（1见）③，亦均见于房山石经题记。阎文儒先生又补磨行、丝绵行。④以上共计有9行。而处在丝绸之路要道上的西州（今新疆维吾尔自治区吐鲁番市东南高昌故城），其行名亦比较多。据大谷吐鲁番文书，有米面行（有白面、北庭面）、菜子行（有蔓菁子、萝卜子、葱子）、果子行（有干葡萄、大枣）、彩帛行（有绫）、帛练行（有大练、梓州小练、河南府生絁、蒲陕州絁、生绢等）、铛釜行（有釜）。⑤又据《唐天宝二年交河郡市估案》，治今吐鲁番市西北交河故城的交河郡市除有米面行、果子行、彩帛行、铛釜行、菜子行之外，还有谷麦行、布行、䐑布行（有常州布、杂州布、火麻布、毾布、赀布、小水布、大绵、小绵等）。⑥另据敦煌文书，丝绸之路上的另一重镇沙州（敦煌郡，今甘肃省敦煌市）有画行、金银行及绢帛行、丝绵行、口马行。⑦除去重复，仅西州（含交河郡）及沙州即有13行。又据相关资料，散见于各地的唐代工商业行名，还有席帽行、鞋靴行、布衫行、皮毛行、饲草行、驼马行、鞍辔行、凡器行和糖饴酒酢行等等。以上见于各地的这些行名，多数未见于长安西市，然依情理推之，都是长安西市应该有、也会有的，只是未见记载，或有记载而未能寓目而已。

关于唐代长安西市工商业者的"行"，宋敏求《长安志》以为"二百二十行"（《长安志》谓东市"街市内财货二百二十行"、西市"店肆如东市之制"），杨宽先生认为此"二百二十行"当是"一百二十行"之误。⑧其依据可能是杜宝《大业杂记》"大业六年"及《元河南志》"唐之南市"条所谓"其内一百二十行"的记述。上述唐代长安、洛阳及其他几个知名州（郡）市所见的行名总计仅有60余个。

---

① 王仲荦：《隋唐五代史》（上册），中华书局，2007年，第457—458页。
② 阎文儒：《房山石经》，《中国历史博物馆馆刊》1989年总13—14期，第137页。
③ 王仲荦：《隋唐五代史》（上册），中华书局，2007年，第458页。
④ 阎文儒：《房山石经》，《中国历史博物馆馆刊》1989年总13—14期，第137页。
⑤ 王仲荦：《隋唐五代史》（上册），中华书局，2007年，第458页。
⑥ ［日］池田温：《中国古代物价初探——关于天宝二年交河郡市估案片断》，见《日本学者研究中国史论著选译》（第4卷），中华书局，1992年，第452—454页。
⑦ 姜伯勤：《敦煌文书中的唐五代"行人"》，《中国史研究》1979年第2期。
⑧ 杨宽：《中国古代都城制度史研究》，上海古籍出版社，1993年，第227—228页。

据有关资料，工商业较唐长安城更为繁盛的北宋都城汴京（今河南省开封市）也只说"至少有160多行"①，因此，笔者以为杨宽先生说长安西市当为"一百二十行"是比较符合实际的。其实，就这所谓"一百二十行"而言，也只是约数，况且这些所谓的"行"，性质也不相同，须做进一步分析。

二、对所见唐代诸"行"的分析

唐代诸"行"，若按从业种类分，大部分为商业行，如各种粮油行、屠沽行、布帛行、衣帽行、口马行、杂货行等，约占十分之八以上；单纯的手工业行较少，如铁行、磨行、染行、画行、宫锦行等，约占十分之一强；还有一些行，是手工业和商业兼营，既制作又销售，即前店铺、后作坊的那种，如五熟行（烹调成的各种食物）、金银行（收售生金银、兼制各种饰品和器皿）等，大约占不到十分之一。

从相关资料分析，有些行（如长安西市和东市的米麦行，中市的口马行；洛阳锦坊的宫锦行，北市的丝行、彩帛行及香行，南市的马行；苏州的金银行；幽州的小彩行、白米行及绢行；涿州的磨行；沙州的画行及金银行；等等）明显已经具有了行会的性质。但有些行与隋代诸行一样，显然仍属于店铺，只是行业之"行"，尚非行会之"行"。如牛僧孺《玄怪录·吴全素》云："乃相引入西市绢行南尽人家。"②此"西市绢行"无疑是一店铺。另一条记"西市绢行"的资料见温庭筠《乾䏑子·王悆》，谓"今日在西市绢行举钱，共四人长行"③。亦可证此"西市绢行"为一店铺。又如阙名《逸史·李君》云："可西市秋辔行头坐。见讫复往，至即登楼饮酒。"④如阙名《虬髯传·虬髯客》云："李郎宜与一妹复入京，某日午访我于马行东酒楼下。"再如段成式《酉阳杂俎·续集·支诺皋记下》云：妾"以领巾绞项自杀，市吏子乃潜埋妾于鱼行西渠中"⑤。上述"西市秋辔行"、西京"马行"及扬州"鱼行"似都不是行会，而是店铺。最明显的是康骈《剧谈录》卷上《王鲔活崔相公歌伎》云：崔相公歌伎"遽报中恶，救之不及"，相公悲惋不已，依在座的凤翔府少尹王鲔之计，令人"径诣东市肉行"以善价买得白牛头来，经王鲔摆弄，歌伎得以不死。⑥此"东市肉行"显然为一肉铺而不是行会。又据《太平广记》引《广异记·张李二公》云："李叹讶良久，遂持帽诣王家求钱。王老令送帽问家

---

① 林文益：《中国商业简史》，中国展望出版社，1985年，第173页。
② 《唐五代笔记小说大观》，上海古籍出版社，2000年，第400页。
③ 《太平广记》，中华书局，1961年，第2883页。
④ 《太平广记》，中华书局，1961年，第1130页。
⑤ 《太平广记》，中华书局，1961年，第2235—2236页。
⑥ 《唐五代笔记小说大观》，上海古籍出版社，2000年，第1462页。

人，审是张老帽否。其女云：前所缀绿线犹在。李问：张是何人？王云：是五十年前来茯苓主顾，今有二千余贯钱在药行中。李领钱而回。"①可见此王家"药行"亦非行会，乃一药店而已。值得注意的是，一些并不称为"行"的市肆和手工业作坊，则开始具有了行会性质。

先说一下与"行"有关的市肆。

在中国古代城市贸易中，大凡经营同类商品的人，都要按规定集中在一起，依次排列成行。这种按经营种类不同而划分的区域，往往被称之为"肆"。《周礼·地官·司市》云："以次叙分地而经市，以陈肆辨物而平市。"其意是说，依照次叙（司市的官府）设置的方位分划区域，作为市的界址，将各种不同的货物分别陈列在肆中，以便比较而平衡价格。由此可知，肆是古时市场分类陈列货物的地方。自春秋战国以来，都市中同业商店开设在同一地点的分肆制度，一直未变。从文献看，唐代长安在有大量店铺的同时，仍有不少肆。以西市为例，就有酒肆（阙名《逸史·齐映》）②、衣肆（沈既济《任氏传》）③、帛肆（白行简《李娃传》）④及坟典肆（《李娃传》）⑤等。这些肆中，有的明显为店铺，如酒肆；有的明显是同业聚集的市场，如衣肆、帛肆、卜肆及坟典肆；有的则已具有了行会性质，如凶肆。《李娃传》云："生怨懑，绝食三日，遘疾甚笃，旬余愈甚。邸主惧其不起，徙于凶肆之中。绵缀移时，合肆之人，共伤叹而互饲之。后稍愈，杖而能起，由是凶肆日假之，令执穗帷，获其值以自给……初，二肆之佣凶器者，互争胜负……其东肆长知生绝妙，乃醵钱二万索顾焉……阴教生新声，而相赞和。累旬，人莫知之。其二肆长相谓曰：'我欲各阅所佣之器于天门街，以较优劣。不胜者，罚直五万，以备酒馔之用，可乎？'二肆许诺。乃邀立符契，署以保证，然后阅之。……西肆皆不胜。"⑥此"二肆"指长安东市凶肆和西市凶肆。"西肆"即西市凶肆。凶肆所经营者，一为制作和出售丧葬用的各种器物，一为出租方相、輼车之类送葬之具，一为执穗帷、唱挽歌，参加送葬活动。从以上引文看，东、西两市的凶肆肆长既已相互商议了比赛方案，随之又有"二肆许诺"之语，说明肆长在做出重大决定后，尚需征得肆中同业者同意，方可实施。一般而言，行与肆是有区别的，但从唐人贾公彦《周礼》注所谓"肆长……若今之行头也"可知，此凶肆肆长

---

① 《太平广记》，中华书局，1961年，第158页。
② 《太平广记》，中华书局，1961年，第322—323页。
③ 《太平广记》，中华书局，1961年，第3693页。
④ 《太平广记》，中华书局，1961年，第3987—3988页。
⑤ 《太平广记》，中华书局，1961年，第3990页。
⑥ 《太平广记》，中华书局，1961年，第3987—3988页。

亦即其时的行头，具体负责本肆的各种事务，同行头一样。从这个意义上说，此凶肆实际上已经演变成了行会。

类似长安凶肆的市肆逐渐成为行会，主要是在社会经济急骤发展的形势下，为了防止同行业之间的相互竞争，借以维护自身利益。同时，由于一肆之中的从业人员与日俱增，涉及本行业的一些共同事务和应有的一些共同活动越来越多，这都需要有某种形式的联合或组织来统一解决和协调。最初也许只是一种临时集合，或松散的团体，时间一长，便会逐渐发展成一定的形式。像东、西市的凶肆那样，虽然实质上已经发展成了行会，但因为长期以来集中在一肆之中进行商业活动，而行会的名称在唐代中期前尚未固定化，因而仍称之为"肆"。《太平广记》"刘景复"条（《纂异记》）有同样的记载："吴泰伯庙，在东阊门之西。每春秋季，市肆皆率其党，合牢醴，祈福于三让王（吴泰伯）。"①此所谓"市肆皆率其党"，即是说每到春秋两季，苏州城内各市肆都由肆长率领同行的商人去东阊门西的吴泰伯（周太王长子，吴国始祖）庙献祭祈福。这种有组织的团体活动，其组织虽仍称"肆"而不称"行"，是习惯使然，实际上已与行会无异。

再说一下与"行"有关的手工业作坊。

唐代手工业作坊有官营和民营两种。官营手工业作坊虽然也仍使用奴隶劳作，但随着奴隶劳动的落后性被广泛认识，已越来越依赖自由手工业者进行生产。一些"短番匠"（每年向官营作坊提供二十天义务劳役的民间自由工匠）、"长上匠"（以不上番的自由工匠所缴纳的代役金为报酬而长期服役的民间工匠）和属于雇佣工匠的"明资匠""巧儿"逐渐成了官营作坊的主要生产者。由于民间手工业者的竞争对手已不像以前那样是奴隶劳动，而是另一部分手工业者，于是建立自己的同业组织来维护自身利益，并通过同业组织来与官府交往，以适应封建政府对手工业者的需索和控制，就很有必要。正是在这种情况下，一些以作坊为基础的手工业行会应运而生。《古今图书集成·考工典》卷一〇引《卢氏杂说》记述了唐代发生在京师长安的这样一件事："卢氏子失第，徒步出都城，逆旅寒甚，有一人续至附火，吟云：'学织缭绫工未多，乱拈机杼错抛梭。莫教官锦行家见，把此文章笑杀他。'卢愕然，以为白乐天诗。问姓名，曰姓李，世织绫锦，前属东都锦坊，近以薄技投本行，皆云：以今花样与前不同，不谓伎俩见以文彩求售者，不重于世。如此且东归去。"②这件事是说，一个此前属于东都锦坊的李姓工匠，世代以织绫锦为业，近来凭着技艺投奔西京"本行"（织锦行），不料"本行"人都以他的技艺不

---

① 《太平广记》，中华书局，1961年，第2235页。
② 傅筑夫：《中国经济史论丛》，生活·读书·新知三联书店，1980年，第402页。

符合这一行的标准为由,拒绝雇用他。他打算暂时先回到东都去。因为心情不好,遂吟了上述一首诗。这段引文中所谓的"本行",已明显是指织锦行业,他"投行"时遭到拒绝,表明这个所谓"本行"已经是有组织的行会。

上述市肆、作坊以及部分行业性质的变化,具体地说明了唐代工商业者的"行"由行业已向行会演变的情况。从相关资料看,这种演变开始于唐代前期,至盛唐时已势不可挡。而促成这种演变的原因,概括起来无非两个方面。

一方面是经济特别是工商业迅速发展的产物。唐代工商业分工越来越细密,行业增多,长安东、西两市及一些经济特别发达的州(郡)市中,往往有数十个甚至上百个行业,上百家甚至上千家店铺。这样,处于同一区域内人数众多的各个行业就需要一个组织来维护自身的共同利益,调整行业内部的关系,比如制定大家共同遵守的行规,防止同行之间不必要的竞争,防范涌入城市的破产农民和其他外来人员对本行业的不利影响,还要进行共同的宗教及社会活动,如祭祀、娱神等。上述长安西市凶肆与东市凶肆两家为推销自己的物品和争夺市场互较胜负之事,即是例证。

另一方面是官府控制行业的需要。封建官府一直对工商业进行着严格管理,但在工商业急遽发展,市肆及各种行业、店铺日益增多的情况下,需要推行某项政令,或监督检查执法情况,或对某些行业有所指使和需索时,为避免与众多工商户一一打交道,就需要有一种可以直接掌控的行业组织,责成其协助管理。这样久而久之,由临时而固定,由松散而严密,于是便形成了各种同行业的区域性组织,即各种行会。宋人耐得翁《都城绝胜·诸行》云:"市肆谓之行者,因官府科索(官府非法向民间索取财物)而得此名。"[1]由此可知,行会的产生,固然是出于商业和手工业的发展、维护同行利益的需要,也是出于封建官府对商业和手工业控制与科索的需要。

以此看来,唐代工商业行会的产生,正如著名经济史学者胡寄窗先生所分析的:"绝不是一种偶然的现象,它自有庞大的自由工商业者队伍及相应的思想意识为其基础。这时候的工商业者已能建立自己的社会组织来维护自身的利益,尽管他们还要在很大的程度上受着封建政府的控制。通过行会组织以反抗或适应封建政府对工商业者的控制这一事实,正好说明了唐代及以后各封建帝国的行会的封建性质。"[2]

---

[1] 罗竹风:《汉语大词典》(第8册),汉语大词典出版社,1991年,第53页。
[2] 胡寄窗:《中国经济思想史》(中册),上海人民出版社,1963年,第365页。

三、作为唐代同业组织的"行"的特征

唐代工商业者的同业组织为何称之为"行"？著名经济史学者傅筑夫先生已经说得很明白："行既是工商各业的总称，而工商业者的组织不论是临时的还是常设的，事实上又只能按照共同行业来形成，所以行又很自然地成为工商业者的组织名称。"[1]从整个中国商业和手工业发展史来看，作为唐代工商业同行组织的"行"，是古代行会发展的初级阶段，或萌芽时期。这个时期的"行"已经初步具有了行会的一些基本特征。

首先，这些行已经都有首领。有的叫"行头"，如唐人贾公彦解释《周礼·地官》中的"肆长"时说："此肆长谓一肆之长，使之检校一肆之事，若今之行头也。"有的称"行首"，据《沙州文录补》，敦煌文书中就有归义军曹氏时期的一件《行首陈鲁俗牒》。[2]又如《纂异记·刘景复》记唐时苏州各行在吴泰伯庙祈福之事时，亦有"金银行首纠合其徒"[3]的记载。有的则称"行人"，如《旧唐书·食货志》引德宗建中元年（780）七月诏书云："自今已后，忽米价贵时……每日量付两市行人下价粜货。"[4]而敦煌写本中的"行人"则"有数以十计"[5]，从其反映行会协助官府进行城防一事的《行人转帖》中，可以明显看出"行人"为行会的首领。而有些已经具有行会性质的市肆，其首领则有依旧称为"肆长"的，如前引《李娃传》。这些行的首领是如何产生的，在文献中尚未找到具体记载。一般认为，"可能是由同行业中有地位、有财力的人来充任"[6]。有的认为，他们不仅是"由同行推选"，而且还须由"官府批准"。[7]从《唐六典》和《唐律疏义》中关于行会的零星记载来看，唐代的行会是得到法律认可的，因而，其行首须由政府批准（至少须得到政府有关部门认可）是有道理的。从根本上来说，这是由其一开始就带有的封建性所决定的。这些行首在两京诸市，当由各市署管辖；在州郡诸市者，据《唐天宝二年交河郡市估案》，则可能由"市司"及"郡仓曹"（或"郡仓曹参军"）管

---

[1] 傅筑夫：《中国经济史论丛》，生活·读书·新知三联书店，1980年，第402页。
[2] 姜伯勤：《敦煌文书中的唐五代"行人"》，《中国史研究》1979年第2期。
[3] 《太平广记》，中华书局，1961年，第2235页。
[4] 《旧唐书》，中华书局，1975年，第2124—2125页。
[5] 姜伯勤：《敦煌文书中的唐五代"行人"》，《中国史研究》1979年第2期。
[6] 傅筑夫：《中国经济史论丛》，生活·读书·新知三联书店，1980年，第403页。
[7] 李浚源：《中国商业史》，中央广播电视大学出版社，1985年，第95页。

辖。①他们应该都是工商业者,不具有官吏身份,与古时的肆长不同。《旧唐书·食货志》所记德宗贞元九年(793)三月二十六日敕中,一再将"行头"与"居停主人"(指客商寄居的客院、邸店主人,又称"市主人",简称"主人")、"牙人"(指居于买卖双方之间从中撮合以获取佣金的人,又称为"市牙子",简称"牙子")并列,即可为证。②关于行头的职责,有学者认为,"行头有统一本行商品价格和监督管理本行商人买卖的权力,又有对官府提供本行物资、代官府出卖有关物资以及代官府看验有关物资、估定价格的责任"③。依照贾公彦所谓肆长之责是"检校一肆之事"、古时肆长即唐时行头的说法,则唐时的行头亦是对本行一切事务负总责的首领。至于行内的组织,因资料阙失,难以知悉,仅从敦煌文书中可以看到沙州行会中有"知画行都料董保德"④,榆林窟壁画题名有"知金银行都料"⑤。姜伯勤先生认为"都料"是行会师傅。⑥由于有的"都料"还兼有官衔(如董保德称"节度押衙知画行都料"),无疑是行会的上层人物。又从房山石经题记中可见到幽州郡市的小彩行和绢行有"社官"、涿州诸行有"市邑平正",从洛阳龙门石窟题记中可见到北市丝行有"社老""平正"和"录事",北市香行有"社官"和"录事"。⑦社为集体性的组织或团体,其"社官""社老"疑即行内一些佛教徒所自愿结成的"香火社"的首领。行会商人集为佛社,这在敦煌文书中亦可看出。这些习俗一直延续到宋代,如《大宋僧史略》卷下"结社法集"条云:"今之结社,共作福因。条约严明,愈于公法,行人互相激励。"⑧至于"平正""录事",是"社"内执事者,还是"行"内职事人员,因资料不足,不敢臆断。

其次,这些行已经开始有了一些与本行业务相关的活动。这些活动主要反映在以下几个方面。

一是协助政府管理本行。据《唐会要》载,中宗景龙元年(707)十一月敕云:"两京市诸行,自有正铺者,不得于铺前更造偏铺,各听用寻常一样偏厢;诸行以滥物交易者,没官。"⑨此敕内容较多,其中上述两条涉及两京各市诸行。前一条

---

① [日]池田温:《中国古代物价初探——关于天宝二年交河郡市估案片断》,见《日本学者研究中国史论著选译》(第4卷),中华书局,1992年,第452、470页。
② 《旧唐书》,中华书局,1975年,第2102页。
③ 杨宽:《中国古代都城制度史研究》,上海古籍出版社,1993年,第249页。
④ 姜伯勤:《敦煌文书中的唐五代"行人"》,《中国史研究》1979年第2期。
⑤ 向达:《敦煌艺术概论》,《文物参考资料》1951年第4期。
⑥ 姜伯勤:《敦煌文书中的唐五代"行人"》,《中国史研究》1979年第2期。
⑦ 阎文儒:《房山石经》,《中国历史博物馆馆刊》1989年总13—14期,第137页。
⑧ 姜伯勤:《敦煌文书中的唐五代"行人"》,《中国史研究》1979年第2期。
⑨ 〔宋〕王溥:《唐会要》,中华书局,1955年,第1581页。

是要求京中诸行不得让其所属店铺在正铺前另造偏铺，后一条是要求诸行检查所属各铺，不得"以滥物交易"（不得即出售不合格的货物）。禁止"以滥物交易"，旨在保证商品质量；禁止在"铺前另造偏铺"，旨在保障街面规整和道路畅通。二者都是市场管理的重要措施。诸行奉敕行事，显然是协助政府对本行进行管理。另据《旧唐书·食货志》载："自今已后，有因交关用欠陌钱者（所交每一百文钱有缺额的），宜但令本行头及居停主人、牙人等，检察送官。如有容隐，兼许卖物领钱人纠告，其行头、主人、牙人，重加科罪。"①此是行头协助政府执法的典型事例。又如《旧唐书·食货志》载，德宗建中元年（780）七月诏令云："自今已后，忽米价贵时，宜令官出米十万石，麦十万石，每日量付两市行人下价粜货。"②这道平抑粮价的诏令，长安东、西两市米麦行无疑是严格执行了的。另据敦煌文书，唐代沙州的行会还有协助官府进行城防的事实。如北京图书馆藏殷字四十一号写本云："行人转帖已上行人，官有处分。今缘上音（直），并弓箭、抢（枪）、排、白捧（棒），不得欠少一包（色）。帖至，限今廿六日卯时，于西门取齐。如有后到，〔决〕杖七下，〔全〕〔不〕来录名。"（许国霖《敦煌石室写经题记与敦煌杂录》）③这个"行人转帖"实则是官府发给某行的通知。通知要求接到此"转帖"的行人，必须带上兵器与白棒，于本月二十六日卯时全部到达西门值班。如有迟到者，杖责七下，不到者报官处罚。至于所谓"已上行人，官有处分"的记载，则说明行人上值并非自愿，纯系官府科派。由此可见行会还往往承担着执行官府政令的角色。

　　二是用适当方式反映同业人员的要求和心声。由于具有行会性质的诸行从一开始就受到官府的控制，带有明显的封建性，因而同业人员的一些要求和心声往往不可能通过正常途径得到反映，只得采取适当的方式。据《旧唐书·德宗本纪》和《资治通鉴·唐纪》载，德宗建中三年（782），因藩镇纷纷叛乱，朝廷到处用兵，月费百万余缗，府库不支数日。四月初十，太常博士韦都宾、陈京以军兴庸调不给，请求借京城富商钱，大致给每个商家只留一万贯，其余全部入官。随之，德宗下诏给京兆尹令借两市商人钱。于是长安、万年两县令大索京城商贾。所有货物，"意其不实，辄加榜捶，人不胜苦，有缢死者。长安嚣然，如被寇盗"。如此折腾，所得才八十余万缗，远远不敷所需，于是"又括僦柜质钱，凡蓄积钱帛粟麦

---

① 《旧唐书》，中华书局，1975年，第2102页。
② 《旧唐书》，中华书局，1975年，第2124—2125页。
③ 转引自姜伯勤：《敦煌文书中的唐五代"行人"》，《中国史研究》1979年第2期。

者，皆借四分之一，封其柜、窖，百姓为之罢市"①。"罢市"是有组织的活动，因其受害最深的是商贾中的中上层，而诸行首领又多为各行中有财力者，故其"罢市"之举，必是各行行首联合发动的有组织的活动。这次"罢市"活动发生后，东、西两市商民"相率遮邀宰相哭诉"，京兆府少尹面对京师的乱局感到害怕，"乃请钱不及百缗、粟麦不及五十斛者免"②。直至朝廷妥协，此事方才平息。又据《资治通鉴·唐纪》，僖宗乾符元年（874）二月初五，朝廷以虢州刺史刘瞻为刑部尚书。此消息一传开，"长安两市人率钱雇百戏迎之"③。此"长安两市"即东、西两市，"率钱"即筹集钱，而"百戏"即乐舞杂技的总称。一个官员的任命，为何一下子会引起两市商人发出此等举动？原来这个刘瞻不是一般官员，而是懿宗时的宰相，"以清慎著闻"，是个有名的清官、好官。咸通十一年（870）同昌公主病死，懿宗逮捕太医韩宗绍等送诏狱，无辜逮系者达数百人之多。刘瞻上疏固争，懿宗大怒，即日夺其相权，将其贬往荆南。当其被贬离京之时，长安市民"人无贤愚，莫不痛惜"④。故此次听说刘瞻即将回朝任职，渴望清官、好官的长安东、西两市商民欣喜不已，遂有此举。虽然刘瞻闻信，改期由他道入城，但这一举动充分表达了以商人为主体的两市商民的心声。由募集经费到雇请百戏，必须有人筹划、有人组织，这筹划和组织者无疑是两市诸行。

三是开始注意维护本行利益。有事共同商议，当是行业内部的常规。敦煌文书中有一篇文章为《节度押衙董保德建造兰若功德颂》，其中提到画行行首董保德计议修建兰若（小佛庙）时，"乃于上下商宜"，结果"寻即大之与小，尊之与卑，异口齐欢，同音共办"。⑤这不仅反映出行会内部存在上下、尊卑的关系，而且知道凡事是要在行内共同商议的，即使是事关行首的事。因为行内任何一件事，都涉及所有同业人员的利益。最典型的例子就是上文所举《卢氏杂说》所谓"前属东都锦坊"的李姓织锦工匠，凭技艺由洛阳来投奔长安城中的织绵行，织绵行经过商议，"皆云以今花样与前不同"拒绝李姓工匠投入本行。这明显反映出不同地区的同行之间已开始注意维护自身利益的情况。又如上文所举《李娃传》中记述的长安西市凶肆和东市凶肆为了相互竞争，公开在长安城中的天门街"各阅所佣之器以较优

---

① 《太平广记》，中华书局，1961年，第332页；《资治通鉴》，上海古籍出版社，1987年，第1560页。
② 《新唐书》，中华书局，1975年，第1352页。
③ 《资治通鉴》，上海古籍出版社，1987年，第1740页。
④ 《新唐书》，中华书局，1975年，第5352—5353页。
⑤ 姜伯勤：《敦煌文书中的唐五代"行人"》，《中国史研究》1979年第2期。

劣"之事。①此"所佣之器"是指所雇佣的演唱人才。比赛进行时，长安士女"尽赴趋焉"，以至"聚众数万"，"巷无居人"。这种演唱比赛，看似比演唱，实则是比实力，比声誉，是同业之间的利益竞争。与此同时，当时同行业之间为了竞争，已经出现了专用语言，即后人所谓的"行话"。如韦述《两京新记》中"长安县"所领的"西市"下云："市署前有大衣行。杂糅货卖之所，讹言反说，不可解识。"②所谓"讹言"，指怪异、怪诞之言；"反说"，指从反面说出正义。这说明西市大衣行已有行话，外行无法知晓。另据《类说》卷四引《秦京杂记》云："长安市人语各不同，有胡芦语、锁子语、纽语、练语、三折语，通名市语。"③"市语"亦即行话。行话的出现，是商业竞争中自我保护意识增强和排他性的表现。

四是为祈求神灵保佑和宣传本行凝聚人气，不时举行一些敬神赛会活动。上文已提到的《纂异记·刘景复》云："吴泰伯庙，在东阊门之西，每春秋季，市肆皆率其党，合牢醴，祈福于三让王。多图善马、彩舆、女子以献之，非其月，亦无虚日。乙丑春，有金银行首纠合其徒，以绢画美人，捧胡琴以从。其貌出于旧绘者，名美人为胜儿，盖户牖墙壁会前后所献者，无以匹也。"④由此可知，唐时苏州诸行首领每到春秋两季，都要率领本行人员抬着祭祀用的牲品、美酒（所谓"牢醴"）及精心绘画的各种彩色车马、美女，到东阊门之西的吴国始祖泰伯庙中去献祭祈福，求神保佑。又据段安节《乐府杂录》记载，德宗贞元（785—805）中，长安东、西两市的诸行商人由于长安大旱，为了祈雨，曾在天门街"斗声乐"，即比赛弹琵琶，亦为一时盛事。又据《册府元龟》卷一四记载，宪宗元和十二年（817）四月，"置新市于芳林门南"。芳林门即隋华林门，当皇城西第一街，北入禁苑。此是长安城中东市、西市、中市（长安元年十一月二十八日废）、南市（天宝八载十月十月五日置）及北市（与南市同日置，在华清宫）之后新置之市，故名"新市"。此市置后第二年，即元和十三年（818），据《长安志》载，"西市百姓于芳林门置无遮僧斋"⑤。此"无遮僧斋"即无遮大会，为佛教徒定期举行的以布施为主要内容的法会。"西市百姓"的主体是商人和手工业者。其举办这些活动，亦须有人筹划和组织。由于芳林门南上年已置新市，又紧邻掖庭宫，无疑存在很多商机，故此筹划和组织者，亦非西市诸行莫属。此类由工商诸行发起的不同名目的群众娱

---

① 《太平广记》，中华书局，1961年，第3988页。
② 〔唐〕韦述撰，辛德勇辑校：《两京新记辑校》，三秦出版社，2006年，第49页。
③ 罗竹风：《汉语大词典》（第3册），汉语大词典出版社，1989年，第691页。
④ 《太平广记》，中华书局，1961年，第2235页。
⑤ 〔宋〕宋敏求：《长安志》卷七，长安县志局重印毕沅新校正本，1931年，第6页。

乐活动，实质上，与当今时兴的"文化搭台，经济唱戏"不无相似之处。

由于具有行会性质的唐代工商业诸行尚处于萌芽阶段，它的组织开始还不够完善，经济权力也不是很大，尚不能充分处理本行业的各种问题，与宋代及以后日益成熟的行会相比存在着一定差异。但由之前漫无组织的工商业者进而成为有组织的行会，无疑是一大变革。行会在当时能得到政府承认，这是工商业者社会地位提高、利益得到官府承认的表现，也是民间工商业"在某种程度内能通过自己的社会组织以处理自己的问题的具体表现"[①]。它标志着以长安西市为代表的唐代工商业已经发展到了一个新的阶段。

原载《咸阳师范学院学报》2010年第3期
（张沛，咸阳师范学院副研究馆员）

[①] 胡寄窗：《中国经济思想史》（中册），上海人民出版社，1963年，第363—364页。

唐长安西市遗址制骨遗存与制骨手工业

何岁利　盖旖婷

唐长安西市，位于郭城偏北皇城之西南，其位置与东市（位于皇城之东南）东西对称（图1），是唐长安城最为繁华的商业活动场所以及7—9世纪最大的国际贸易中心和商品集散地之一。

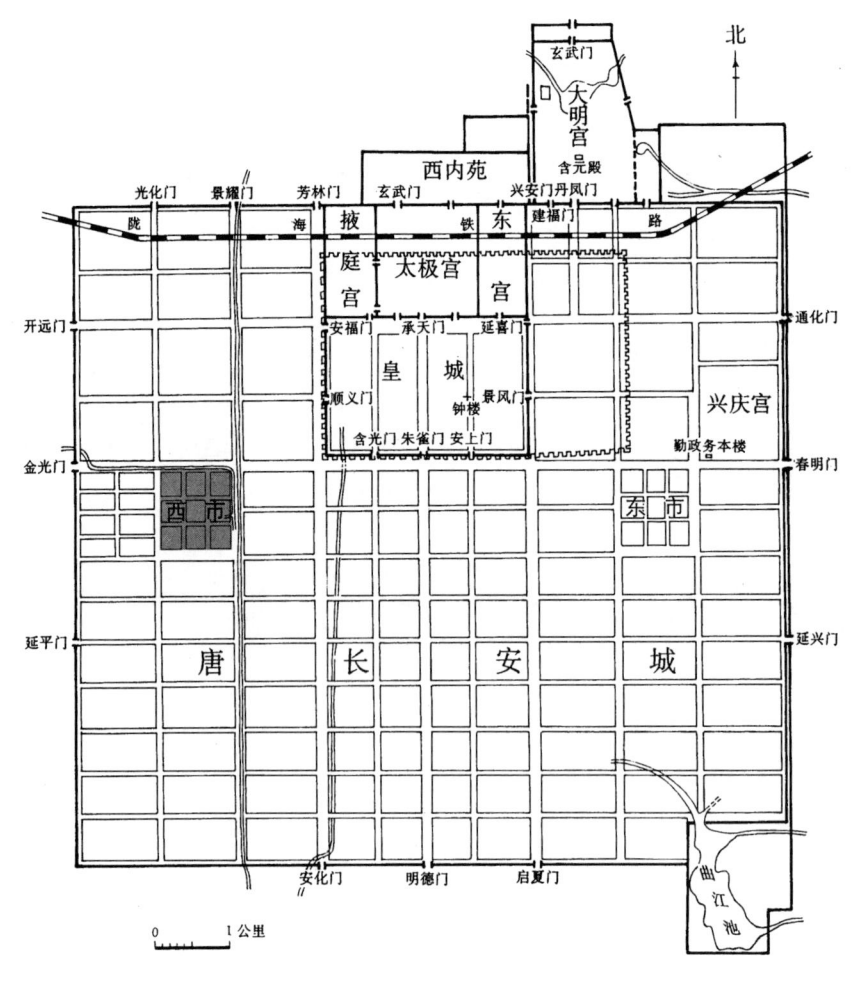

图1　唐长安城平面图

中国社会科学院考古研究所自20世纪50年代末起，就开始对包括西市遗址在内的唐长安城进行系统考古勘探、发掘与研究，获得了大量珍贵的考古资料。近些年，西市遗址考古工作又有许多重要的新发现，如东北十字街、石板桥、街道、砖砌水渠与水涵洞等。值得一提的是，还新发现了多处制骨遗存。[①]唐长安城至今为止所发现的制骨遗存不多[②]，学界也鲜有关注和讨论。西市制骨遗存的考古新发现，为研究西市制骨手工业增添了更为翔实的资料。本文通过对西市遗址历来发现的制骨遗存进行梳理和分析，从骨器生产、制骨流程等方面对西市制骨手工业进行初步考察，并探讨唐长安西市制骨手工业状况。

一、西市遗址制骨遗存的发现

迄今为止，西市遗址共发现7处制骨遗存。其分别位于西市"井"字形街道中的南大街东端街南、南大街中部街南、南大街中部街北、南大街西端路南、北大街中部偏西道路中心、北大街中部街南、东北十字街处（图2）。

（一）南大街东端街南制骨遗存

1959—1960年，西市先后进行两次发掘工作。在西市南大街东端路南进行的发掘工作中，发现有房基与路面，其中在晚期居住面上，发现有房址、排水沟。在中期路面以下还发现了2座圆形建筑。出土遗物除建筑材料、生活用具外，还发现了石臼、石杵、砺石以及残骨笄、骨锥、残铁器各1件。此外还发现有蛤蜊壳和陶弹（丸）等。[③]

---

① 何岁利：《考古学视野下的唐长安东市和西市》，见《中国古都研究》（第35辑），陕西师范大学出版总社，2018年，第110、111、112、114页；何岁利：《唐长安城西市考古新发现与相关研究》，《南方文物》2021年第3期，第109—123页。
② 唐长安城至今发现的制骨遗存共有8处，其中西市7处、东市1处。资料详见中国科学院考古研究所西安唐城发掘队：《唐代长安城考古纪略》，《考古》1963年第11期，第606、607页；何岁利：《考古学视野下的唐长安东市和西市》，见《中国古都研究》（第35辑），陕西师范大学出版总社，2018年，第110、111、112、114页；何岁利：《唐长安城西市考古新发现与相关研究》，《南方文物》2021年第3期，第109—123页；中国社会科学院考古研究所陕西第一工作队：《大唐西市2006年考古发掘报告》，见胡戟主编：《西市宝典》（上），陕西师范大学出版总社，2009年，第25—29页。
③ 中国科学院考古研究所西安唐城发掘队：《唐代长安城考古纪略》，《考古》1963年第11期，第595、604、605页；中国社会科学院考古研究所西安唐城发掘队：《唐长安城西市遗址发掘》，《考古》1961年第5期，第248页。

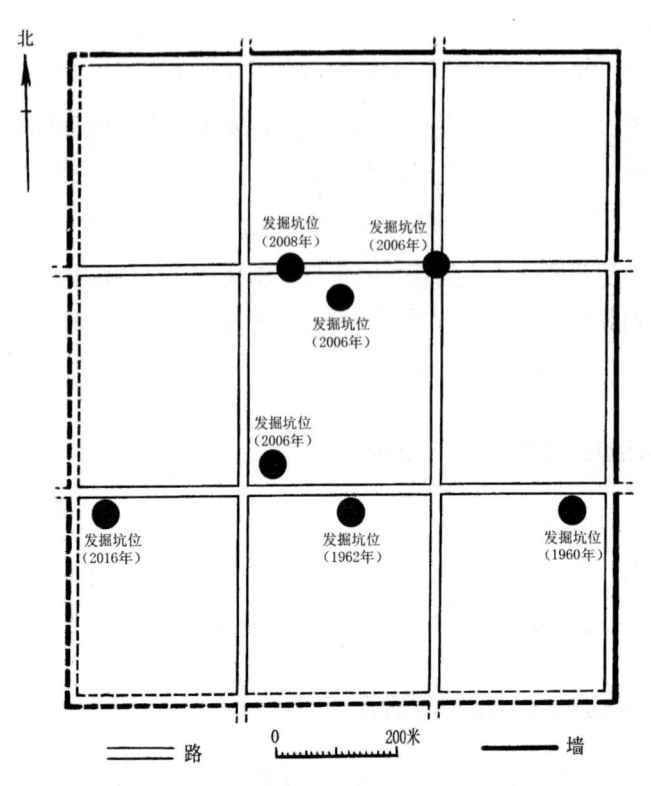

图2　西市制骨遗存发掘位置平面示意图

（二）南大街中部街南制骨遗存

1962年，西市南大街中部南侧发掘了一些居住遗迹、街南侧水沟等，出土的遗物与西市之前发掘地点（北大街中部）却显然不同，除砖、瓦、陶瓷片之外，主要的遗物有大量骨制的装饰品（梳、钗、笄和刻花的骨饰等）、料珠、珍珠和玛瑙、水晶等制的装饰品。此外，还出土了少许金饰品、两件骨制的标识书籍的"牙签"及大量的骰子、制作骨器的骨料等。①

（三）南大街中部街北制骨遗存

2006年，西市南大街中段偏西的道路北侧20米左右、西市西南十字街东北60米左右处，考古工作者在该范围地表下1.8—2.5米，发现有大量砖、瓦，较多的圆形、方形坑，水井、建筑遗址残迹，以及一处骨器废料堆积场所等，南北纵深达40余

---

① 中国科学院考古研究所西安唐城发掘队：《唐代长安城考古记略》，《考古》1963年第11期，第606、607页。

米。这里不仅发掘出土了较多精美的骨器（骨簪、骨卡、刻花骨饰等），还出土了大量兽角、兽骨等多种骨器废料残件以及加工制作骨器的工具等。[①]

（四）北大街中部街南与东北十字街处制骨遗存

2006年，在对西市北大街中部街南和东北十字街处的街道、建筑遗址发掘过程中，也曾发现过为数不多的零散骨器废料。其中东北十字街处发现21件，北大街中部街道南侧发现13件。[②]

（五）北大街中部偏西道路中心制骨遗存

2008年，在西市北大街偏西的道路中心发掘了一处灰坑（编号2008TCXH1）遗迹，灰坑平面呈"之"字形（实为南北两个方形坑相连）。灰坑埋藏在地表下3.5—4.0米左右，东西1.4米、南北0.9米，深度均为1.5米左右。灰坑内发掘出绿色水锈填土，土质疏松。南侧长方形坑开口下1.1米处发现大量堆积的兽骨，堆积层厚3—4厘米，多为兽角、腿骨、脚骨、骨材下脚料等。北侧方形坑开口下1.15米，与南侧坑几乎相同深度，亦发现大量废弃骨料堆积，堆积层厚3—4厘米，多为条形骨材、锥形骨材以及大量黄色骨粉。另外，在南侧坑南壁、北侧坑北壁以及南北坑连接口三处位置的骨料周边还各发现了一件瓷盏。[③]

（六）南大街西端路南侧制骨遗存

2016年，西市西南部的勘探与发掘中，在西市南大街西端道路南侧，发掘出了少量兽角、兽骨骨料与骨器半成品，发掘情况与2006年类似，但规模明显较小。[④]

[①] 何岁利：《唐长安城西市考古新发现与相关研究》，《南方文物》2021年第3期，第116、117页。

[②] 中国社会科学院考古研究所陕西第一工作队：《大唐西市2006年考古发掘报告》，见胡戟主编：《西市宝典》（上），陕西师范大学出版社，2009年，第25—29页。另一资料现存于中国社会科学院考古研究所西安唐城工作队，待刊。

[③] 中国社会科学院考古研究所陕西第一工作队：《大唐西市2006年考古发掘报告》，见胡戟主编：《西市宝典》（上），陕西师范大学出版社，2009年，第25—29页。另一资料现存于中国社会科学院考古研究所西安唐城工作队，待刊。参见何岁利：《唐长安城西市考古新发现与相关研究》，《南方文物》2021年第3期，第116、117页。

[④] 何岁利：《唐长安城西市考古新发现与相关研究》，《南方文物》2021年第3期，第117—119页。

二、制骨作坊遗址的确认

对于制骨作坊的认定，学界多有讨论。马萧林先生认为制骨作坊是指生产骨器的场所，考古遗存中判断制骨作坊是否存在需要满足三个基本条件：第一，有比较固定的生产活动空间；第二，原生堆积（即作坊内）或次生堆积中出土有骨器加工工具（例如残破的锯条、铜刀、砺石等）；第三，作坊内或次生堆积中出土有骨器成品、原（坯）料和废料之间具有制作工序上的关联性，即能够清晰地看出骨器加工的整个流程。[①]李志鹏先生认为判断制骨作坊是否存在，在上述三个条件的基础上，还应注意考虑骨器成品、坯料和废料必须有一定量的发现和规模。若不考虑规模，否则有可能只是家庭副业的一部分，不足以构成一个作坊。[②]白云翔先生认为判定手工业作坊遗址需要五项构成要素：第一，原材料；第二，生产工具和生产设施（包括生产活动的场地、空间和建筑物）；第三，产品；第四，半成品、残次品、下脚料及生产废弃物；第五，其他遗存（如仓储、居住、管理设施及墓葬等）。他还认为生产工具和生产设施是最主要的，其他要素则需要两个或两个以上并存方可认定为作坊遗址。同时指出，制骨作坊遗址，主要是根据骨料、半成品、下脚料和加工工具等认定的。[③]

西市遗址发现的7处制骨遗存中，从现有的考古资料综合分析，北大街中部偏西的制骨遗存位于道路中心，北大街中部街南和东北十字街处的制骨遗存也皆为零散骨器废料，南大街东端路南发现个别制骨遗址。以上四处地点均不具备作坊性质，应是处理骨器废料的灰坑或丢弃零散品的地点。而南大街中部街南、南大街中部街北、南大街西端路南这三处可确认为制骨作坊，主要原因如下：

首先，均有固定的生产活动空间。南大街中部街南、南大街中部街北、南大街西端路南这三处地点均位于道路一侧的房屋遗址区，皆发现建筑遗址、圆形坑以及废料集中堆放地点等，故均有比较固定的生产活动空间。

其次，发现或说明加工工具的存在。南大街中部街北地点考古发掘出了一件用于雕刻的青铜工具，说明了加工工具的存在。另外，我们对南大街中部街北地点骨器废料经过室内整理后发现，从骨质遗物表面微痕观察，此处用于加工骨器的工具

[①] 马萧林：《关于中国骨器研究的几个问题》，《华夏考古》2010年第2期，第140页。
[②] 李志鹏、何毓灵、江雨德：《殷墟晚商制骨作坊与制骨手工业的研究回顾与再探讨》，见《三代考古》（4），科学出版社，2011年，第474页。
[③] 白云翔：《关于手工业作坊遗址考古若干问题的思考》，《中原文物》2018年第2期，第40、41页。

多为铁锯和砺石,但考古工作并未发现。南大街中部街南、南大街西端路南二处地点虽然也没有发现铁锯和砺石等加工工具,并不能说明遗址区不存在加工工具。值得一提的是,1960年西市南大街东端路南的考古发掘中就发掘出土了砺石、残铁器等工具。另外,2015年东市中部考古发掘中,在骨器废料堆积附近的遗址中也发现了打磨用的砺石。[①]由此看来,南大街中部街南、南大街西端路南这两处地点可能也有骨器加工工具的存在,间或已被破坏殆尽或没有被发现。

对南大街中部街北地点出土骨器废料整理发现,一些骨料中骨骼的近端、远端及骨干,部分可以重新拼合成为完整骨骼。还有一些加工程度不同的坯料与废料等明显能体现制作工序上的关联性,基本上可复原骨器加工的整个流程。

经统计,南大街中部街北地点出土的骨器废料多达上千余件,在数量上大大超过了家庭手工业对骨器的需求以及采备能力等,具备了作坊生产的规模。另外,南大街中部街南、南大街西端路南这两处地点因发掘面积有限,发现的骨器废料数量不及南大街中部街北地点那么多,但总体来说,发掘出的遗存情况类似,可同等视之。

三、骨器生产与制骨流程

2006年西市遗址发掘面积较大,发现的遗址种类丰富,出土的骨器废料(亦称为制骨遗物)也最多。尤其是南大街中部街北地点出土的制骨遗物,不仅数量众多,而且部分坯料与废料基本上还能体现骨器制作工序,复原整个流程。现将这批资料整理情况说明如下,并以此探讨西市骨器生产与制骨流程。

(一)制骨遗物的种类与数量

制骨遗物总体包括三大类:骨骼、角和牙齿。骨骼中黄牛等大型家养哺乳动物的肢骨占绝对优势;角主要属于山羊、鹿等中型哺乳动物;牙齿均为象牙。另外,根据遗物表面的加工痕迹,又可将其按属性分为骨料(包括骨料、角料、牙料和蚌料)、半成品和成品。其中骨料最多,半成品和成品极少。

经统计,骨质遗物1412件,包括成品、原料、坯料、余料和半成品以及食余垃圾等。其中可鉴定种属的制骨遗物总计1237件,分别属于黄牛、象、马、山羊、驴、绵羊、鹿、双峰驼、羚牛和蚌共10种(表1)。

---

① 何岁利:《考古学视野下的唐长安东市和西市》,见《中国古都研究》(第35辑),陕西师范大学出版总社,2018年,第114页。

表1　制骨遗物种属统计表

种属	黄牛	象	马	山羊	驴	绵羊	鹿	双峰驼	羚牛	蚌
数量（件）	518	306	157	109	107	18	12	5	4	1
比例（%）	41.88	24.74	12.69	8.81	8.65	1.46	0.97	0.40	0.32	0.08

遗址中出土可鉴定所属部位的制骨遗物共1245件，所属部位包括：肩胛骨、肱骨、尺骨或桡骨、股骨、胫骨、掌骨或跖骨、肋骨、牙、角和壳（表2）。

表2　制骨遗物所属部位统计表

部位	肩胛骨	肱骨	尺骨或桡骨			股骨	胫骨	掌骨或跖骨			肋骨	牙	角	壳
			尺骨	桡骨	尺桡骨			掌骨	跖骨	掌跖骨				
数量（件）	1	85	207			120	137	203			20	306	165	1
			35	92	80			85	83	35				
比例（%）	0.08	6.83	2.81	7.39	6.43	9.64	11.00	6.83	6.67	2.81	1.61	24.58	13.25	0.08

从可鉴定标本数来看，黄牛数量最多，象、马和山羊其次，其余种属数量较少。从最小个体数来看，山羊个体数最多，黄牛和马、驴其次，其余种属数量较少。总体而言，黄牛是数量最多的种属，马和山羊次之，其余动物的数量较少。

（二）骨器生产与制骨流程

骨器生产实际上是社会生产、供给交换、消费分配系统中的一个复合体。李志鹏、何毓灵、江雨德三位先生将骨器的生产运营链归纳为原料采备、骨器生产、废料与废片处理、产品分配或交换与销售四个环节。复原骨器的生产运营链对于重建古代社会的生产消费、手工业经济运转机制等有着重要意义。[①]

1.原料采备

原料采备是骨器生产运营链中的首要环节，包括对制骨原料的选择、采集、运输、交换、储备。制骨原料来自动物骨骼，其丰富程度、原料特性、可获得性，制约着骨器制造技术、制骨手工业的发展。

南大街中部街北出土制骨原料主要见有骨质、角质、牙质三大类。

（1）骨质原料的采备。统计发现，该地点出土的骨质原料多来自黄牛、马、驴

---

① 李志鹏、何毓灵、江雨德：《殷墟晚商制骨作坊与制骨手工业的研究回顾与再探讨》，见《三代考古》（4），科学出版社，2011年，第479—482页。

和骆驼这四种大型哺乳动物，总计787件（表1、表2）。其中黄牛制骨遗物518件、马动物骨骼157件、驴骨骼107件、双峰驼骨骼5件。所属部位包括肩胛骨、肱骨、尺骨或桡骨、股骨、胫骨、掌骨或跖骨以及肋骨，总计738件。其中肩胛骨1件、肱骨85件、尺骨或桡骨207件、股骨120件、胫骨137件、掌骨或跖骨168件、肋骨20件。需说明的是，尺骨或桡骨、掌骨或跖骨均为两种骨骼的总和，平均后各自所占比重不大，故该遗址内以肢骨为主，其中胫骨最多，股骨、肱骨次之，肩胛骨极少。动物的年龄主要为成年或接近成年的牲畜的骨骼。

（2）角质原料的采备。角质原料见有洞角和鹿角两类。

洞角原料（中空）一般是为了获取外层角质的角鞘制作角器，内部骨质的角心部分属于余料。因此洞角需要工匠分离角心与角鞘，获得角鞘，舍弃角心。该地点仅见获取角鞘后舍弃的角心和角基余料。其中角心余料152件，角基余料总计38件。经统计，角心余料中山羊角109件、黄牛角21件、绵羊角18件、羚牛角4件。由此可见，该制骨作坊使用山羊角最多，黄牛角、绵羊角次之，羚牛角较少。

鹿角一般由角柄、角环、主枝和分枝组成。该地点共发现鹿角余料12件，均为梅花鹿角。余料可见角环与主枝、角柄与角环、主枝与分枝分叉处和分枝等。

（3）牙质原料采备。牙质原料均为象牙，余料总计306件。

综合来看，该地点出土的骨料原料来自黄牛、马、驴、骆驼、大象、山羊、绵羊、羚牛、梅花鹿等。所发现的骨料基本都是骨骼的关节部位和带锯口骨干残片，表面未见有普通消费肉食时截断骨骼的断口方式，骨骼上常见割痕等屠宰痕迹，说明当时选取的为剔取肉后的完整骨骼。[①]另外，在角质原料中均发现了砍削痕迹，这种砍削痕迹锋利，多位于角基与额骨相邻处，均以截断洞角为目的，与制骨作坊的加工方式明显不同。最重要的是，这批制骨原料总体来说，所属的种属、部位均相对集中，动物年龄相似，符合屠宰场集中养殖、统一宰杀的特征，故原料采备购自屠宰场的可能性较大。

2.骨器生产

骨器生产是制骨作坊生产运营链中的第二个环节，主要分坯料预制、坯料成形和成品完工（或半成品细部加工）三个阶段。

（1）坯料预制。坯料预制是将原料截取成可制作骨器的坯料，即一般所说的取材、取料，包括分割骨骼、截取坯料（或称毛坯）等。工序通常分为两步：第一

[①] 李志鹏：《殷墟铁三路制骨作坊遗址出土制骨遗存的分析与初步认识》，《中国文物报》2010年9月17日。

步,截取骨干;第二步,截取坯料。这项工作不仅要根据待制作的骨器的外形轮廓与特点,还要针对不同骨骼部分的形态特点采取不同的方法,最终获得制作骨器的坯料。整个坯料预制的过程也是秉承"因形取料、省工省力"的原则。

第一种,一级坯料的截取。由于动物骨骼两端的关节通常形状不规则且内壁有大量的松质骨,不适宜制作骨器,故获得完整的原料后,首先截掉原料骨骼两端的关节部分,称为一级余料,保留骨干部分作为一级坯料,用于进一步截取。截取骨干的环节中,分为两种锯切方式:一是将关节面完全锯完(简称"锯断法");二是锯至一定深度后,利用外力将关节从骨干上折断(简称"先锯后折法")。

据统计,出土的一级余料中,可观察锯痕的黄牛骨骼有301件,其中有先锯切后折断痕迹的有129件,占该种属一级余料总数的42.86%;直接锯断的有172件,占该种属一级余料总数的57.14%。可观察锯痕的马骨骼121件,其中有先锯切后折断痕迹的有50件,占该种属一级余料总数的41.32%;直接锯断的有71件,占该种属一级余料总数的58.68%。可观察锯痕的双峰驼骨骼4件,其中有先锯切后折断痕迹的有2件,占该种属一级余料总数的50%;直接锯断的有2件,占该种属一级余料总数50%。可观察锯痕的鹿角2件,其中有先锯切后折断痕迹的有1件,占该种属一级余料总数的50%;直接锯断的有1件,占该种属一级余料总数的50%。可观察锯痕的山羊角35件,其中有先锯切后折断痕迹的有16件,占该种属一级余料总数的45.71%;直接锯断的有19件,占该种属一级余料总数的54.29%。可观察锯痕的驴骨骼101件,其中有先锯切后折断痕迹的有16件,占该种属一级余料总数的15.84%;直接锯断的有85件,占该种属一级余料总数的84.16%。

经分析,先锯切后折断的情况出现在锯切黄牛、马等较为粗壮的骨骼及硬度较高的鹿角时比例较高(图3),锯切驴骨较为细小的骨骼时比例较低(图4),说明先锯后折断是出于省力的目的,与工匠的体能相关。费力的骨骼锯至可以折断处将其折断,容易锯断的骨骼就完全锯断,符合"省工省力"的原则。

图3 先锯切后折断的关节余料
(2006TXCT302:117)

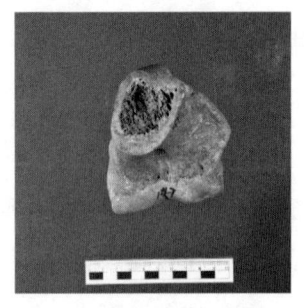

图4 完全锯断的关节余料
(2006TXCT302:147)

第二种，三级坯料的截取。这是对一级坯料进行进一步的截取。这一环节会根据骨骼的形状、大小和特征对骨骼进行切割，最终截掉骨骼表面不规则的部位，获得可制作骨器的坯料。通过对这批骨质遗物断面的取料痕迹观察，可推测部分唐代制骨工匠的取料模式。

肱骨的取料方法通常为：沿前后侧方向纵向锯切肱骨一级坯料骨干，内外侧骨壁一分为二后，舍弃外侧骨壁（图5），获得内侧骨壁作为二级坯料（图6）。再纵向锯切二级坯料，横截面示意图见图7，截掉并舍弃其表面疤痕质骨干部分为三级余料（图8），获得两侧较为平整的骨壁作为三级坯料（图9）。

图5 肱骨二级余料
（2006TCXT302∶005）

图6 肱骨二级坯料
（2006TCXT302∶866）

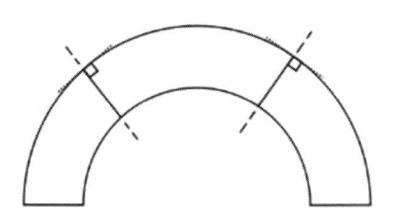

图7 截取三级坯料横截面示意图

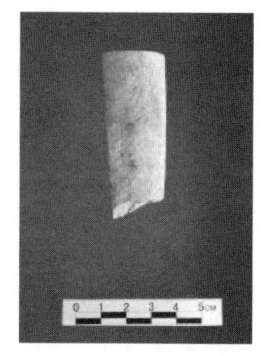

图8 肱骨三级余料
（2006TCXT302∶2002）

图9 肱骨三级坯料
（2006TCXT302∶2008）

桡骨后侧骨壁三级坯料的截取方式：先截取桡骨后侧骨壁作为二级坯料。截掉并舍弃尺桡骨连接处的桡骨，作为三级余料，剩余部分为平整的桡骨后侧骨干，为三级坯料。

股骨后侧骨壁三级坯料的截取方法：纵向锯切股骨获得后侧骨壁作为二级坯料，再截取并舍弃后侧外部腘窝部位，为三级余料，剩余部分骨料通常为长条状平整骨条，为三级坯料。

掌骨与跖骨的坯料截取方式：纵向截取并舍弃骨干后侧骨壁为二级余料（图10），获得半圆柱形状的前侧骨壁，作为二级坯料。纵向紧贴前侧骨壁外表面的中缝凹陷处，锯切并舍弃凹陷部分，为三级余料。获得两个对称的二级坯料（图11）。再沿骨壁内侧截取外侧四棱柱形，为内壁不规则的三级余料（图12），获得外侧骨壁作为三级坯料。

图10　跖骨骨干
（2006TCXT302:842）

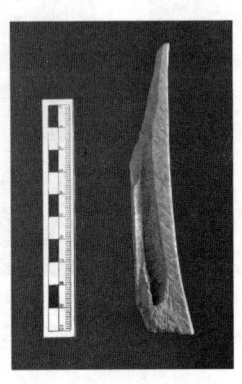

图11　跖骨二级坯料
（2006TCXT302:678）

图12　跖骨三级余料
（2006TCXT302:691）

牛角坯料的截取方式：根据所需牛角大小，截取不同高度的角段，作为二级坯料。此刻若能成功分离角心与角鞘，该段角心即可舍弃为三级余料（图13）；若未能分离，则再根据所需角料的宽度纵向锯开角段，剖出角心作为三级坯料，获得所需角鞘，为三级坯料（图14）。

图13　牛角三级余料
（2006TXCT103:959）

图14　牛角三级余料
（2006TXCT302:427）

山羊角自额骨竖直向上略偏向后侧生长。截取角鞘的方式为：先纵向截取并舍弃角两侧的角心与角鞘至所需的足够长度后，拔出锯条。结合所需坯料的大小横向将角锯断，获得内外两个形状大小相同的三级坯料，两侧的三级余料同时掉落，直接舍弃（图15）。

绵羊角的坯料获取方式为：将绵羊角沿着与生长方向垂直的方向锯断，获得角心与角鞘段作为二级坯料（图16）。此外，标本2006TXCT302:553表面还发现了浅锯痕，说明工匠在截取二级坯料时曾于该二级余料的接近右侧边缘处浅锯过，后改位置，最终形成该二级余料。

图15 羊角三级、二级余料
（上：2006TXCT302:389；
下：2006TXCT302: 543）

图16 绵羊角二级余料
（2006TXCT302:553）

鹿角为分枝状的骨质角，无角心。故首先去除角环处为二级余料（图17），获得鹿角角干，即为二级坯料。再截取并舍弃掉主枝与分枝的交叉处，为二级余料（图18），获得鹿角圆柱形主枝及分枝作为三级坯料（图19）。

图17 二鹿角二级余料
（2006TCXT302: 489）

图18 鹿角二级余料
（2006TCXT302：492）

图19 鹿角三级坯料
（左：2006TXCT302: 496；右：2006TXCT302: 495）

象牙的横截面为圆形，截面有类似年轮的同心圆花纹。象牙坯料的截取方法如下：首先将象牙沿着生长方向向垂直的方向锯切，成为圆柱状象牙段，此为二级坯料。再将近似圆柱状的二级坯料纵向锯切，获得若干截面呈梯形的象牙片，这些象牙片中两端的带有象牙表皮的象牙片，为二级余料（图20、图21）。保留的二级象牙坯料，再将两侧外皮截掉，形成二级余料（图22）。截取后便会形成长方体的象牙坯料，此为三级坯料，可进一步加工制作象牙器。

图20　象牙二级余料俯视图

图21　象牙二级余料侧视图
（2006TCXT302:1177）

图22　象牙二级余料
（2006TCXT302:1073）

（2）坯料成形。坯料成形是骨器生产的第二阶段，主要工作为根据骨器外形要求，对坯料进行进一步加工。这道工序中涉及的加工方法通常包括锯切、刮削、刻凿、掏挖、锉磨、钻孔等。这里我们仅以骨簪、骨钗、骨梳的加工成形为例说明工艺流程。

骨簪的加工：首先截取接近所需骨簪大小的长条形骨条（图23左1）；然后对其进行立体形态的加工，分四次锯切其表面；接着将其横截面打造成菱形（图23左2），初具雏形后对其进行打磨（图23左3）；最后加工骨簪顶端，推测应先锯切骨簪顶部两个顶角，再对棱角处进行打磨，最终形成圆润的簪首（图23左4）。

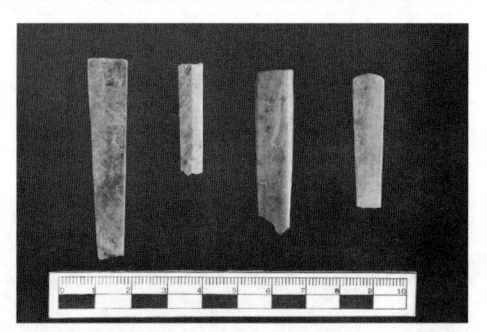

图23　骨簪坯料（左1为2006TCXT302：2042；左2为2006TCXT302：2041；左3为2006TCXT302：2043；左4为2006TCXT302：2045）

骨钗的加工：经观察，该遗址中出土的骨钗成品和余料外形具有互补性，经拼合可复原其加工成形阶段的工艺流程。例如标本2006TCXTG1：22骨钗半成品与2006TCXT302：2030骨钗加工余料（图24），该余料的上端的圆弧形钻孔痕迹与骨钗半成品的内部上端的圆弧形缺口可拼合成圆孔，且两半圆弧形断口处钻孔痕迹的方向基本一致，所以判断两者为加工骨钗的成品和余料。由此可推测该标本的加工流程为：工匠在获得骨钗三级坯料后，于钗首与钗体的交界处的中部纵向连续钻两个孔，再将锯条深入孔内，自圆孔的两端最宽处，向坯料的另一端纵向锯切，目的是分离钗体和钗体中部的余料，形成两条钗股。半成品钗体存在两个钻孔的原因可能为，一个钻孔不足以容纳锯子伸进孔内操作，为了适应锯条的宽度，钻两个相连的孔为锯子赢得足够的工作空间。

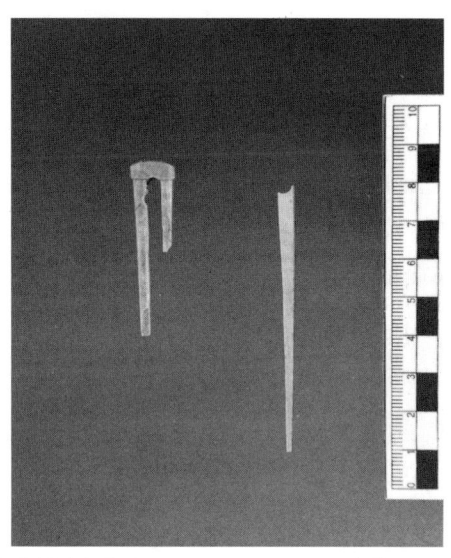

图24　骨钗半成品和余料（左为2006TCXTG1∶22；右为2006TCXT302∶2030）

象牙梳的加工：象牙梳的加工成形方法可通过该遗址内出土象牙成品和余料分析得出。标本2006TCXT302∶1208（图25左上），象牙梳余料，宽度61.32毫米，厚度4.71毫米，上端平整，下端有两次锯切痕迹，存在一个呈钝角三角形的缺口，与标本2006TCXTG5∶27（图25左下）象牙梳子的梳背处轮廓基本吻合，推测该余料为象牙梳于坯料成形阶段产生的余料。标本2006TCXT302∶2067（图25右），是上端为半圆形缺口的四棱柱体余料，长度37.26毫米，上端最大宽度1.66毫米，整体较小。经拼合发现为骨梳梳齿处的余料。

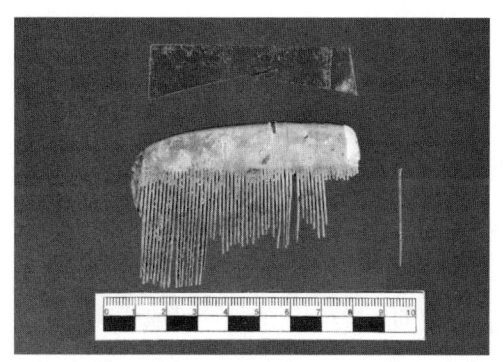

图25　象牙梳成品及余料（左上为2006TCXT302:1208；左下为2006TCXTG5∶27；右为2006TCXT302∶2067）

推测象牙梳的加工工序为：工匠获得长方体的象牙坯料后，先确定要制作的象牙梳的外轮廓形状和梳背、梳齿长度，再于梳背、梳齿分界处刻画一道分界线，然后沿分界线以水平方向均匀地钻孔，最后自象牙梳坯料下端向圆孔方向纵向锯切，锯至孔处结束，两次锯切，可形成一根梳齿余料。所有梳齿锯切完成后，骨梳坯料成形工作基本完成。

综上，在象牙梳坯料成形的过程中，主要分为两步：第一步，锯切外形，将矩形象牙片切割出梳子的大体形状。第二步，锯切梳齿，工艺与上文骨钗钗体的成形相似：先于梳齿根部钻孔，再自梳齿尖端向根部纵向锯切，使梳齿成形。

（3）成品。成品指完成加工成形和细部加工的骨器和牙器。2006年西市遗址内出土的成品总计7件，包括骨簪、骨钗、骨（象牙）梳篦、骨耳勺、骨纺锤、象牙铲及部分不明破损骨器。其中，半成品共计4件，骨簪半成品3件、骨筷1件。

成品完工阶段主要是对初具雏形的骨器半成品进行细部加工（雕刻纹饰、打磨抛光、局部修整等）。该过程最终产品为成品，因失误等原因未完成的仍为半成品。半成品由于未进行或未完成最后的打磨，依然保留了较多的加工痕迹，或停留在某一具体加工阶段。我们对半成品进行仔细观察和分析，可反推部分骨器成品完工环节的加工方式和具体工序。

骨簪的成品完工环节加工方式：以标本2006TCXT302：59（图26下）、2006TCXT302：61（图26上）为例，二者均为骨簪半成品。标本2006TCXT302：61残体全长84.22毫米，簪首为俯瞰呈矩形的长方体，簪体不完整，剩余部分呈圆锥体，接近簪首处较粗，远离簪首处较细，表面圆润光滑，应进行过初步打磨。在簪体紧邻簪首处，保留了一块外形呈近似椭圆体、包裹于簪体周围的骨体，应为雕刻簪首纹饰或其他形状所留，然而在加工簪体的过程中可能出现失误造成簪体折断，故舍弃。标本2006TCXT302：59，残体全长108.5毫米，簪首为雕刻的冠状纹饰，簪体较为完整，剩余部分呈圆锥体，接近簪首处较粗，远离簪首处较细，表面圆润光滑，应进行过初步打磨。在簪体紧邻簪首处，保留了一块饼形圆体，包裹于簪体，可能也是在加工簪体的过程中出现失误造成簪体折断，故亦舍弃。观察发现，标本2006TCXT302：59近似标本2006TCXT302：61加工流程的延续。综合来看，二者均反映出骨簪的加工流程之一，即先完成簪体的打磨加工，再对簪首部分的纹饰进行雕刻。

因此，骨簪在成品完工阶段要经历的工序可能分为三步。第一步，锯切整体轮廓，锯切出半成品的外形轮廓。第二步，打磨簪体，对锯切后的产品的簪体部分进行打磨抛光，如有簪帽，暂不处理，待簪体打磨完成后，于下一步再进行雕刻。第三步,加工簪帽,对于有簪帽的骨簪,完成对簪体的打磨后,雕刻簪帽。值得一提的是,这里的工序不排除个别工匠因个人工作习惯而产生的个别工序在工作细节上的调整。比如,第二步和第三步顺序的调整,以及第二步、第三步内部工序某个细节的调整等。但笔者认为,加工成型过程中,一个大的原则基本不会变,那就是由简至繁、由易到难。

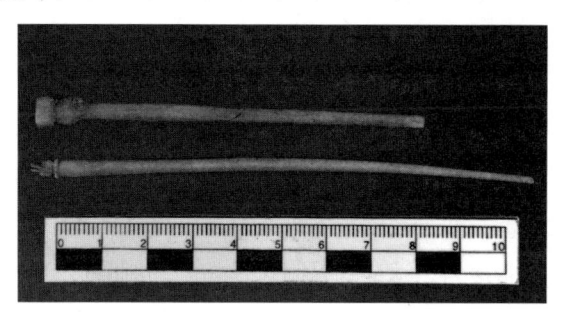

图26 骨簪半成品(上为2006TCXT302:61;下为2006TCXT302:59)

骨筷的成品完工环节加工方式:标本2006TCXT302:2031(图27)为骨筷半成品。残体全长62.36毫米,大体呈截面为正方形的四棱柱。筷首有几何造型,圆润光滑,应进行过初步打磨。细端处为不规则断口截面。筷体四周切割面未打磨,仍有明显锯痕,应为对筷子首进行细部加工时发生了折断,故舍弃。这说明骨筷的打磨工序为先打磨筷首,再打磨筷体。

图27 骨筷半成品(2006TCXT302:2031)

3.废料与废片处理

这一环节也就是我们所说的对制骨过程中产生的废料、垃圾的处理,通常情况下指的是制骨余料的处理。经统计,2006年西市遗址出土制骨遗物总计1237件,其中余料891件,占总数的72.03%,所占比例较高。余料分别出自6个发掘单位(表3)。

表3 2006年西市遗址出土制骨余料统计表

探方编号	T103	T104	T301	T302	TG6	TG9	总计
位置	东北十字街附近		西南十字街东北			北大街中部街南	
数量（件）	14	7	3	668	186	13	891
比例（%）	1.57	0.79	0.34	74.97	20.88	1.46	100

统计显示，T302内出土余料占余料总数比例最高，其他地点次之。值得注意的是，TG6在地理上纵向贯穿T302，两个单位的位置接近并有重叠，且TG6和T302以外的发掘单位内出土余料明显较少。另外，我们还注意到，2008年，在西市北大街偏西道路中心，发掘了一处"之"字形灰坑（编号2008TCXH1），其南侧长方形坑埋藏有大量兽角等制骨废料，这应该是附近作坊处理制骨废料垃圾掩埋所致。由此可推测，西市制骨作坊主要将制骨垃圾集中处理于作坊所在区域或附近区域。对于汇集起来的制骨垃圾，存在的处理方式大概有两种，一种是集体堆积或掩埋，另一种是集体焚烧。考古工作者在殷墟遗址中曾发现焚烧制骨废料的现象[①]，但唐长安城西市遗址中出土的制骨废料表面未见烧痕，遗址中亦未见焚烧形成的堆积。综合分析来看，西市制骨作坊对废弃物处理方式多为集体堆积或掩埋。

4.产品分配、交换与销售

西市骨器加工的成品，无疑是作为商品进行销售的，其分配最主要的方式可能就是用于货币交换。西市作为唐长安城最为繁华的商业活动场所以及7—9世纪最大的国际贸易中心和商品集散地之一，其产品的交换不仅要满足国内的需求，也会面对国际市场的部分需求。

四、西市的制骨手工业

（一）西市制骨手工业生产的工艺流程与特点

通过对西市遗址内2006年出土的大量制骨遗物的种类、数量以及遗物表面加工痕迹的观察与分析，我们基本可以复原西市骨器手工业制作的生产过程与工艺流程。

西市骨器制作的加工工序可能分为原料采备、骨器生产和废弃物处理三个环

---

① 林永昌、种建荣、雷兴山：《周公庙商周时期聚落动物资源利用初识》，《考古与文物》2013年第3期。

节。其中，原料多来自黄牛、马、驴、骆驼、大象、山羊、绵羊、羚牛、梅花鹿等。原料所属的种属、部位均相对集中，动物年龄相似，骨骼与角质原料上常见割痕、砍削等屠宰痕迹等，这些均符合屠宰场集中养殖、统一宰杀的特征，故原料采备购自屠宰场的可能性较大。骨器生产环节大概可分为坯料预制、坯料成形和成品完工三个阶段。废弃物处理方式多为集体堆积或掩埋。

研究表明，上述加工工序、生产环节基本类似传统骨器的制作流程。与此同时，西市制骨手工业生产又具备自身特点，这主要表现在以下几个方面。

（1）原料的采备具有一定倾向性。对各类制骨遗物的统计发现，西市制骨作坊在原料的采备种属方面，以大型哺乳动物黄牛为主，中型哺乳动物马和山羊次之；制骨选用的骨骼部位，也是以肢骨为主。

（2）产品具有多样性。西市出土的制骨遗物中，总体包括动物骨骼、角和牙齿。骨骼类是制作骨器的基础，另外，还发现有山羊角、鹿角、象牙以及蚌类等制骨遗物。由此可知，西市制骨作坊内不仅制作加工骨器，还同时生产制作角器、蚌器以及象牙制品等，其制骨产品明显具有多样性。

（3）工艺技术相对成熟。西市遗址2006年出土骨质遗物总计1412件，其中制骨遗物计1237件，包括成品、原料、坯料、余料和半成品等。制骨遗物中余料计891件，占制骨遗物的72.03%；成品和半成品废弃物仅11件，占0.89%。不难看出，西市遗址在加工成形阶段的成品和半成品遗物较少。原因可能有两点：第一，制骨工艺技术相对成熟，使得加工成品和半成品的成功率较高，从而废弃物较少；第二，制骨工匠对于骨料的反复再利用程度较高，对残破的半成品可能存在回收再利用现象。也就是说，工匠根据其残存的形状和体积，间或改制成新的骨器，故坯料的利用率较高。骨料的反复再利用程度较高一定程度也是制骨工艺技术相对成熟的表现。

（二）西市制骨作坊的分布格局与规模

如文中所述，在西市遗址发现的7处制骨遗存中，基本可以确认有3处制骨作坊，分别位于西市"井"字形街道南大街中部街南、南大街中部街北、南大街西端街南。

西市历年的发掘已经确认，临街发现的建筑遗址多为商业店铺。从南大街中部街北的发掘情况来看，骨料出土地点位于街道北侧20米左右，骨料周围发现的一些建筑遗存应该是店铺和制骨作坊遗址所在。这也就是说，制骨作坊是与临街店铺连在一起的，并且位于店铺后方，构成了"前店后坊"或"前店后场"的作坊分布格局。南大街中部街北制骨作坊的"前店后坊"分布格局较为明晰，其他两处（南大街中部街南和南大街西端街南）制骨作坊也应与此类似。

除上述3处制骨作坊外，西市其他几处制骨遗存发现地点虽然不是制骨作坊遗址所在，但并不能说明其附近没有制骨作坊存在。以2008年发掘的北大街中部偏西道路中心"之"字形灰坑制骨遗存为例，灰坑中发现有大量兽角等制骨废料，因埋藏地点位于道路中心，显然不是制骨作坊，但这应该是其附近的制骨作坊处理骨器废料和垃圾掩埋所致。同样的情况可能存在于2006年发掘出的北大街中部街南、东北十字街制骨遗存，这两处地点发现的制骨遗存虽然较少，但也可能是附近制骨作坊丢弃骨器废料所致。1960年发掘的南大街东部街南这一地点，就目前已知的考古资料来说，因出土制骨遗物极少而不符合制骨作坊遗址认定的标准，但这并不能排除这里没有制骨作坊遗址的可能。原因有三：第一，这里发现有满足作坊存在的遗址（房屋和圆形建筑等）和制作工具（砺石和铁器等）等要素；第二，发现有残损骨器，只是数量极少；第三，考古发掘工作因学术目的、发掘面积、地点和位置的限制，发掘揭露的遗迹和遗物也会产生有限的认识。简单地说，1960年发掘的南大街东部街南地点，距制骨作坊遗址的认定，只缺少发现一定数量的制骨遗物这一要素，而这一要素不排除因当时发掘面积、地点和位置的限制而没有被发掘发现的可能。

制骨作坊的规模，我们可以通过对该地点出土制骨遗物种类和数量的统计分析，获得较为概括的认识。上述3处已确定的制骨作坊地点，从发现的制骨遗物种类和数量上来说，南大街中部街北为最多，南大街中部街南相对较少，南大街西端街南最少。另外，通过整理还发现，南大街中部街北的制骨遗物不仅能复原出当时制骨的工艺流程，而且在制骨遗物中竟然还发现了贵重的象牙制品（象牙梳）和余料。这足以说明，南大街中部街北制骨作坊不仅规模较大，规格也相对较高。相比之下，南大街中部街南和南大街西端街南的制骨作坊的规模则远不及南大街中部街北的制骨作坊。

（三）西市制骨手工业作坊的性质、生产管理与经营模式

西市制骨手工业作坊是与店铺连在一起的一种"前店后坊"或"前店后场"的格局，也就是说，这种手工业作坊既是产品生产场所，又是商品出售之地，实际上是生产、销售二合一。

西市作为唐长安城最主要的市场之一，属于封闭式的集中坊市，是以"肆"（如帛肆、酒肆、衣肆、凶肆等）或相当于"肆"的"行""店"（如铁行、肉

行、绢行、药行、油靛店、法烛店等）为单位组成的。[①]唐代规定"功作贸易者为工，屠沽兴贩者为商"。

手工业主同时兼买卖经营者很多，生产与销售往往合二为一。故胡三省指出："市列为行，市列造金银器贩卖，率渧他物以求赢，俗谓之行作。"[②]所以西市内的手工业作坊与店肆常常连在一起也就不难理解了。

研究表明，随着商品经济的发展，唐代市场开始有了"行"的行会组织，而且这种"行"多指城市中同一类型或同一街区的工商业组织。[③]因此，类似西市制骨这种"前店后坊"的手工业作坊，应该就是唐代市场行会组织下的民（私）营手工业作坊。这种手工业作坊的生产是属于商品性质的，其产品作为商品通过店铺而进入流通领域，是一种追求利润的生产形式，而非自给自足的生产形式。同时，这种生产者在生活方面与市场之间发生着千丝万缕的联系。[④]关于唐代手工业作坊与行会方面的研究，学界已取得了丰硕成果[⑤]，在此不再赘述。总之，唐代出现的这种民

[①] ［日］妹尾达彦：《唐代长安的东西与西市》，《乾陵文化研究》2008年第4期，第327—377页；何岁利：《考古学视野下的唐长安东市和西市》，见《中国古都研究》（第35辑），陕西师范大学出版总社，2018年，第111页。

[②] 《资治通鉴》卷二〇六《唐纪二十二》，中华书局，1956年，第6531页。"默啜移书数朝廷曰：'与我蒸谷种，种之不生，一也。金银器皆行滥，非真物，二也。（胡注：市列为行，市列造金银器贩卖，率渧他物以求赢，俗谓之行作。……开元八年，颁租庸调法于天下，好不过精，恶不过滥。滥者，恶之极者也）……'"

[③] 阎文儒：《隋唐东都城的建筑及其形制》，《北京大学学报》（人文科学）1956年第4期；［日］加藤繁：《论唐宋时代的商业组织"行"并及清代的会馆》，见《中国经济史考证》（第1卷），吴杰译，商务印书馆，1959年，第337—369页。

[④] 魏明孔：《唐代私营作坊手工业之管见》，《中国经济史研究》1998年第2期。

[⑤] 全汉昇：《中国行会制度史》，新生命书局，1934年；鞠清远：《唐宋官私工业》，新生命书局，1934年；王永兴：《专制主义在唐代行会制度上的表现》，《光明日报·史学》1956年2月16日；［日］加藤繁：《论唐宋时代的商业组织"行"并及清代的会馆》，见《中国经济史考证》（第1卷），吴杰译，商务印书馆，1959年；唐长孺：《魏、晋至唐官府作场及官府工程的工匠》，见《魏晋南北朝史论丛续编》，生活·读书·新知三联书店，1959年；童书业：《中国手工业商业发展史》，齐鲁书社，1981年；傅筑夫：《中国封建社会经济史》（第4卷），人民出版社，1986年；杜文玉：《论唐代雇佣劳动》，《渭南师专学报》1986年第1期；魏明孔：《略论唐代的手工业作坊与行会》，《西北师大学报》（社会科学版）1989年第2期；冻国栋：《唐代的商品经济和经营管理》，武汉大学出版社，1990年；冻国栋：《吐鲁番出土文书所见唐代前期的工匠》，见《敦煌吐鲁番文书初探》（二编），武汉大学出版社，1990年；张泽咸：《唐代工商业》，中国社会科学出版社，1995年；巫宝三：《试释关于唐代丝织业商人的一则史料》，《中国经济史研究》1996年第2期；魏明孔：《唐代私营作坊手工业之管见》，《中国经济史研究》1998年第2期；魏明孔：《隋唐手工业研究》，甘肃人民出版社，1999年；刘玉峰：《唐代工商业形态论稿》，齐鲁书社，2002年。

（私）营手工业作坊，是历史新生事物，它反映了社会经济的发展，商品交换、市场的活跃以及手工业作坊生产的发达。

西市制骨手工业作坊的生产管理与经营模式是：西市中的店铺和作坊，其生产管理一开始就受到封建国家及商人的控制与盘剥。唐政府在西市内设有专门的行政管理机构——市局和平准局。另外，市场各行各业的生产经营，也会受到市场工商管理组织——行会不同程度的管理和干预，西市制骨手工业作坊的生产管理也不例外。从现有的资料来看，唐代民（私）营手工业中已广泛地使用了雇佣劳动[1]，也就是说雇用了一定数量的工匠。唐代"雇日佣人""广召日佣人"[2]"雇得月作人"[3]"愿为月佣"[4]的现象较为普遍。这些受雇的工匠，在未受雇前与作坊主之间并无隶属关系，一旦形成雇佣关系后，作坊主对其便是"日考月课，唯恐不程"[5]。从这一点来看，作坊主与雇佣工匠之间的剥削与被剥削关系反映得十分清楚。西市制骨手工业作坊想必也应该是如此。《太平广记》卷二六九"韦公干"条引《投荒杂录》载："（琼山）郡守韦公干者，贪而且酷，掠良家子为臧获，如驱犬豕。有女奴四百人，执业者太半。有织花缣文纱者，有伸角为器者，有熔锻金者，有攻珍木为什具者，其家如市，日考月课，唯恐不程。"[6]这则史料中提到的"有伸角为器者"可能就是唐代民（私）营手工业作坊雇用工匠进行骨器加工的鲜有例证。

唐代民（私）营作坊生产时代，包括西市制骨手工业在内，其手工业作坊主往往同时是商人。市场店铺前面售货，后面制造商品（"前店后场"）。商人原来只通过对商品的买进和卖出获得财富，随着商品经济的发展，一部分生产者人身依附关系减轻，商人也开始买进一些原料，雇几个帮手，利用店铺其他空间，开设作坊，把原料加工成商品（或者来料再加工），然后再卖出去。由于这种加工生产

---

[1] 杜文玉：《论唐代雇佣劳动》，《渭南师专学报》1986年第1期，第43页。

[2] 《太平广记》卷二四三《窦义》，中华书局，1961年，第1876页。"雇日佣人。于宗贤西门水涧。从水洗其破麻鞋。曝干。贮庙院中。又坊门外买诸堆弃碎瓦子。令功人于流水涧洗其泥滓。车载积于庙中。然后置石嘴碓五具。锉碓三具。西市买油靛数石。雇庖人执爨。广召日佣人。"

[3] 《太平广记》卷八四《异人四·唐庆》，中华书局，1961年，第547页。"寿州唐庆中丞栖泊京都。偶雇得月作人。颇极专谨。常不言钱。"

[4] 《太平广记》卷八四《异人四·卢钧》，中华书局，1961年，第548页。"卢相国钧初及第。颇窘于牵费。俄有一仆。愿为月佣。服饰鲜洁。"

[5] 《太平广记》卷二六九《酷暴三·韦公干》，中华书局，1961年，第2113页。"（琼山）郡守韦公干者，贪而且酷，掠良家子为臧获，如驱犬豕。有女奴四百人，执业者太半。有织花缣文纱者，有伸角为器者，有熔锻金者，有攻珍木为什具者，其家如市，日考月课，唯恐不程。"

[6] 《太平广记》卷二六九《酷暴三》，中华书局，1961年，第2113页。

过程比较简单，也多由雇用工匠来完成，所以这种工商结合的手工业是以商人为主的，手工业作坊则是附属于商业的。

总之，类似于西市"前店后场"的制骨手工业作坊，尤其像2006年发掘西市南大街中部街北较大型的民（私）营制骨手工业作坊，是唐代出现的新生事物，它反映了社会经济的发展、商品交换与市场的活跃，以及在雇用劳动推动下手工业的发达。

后记：本文资料整理和写作过程中得到了中国社会科学院考古研究所李志鹏先生的指导与帮助，在此一并致谢！文中线图为何岁利、盖猗婷绘制，照片为李振远、盖猗婷拍摄。

原载《南方文物》2022年第4期

（何岁利，中国社会科学院考古研究所副研究员；盖猗婷，文物出版社编辑）

唐长安的林木种植经济
——从"窦乂种榆"说起

张天虹

多年来，学界对唐长安的研究已十分深入。唐长安的经济史研究，学术积累尤其深厚。人口、能源、农业、工业、商业，几乎面面俱到，题无剩义。但值得注意的是，对于长安经济的描述似乎始终存在两种不同的意见。一种意见大致认为，唐长安始终人口稀疏，闲置空地较多，居住环境宽松，部分城区阡陌相连；[①]一种意见则认为长安〔尤其是唐后期（763—882）的长安〕，人口熙熙攘攘，[②]坊市的经济繁荣。[③]两种意见都有各自史料上的证据，那么如何看待史料记载中的这种看似矛盾的现象呢？回答这个问题需要一个系统的研究。探讨长安非住用地的功用，或许能从一个侧面对此加以解释。这些空间大多并未真正闲置，而是有相当一部分用于种植各种林木和其他作物。长期以来，长安的林木种植活动作为园艺和园林问题受到学界关注[④]，但是这种林木种植活动和长安经济的内在联系，还未受到足够重视。本文试图立足于经济史的角度，从《窦乂传》所记载的种榆活动谈起，揭示唐后期长安林木种植活动的经济意义。

---

① 王社教：《论唐都长安人口的数量》，见史念海主编：《汉唐长安与关中平原》，陕西师范大学出版社，1999年，第86—116页。

② 张天虹：《再论唐代长安的人口数量问题——兼评近15年来有关长安人口研究》，《唐都学刊》2008年第3期。

③ 关于唐代长安繁荣的经济生活，可参见张永禄：《唐都长安》，西北大学出版社，1987年，第九、十二章；刘章璋：《唐代长安的居民生计与城市政策》，文津出版社，2006年。

④ 武伯纶：《唐代长安的园艺家》，见《古城集》，三秦出版社，1987年，第212—216页；李浩：《唐代园林别业考论》，西北大学出版社，1996年；史念海：《唐长安城的池沼与林园》，见史念海主编：《汉唐长安与关中平原》，陕西师范大学出版社，1999年，第3—41页；魏严坚：《唐代长安的寺院园林》，见宋德熹编：《中国中古社会与国家史料典籍研读会成果论文集》，稻乡出版社，2009年，第243—266页。

一

唐代中后期，有大量商人云集长安。其中活跃于中唐时期的窦乂，被称为最富有经济头脑、集产销于一身的"另类商人"①。其致富经历历来受到关注。②然而，窦乂的"第一桶金"来自种榆：

> 乂亲识张敬立任安州长史，得替归城。安州土出丝履，敬立赍十数辆，散甥侄，竞取之，唯乂独不取。俄而所余之一辆，又稍大，诸甥侄之剩者，乂再拜而受之。敬立问其故，乂不对，殊不知殖货有端木之远志。遂于市鬻之，得钱半千，密贮之，潜于锻炉作二枝小锸，利其刃。五月初，长安盛飞榆荚，乂扫聚得斛余，遂往诣伯所，借庙院习业。伯父从之。乂夜则潜寄褒义寺法安上人院止，昼则往庙中。以二锸开隙地，广五寸，深五寸，密布四千余条，皆长二十余步，汲水渍之，布榆荚于其中，寻遇夏雨，尽皆滋长。比及秋，森然已及尺余，千万余株矣。及明年，榆栽已长三尺余，乂遂持斧伐其并者，相去各三寸。又选其条枝稠直者悉留之。所间下者，二尺作围束之，得百余束。遇秋阴霖，每束鬻值十余钱。又明年，汲水于旧榆沟中。至秋，榆已有大者如鸡卵。更选其稠直者，以斧去之，又得二百余束。此时鬻利数倍矣。后五年，遂取大者作屋椽，仅千余茎，鬻之，得三四万余钱。其端大之材，在庙院者，不啻千余，皆堪作车乘之用。此时生涯已有百余，自此币帛布裘百结，日歉食而已。③

该故事出自《乾馔子》，作者为中晚唐著名文人温庭筠（？—866）。他还有一部《采茶录》④，对当时的作物知识比较关注；另外，他与包含许多植物知识的笔记小说集《酉阳杂俎》的作者段成式相交甚好⑤，亦可能与段成式交流相关知识。而且，窦乂种榆获利的上述过程，在中古时期最重要的一部农书——《齐民要术》中可得到佐证。⑥综合来看，温庭筠记载窦乂种榆打到第一桶金的故事，当有一定依

---

① 宁欣：《论唐代长安另类商人与市场发育——以〈窦乂传〉为中心》，《西北师大学报》2006年第4期。

② ［日］妹尾达彦：《唐代長安の店鋪立地と街西の致富譚》，见《東アジア法と社会：布目潮渢博士古稀纪念论集》，汲古書院，1990年，第191—243页。

③ 《太平广记》卷二四三《窦乂传》，中华书局，1961年，第1875—1876页。

④ 《新唐书》卷五九《艺文志三》，中华书局，1975年，第1542页。

⑤ 《册府元龟》卷七七七《总录部·名望二》，中华书局，1989年，第2822页。

⑥ ［日］妹尾达彦：《唐代長安の店鋪立地と街西の致富譚》，见《東アジア法と社会：布目潮渢博士古稀纪念论集》，汲古書院，1990年，第191—243页。

据,即便不是确有其人,也一定有其原型。

窦乂种榆的故事揭示了中唐以来长安城的政治、经济以及环境格局。窦乂的种榆地位于其伯父家的庙院。窦乂伯父的庙院位于嘉会坊①,即朱雀街西之第四街,位于西市正南第三坊。②宁欣先生指出,这说明窦乂在长安原无住处,依附亲族,其起家充分利用了窦氏家族的政治社会"资源",③这是非常正确的。而窦乂种榆的故事发生于兹,还有广泛而深刻的历史背景。

像窦乂种榆这样大面积的垦殖现象,发生在长安城墙以内的居民区中,并非个案。王社教先生曾指出,面积达84平方公里的长安城,直到唐朝中后期仍然人口稀疏,居住环境宽敞。所以,垦耕种植现象在长安城里十分常见④,但其分布则多集中于人口稀少的南部和西部。史载,"朱雀门南第六横街以南率无居人第宅,自兴善寺以南四坊,东西尽郭,虽时有居者,烟火不接,耕垦种植,阡陌相连"⑤,而"自威远军(安善坊)向南三坊,俗称围外地,甚闲僻,人鲜经过"⑥,白居易自称曾"围外买闲田"⑦。

据统计,剔除东市、西市、曲江和兴庆宫(原兴庆坊之后),长安城其他各坊的人口数量仍然相差很大,每坊最多达30000人,最少仅100人。⑧长安以东有地势较高的白鹿原,西部相对较低,高差5—20米。街东的较高地势是选宅的优势。⑨唐长安的居民,尤其是各级官员更喜欢在东部居住。这种趋向自开元年间以后日益明显,并"在安史之乱后进一步加强,街东成了官员的居住街区"⑩。而新近的研究表

---

① 《太平广记》卷二四三《窦乂传》,中华书局,1961年,第1875页。
② 〔宋〕宋敏求:《长安志》卷一〇,辛德勇、郎洁点校,三秦出版社,2013年,第339页。
③ 宁欣:《论唐代长安另类商人与市场发育——以〈窦乂传〉为中心》,《西北师大学报》2006年第4期。
④ 王社教:《论唐都长安人口的数量》,见史念海主编:《汉唐长安与关中平原》,陕西师范大学出版社,1999年。
⑤ 〔宋〕宋敏求:《长安志》卷七,辛德勇、郎洁点校,三秦出版社,2013年,第260页。
⑥ 《册府元龟》卷五九二《掌礼部·奏议第二十》,中华书局,1989年,第1778页。
⑦ 〔唐〕白居易:《白居易集》卷一九《新昌新居书事四十韵因寄元郎中张博士》,中华书局,1979年,第415页。
⑧ 王社教:《论唐都长安人口的数量》,见史念海主编:《汉唐长安与关中平原》,陕西师范大学出版社,1999年。
⑨ 曹尔琴:《唐长安住宅分布》,见史念海主编:《汉唐长安与关中平原》,陕西师范大学出版社,1999年,第65—81页。
⑩ 〔日〕妹尾达彦:《韦述的〈两京新记〉与八世纪前叶的长安》,见荣新江主编:《唐研究》(第9卷),北京大学出版社,2003年,第21页。

明，这种人口分布还受到了长安居民"居高避湿"观念的影响。[1]因为人们觉得那些卑湿的地方不适宜居住，所以往往想到要在这类地方开发产业。贞观年间（627—649）"岑文本为中书令，宅卑湿，无帷帐之饰。有劝其营产业者"[2]。而且唐玄宗以降，街东繁华区日益拥挤，街西水量充足、地面平易，其利于引水的优势被一些官员利用来建园林，出现了"宅东园西"的现象。[3]所以，安史之乱后，意欲在长安城内垦殖的人只能在街西或"围外"来寻觅。且"榆性好阴地"[4]"其白土薄地不宜五谷者，唯宜榆及白榆"，此外，榆树"既非丛林，率多曲戾。不如割地一方种之"[5]。榆树这些特点无疑适应了街西卑湿的环境。

但榆树的种植又"地须近市"，"卖柴、荚、叶，省功也"。[6]对于种榆者来说，影响其收益的主要是运输成本。嘉会坊位于朱雀街西之第四列、西市正南第三坊。[7]依就近原则，窦乂卖榆柴，或应到西市。其较近的路线应该是出嘉会坊北门，越过第九横街，由南向北依次穿过长寿坊十字街、第八横街、怀远坊十字街、第七横街，由西市南门进入西市。则其单程走行（从出嘉会坊北门算起）约1195米[8]，因不清楚窦氏庙院在嘉会坊的具体位置（估计应在十字街之南），假设其位于嘉会坊十字街最南端，即距离嘉会坊北门最远处来估算，并把进入西市后的行程都考虑进来，以2500米计（似乎不多不少），往返也只需要约5000米。施坚雅对1948年中国农村步行赶集距离进行计算，平均为4500米。[9]虽然相隔千年，但上述两者使用的交通工具应该变化不大，甚至可能都是主要依靠步行。窦乂往返西市和嘉会坊的距离应该是比较短的。

我们进一步来看窦乂的运输成本。窦乂第一次"持斧伐其并者"后，砍下枝

---

[1] 于赓哲：《唐人疾病观与长安城的嬗变》，《南开学报》2010年第5期。
[2] 〔唐〕吴兢：《贞观政要》卷六《俭约》，上海古籍出版社，1978年，第190页。
[3] 曹尔琴：《唐长安住宅分布》，见史念海主编：《汉唐长安与关中平原》，陕西师范大学出版社，1999年。
[4] 〔唐〕韩鄂原编，缪启愉校释：《四时纂要校释》卷一《正月》，农业出版社，1981年，第30页。
[5] 〔北魏〕贾思勰原著，缪启愉校释：《齐民要术校释》卷五《种榆、白杨》，中国农业出版社，1998年，第341页。
[6] 〔北魏〕贾思勰原著，缪启愉校释：《齐民要术校释》卷五《种榆、白杨》，中国农业出版社，1998年，第341页。
[7] 〔宋〕宋敏求：《长安志》卷一〇，辛德勇、郎洁点校，三秦出版社，2013年，第339页。
[8] 曹尔琴：《唐长安住宅分布》，见史念海主编：《汉唐长安与关中平原》，陕西师范大学出版社，1999年。
[9] 施坚雅：《中国农村的市场和社会结构》，史建云译，中国社会科学出版社，1998年，第42页。

条"得百余束"。这里值得注意的是,一束柴到底有多少。龚胜生推算唐长安平均每家每日消耗薪柴时,每束柴以约5公斤来计,但似乎并未给出明确的推算依据。①《窦乂传》中的"二尺作围束之"是一个关键信息。"围"是唐宋时期计量薪柴的基本单位。《宋史》所言的"凡岁赋……槁秸、薪蒸以围计"②仍是沿袭唐代制度。据天圣令所附唐仓库令,"围长三尺。围皆准此"③。窦乂的"围准"似乎与官方记载有出入,尚可存疑,但考虑到窦乂此时尚未成年,姑且仍以二尺作围计,则窦乂的一束榆柴(约三尺长)约占空间0.02立方米,榆材的气干密度可以600千克/立方米计,④柴的实际体积以其所占空间的一半来计,则一束榆柴约重6千克。百余束柴的质量约为600千克,合1008(唐)斤。按照唐代脚钱的规定,"关内等四道诸州运租、庸、杂物等脚,每驮一百斤,一百里一百文……其有负处,两人分一驮"⑤。以此推算,则窦乂要把1008斤榆柴运送至2500米(合5.6唐里)外的西市,参考运费约为57文钱,也只占其总收入(每束10余钱,共百束,以1000钱计)的5.7%。可见,窦乂选在嘉会坊种榆,运输成本很低,确实能为没有资金积累的他创造出可观的利润。

二

窦乂种榆从开始就面向长安市场,并始终位于长安的产业链条之上。它表明,唐长安城的林木种植活动,可带动上游的生产资料市场,并与长安城的服务业联系较为紧密。

窦乂种榆,除了选好场地之外,还准备了必要的工具。窦乂利用"亲识"张敬立分给他的安州丝履售卖后获得的五百钱的启动资金,"潜于锻炉作二枝小锸,利其刃"。《释名》曰:"锸,锸地,起土也。或曰削能有所穿削也。或曰铧刐也,刐地为坎也。"⑥长沙西汉马王堆三号墓的填土中曾出土过铁刃木锸,长139.5厘米,与今日铁锹的形制相类。⑦简单实用的锸,在唐代仍是人们普遍使用的生产工具。

---

① 龚胜生:《唐长安城薪炭供销的初步研究》,《中国历史地理论丛》1991年第3期。
② 《宋史》卷一二七《食货志上二·赋税》,中华书局,1977年,第4205页。
③ 《天一阁藏明钞本天圣令校证附唐令复原研究》卷二三《仓库令》,中华书局,2006年,第282页。
④ 榆木的气干密度一般在0.58克/立方厘米—0.78克/立方厘米,今暂以0.6克/立方厘米计。
⑤ 《唐六典》卷三《度支郎中员外郎》,中华书局,1992年,第80页。
⑥ 《太平御览》卷七六四《器物部九》,中华书局,1960年,第3391页。
⑦ 王晓曦:《从马王堆汉墓出土文物看汉代的农具——铁口锸》,《农业考古》2002年第1期。

郭子仪筑宅，要求筑者好好筑墙，"筑者释锸而对曰：'数十年来，京城达官家墙皆是某筑'"①。可见，长安建筑工的"工具箱"里也常备锸。白居易所作的反映终南山田园生活的诗中亦云："困倚栽松锸，饥提采蕨筐。"②在长安，这些锸来自何处？《窦乂传》提供了蛛丝马迹，即锻炉。长安城的锻炉位于何地，史未明言。唐代天宝年间（742—756）幽州城内有生铁行。③长安东市内有"货财二百二十行"④、西市"市内店肆如东市之制"⑤，东西两市众多的行内似也应有生铁行。窦乂作锸的锻炉应该在两市（尤其是西市）或西市周边的某坊中。长安城的生产工具市场应该是种植活动必不可少的前提条件。

达官贵人在长安城内的园林，都是为了自己享乐休闲所建造，并非出于经济目的。但是其树种来源，或值得我们思考。窦乂种榆，利用长安盛飞榆荚之时，扫聚得之。但是并非所有的林木种植活动都能依靠这种方式获得树种。柳宗元笔下的郭橐驼为我们留下了这样的线索："不知始何名……其乡曰丰乐乡，在长安西。驼业种树，凡长安豪富人为观游及卖果者，皆争迎取养。视驼所种树，或移徙，无不活，且硕茂早实以蕃。"⑥像郭橐驼这样的专业种树者，应该为豪富以及达官贵人提供了很多园林树苗。可见，即便不以营利为目的的种植活动仍不能脱离长安的市场。长安城内的各种林木种植，都有可能带动树苗、种子等生产资料市场的流通。

虽然榆树的种植未见需要肥料，但是有些树木，特别是一些果树则需要施肥。例如种梨，"经年，至春地释，分栽之，多着熟粪及水"⑦。唐代的堆肥技术已经成熟。⑧而在长安城中，已经有专业拾粪者。"长安富民罗会以剔粪自业，里中谓之'鸡肆'，言若归之积粪而有所得也。会世副其业，家财巨万"⑨。《逸史》记载了唐大历年间（766—779）长安城中好道术的王员外与裴老交往的离奇故事。裴老在王员外家中为其"除溷"时，与王员外第一次见面，而后双方约在裴老所在的"兰

---

① 〔宋〕王谠撰，周勋初校证：《唐语林校证》卷五，中华书局，1987年，第499页。
② 〔唐〕白居易：《白居易集》卷一五《渭村退居，寄礼部崔侍郎、翰林钱舍人诗一百韵》，中华书局，1979年，第296页。
③ 唐耕耦：《房山石经题记中的唐代社邑》，《文献》1989年第1期。
④ 〔宋〕宋敏求：《长安志》卷八，辛德勇、郎洁点校，三秦出版社，2013年，第291页。
⑤ 〔宋〕宋敏求：《长安志》卷一〇，辛德勇、郎洁点校，三秦出版社，2013年，第337页。
⑥ 〔唐〕柳宗元：《柳宗元集》卷一七《种树郭橐驼传》，中华书局，1979年，第473页。
⑦ 〔北魏〕贾思勰原著，缪启愉校释：《齐民要术校释》卷四《插梨》，中国农业出版社，1998年，第287页。
⑧ 〔日〕大泽正昭：《唐宋变革期农业社会史研究》，汲古书院，1996年，第139—142页。
⑨ 〔唐〕张鷟：《朝野佥载》卷三《罗会》，中华书局，1979年，第75页。

陵坊西大菜园相觅"①。裴老亦为剔粪者。长安城中出现的这些以剔粪为业的工作者,服务于长安城的卫生工作,而他们搜集到的肥料,又恰恰为长安城的蔬菜、林木生长所必需,由此可以形成一种良性的循环。

此外,林木成材以后,其砍伐、整理和运输也离不开相关服务业的支持。仅以运输而言,现在仍回到"窦乂种榆"之例。前文已经分析,窦乂要把百余束榆柴(约合1008斤)运送至2500米(合5.6里)外的西市,参考运费约为57文(钱)。按照"每驮一百斤","其有负处,两人分一驮"②来估算,如果窦乂要在一次交易中全部出手这些榆柴,则需要雇佣21人次来搬运。笔记小说中有一些反映唐代中后期"佣人负货"的故事③,说明当时存在一个比较庞大的以负运为生的群体。长安城内尚有诸多租赁车辆的"车坊"④,窦乂还可以租车运送这些榆柴。可见,长安城的林木种植,与运输服务业亦当有关系。

四

如果构想一幅唐长安的经济全景图,长安城的林木种植,有广泛的下游产业。唐长安城的林木种植活动提供的基本产品就是木材和薪柴,这是唐中后期长安市场上比较紧俏的商品。

从"窦乂种榆"的故事来看,这些被裁剪下的榆条被作为薪柴,投入长安的薪炭市场。长安百姓所需燃材,都要从市场上购买。而官府所需要的薪炭也有一部分通过钩盾署从市场上购买。⑤龚胜生推算,长安人口以80万计,每年需要40万吨柴。⑥若以笔者对唐中后期长安城人口100万的估计,则每年需要50万吨柴。即便仍按龚胜生的人口数据从低估算,因各种恶劣天气而使薪柴供不应求、价格高昂的记录,在唐诗和笔记小说中屡见不鲜。⑦在此种背景下,于城内利用一切可能,获取薪柴也是一条途径。窦乂种榆所获得的薪柴,多为修剪枝条过程中的副产品。长安城内林园广布,这些林园虽然不以获取薪柴为主要目的,但园中林木的每年例行修剪,都可能获得很多薪柴。《齐民要术》记载很多种树木的种植时,经常提到"间

---

① 《太平广记》卷四二《裴老传》,中华书局,1961年,第265—266页。
② 《唐六典》卷三《度支郎中员外郎》,中华书局,1992年,第80页。
③ 《太平广记》卷二三《冯俊传》,中华书局,1961年,第156页。
④ [日]加藤繁:《车坊》,见《中国经济史考证》(第1卷),吴杰译,商务印书馆,1959年,第235—238页。
⑤ 龚胜生:《唐长安城薪炭供销的初步研究》,《中国历史地理论丛》1991年第3期。
⑥ 龚胜生:《唐长安城薪炭供销的初步研究》,《中国历史地理论丛》1991年第3期。
⑦ 夏炎:《唐代薪炭消费与日常生活》,《天津师范大学学报》2013年第4期。

斫去恶者"①"劚去恶枝"②"可剥树枝"③,并且还提到"大树髡之"④,上述做法都是保护或有利于林木生长的措施,其副产品便是薪柴。白杨、楮树、柳树、榆树等都有"斫后复生"的特点,因此可以"周而复始,永世无穷"⑤。只要处理适度,就会取之不尽、用之不竭。相反,如果不进行这种剪枝、砍斫,则"徒失钱无益也"⑥。而史念海对长安城林园的统计显示,长安城内先后有140处林园,分布在58坊内;单就有林园的坊数,已超出外郭城坊数的一半,在历代都城中都比较少见。⑦另外,唐代普通民户,亦应有园来种植果树或其他树木。敦煌所出《万子、胡子田园图》表明,农户既有生产粮食的地,还有种植果树的园。⑧长安城中,普通百姓家的园地可能比较有限⑨,但仍有相当面积用来种植果蔬和林木:

> 元和十二年,上都永平里西南隅,有一小宅……有堂屋三间,甚庳,东西厢共五间,地约三亩,榆楮数百株。⑩

虽然长安城达官贵人的林园和百姓家园地的实际种林面积尚无法估算,但这些林园每年度的例常修剪,都会产生一大批薪柴,可满足林园主人的薪柴消费,可能还会有一部分进入市场。

窦乂种榆,提供的最主要商品应该是供建筑房屋和造车的木材。榆树"五年之后,便堪作椽。……十五年后,中为车毂及蒲桃缸"⑪。唐中后期的长安,作为建材

---

① 〔北魏〕贾思勰原著,缪启愉校释:《齐民要术校释》卷四《园篱》,中国农业出版社,1998年,第254页。
② 〔北魏〕贾思勰原著,缪启愉校释:《齐民要术校释》卷五《种榆、白杨》,中国农业出版社,1998年,第344页。
③ 〔北魏〕贾思勰原著,缪启愉校释:《齐民要术校释》卷四《栽树》,中国农业出版社,1998年,第257页。
④ 〔北魏〕贾思勰原著,缪启愉校释:《齐民要术校释》卷四《栽树》,中国农业出版社,1998年,第256页。
⑤ 〔北魏〕贾思勰原著,缪启愉校释:《齐民要术校释》卷五《种榆、白杨》,中国农业出版社,1998年,第344页。
⑥ 〔北魏〕贾思勰原著,缪启愉校释:《齐民要术校释》卷五《种穀楮》,中国农业出版社,1998年,第347页。
⑦ 史念海:《唐长安城的池沼与林园》,见史念海主编:《汉唐长安与关中平原》,陕西师范大学出版社,1999年。
⑧ 朱雷:《敦煌所出〈万子、胡子田园图〉考》,见《敦煌吐鲁番论丛》,甘肃人民出版社,2000年,第306—320页。
⑨ ［日］大泽正昭:《唐宋变革期农业社会史研究》,汲古书院,1996年,第126—134页。
⑩ 《太平广记》卷三四四《寇鄘传》,中华书局,1961年,第2725页。
⑪ 〔北魏〕贾思勰原著,缪启愉校释:《齐民要术校释》卷五《种榆、白杨》,中国农业出版社,1998年,第341—342页。

的木材匮乏，已为史家共识。史念海先生推测，唐长安的营建材木的开采范围由近及远，日益扩大，甚至远及岐山和陇山。①唐德宗欲修神龙寺，"须五十尺松，不可得"②。长安里坊还分布着大批甲第，不仅所占空间颇大，而且奢华无比，③必然也需要大量的木材。榆木本非上好的建材，《齐民要术》记载："凡屋材，松柏为上，白杨次之，榆为下也。"④但唐后期的长安城内，木材如此紧缺，所以，窦乂"后五年，遂取仅千余茎，鬻之，得三四万余钱"。

车作为陆上交通运输工具，其优势非常明显。唐宋时代，人夫背负为6—8斗（五六十斤），役畜1—3石，车三四十石（二三千斤）。⑤"长安城东洛阳道，车轮不息尘浩浩"⑥，唐后期的长安城物资流动和人口流动都更加频繁，对车辆也有了更多的需求。"贞元中（785—805），度支欲斫取两京道中槐树造车，更栽小树"⑦。为了造车，度支竟欲砍伐"官槐"，足以说明唐后期造车量之大，对车辆的需求应有一大部分来自长安。而长安城"通化门长店，多是车工之所居也。广备其财，募人集车，轮辕辐毂，皆有定价"⑧。长安运输业车轮滚滚的背后自然也少不了位于产业上游的长安本地榆木源源不断的供给。容易想见，窦乂那"不啻千余，皆堪作车乘之用"的榆木，很可能被送至通化门长店，经过车工们的精心加工，成为各种车辆部件，并可能最终组装成整车，从而给他带来丰厚的收入："鬻榆材中车轮者，此时又得百余千"。

而在唐后期的长安城，一些林木可能还有更加广泛的用途。长安城街西最北的修德坊，其西北隅为兴福寺，"寺北有果园"⑨。魏严坚先生曾指出，兴福寺的果

---

① 史念海：《历史时期黄河中游的森林》，见史念海：《河山集：二集》，生活·读书·新知三联书店，1981年，第274—275页。
② 《资治通鉴》卷二三五，中华书局，1956年，第7563页。
③ 荣新江：《高楼对紫陌，甲第连青山——唐长安城的甲第及其象征意义》，《中华文史论丛》第2009年第4期。
④ 〔北魏〕贾思勰原著，缪启愉校释：《齐民要术校释》卷五《种榆、白杨》，中国农业出版社，1998年，第344页。
⑤ ［日］清木场东：《唐宋における陆运について—输送手段を中心として—》，见川胜守编：《东アジアにおける生产と流通の历史社会学的研究》，中国书店，1993年，第162—198页。
⑥ 《东阳夜怪诗》，见《全唐诗》卷八六七，中华书局，1960年，第9815页。
⑦ 李肇：《唐国史补》卷上，上海古籍出版社，1979年，第30—31页。
⑧ 薛用弱：《集异记》补编《奚乐山》，中华书局，1980年，第30页。
⑨ 〔宋〕宋敏求：《长安志》卷一〇，辛德勇、郎洁点校，三秦出版社，2013年，第327页。

园"既收经济效益又兼园林之美,且丰富了长安的农产作物"[1]。已有研究表明,长安城里的林园,有一部分是果园——樱桃园、葡萄园、梨园、桃花园等,虽大部分位于禁苑之中,但亦有位于外郭城者。[2]其经济效益,容易想到的自然是供应长安水果市场。此外,是否还有其他去向?唐中后期的长安已出现了雕版印刷业,此学界早已有了确凿证据:唐后期长安城内至少存在过三家以印刷为业的商家,其中至少两家位于东市内。这三个商家所印产品是百姓常用的民间历书、家庭医学书和训女文,流传范围很广,印量应该很大。[3]早期的雕版为木版,可能取材于梨、枣等果树(因此有成语"付之梨枣")。[4]从事印刷的商家从长安本地的果园中就地购买材料,虽然尚无确凿证据,但这种可能性是存在的。同样,唐代造纸主要仍是楮皮纸,长安城中既有楮树的种植,则长安造纸业亦应从本地获取原料。此外,乐器制造与维修,以及殡葬服务业,也都需要充足的木材。所以,长安的林木种植实际与造纸、印刷等各类下游服务类产业存在着广泛联系的空间。

应再次强调,长安城中的林木种植,一般未必如窦乂种榆这样,有明确的经济目的,但是也难以摆脱长安市场或某种消费需求的影响。刘禹锡在元和十年(815)来到玄都观,写下"玄都观里桃千树"[5]的诗句。荣新江先生指出:"在道观里植树种桃,本与道教的宗教信仰有关。"[6]但时隔14年,刘禹锡再次来到玄都观,却发现植树的园圃已作麦田,提笔写到"重游玄都,荡然无复一树,唯兔葵燕麦,动摇于春风耳"[7]。妹尾达彦先生的研究表明,唐后期长安的面食消费明显增长[8],道观园圃由桃改麦,或与此有关。唐后期长安城内包括林木在内各种作物的选择,都有可能受到彼时市场或至少是某种消费偏好的影响,从而成为长安产业链中的一环。

---

[1] 魏严坚:《唐代长安的寺院园林》,见宋德熹编:《中国中古社会与国家史料典籍研读会成果论文集》,稻乡出版社,2009年,第265页。

[2] 史念海:《唐长安城的池沼与林园》,见史念海主编:《汉唐长安与关中平原》,陕西师范大学出版社,1999年。

[3] 宿白:《唐宋时期的雕版印刷》,文物出版社,1999年,第4页。

[4] 张秀民:《中国印刷史》,浙江古籍出版社,2006年,第9页。

[5] 《刘禹锡集》卷二四《元和十年自朗州承召至京戏赠看花诸君子》,中华书局,1990年,第308页。

[6] 荣新江:《隋唐长安的寺观与环境》,见荣新江主编:《唐研究》(第15卷),北京大学出版社,2009年,第3—21页。

[7] 《刘禹锡集》卷二四《再游玄都观绝句并引》,中华书局,1990年,第308页。

[8] [日]妹尾达彦:《关中平原灌溉设施的变迁与唐代长安的面食》,见史念海主编:《汉唐长安与关中平原》,陕西师范大学出版社,1999年,第42—64页。

余论

唐代（尤其是唐中后期）长安的城市经济正日益形成一个有内在联系的整体，应该将长安城的林木种植和园林建设置于长安的产业经济链中去理解，才能发现它们的更多意义。长安城或许在最初有设计过大之嫌，但没有用来容纳居民的空间，也逐渐被其他建筑、林木、蔬菜、粮食作物填充。当这个城市的经济生活真正运转起来之后，围绕着这些空间以及这些空间里的人和物，是长安消费者与从事生产、服务行业的人们之间，以及生产者们彼此之间在经济上千丝万缕甚至是琐碎曲折的联系。李埏先生曾指出，唐代城市小生产者琐碎细小的购买与销售，决定了城市流通细小的货币——铜钱。[①]就本文的议题而言，是否也可以这样理解：唐中后期长安城林木种植活动，关联着长安城诸多相关行业的众多经济人口，其中或有相当部分的经济流动人口。关于唐长安的经济流动人口，拟另文探讨。

附记：此文原刊于《河北学刊》2016年第1期，本次收录时对个别文字进行了调整。北京师范大学宁欣教授，复旦大学余欣教授、唐雯教授，中国海洋大学万晋副教授给笔者提出了许多宝贵意见，特此致谢！

2023年5月收到陕西师范大学国际长安学研究院约稿函，深感荣幸，特将二次修改的文字稿奉上。此次收录，除修订了部分个人信息外，未再做具体修改，特此说明。

原载《河北学刊》2016年第1期

（张天虹，首都师范大学历史学院教授）

---

① 李埏：《略论唐代的"钱帛兼行"》，《历史研究》1964年第1期。

穆斯林食品文化与唐代长安生活市场的繁荣

吕变庭

在隋朝之前，"西域胡商，多至张掖交市"，少有到长安来经商者。可是，自裴矩在大业三年（607）向隋炀帝"盛言胡中多诸珍宝"之后，隋炀帝遂"慨然慕秦皇汉武之功"。于是，他"以矩为黄门侍郎，复使至张掖，引致诸胡，啖之以利，劝令入朝。自是西域诸胡往来相继，所经郡县，疲于送迎，糜费以万万计"①。这次招引胡商入朝，客观上为日后穆斯林商人广布中原创造了有利条件。据载，穆罕默德于610年在阿拉伯半岛开始传播伊斯兰教，而唐高宗永徽二年（651）大食国遣使来华，其后大量信仰伊斯兰教的穆斯林商人沿着陆上丝绸之路，纷纷来到唐朝的都城长安居住，他们在长期与汉民族相互融合的历史过程中，自觉地将具有阿拉伯民族特色的食品文化传入中国，并对近代汉族传统饮食结构的形成产生了十分深远的影响。

唐太宗推行"四夷可使如一家"②的开明政策，鼓励外国人在中国学习、经商、传教等。当时，唐代长安郭城建有两个市——东市和西市，其中西市居住着大量穆斯林商人。为了便于市场的经营管理，唐朝政府除了特置互市监，用来专门处理日常外国贸易事务之外，还根据穆斯林商人的生活习俗设立了蕃坊，即早期的穆斯林社区。③唐宣宗大中五年（851）东游中国的穆斯林商人苏莱曼在《苏莱曼东游记》（也称《中国印度见闻录》）一书中说："Hânfù（广府，即广州——引者）是买卖人的汇集处，中国皇帝特派回教徒一人，驻扎该处，凡各国回教商人（已得中国皇帝允许）前往该处经商的，如有诉讼，即由此人公判，每当节期，就由他领导着大众行祷告礼，宣诵hutha训词。"④长安亦应如广州的情形一样，设有蕃坊，而长安蕃

---

① 《资治通鉴》卷一八一《隋纪五》，上海古籍出版社，1987年，第1200页。
② 《资治通鉴》卷一九七《唐纪十三》，上海古籍出版社，1987年，第1325页。
③ 王东平：《唐代的蕃商社会及其法律问题》，见中央民族大学历史系主编：《民族史研究》（第3辑），民族出版社，2002年，第141页。
④ ［阿拉伯］苏莱曼：《苏莱曼东游记》，刘复译，《语丝》1926年第138期。

坊的出现主要是因为：第一，长安生活着大量的穆斯林商人，仅据贞元三年（787）统计，在长安生活居住的胡客（穆斯林商人占多数）已达4000人。①又据《旧唐书》记载，安史之乱后，肃宗至德二年（757）九月，广平王"统朔方、安西、回纥、南蛮、大食之众二十万"②，助唐平乱。事后，"唐政府允许这些官兵中的部分人留住长安和关中其他地方，并于宝应元年（762）为其修建清真寺1座"③。第二，穆斯林离不开《古兰经》，他们的一切生活以教礼为准，所以在饮食文化方面，就必然带有穆斯林民族的鲜明特点。下面分两个问题，略做考述。

一、面类食品：胡饼、馎饦及其他

胡饼是由陆上丝绸之路从西域传入中原的，据《续汉书》载：东汉"灵帝好胡饼，京师皆食胡饼"④。胡饼风靡京城，与其特殊的配料和做法有关。《释名》云："饼，并也，溲麦面使合并也。胡饼作之大漫沍也，亦言以胡麻著上也。蒸饼、汤饼、蝎饼、髓饼、金饼、索饼之属，皆随形而名之也。"⑤如果说这一段话对胡饼与汉族传统蒸饼、汤饼的不同的解释还不甚清楚明白的话，那么，下面的解释就格外清晰了。《山堂肆考》说："入炉熬者名熬饼，亦曰烧饼；入笼蒸者，名曰蒸饼，亦曰馒头；入汤烹之，曰汤饼，亦曰湿面，曰不托，亦曰馎饦；入胡麻着之，名胡饼，又名麻饼。其他餲饼、繐饼、环饼，名不可胜计，大抵皆面食也。"⑥可见，蒸饼是用笼屉蒸制而成，宋人也称"炊饼"，即后世所说的馒头。汤饼，有学者根据宋人程大昌《演繁录》的记载，认为它的做法是："用一只手托面，另一只手往锅里撕片。"故"'饦'即手托之意。后来有了擀面杖，不再用手托了，所以叫'不托'，讹为'馎饦'。到唐宋元明时期，原始形态的汤饼已不复见，而衍化为更加可口易食的面条、挂面、馄饨、水饺等等"⑦。由于阿拉伯民族的自然条件和商旅生涯的特殊性，他们更喜欢既携带方便，又香酥可口，且储存多日而不发霉变质的面类食品。因此，在长期的生活实践中，阿拉伯先民学会了制作炉熬面饼的工艺。汉

---

① 《资治通鉴》卷二三二《唐纪四十八》，上海古籍出版社，1987年，第1597页。
② 《旧唐书》卷一〇《肃宗本纪》，中华书局，1975年，第247页。
③ 西安市地方志编纂委员会编：《西安市志》（第7卷），西安出版社，2006年，第14页。
④ 《太平御览》卷八六〇《饮食部十八》引《续汉书》，中华书局，1998年，第3818页。
⑤ 〔汉〕刘熙：《释名》卷四《释饮食》，见《四库全书荟要》卷三三一六，世界书局，1988年。
⑥ 〔明〕彭大翼：《山堂肆考》卷一九四《饮食·饼》，文渊阁《四库全书》本。
⑦ 庄华峰：《中国社会生活史》，合肥工业大学出版社，2003年，第5页。

晋时期的做法比较简单，它是将和好的面做成圆状，先在饼面上敷一层胡麻，然后放进炉膛内进行烤制，这样烤熟的面饼味道比较香脆。到南北朝时期，不仅有了专门的胡饼炉，而且其制作工艺发生了变化，如人们在传统胡饼基础上又推出了一种新的风味胡饼，而这种新的风味胡饼实际上就是一种在饼中间夹一层陷心的面饼。其具体做法为："面一斗，羊肉二斤，葱白一合，豉汁及盐，熬令熟。炙之，面当令起。"[①]有学者称它"是一种波斯化的食品"[②]。唐宋以后，由于来华经商的穆斯林越来越多，而唐代西京便成了穆斯林的荟萃之地。这时，胡饼也就成了唐代西京最著名的穆斯林面类食品，花样丰富，有麻饼、炉饼、烧饼、古楼子等多种叫法。据日本僧人圆仁在会昌元年（841）所见，当时长安的市井景象是："时行胡饼，俗家皆然。"[③]如"刘晏入朝，见卖蒸胡饼之处，买啖之"。而杨国忠则"自入市衣袖中盛胡饼"[④]。因此，白居易在《寄胡饼与杨万州》一诗中盛赞："胡麻饼样学京都，面脆油香新出炉。寄与饥馋杨大使，尝看得似辅兴无。"[⑤]此处所言"辅兴"，是指长安皇城西边的辅兴坊，这里有正宗的胡饼店。而胡饼深受长安市民乃至达官贵人的青睐与热捧，其主要原因有二：

一是唐朝入华的穆斯林将传统胡饼进一步美食化，不仅花样增多，而且口感越来越好。例如，《清异录》记载说："汤悦逢士人于驿舍，士人揖食，其中一物是炉饼，各五事，细味之，馅料互不同。"[⑥]又《唐语林》述："时豪家食次，起羊肉一斤，层布于巨胡饼，隔中以椒、豉，润以酥，入炉迫之，候肉米熟食之，呼为'古楼子'。"[⑦]尽管对于这些记载，学界的认识还有分歧，不过有一点是肯定的，那就是来自阿拉伯、波斯、中亚的穆斯林商人、贡使、士兵等给唐代长安城带来了生活市场的繁荣，尤其是多样化的穆斯林面食，那时已经被作为主食日餐摆上了唐代各消费阶层的饭桌，深受广大民众的欢迎。而从文化社会史的角度讲，穆斯林面

---

① 〔北魏〕贾思勰：《齐民要术（饮食部分）》，石声汉今释，中国商业出版社，1984年，第174页。

② 王光亚：《唐代对外开放初探》，黄山书社，1998年，第36页。

③ 〔日〕圆仁：《入唐求法巡礼行纪》卷三，见陈光崇主编：《隋唐五代史资料汇编》（内部资料），沈阳师范学院教务处教材科，1957年，第101页。

④ 〔宋〕吴曾：《能改斋漫录（饮食部分）》，王仁湘注释，中国商业出版社，1986年，第109页。

⑤ 〔唐〕白居易：《白氏长庆集》卷一八《寄胡饼与杨万州》，文渊阁《四库全书》本。

⑥ 〔宋〕陶谷：《清异录》卷下《馔羞门·五福饼》，见朱易安、傅璇琮等主编：《全宋笔记·第1编（2）》，大象出版社，2003年，第102页。

⑦ 〔宋〕王谠：《唐语林》，见车吉心总主编：《中华野史·唐朝卷》，泰山出版社，2000年，第418页。

食在客观上已经成为汉族和穆斯林友好交往的重要物质载体之一。

二是胡饼开始用冬小麦做面料。在《圣经》里，穆圣的饮食十分节俭，吃大麦面饼、生菜等，所以魏晋以前的胡饼多是用大麦面做的。然而，随着冬小麦沿着河西走廊北上，落户于新疆吐鲁番的高昌国，此为唐代冬小麦种植区域分布的北界，于是人们便开始用小麦面做胡饼了。如《隋书·高昌传》载：高昌国"气候温暖，谷麦再熟"[①]。这里所讲的"再熟"实为麦谷两熟制，而适宜这种耕种制度的麦类唯有冬小麦。这种耕种方式极大地提高了单位面积的粮食产量和复种指数，为小麦成为当地居民的主食奠定了物质基础。所以《吐鲁番出土文书》18次提到"麦"[②]，人们在一座唐代墓葬中发现了面制食品，即饺子和馕（一种用小麦面粉烤制的食物），[③]而烤馕至今都是新疆维吾尔族、乌孜别克族、哈萨克族及回族的面类主食，其做法是："和面时加入一定比例的牛奶、清油，再揉拍成型，并在表面上撒上芝麻和葱花，然后点燃柴火将馕坑烧热。待火苗快要熄灭时，将馕的背面抹少许盐水，贴到炽热的馕坑内壁上，用柴火的余烬将其烤热，中间也不再翻转。"[④]前面讲过，当西域胡商在隋朝末季大量涌向长安之后，胡饼迅速在市民中盛行起来，应该与它用小麦面做原料以及馕的出现有关。

饆饠，亦作毕罗，它是唐代从西域传入的新食品。[⑤]可惜，因唐宋史籍对饆饠的记载非常笼统和简略，所以人们至今都很难识其庐山真面目。也许正因如此，学界才对饆饠的认识颇多歧义。

首先，关于饆饠名称的来历，学界有多种说法。《唐语林》云，毕罗者，因"蕃中毕氏、罗氏好食此味"[⑥]，遂将饆饠传入了长安；[⑦]日本学者桑原骘藏认为，安国西百余里有毕国，其人经常到内地来贸易，故饆饠这种食物也随之传入长安；还有学者认为饆饠是穆斯林民族语的译音。如伊朗语作Pi·lau，或作Pi·law；印度语作polāab，或作palāab，亦作Pilau；土耳其语作polāak；而印度语的-b与土耳其语

---

① 《隋书》卷八三《高昌传》，中华书局，1987年，第1847页。
② 华林甫：《唐代粟、麦生产的地域布局初探》，《中国农史》1990年第3期。
③ 新疆社会科学院考古研究所编：《新疆考古三十年》，新疆人民出版社，1983年，第78页。
④ 吴建伟、李小凤：《胡饼考》，《回族研究》2002年第3期。
⑤ 徐连达：《唐朝文化史》，复旦大学出版社，2003年，第2页。
⑥ 〔宋〕王谠：《唐语林》，见车吉心总主编：《中华野史·唐朝卷》，泰山出版社，2000年，第438页。
⑦ 向达：《唐代开元前后长安之胡化》，见《北京图书馆同人文选》编委会编：《北京图书馆同人文选（1912—1987）》，书目文献出版社，1987年，第93页。

的-k均属词尾，习惯上部发音。①

其次，饆饠究竟是面食，抑或是米食？学界分歧较大，至少有三说：面饼说②、手抓饭说③及"一种包有馅心的面点"④说。吴晓铃认为：饆饠"是伊斯兰教的主食，即将稻米拌以酥油和以牛羊肉或鱼虾，干鲜水果如葡萄干、菠萝、杧果之类，调以丁香、肉桂、胡椒、咖喱和小茴香等香料，蒸熟后食用"⑤。色、香、味俱佳，这是持饆饠为手抓饭说的主流观点，甚至他们以《酉阳杂俎》所说"韩约能作樱桃饆饠，其色不变"⑥为证据。实际上，唐代穆斯林是否以稻米为主食，目前尚有疑问，因为穆斯塔法哈里发曾在945年举办了一场豪华宴会，当时讨论的主要话题就是食物，而客人们讨论最热烈的"稀有菜肴"中便包括大米、茄子、柠檬和糖⑦，这个史例说明，至少在宋代以前入住中国的穆斯林还不可能以稻米为主食。相对而言，说饆饠是一种有馅的面制食品，则比较接近唐朝历史的客观实际。其主要理由有四。一是《岭表录异》卷下载："赤蟹，母壳内黄赤膏，如鸡鸭子黄。肉白如豕膏，实其壳中，淋以五味，蒙以细面，为蟹饆饠，珍美可尚。"⑧这是唐人刘恂的记述，应当具有较强的客观性和真实性，由此可知，饆饠的特色在于"淋以五味"，有馅，并且须"蒙以细面"，而"细面"是指小麦面。二是《卢氏杂说》云："翰林学士每遇赐食，有物若毕罗，形粗大，滋味香美。"⑨用"形粗大"来形容饆饠，它显然不是指手抓饭。对此，高启安有一段很精当的考述，他说："《太白阴经》中记载有一种食物，叫'餶饠'，有研究者认为'餶饠'为'饆饠'之形误，如此，则每枚用面一合多。其实，饆饠在今天不仅仍在流传，而且仍叫这个名字。据《新疆纵横》一书介绍，'比罗什给与苏波是俄罗斯族的风味特产。比罗什给在俄语中是馅饼之意。其做法是先将米饭蒸熟，牛肉切碎炒，放葱头及花椒、大料等调料，然后将炒熟的牛肉与米饭混在一起搅拌成馅，这时，和好面，用手拍

---

① 吴晓铃：《释饆饠》，《中国烹饪》1985年第12期。
② 曾昭聪：《魏晋南北朝隋唐五代词源研究史略》，语文出版社，2010年，第126页。
③ 方亚光：《唐代对外开放初探》，黄山书社，1998年，第36页。
④ 邱庞同：《饆饠小考》，见邱庞同选编：《烹饪史话》，中国商业出版社，1986年，第469页。
⑤ 吴晓铃：《释饆饠》，《中国烹饪》1985年第12期。
⑥ 〔唐〕段成式：《酉阳杂俎》，见林文照主编：《中国科学技术典籍通汇·综合卷（2）》，河南教育出版社，1993年，第702页。
⑦ ［美］斯瑞·欧文：《大米的正确吃法》，东方出版社，2010年，第39页。
⑧ 〔唐〕刘恂：《岭表录异》卷下，见李新宇、周海婴主编：《鲁迅大全集·学术编（1911—1912）》，长江文艺出版社，2011年，第63页。
⑨ 《太平广记》卷二三四《御厨》，中华书局，1986年，第1792页。

成很薄的皮，包上馅，再拍成扁形馅饼烧烤到熟。'"①三是据《酉阳杂俎》记载：长安皇城南长兴里有饆饠店，有一天，国子监明经梦见自己与邻房数人一同进入长兴里饆饠店，次日忽见长兴店子入门质问他为什么昨天吃饼锣不给钱，长兴店子说："郎君与客食饆饠计二斤，何不计值而去也？"国子监明经争辩说："我与客俱梦中至是，客岂食乎？"店主惊曰："初怪客前饆饠悉完，疑其嫌置蒜也。"②这里以斤计算售出的饆饠，而且与蒜一起吃，故而"认为它是一种面食的观点更正确些"③。四是《太平圣惠方》载有"溲面作饆饠，炉里煿熟"④的饆饠食疗方。有学者释饆饠："饆饠，即小饼也。此饼肉蔬相配，药食户佐，经文火烤熟，性温味香而脆，适用于脾胃虚寒诸症。"⑤需要特别强调的是饆饠有馅，它可根据客人的不同口味而进行调配制作，因此之故，唐代便出现了樱桃饆饠、天花饆饠、蟹饆饠等各种名称，它从一个侧面表明饆饠是"烤制的多馅圆面饼"⑥。

除胡饼、饆饠、烧饼之外，胡食系列的清真食品中尚有餢飳及搭纳等。⑦据《慧琳音义》释：餢飳系一种油饼，"本是胡食，中国效之，微有改变，所以近代方有此名"⑧。可见，餢飳很可能是唐代出现的经过改良的穆斯林面食之一。与此相连，有学者认为搭纳是指油酥饼。⑨当然，唐代的胡饼、烧饼及饆饠，从其食料的组成看，明显受到了穆斯林面食文化的影响，它们大都符合穆斯林教法，无疑是"纯洁的、可口的、富有营养的食物"⑩。

二、肉类食品：烤羊肉、烹煮羊肉及其他

在穆斯林的肉类食物中，像牛、羊、鹿、驼、獐、狍、鸡、鹅、鸭、鹌鹑、鸽等以谷草为食的动物被看作是"佳美的食物"，因而被提倡食用。此外，在净水

---

① 高启安：《唐五代敦煌饮食文化研究》，民族出版社，2004年，第164页。
② 〔唐〕段成式：《酉阳杂俎》，中华书局，1981年，第203页。
③ 刘一正：《仰缶庐谈吃》，中国社会科学出版社，2009年，第294页。
④ 刘一正：《仰缶庐谈吃》，中国社会科学出版社，2009年，第611页。
⑤ 丁涛、蒋力生主编：《中国历代名食荟赏》，江西教育出版社，1999年，第671页。
⑥ 夔明：《饆饠考》，《中国烹饪》1988年第7期。
⑦ 〔唐〕慧琳：《陀罗尼集·一切经音义》卷三七，中华佛教百科文献基金会，1997年，第611页。
⑧ 〔唐〕慧琳：《陀罗尼集·一切经音义》卷三七，中华佛教百科文献基金会，1997年，第611页。
⑨ 孟学文：《锦绣中华宝典》，当代中国出版社，1998年，第3455页。
⑩ 张志诚：《漫话伊斯兰教的礼仪习俗》，《当代宗教研究》1994年第4期。

中自然生长或人工饲养的鱼类包括有壳的生物，如虾、海螺及贝类，食用也是合法的。在此前提下，笔者根据有关文献记载，简要介绍几种唐代的穆斯林肉类食品，仅供参考。

（一）烤羊肉

对于唐朝汉人屠宰牲畜的技法，苏莱曼《中国印度见闻录》（851—852）这样记述：他们"不是割其喉让血流出，而是击其头至死"[1]。这种屠宰牲畜的技法不科学，更不卫生。与之不同，穆斯林屠宰牲畜则须要"割其喉让血流出"（在正常情况下，须在喉结下与上锁骨的中间屠宰，为了保证体内的血液流尽，须割断气嗓管、食嗓管、动脉管和静脉管），这样不仅能保证肉质的鲜美，而且更洁净。受中国穆斯林屠宰牲畜技法的影响，唐代长安屠户宰羊，已经学会了割喉，而不再采用"击其头至死"法。如《太平广记》载："唐总章咸亨中（668—674）京师有屠人，积代相传为业"，其宰羊法"持刀刺颈"。[2]考苏莱曼前面所记述的是广州的情形，与广州屠户的宰羊法不同，唐朝长安的屠户宰羊已经学会用割喉法了。

另从《太平广记》的记载来看，唐代长安的羊肉消费居其肉类食用量之首，这种现象的出现，显然与大量穆斯林稳定地生活在长安有关。如众所知，波斯烤羊肉（羊肚闷烤）虽然早在魏、晋时即传入中原地区[3]，"但波斯烤羊腿却始于唐代兴盛于长安饮食市肆，是豪门贵族享用的重要美食。其所用配料有芹菜、西红柿、葱头等，都是经陆上丝绸之路从西域传入我国的菜蔬"[4]。唐中宗景龙三年（709），韦巨源在向皇帝进献的烧尾宴中，就有几道具有穆斯林风味的清真烤羊肉[5]：一是红羊枝杖，意即"蹄上裁一羊"[6]，学者多认为是"烤全羊"。[7]从技法上讲，香味浓郁、外焦里嫩的清真烤全羊，用"红"来概括其特点，确实十分恰当，它体现了烤制的过程必须对羊肉的肉性和火候的控制都要达到一个比较高的水准。二是格食[8]。格是古代一种令人在烧红的铜格子上行走的刑具，唐代用它来烤肉。其做法是：将

---

[1]〔阿拉伯〕苏莱曼：《中国印度见闻录》，穆根来、汶江、黄倬汉译，中华书局，2001年，第23页。
[2]《太平广记》卷一三二《屠人》，中华书局，1986年，第94页。
[3] 孙桂本：《餐饮》，中国人事出版社，1997年，第77—78页。
[4] 李保定：《中国名菜》，机械工业出版社，2011年，第133页。
[5] 樊志民：《中华饮食文化》，见《问稼轩农史文集》，西北农林科技大学出版社，2006年，第376页。
[6]〔宋〕陶谷：《清异录（饮食部分）》，中国商业出版社，1985年，第13页。
[7] 朱伟编：《考吃》，中国书店，1997年，第107页。
[8]〔宋〕陶谷：《清异录（饮食部分）》，中国商业出版社，1985年，第8页。

上等的羊肉、羊肠、羊肚等洗净，分别以胡椒、藿香、孜然（亦称安息茴香）、干辣椒、丁香、葱、姜、大蒜等调料腌渍入味后，外面裹上一层豆粉，然后放在铜格上，下面用慢火烤制。三是升平炙，治羊、鹿舌拌，三百数。①此道名吃的做法是：将300只羊、鹿的舌头，切成薄片，在铁盘上炙烧。在当时，那种豪奢场面令人咂舌。此外，《杜阳杂编》卷下载有两道宫廷清真名吃，即灵消炙与红虬脯，是同昌公主下嫁时，唐懿宗所赐。其中"灵消炙，一羊之肉，取四两，虽经暑毒，终不见败。红虬脯，非虬也，但伫于盘中，则健如虬，红丝高一尺，以筋抑之无数，分撤则复如故"②。据考，灵消炙食材新鲜，制作方法繁复，类似于现在四川的灯影牛肉，它很可能是取羊腿上的腱子肉或坐臀肉，切成大薄片，经过晾、腌、烘、蒸、炸、再晾等工序后才能食用。这样，"由于肉质已去尽水分，久煮成干"③，可以贮存较长时间。与之相关，红虬脯则是取羊肠或牛筋之类，治净，加盐、丁香、葱、姜、藿香、孜然等调料腌制，然后用火烤干食用。见者、尝者无不叹为观止。

（二）烹煮牛羊肉

前述韦巨源烧尾宴除了烤羊肉之外，还有烹煮的牛羊肉，如通花软牛肠④是用羊骨髓和其他辅料作为原料灌入牛肠，然后用羊油烹制而成；水炼犊系用小牛犊肉（治净，切成大块）加葱、姜、茴香、孜然、盐等佐料，放入盛器，用旺火笼蒸，直至肉质酥烂、汤汁醇浓。⑤逡巡酱⑥则是用鱼和羊肉在很短时间内所做成的肉酱，味道鲜美，故有"水陆同烹，鲜味相乘"⑦之说。而羊皮花丝⑧是一道风味独特的温拌菜，而且全部是荤菜。在这里，"皮"取"脿"的谐音，因为古代牛羊胃（即百叶）亦称"脿"。"花丝"是指把洗净的羊胃及羊肚切成一尺长的细丝，入烹而成，显见它对刀工的要求之精。

总之，穆斯林牛羊食品对唐代长安饮食业的影响巨大，尤其是清真小吃，不仅

---

① 〔宋〕陶谷：《清异录（饮食部分）》，中国商业出版社，1985年，第11页。
② 〔唐〕苏鹗：《杜阳杂编》卷下，见车吉心总主编：《中华野史·唐朝卷》，泰山出版社，2000年，第758页。
③ 周三金编：《中国历代御膳大观》，文汇出版社，1996年，第170页。
④ 〔宋〕陶谷：《清异录（饮食部分）》，中国商业出版社，1985年，第7页。
⑤ 周三金编：《中国历代御膳大观》，文汇出版社，1996年，第164页。
⑥ 〔宋〕陶谷：《清异录（饮食部分）》，中国商业出版社，1985年，第10页。
⑦ 陶文台：《中国美食经》，中国农业出版社，1995年，第44页。
⑧ 〔宋〕陶谷：《清异录（饮食部分）》，中国商业出版社，1985年，第10页。

文化底蕴深厚，而且还引起了长安各族居民在生活方式方面的多种变化。第一，增加了许多新食物原料，如水产品有嘉鱼、鳜鱼、黄腊鱼、比目鱼、虾类、蟹类等，仅见于烧尾宴食单中的就有光明虾炙（煎活虾）、白龙曜（鳜鱼肉）、凤凰胎（烧鱼白）、丁子香沐脍醋（五香鱼片）及金银夹花平截（细蟹肉卷筒）等，极大地丰富了唐代都城的饮食内容。第二，烹炙牛羊肉的穆斯林香料，通过陆上丝绸之路输入中原，其中用于调味的主要香料有乳香、丁香、安息香（孜然）、胡椒、桂皮、小豆蔻、小茴香以及黄栌单宁等。如烧尾宴食单中的乳酿鱼和丁子香沐脍醋，分别为乳香和丁香味。[1]诚如英国作家马斯格雷夫所说："香料滋润着人们的生活，使生活变得更为丰富多彩：它是药品，可以治病；是调料，可使饭菜可口；是香水、润肤剂和春药，可使人心旷神怡。"[2]第三，穆斯林制作牛羊肉技法与吃法的传入，使唐代长安城里的牛羊肉滋味更加香美。从美食的角度讲，味是古今烹饪的核心。当时，长安地区喜用阿拉伯香料调味，虽然有地理、气候的因素，但受穆斯林食俗的影响则是可以肯定的。又如水炼犊的技法要领是"炙，尽火力"[3]，而暖寒花酿酢蒸的技法要领则是"耿烂"[4]，等等。这些烹饪方法明显吸收了穆斯林蒸羊羔肉的制作特色。由此可见，在唐代，随着中国和穆斯林之间经济贸易的频繁往来，由阿拉伯传统食品所派生出来的清真美食，"它以饮食唯良、必慎必择、严格卫生、讲究营养和注重保健而自成体系"[5]，对丰富中国饮食风俗和烹饪技术都做出了不可或缺的历史贡献。

三、结论

唐代穆斯林商人把富有阿拉伯民族传统特色的面食及肉类食品传入中国，确实对中国传统饮食结构的变化产生了巨大影响。如在面食方面，除了使中国传统食物的品种和做法更加丰富多样外，其在制作过程中，巧妙地将面食与鲜肉、葱、姜、茴香等辅料结合起来，从而使食物的口感更加香甜。在肉类加工方面，其屠宰技术不仅更适宜于保持生肉的新鲜和营养，而且便于以后汉民对动物血液的科学加工和

---

[1] 邱庞同：《中国菜肴史》，青岛出版社，2010年，第182页。

[2] ［英］托比·马斯格雷夫、威尔·马斯格雷夫：《改变世界的植物》，董晓黎译，希望出版社，2005年，第5页。

[3] ［宋］陶谷：《清异录》卷下，见朱易安、傅璇琮等主编：《全宋笔记·第1编（2）》，大象出版社，2003年，第103页。

[4] ［宋］陶谷：《清异录》卷下，见朱易安、傅璇琮等主编：《全宋笔记·第1编（2）》，大象出版社，2003年，第103页。

[5] 洪梅香、刘伟：《回族清真美食文化》，宁夏人民出版社，2010年，第78页。

利用。众所周知，隋朝盛行吃腌制的生羊脍，这种风习延至唐代。与之不同，穆斯林民族对羊肉加工非常注重鲜肉的营养和香料调味，故重烹煮，这种烹煮羊肉的方法符合现代饮食科学的健康理念，今天愈益受到广大民众的青睐。

原载《青海民族研究》2014年第4期
（吕变庭，河北大学历史学院教授）

民国时期古都西安产业空间转型研究

任云英

近代中国的城市都经历了工业革命所带来的变革冲击,并逐渐替代了农业社会缓慢发展和维新式的发展模式。古都西安在近代发展中所经历的变化,具有内陆城市发展的典型性[1]:这是一个从千年古都的空间格局中延续发展并适应近代中国政治、经济、军事和文化格局,表现出不断更新、发展的过程,是城市管理制度不断完善、城市空间格局变革发展以及城市内部空间所呈现的社会民主化过程。虽然,这个阶段还夹杂着战争威胁和旧有城市在管理、建设方面存在的自身固有特性,以及人们的思想观念还处在逐步适应这一变化过程中等,但其奠定了中华人民共和国成立后,古都西安延续发展的物质空间建设规划的基础。因此,这一转型时期对古都西安城市的发展来说是至关重要的阶段。

本文从民国时期古都西安的近代产业发展与转型入手,从产业空间发展的脉络中蠡窥其近代转型发展的特征。

一、地理基础与地缘政治空间秩序中的重新定位过程

近代西安延续了都城选址的地理基础,因而城市的发展受到历史时期地缘政治结构的影响。国都择址作为一种"区域空间现象",往往是"从全局范围内评价所选都城在区域空间中的特殊位置和区位优势"[2]。加拿大城市史学家吉尔伯特·斯蒂尔特认为:"在地区的背景下对城市进行研究是一种系统的研究方法,这种研究的意义在于提供了一种关系基础。这一关系基础并不是反对具体的研究,而是对具体研究的一种补充。"[3]可以说,近代百余年间,西安经历了重要的转型发展时期,其城市定位始终处于地缘政治结构下区域空间权衡的动态过程当中。

---

[1] 任云英、朱士光:《近代西安城乡居住空间结构及其形态特征初探》,《西北大学学报》(自然科学版)2005年第35卷第2期。
[2] 侯甬坚:《历史地理学探索》,中国社会科学出版社,2004年。
[3] 姜芃:《城市史研究中的都市——地区理论》,《史学理论研究》1997年第4期。

近代西安城址位于隋大兴城和唐长安皇城的基础之上，注重政治、军事地理和腹地的农业生产和粮食储运的交通条件。清陕西巡抚毕沅在其所著《关中胜迹图志》序中写道："陕省外控新疆，内毗陇蜀，表以终南太华，带以泾渭洪河，其中沃野千里，古称天府四塞之区，粤自成周而后，以迄秦汉隋唐，代建国都。"①当时人们对这一地区地理特征的总结和认识不仅仅是单一的军事要素，更有"厥田上上"、物产丰富的资源优势。可以看出，当时人们是将关中作为一个整体来看待的，即国都之腹地范围。

从宏观区域来看，西安位于关中平原中部，关中又是我国经济开发较早的地区，除天然国都腹地这一优越条件外，关中还与外地一直保持着密切的商贸经济往来：东出潼关、函谷关，是关中通往东方的咽喉要道；东南过崤关、蓝关和武关，是通往南阳、襄樊的大道；西越陇山沿渭河向西，是通往西北的必经之路；南部的秦岭，通过褒斜道、陈仓道、子午道等通往汉中、四川。因此，唐末以降，西安沿袭了曾经为都的选址优势，具有"内制外拓"的地理基础，加之所具有的农业经济优势，使政治中心可以依托于农业经济腹地，成为历代所重视的军事战略要地。

从微观地理条件看，近代西安城市范围集中于关中中部西安小平原②，小平原上河流密集，泾、渭环其北，潏、滈绕其南，沣、涝经其西，灞、浐流其东。据现代水文观测资料，灞河之年平均径流量为6.46亿立方米，浐河为1.8亿立方米，沣河为1.49亿立方米，涝河2.24亿立方米，洨河（或称滈河）为1.19亿立方米，合计为13.18亿立方米，再加上泾、渭二河之部分水量，西安小平原所拥有的河川径流量在关中地区是颇为丰富的。

晚清时期，西安仍然是封建君主掌控西北的战略要地。但是，在辛亥革命后，随着晚清封建统治的彻底瓦解，基于政治、军事、经济、社会文化以及环境变迁等各种因素，城市空间适应社会发展的需求，或破或立不一而足，推动了农业文明向工业文明的转变，亦即早期现代化进程。近代工业成为城市发展的一个主导因素，而工业发展的开放性需求与适应农业经济社会的、相对封闭的地理空间具有的"优势"条件产生了一定的矛盾。在现代工业文明的冲击下，一些曾经的优势逐渐丧失，但西安的政治、军事地位始终得到当政者的重视。因此，近代百余年间，西安城市空间发育的地理基础及其自身固有特征，呈现出在地缘政治空间秩序中的重新定位过程。

---

① 〔清〕毕沅：《关中胜迹图志序》，见《丛书集成续编》第235册《史地类·湖南地理、四川地理、河南地理、山西地理、陕西地理及其地方史》，新文丰出版公司印行。
② 朱士光：《汉唐长安地区的宏观地理形势与微观地理特征》，见《中国古都研究》（第2辑），浙江人民出版社，1986年，第8—15页。

二、"商贸重镇-贸易边疆"的区域空间模式的演变

从区域经济发展的角度看,经济空间扩张往往突破政治和军事边疆,因经济因素的作用而有所变化。虽然政治、军事因素往往对经济空间的扩张具有非常大的影响,但是最终对经济空间即生产、消费及流通市场产生影响的是经济利益的驱使和经济规律的作用,即内因。西安地处内陆,产业并不发达,主要以小麦、米、棉花等农产品为主业,但作为西北地区的商贸重镇,以西安为中心的关中地域及其辐射范围的形成,更多地表现为以西安为中心的商业贸易活动范围,或称贸易边疆。明清以来,陕西商帮以其特有的经济条件开拓了西北、西南和东南的贸易区域市场,西安地区成为兰州的水烟,西北的皮毛、药材,西南的药材、木材,东南的茶叶、布匹等的集散地。同时,商业运输借助军事交通的经营而得以发展。其布匹远销甘肃、青海、新疆等地,水烟、皮毛远销天津、上海,棉花则销往上海。因此,近代西安城市经济的扩张以商业贸易等流通领域的空间拓展为典型特征,表现为"商贸重镇-贸易边疆"的区域空间模式。这一范围与军事、政治边疆并不完全吻合,而是基于市场的影响范围有所伸缩,往往与商业交通的运输格局息息相关。

近代以西安为中心的商业运输格局,自陇海铁路伸展至西安后有所改变。1934年陇海铁路展至西安,从此,西安成为贯通东部沿海和西北地区的交通枢纽。在当时特定的历史时期,也成为连通西南地区的重要交通枢纽,陇海铁路使近代西安潜在的经济地位得到全面提升,也是西安城市近代工业迅速发展的一个重要激发因素。

关中为重要的产棉区,原来由兰州经平绥铁路运出的陕西棉花,现在则直接可从西安经陇海铁路运输,这也促使西安的棉花打包业务得以发展。同时,陇海铁路满足了大量产品进、出的工业运输需求。因此,陇海铁路的修通,使西安以贸易为中心的区域经济地位有了新的变化,工厂逐步建立起来,西安的纺织业、化学工业、机械工业等均开始有了新的起步。工业发展是西安城市近代化的重要表征,即西安制茶砖、加工毛皮、印制布匹等手工业为主的产业结构逐渐向工业化发展。更为重要的是,陇海铁路的交通功能及其影响,导致了以西安为中心的关中地区沿铁路线城市群的逐步发展。

综上所述,近代西安的发展,基于曾为都城的选址优势,凭借其自然农业条件、水利条件以及城市交通和军事防御等条件,在相当长的时期内仍然保持着农耕文明的发展优势。这一优势在面对近代工业的发展和现代交通技术的进步时,其原来所具有的优势条件相应地转化为以适应农业文明向工业文明发展的需求。但是,这一过程需

要相应的资本积累、技术进步、交通条件和资源条件。对于西安而言，近代时期兵燹、灾荒、瘟疫等使地方经济凋敝，缺乏内在的发展动力，辛亥革命后的北京政府时期，西安是各种势力争夺的战略要地，兵燹不断，缺乏发展的基本条件。

南京政府时期，国民党中央政府依然以国防军事建设为其工作中心，据中国国民党第四次全国代表大会的重要决议案（1931年11月）中关于"国家建设初期方案"中提出"建设纲要有三：①以国防建设为中心；②以假想敌为建设对象；③以必要与可能为建设范围。其建设方案亦有三：①军事建设；②经济建设；③教育建设"[①]。可见，政策层面对军事建设的倾斜无疑也使经济的发展缺乏外在动因。因此，作为"西北重镇-军事边疆"的重要核心及其功能的倾斜，使近代西安在区域空间权衡中失去了发展经济和民族工业的先机。但是，在抗日战争时期，由于西安自身的军事战略地位和凭依潼关黄河天险，使其成为战争后方，刺激了军事工业和军事物资的生产，其工业和城市经济的发展又在战争时期得到一定的发展。

三、近代西安城市产业发展的时段特征

近代西安城市产业发展具有以下四个阶段性特征。

其一，近代工业初始时期，发轫于军械工业，这一阶段，以西安机器制造局为标志，是西安近代产业的起点。同时，民用工业以手工业为主体，从自给自足的自然经济向商品化方向迈进。由于战争和灾荒等因素，其发展较慢，不能满足人口增长的需要，同时无法与外来商品竞争，而只能在缓慢发展中积累资金与技术力量。这是近代机器工业发展的酝酿阶段，该阶段城市产业以传统手工业占据主导。

其二，近代民用机器工业的起步（1926—1939），以陇海铁路至潼关为契机，西安逐渐有了机器铁工厂（1926），又随着陇海铁路展至西安（1934），机器织布业开始设立并投入生产（1936）。军器工业虽早在1869年创办，但经围城战役之后几乎倒闭，后于1927年得以恢复重建。上述举措均对该时期西安近代机器工业的规模起到一定的促进作用。同时，在战争一触即发和西北开发声浪日高的情况下，作为陪都，西安成为投资商看好的热点就成了必然。因此，在陇海铁路西展至西安前后，这里先后建立起了机器纺织工业、机器面粉工业、铁器工业以及化学工业等，使传统工业占据主导的产业结构有所改变。

其三，近代工业持续发展阶段（1939—1945），也就是抗日战争时期，西安机器工业和手工业发展表现在两个方面：一是民族工业内迁，加快了西安近代工业发

---

① 中国第二历史档案馆编：《中华民国史档案资料汇编》第5辑第3编"政治（二）"，江苏古籍出版社，1998年。

展的步伐；二是西安作为抗战的大后方，在缺乏外援的情况下，为满足军需和大量涌入的人口需求，也刺激了自身近代工业的发展。另外，民族工业内迁，使近代机器工业在城市产业结构中所占比重有较大提高。但是，由于战争因素，机器工业的发展受到了一定程度的制约，相较之下，手工业的发展较快一些，呈现出此消彼长的现象。

其四，战争后期，西安遭到日机轰炸，导致一些工厂外迁，这在一定程度上打击了西安机器工业的发展，加之西安不再具有战争后方的优势，同时陪都的撤销、国家建设方向的战略转移，这些都成为西安经济发展的不良因素。最为致命的打击是由于货币贬值和金融秩序混乱，西安近代经济产业原本脆弱的结构受到极大破坏。

近代西安产业具有二元结构的特点：一方面，近代机器工业逐渐发展，在产业结构中所占比例逐渐上升，打击了竞争型手工业如纺织业的发展。但在战争时期，机器工业又受到严重制约并导致近代工业生产能力下降且趋于萎缩，这时竞争型手工纺织业又替代了其不足，并因军需而使生产有所发展。另一方面，在新式手工业发展的同时，非竞争型传统手工业依然保持了一定的发展势头，且以小资金和传统手工作坊式劳动推动了近代产业的发展。

四、工业化初期区域产业空间格局

近代西安在陇海铁路修通之前，地域的农业经济较为发达，绝大部分人口从事农业，但区域生产力水平却很低，以自给自足的小农经济为主，没有大规模的农业商品生产基地，以县治为依托的手工业和集市贸易在区域经济中较为活跃，并在一定程度上起着组织区域商品生产和流通的作用，呈现出传统社会的产业格局特征。

随着陇海铁路西展，尤其是抗战时期民族工业内迁后，近代工业得到了迅速发展，逐步向以现代工业为主的工业化结构转变，形成以纺织、机器、食品、化工为主的近代工业产业结构。但是，由于交通运输业不够发达，经济发展的外部环境非常不利于工业的集聚发展，因而城市布局呈现出分散的状态，城市间经济联系松散，现代城市产业体系尚未形成。总体上，区域产业格局仍处于工业化发展的初级阶段。

在这一过程中，近代机器工业与传统手工业出现了此消彼长的态势，形成两种生长过程。

第一，具有竞争型的近代机器工业和传统工业之间的消长过程。一类是以纺织业为主的竞争型产业。一方面，机器纺织工业在陇海铁路修通之后逐渐发展，加之外来商品的倾销，使地方的手工纺织业受到很大打击；另一方面，战争因素导致大的机器工业生产因原材料等短缺而关闭、破产或萎缩，手工业虽在军需生产中得到了一定的发展，但这种发展的动力并非来自自身的生产技术改造或生产效率的提高，因此，这种表面繁荣在战争结束后必然回落。另一类是基于区域经济布局的区位优势，有以皮革业为主的在中心城市与其他城市之间的竞争型产业，由于西安的地理位置、交通以及社会、经济和文化中心的地位等，使其能得以优先发展。

第二，非竞争型传统工业在自我发展空间中，由于占据着原材料产地、环境及手工工艺等优势条件而逐渐发展，但受销售、市场需求以及战争局势等因素影响而有所波动。

在这一此消彼长的过程中，以陇海铁路的修通和抗日战争民族工业内迁为两次契机，前者使近代机器工业逐渐发展，后者使其数量迅速扩大。总体上看，直到1949年，这一此消彼长的局势并未有大的改观。

据陕甘调查统计显示，在陇海铁路修通之前，陕西的"'现代工业'难以言及，所有工业9/10仍系古老的工业方法，与旧式的工业生产品而已"①。陕甘调查将陕西的工业列举了14项，包括酿酒业、绢织业、棉织业、毛织业、烟草业、淀粉业、罐头业、蜡烛业、火柴业、造纸业、皮革业、工业药品、陶器业、金属品业等（表1）。从其地理空间来看，主要分布在关中，而关中以长安、凤翔、咸阳为手工业分布较集中的城市，其中以长安（西安）为最，其分布主要沿陇海铁路延展；陕南以南郑、汉中为中心，具有与四川、武汉的交通联系优势；陕北以榆林、府谷、延长、保安等为集中分布的城市，因一方面接近产品原料地，另一方面又位于陕西南北交通主干线上。因此，这一时期陕西工业的区域布局与其地理位置、资源条件等有着极大的关系。

表1 民国二十四年（1935）陕西各地工业年产值统计表

业别	出品种类	每年产品价值（元）	出产地
酿酒业	白米酒	923000	凤翔、凤县
绢织业	缎、绢、纺	330000	凤翔、南郑
棉织业	爱国布、大布、毛巾	50000	长安、凤翔
毛织业	绒、缎	140000	长安、凤县、府谷
烟草业	水烟、叶烟	1350000	保安、白河、榆林
淀粉业	面粉、豆粉	80200000	凤翔
罐头业	食料、肉类、饼干	12000000	长安
制蜡业	蜡	—	长安
火柴业	火柴	66000000	长安、延长

① 陈言：《陕甘调查记》（上），北方杂志社，1936年，第118页。

续表

业别	出品种类	每年产品价值（元）	出产地
造纸业	造纸业	546000	长安、南郑
皮革业	羊皮纸、粉莲纸	3560000	汉中、凤翔、咸阳
工业药品业	硫磺、石膏	186000	长安
陶器业	陶器	652000	南郑
金属制品业	铁制品金银制品	810000	汉中
合计		166746000	

资料来源：

陈言：《陕甘调查记》（上），北方杂志社，1936年。

传统手工业分布更多依赖于原料产地、交通区位以及传统工艺的生产条件等，如手工棉布纺织，在陇海铁路通达之前，土布土纱的产量较多之地有兴平、醴泉、乾县、渭南、三原、泾阳、合阳、高陵、咸阳、韩城、宝鸡等县，"宝鸡之阳平镇，三原之大成镇，均为土纱土布集散市场"[1]。这些地区均为产棉地区。关中各县制毡及制毯业，主要有长安、白水、扶风、横山、三原、榆林、耀县等地。[2]手工制纸业多在关中道，"最著名的有镇巴、西乡、长安、蒲城、凤翔、商县、宁羌等县"。手工制磁（瓷）业以同官为最，白水、澄城、长安、蒲城、咸阳、雒南、商县、南郑、镇安等地均有小规模的磁业。[3]手工制油业，各县均有出口。手工制酒业以陕西凤翔最为著名，产量和销售范围广阔，其余各地亦有制烧酒、米酒的。

关中地区丰富的农业、手工业以及其他地方物产资源与外界的交换功能，由西安与关中地区其他城市基于其产业发展的历史，形成了以关中为核心的包括工业、手工业、矿业、农业种植业等在内的城市地方产业体系。在这个地域内，各个城市借助于自身的资源优势和交通优势在关中地区承担着各自的职能。

近代工业主要集中于西安，传统工业分布于西安与其他各个传统产业生产地。近代城市产业的分布呈现出因产业类型而导致的差异性，由于关中特殊的地理空间特征，形成了沿渭河为主干的东西交通发展趋势，沿渭河的陆路和铁路交通轴线，这也制约了西安区域产业空间的格局。近代西安区域产业空间结构的主要特征体现在工业类型的不同而导致的布局特征，一是因工业产品的市场竞争而产生的分散、孤立的布局特征，二是因对中心城市的服务功能而加强了与中心城市的联系，具有极化发展的

---

[1] 彭泽益编：《中国近代手工业史资料（1840—1949）》（第4卷），生活·读书·新知三联书店，1957年。

[2] 张其钧、李玉林编著：《陕西省人文地理志》，陕西省档案馆藏，1942年，第46页。

[3] 邬翰芳：《西北经济地理》，新华书店，1944年。

趋势。这一空间格局中，西安作为城市地域的中心城市从工业经济发展、区域交通的中心地位以及地域的外部经济作用看，其综合职能作用有了很大的提高。

五、结论

近代西安城市空间基于历史以来都城选址的地理区位优势，不仅发挥其作为西北地区的军事、文化重镇作用，也承担着西北、西南、东南以及东部地区之间的商业贸易职能。在近代百余年的历史发展进程中，由于西安地处内陆，城市对外交通条件闭塞，经济基础薄弱，近代工业经济要素凭借城市自身的原始积累的发展非常有限，而政治因素是其近代发展中最为突出的动力因素之一，西安近代化的每一阶段多依赖国家或者地方政令的推行。以辛亥革命为分水岭，晚清时期所推行的近代化的改革如洋务运动、戊戌变法以及清末新政等，推动了军事工业、官办手工业、新式教育以及新的金融机构的产生，但在新政以前，这些变化是分散的，集中的变化主要发生在新政以后，以清末新政的推行所引发的城市功能的变化与城市空间结构是在国家政治控制范围之内发生的。辛亥革命后，城市适应新的政治体制及其社会经济发展的需求，南京政府时期的西北开发和适应战时需求的陪都的设立，更是将西安城市的发展纳入国家控制的范围。西安近代工业发展的缓慢状态在陇海铁路通至西安后有了大幅度的改变，直接引发了近代工业的全面起步。

在陇海铁路修通西安之前，近代西安地区产业结构的发展，从近代军械工业起步，经历了以自然经济与手工业结合的传统手工业占主导地位，到逐渐形成近现代机器工业生产与传统手工业生产并存的二元格局。近代西安工业化发展过程，亦即近代机器工业的比重逐渐上升的过程。而在以城市为中心的经济产业的近代化进程中，西安以其地理区位和城市集约发展的优势，成为二元结构中近代工业在城市地域集结的大本营，其中心城市的工业生产职能逐渐得到强化，在作为农产品集散地的同时，逐渐成为棉纺织工业、面粉工业生产为主的轻工业产品生产地和对外运输的集散地，以及手工皮革生产和集散的中心。城市在地域中的工业经济中心职能的加强，是实现西安从突出军事战略为主导的西北重镇向近代西北经济中心职能逐步加强的重要阶段，是西安城市近代化转型发展的一个重要特征。

原载《西北大学学报》（自然科学版）2010年第1期
（任云英，西安建设科技大学建筑学院教授）

乳业与城市近代化
——以抗战时期西安市为中心的考察*

耿 磊

近年来，城市近代化逐渐走进学术视野。有学者指出，城市近代化应该涉及人口、人格、社会结构、整合体系及消费、收入、物价、建筑、语言、民俗、衣食住行，乃至物化环境、人文环境、文化生活等各个方面。[①]就饮食而言，西方饮食文化的传入，给中国城市饮食文化的发展注入了新鲜血液。但我国城市对外开放的时间及程度有所不同，引发城市饮食文化的近代化程度亦不尽相同。笔者以胡步铨对西安市乳业的调查报告为中心，结合抗战前后国内其他城市的乳业发展情况，简要探讨西安市乳业的发展过程，进而管窥我国近代城市现代化过程中的一个侧面。

一、西安乳业的兴起

近代对外通商以来，伴随着西方器物及文化的传入，中国的社会文化也随之发生变化。以饮食业为主，东部沿海城市因"西洋之传教士始将乳用牛种传入，其时国人虽亦有经营牛乳场者，然仅供外侨之需用而已。此时因受西洋习俗之影响，科学知识之进步，食之者渐众"[②]。1903年，旅华的美国旅行家记述，传教士在中国"必须自己买奶牛，并需要训练专人来挤奶和饲养奶牛。这个人是传教士所应该雇佣的。美国的牛奶工人非常能干，并且为许多家庭服务。而这里的牛奶工却没有用，必须由传教士来教他挤奶"[③]。也就是说，中国近代乳业的发展，主要受西方传

---

* 由于研究能力的限制，本文涉及的乳业概念范围较为宽泛，包括乳牛、乳场、乳制品及公共卫生机构对乳业的管理等。

① 忻平：《从上海发现历史——现代化进程中的上海人及其社会生活（1927—1937）》，上海人民出版社，1996年。
② 胡步铨：《西京市乳业调查》，《西北资源》1941年第1卷第4期。
③ 盖洛：《扬子江上的美国人》，山东画报出版社，2008年，第295页。

教士的影响，这在天津①、太原②等城市的乳业发展过程中也体现出来。其后，牛乳业逐渐由沿海城市向内地发展。牛乳与身体健康的关系问题也逐渐改变着时人的观念。如1914年，当时人们已认识到我国"卫生思想进步牛乳之需要骤增"③；到了1924年，"牛乳一物，现在吃的人渐次多起来，所以稍微大些的地方，都有发卖。一般人迷信牛乳是独一无二的滋养品，对于小孩也有滥用的倾向"，通过对比牛乳与人乳的营养，建议"至万不得已的时候，始用牛乳，然而牛乳的成分和人乳的不同，系经过一番操作之后，然后可用"④。诸如这些关注牛乳、卫生等思想的出现，反映出当时中国饮食文化中已出现西方卫生、健康等因子，这表明中国的传统饮食逐渐向近代化转型。但总的说来，相对于西方，近代中国的乳业发展一直处于落后地位。1903年，"中国的奶牛产奶量不高，一头奶牛的产奶量还满足不了一个昭通的婴儿"⑤。到20世纪30年代中期，据不完全统计，美国全国乳牛数2400万头、年牛乳产量900亿磅；中国全国乳牛数1万头、年产乳量不到3000万磅。⑥

就西安市来说，在城市的传统饮食中，乳食主要集中于回族等少数民族饮食中，普通市民生活中很少出现。有学者研究认为：羊是西安回族日常生活所必需的肉食、乳食的来源。⑦那么，近代乳业为何在西安兴起，并逐步走进平常的市民生活中，究其原因，应源于两个因素：一是陇海铁路的通车促进乳业的兴起。1936年，钟荣洲认为"我国乳业，仅西北文化落后之区，及华洋杂处之大都市，粗有经营外，他处恐再无乳牛之饲养"⑧。其注意到西北的因素应是基于少数民族饮食的考虑。就西安市的乳业发展，据1938年调查，"西京自铁路通后，乳品之需要日增，因而投机经营是业者渐多"⑨。到1941年，胡步铨在调查中提到"西京市之牛乳事业究始于何时，尚无确切之记载，据各经营者言，十余年前即已萌芽"，"陇海路通车后，人口渐增乳品之需要日切，因之经营者（乳业——引者）亦日多"。⑩有鉴于此，笔者认为近代西安市的乳业开始于20世纪30年代，而兴起的原因得益于1935

---

① 《天津市乳业调查》，《行总农渔》1947年第4期。
② 焦培桂：《太原市牛乳业现状》，《农业周讯》1941年第11期。
③ 陈绣贞：《牛乳与卫生》，《女子世界》1915年第5期。
④ 陈卓人：《牛乳和人乳的比较》，《妇女杂志》1924年第3期。
⑤ 盖洛：《扬子江上的美国人》，山东画报出版社，2008年，第295页。
⑥ 尤志迈：《都市的牛乳业》，《市政评论》1936年第4卷第3期。
⑦ 王宗维：《清代中叶前西安地区回族的分布和经济生活》，三秦出版社，1988年，第113页。
⑧ 钟荣洲：《上海牛乳业之概观》，《农声》1936年第203—204期。
⑨ 沙凤苞：《陕西关中沿渭河一带畜牧初步调查报告》，《西北农林》1938年第2期。
⑩ 胡步铨：《西京市乳业调查》，《西北资源》1941年第1卷第4期。

年陇海铁路通车。二是战争引起人口西迁。自九一八事变起，日本逐渐加大侵华步伐，引发中国东部人口向西部的迁移，日常生活习俗随之注入，影响到当地的饮食生活。西安"局势相对较为平静，再加上民国中央政策的倾斜、抗战时期东部沿海地区工商业内迁"等，致使1932—1945年的西安"人口激增、工业化程度提高，社会生活空前活跃"。[1]据统计，1935年，西安市区人口为15万之多，比1932年以前增加50%；[2]1936年底，西安城区人口突破20万；1938年底，陕西省民政厅调查西安城区人口为24万之多。[3]大批的移民，其中不乏知识分子、官员等，这些群体移居到西安，其原有东部城市生活习惯嵌入，自然成为促使西安乳业兴起的重要因素。

二、西安乳业的经营情况

对于抗战时期西安市乳业的大致经营情况，我们可从以下几个方面来获知。

1. 乳场规模及乳畜品种

据1938年统计，西安市的乳场共有14家，最大的是西京牧场，共有20余头乳牛，日产乳300余磅；最小的乳场仅有乳羊20余头，日产乳20余磅。[4]因遭受日军轰炸、经营不善等因素，到1941年，西安市乳场变成11家。[5]这些乳场所拥有的乳牛，部分是外国品种，如"西京牧场系由开封济汴中学购来，健民牛乳场则购自太原健纯牛乳场，中西牛乳场则购于徐州，西北牧场由青岛运回。其他较小乳牛场之荷兰杂种乳牛系西京牧场因品质低劣而被淘汰者"。各乳场的国内品种乳牛主要是秦川黄牛，"购于西京市附近之农村"[6]。部分乳场的羊是瑞士种奶羊，但因"交配过早，体格较小，品质低劣，泌乳能力较弱"[7]。也就是说，抗战时期，西安的乳畜品种是混合状态，而且外来品种的品质也并不是优良的。这是近代中国非沿海城市乳业初步发展时的普遍现象，如据1935年调查，南昌、九江两地的牛乳场"采用本国乳牛者多，采用外国种者少"[8]。而引用国外乳牛的乳场大多是20世纪30年

---

[1] 吴宏岐：《西安历史地理研究》，西安地图出版社，2006年，第355页。
[2] 吴宏岐：《西安历史地理研究》，西安地图出版社，2006年，第355页。
[3] 史红帅、吴宏岐：《西北重镇西安》，西安出版社，2007年，第258页。
[4] 沙凤苞：《陕西关中沿渭河一带畜牧初步调查报告》，《西北农林》1938年第2期。
[5] 胡步铨：《西京市乳业调查》，《西北资源》1941年第1卷4期。
[6] 胡步铨：《西京市乳业调查》，《西北资源》1941年第1卷4期。
[7] 胡步铨：《西京市乳业调查》，《西北资源》1941年第1卷4期。
[8] 家豪：《江西牛乳事业概况》，《经济旬刊》1935年第5卷第15期。

代初期成立的。

2. 乳场建筑及设备

1938年时，"一般乳商之牛舍均为家屋改造者"[1]。到1941年，"除西京牧场为特建之草房外，余则多利用旧式之瓦房住宅"；各牛乳场乳室也"多利用旧式住宅，设备简陋，常与住室密接，或即于住室中处理牛乳"。[2]由此可见，西安乳业虽经历了几年发展，但养殖场地仍较原始。就乳场的设备而言，"西京牧场及益群牛乳公司各有二号手摇乳皮分离器一具，西京及健民各牛乳场皆有打滤盖机及滤器，健民牛乳场有一铜质牛乳冷却器，系太原出品；西京牧场之铜质乳罐及小口榨乳桶，系美国出品"，"其他各场之牛乳用具多为自制，或利用他种盛器"，就连装乳制品的瓶子，"各牛乳场均利用汽水瓶、墨汁瓶或其他之小口杂瓶"，乳瓶"皆加用木塞"。[3]总而言之，西安市的乳场除个别采用新式生产设备外，很多乳场处于很原始的生产状态。

3. 乳制产品及销售

各乳场的主要产品一般都是炼乳和黄油。到夏季时，各牛乳场"出售冰激凌及奶冻等之原料乳，供给各清凉食品商店之制造"；乳产品的销售，"多用自行车分送牛乳，规模较小者则多提筐或背袋分送"。[4]就各类乳制品的销售而言，1938年"乳品销售尚无把握"[5]，到1941年，市乳销路转好，黄油因产量不多，"仅销于本市"。个别乳场产品已突破西安周边地区，如益群牛乳公司"炼乳更销售于宝鸡、南郑、城固、兰州及成都各地"。另外，因乳场规模不同，产量相差较大，导致乳市场存在两级市场，如"除西京牧场因产量较多，利用剩余乳制造黄油外，东关一带规模较小之牛乳场，多有供不应求之势，常以八成乳价收买西京牧场之剩乳而转售于各饮户"。[6]

相对于城市化较为成熟的上海、北京等地区来说，抗战时期西安市的乳业未形成较大的规模，各种乳业的生产处于原始的状态。但有些方面的落后，并非西安一地。以同期的太原市来对比。据调查，到1941年，太原"公营之乳厂，计有三处，

---

[1] 沙凤苞：《陕西关中沿渭河一带畜牧初步调查报告》，《西北农林》1938年第2期。
[2] 胡步铨：《西京市乳业调查》，《西北资源》1941年第1卷4期。
[3] 胡步铨：《西京市乳业调查》，《西北资源》1941年第1卷4期。
[4] 胡步铨：《西京市乳业调查》，《西北资源》1941年第1卷4期。
[5] 沙凤苞：《陕西关中沿渭河一带畜牧初步调查报告》，《西北农林》1938年第2期。
[6] 胡步铨：《西京市乳业调查》，《西北资源》1941年第1卷4期。

私营者五处，均资金缺乏，设备简陋，所产乳量，尚距需要量甚远"；省立第一种畜厂"月可制黄油三十余磅，售于本市外籍人员，或其他特殊阶级，普通市民，不易购进"。①由此看见，抗战时期中国内地乳业发展普遍存在着设备简陋、部分产品（黄油）产量不足等问题。

以时人的角度来看，这时西安市乳业的发展，存在着以下几个问题。

（1）生产管理不善。各牛乳场并没有专门的"工人宿舍、用具室及饲养室，或与乳室混杂不分，不合卫生"；喂养的干草"多露天堆积，毫无遮蔽，其中养分之因雨雪而损失者不少，殊不经济"；乳场工人没有专门的管理制度进行约束，导致"各牛乳场之榨乳夫对指甲之修剪多不注意，皆无特制之榨乳衣榨乳帽。榨乳之时，口吸纸烟，甚至有为增加滑度而用菜油涂抹乳头；吐唾液于手掌，影响于牛乳之清洁及市民卫生者匪浅"。②

（2）乳牛管理不善。由于西安市乳业发展较晚，缺乏相应的乳业生产知识，致使对乳牛的管理存在着严重问题。如"东来安牛乳场之荷兰公牛交配过早，且不喂浓厚饲料，营养似较缺乏，有碍发育。健民牛场之公牛品种较纯，该场甚重视之，浓厚饲料之喂量特多，似反太过，且不使运动，肥胖异常，对其繁殖力不无影响，有损品质"；牛乳场对妊牛"皆无特别管理"，甚至"因希图厚利"，在分娩前就开始榨乳，直接影响幼牛胎儿的发育及泌乳量。③

（3）乳业市场管理不善。早在1935年，针对北平市牛乳业的现状，时人便指出"吾国卫生当局对牛乳之检验向不注意"④。就西安市而言，虽1929年市政府卫生局曾规定其职责之一是"关于饮料食料药品之检查及取缔事项"⑤，但到抗战时期，西安市政府对乳业生产管理未体现出系统的卫生管理，仍处于落后的管理检验状态，"每年春季由警察局收集各牛乳场之牛乳一瓶，交由卫生实验所化验。该所化验室设备较简，脂肪定量及其他分析所用之重要仪器尚未完备，故分析结果势难精确"⑥。政府管理不善，加上经济利益的驱使，使得市场上存在"西北、健民、复兴、自立及新兴各牛乳场之市乳均掺入常水"；"益群牛乳公司制造炼乳、黄油之原料乳及麦苋街乌家等牛乳场之市乳皆未取样检查"；益群牛乳公司之劣质鹰轮牌

---

① 焦培桂：《太原市牛乳业现状》，《农业周讯》1941年第11期。
② 胡步铨：《西京市乳业调查》，《西北资源》1941年第1卷第4期。
③ 胡步铨：《西京市乳业调查》，《西北资源》1941年第1卷第4期。
④ 林景亮：《北平鲜牛乳之分析及其改善》，《学艺》1935年第14卷第2期。
⑤ 《西安市政府卫生局暂行简章》，《陕西省政府公报》1929年第812期。
⑥ 胡步铨：《西京市乳业调查》，《西北资源》1941年第1卷第4期。

加糖炼乳没有受到政府的"精确检验，评定等级"。①政府在乳业市场管理方面未能发挥其应有职能，从侧面反映出近代中国政府市场管理方面的混乱。

三、对城市饮食近代化的影响

抗战时期，除西京等少数牧场采用一些新式生产方式外，西安乳业的发展整体上处于初步发展阶段。只不过因乳制品消费市场的需求，各个乳场"仍能惨淡经营，稍具规模，供给市乳"②。这些处于原始状态的乳业生产，满足着抗战时期西安市民对乳制品的消费需求。

关于乳业与西安城市消费文化的关系，从胡步铨的调查中可以获得一些了解。对于西安市乳业消费群体，胡氏给予了这样的定义："市乳之销路颇佳，多售于各医院及各机关之公务人员，本地住户次之。"③此材料可反馈出模糊信息：此时西安乳业主要消费者是城市的中上层。而这些消费群体的消费意向左右着城市的消费水平及内容。以冰激凌为例，作为新式消费品，其逐步流行是伴随着啤酒、咖啡、汽水等新式饮料引入社会生活中的。19世纪50—60年代，上海的一些外国药品洋行就开始生产销售汽水、冰激凌以及啤酒，但是能够品尝的只是少数人。19世纪末20世纪初，冰激凌、汽水等西式饮食在一些城市中开始流行起来，就冰激凌来说，在当时是一种高档消费品。④据时人记述：1924年，西安城内"冰激凌则绝对不能制造矣"⑤。也就是说，20世纪20年代，西安市区内消费的冰激凌仍属外来消费品，但据胡步铨此时的调查，从各乳场夏季的销售情况可以看出，"西京市年来人口骤增，夏季冰激凌、奶冻等清凉食品原料乳之销路颇广"⑥。虽然材料比较孤立，但可形成大体的概念：20世纪40年代，冰激凌在西安城内已成为本地中上层市民的流行饮品。相比20世纪20年代，此时西安市市民的消费结构已发生了一些改变，而在这改变过程中，乳业的发展功不可没。

抗战时期西安市乳业的发展，使城市经济结构发生一些变化，出现了新的生产及促销激励方式。如东关一带规模较小之牛乳场"多有供不应求之势，常以八成乳价收买西京牧场之剩乳"；"西京牧场因产乳较多，同业间竞争较著，新饮户之第

---

① 胡步铨：《西京市乳业调查》，《西北资源》1941年第1卷第4期。
② 胡步铨：《西京市乳业调查（下）》，《西北资源》1941年第1卷第5期。
③ 胡步铨：《西京市乳业调查》，《西北资源》1941年第1卷第4期。
④ 史革新主编：《中国社会通史·晚清卷》，山西教育出版社，1996年，第353—354页。
⑤ 王桐龄：《陕西旅行记》，文化学社，1928年，第36页。
⑥ 胡步铨：《西京市乳业调查》，《西北资源》1941年第1卷第4期。

一瓶乳价向属各该送乳工人之特有"。①剩余品的分销、促销方式的刺激等这些经济因素的出现,在一定程度上反映出近代西安乳业发展过程中市场因素的增强,但其中更多的是受经济竞争利益的驱使。而就城市乳业的发展途径,国人早已有所关注,如1936年,时人提倡"为了要同业团结,合力把国内乳业迅速发展,都觉得合作社是不可少的"②。为何提倡合作发展,"在国外极少有这种组织,但是因为中国农民卫生智识的幼稚,更没有一家多养乳牛的经济力量。所以不能不倡此种特殊组织"③。这反映出在中国城市近代化进程中,虽凸显出西方的刺激因素,但更多的是融合着中国本土特征的。

原载《沈阳大学学报》(社会科学版)2014年第5期

(耿磊,西北民族大学历史文化学院副教授)

---

① 胡步铨:《西京市乳业调查》,《西北资源》1941年第1卷第4期。
② 汪启愚:《发展国内牛乳业拟议》,《广播周报》1936年第71期。
③ 尤志迈:《都市的牛乳业》,《市政评论》1936年第4卷第3期。

近现代西安城市工业格局演变的历史研究
（1869—1978）

魏 琰 杨豪中

西安，中国古代多朝帝王之都，历经周、秦、汉、唐的都城辉煌历史，后于五代、宋、元及明清虽然失去了国都的地位，但由于西安的重要地理位置，其仍是西北地区重要的政治、经济和军事重镇，至清末西安依旧是一个内有沃野肥土可保粮食供给、外有关隘固守可保防御安全的适合封建君主掌控西北的重要战略基地。[①]正如清陕西巡抚毕沅所著《关中胜迹图志》序中载："陕省外控新疆，内毗陇蜀，表以终南太华，带以径渭洪河，其中沃野千里，天府四塞之区。"西安近代机器工业也发端于军事建设的需要，清同治八年（1869）初，陕甘总督左宗棠因清廷镇压回民起义军和捻军所需军火"依靠上海的外国洋行代为购买"，"运太难，费太贵"，且"购买亦费周章"，奏请清政府拨银，由外国购买机器，再由江南制造局和金陵机器制造局招募一批工人，制造新式枪炮所需弹药，创立了西安最早的近代工业——西安机器局，开创了西安近代工业文明。[②]

一、清末西安府城工业萌芽的雏形时期（1869—1911）

清西安府城沿用明西安城的基本格局，即城内以钟楼为中心，东、西、南、北四条大街划分四隅，四条大街直通四城门，城垣之外设壕沟，各城门附有关城，近郊为农业用地。同时，因满族阶层的统治，清西安府城特别突出了军事防御特性，嘉庆《咸宁县志》载："自顺治二年分城内东北隅地，自钟楼东至长乐门南，北至安远门东，因明秦府旧基驻八旗驻防城"，"康熙二十二年添驻汉军，复于端履门至东城中间筑墙，抵城南垣为南城"，城市内部有满城、汉城和南城，形成城中城的格局。[③]

---

① 李令福：《古都西安城市布局及地理基础》，人民出版社，2009年。
② 西安市地方志编纂委员会：《西安城市系统志》，陕内资图，2000年，第105—137页。
③ 朱士光、吴宏岐主编：《西安的历史变迁与发展》，西安出版社，2003年，第446、452页。

清末的西安是典型的以自然经济为主导的中国传统府城，依托传统农业社会经济基础发展。城市工业以传统手工业为主，工业的发展未脱离农业社会的自然经济框架，工业技术革命的影响非常薄弱，主要的机器工业为几家官办军事工厂，如西安机器局［清同治八年（1869）］、陕西机器局［清光绪二十年（1894）］和陕西火药局［清光绪三十一年（1905）］。根据史料，清末西安府城内的机器工厂数量少且规模较小，占用城市土地面积也不大，考虑到政府机构和战时军备供应的需求，早期这些军事工厂靠近城东南部的清满城和汉城夹角间的东县门，周边混杂官署、寺庙、商铺、民居等建筑，后由于安全因素影响，移到居民相对稀少的城西南角。这一时期，由工业生产带来的资源和人口集中问题并不突出，置入城中的机器工业与清末西安的传统手工业的城市发展无明显冲突，城市依旧保持农耕文明时期的空间特征，具有封闭、内向及防御的空间特质，城市内部空间功能处于自我演替的缓慢发展状态。

二、民国西安近代城市工业化转型的酝酿时期（1911—1949）

辛亥革命后，中国历史进入了民国时期，随着晚清封建统治的彻底瓦解，近代工业成为城市发展的一个主导因素，推动了农业文明向工业文明的转变。

（一）民国初期的西安城市工业发展（1911—1931）

民国初期的西安近代工业依旧未有大的发展，制约西安工业发展的主要因素有两点：一是军阀混战的战争破坏；二是缺少发达的铁路交通。据《陕西建设统计报告》描述，当时的西安"僻处西北，工业幼稚，加以兵燹之后继以荒旱，地方元气未能恢复，各项小规模之工业虽或有官家之提倡办理以及私人之出资经营者，旋均时兴办而时停顿，至大规模之工业更不能论及矣"[1]。西安工业"不毁于兵火，即苦于滞销"，与东南沿海城市相比，发展水平相差很大，稍具规模的近代工业企业数量屈指可数，工业结构不甚合理，未能形成集聚发展，呈现出分散的状态。

这一时期西安城市格局发生的最大变化即为满城的拆除。民国元年（1912）张凤翙督陕，拆除满城。从1928年起，拆除的满城区被开辟为新市区[2]，当时地方政府在这里规划道路，修筑尚勤、尚俭、尚仁、尚德等道路，开辟了东新街、西新街、

---

[1] 转引自任云英：《近代西安城市空间结构演变研究（1840—1949）》，博士学位论文，陕西师范大学，2005年，第43页。

[2] 新市区，系明朝秦王府所在地，一度称为"王城"，又称"红城""新城"。

南新街、北新街等四条道路，①沟通了新市区与城内主要大街的联系，新市区得到了快速发展。满城的拆除，使整个西安城重新连为一体，又赢得了城东北大片土地，从作用过程来看体现为旧有功能的衰败导致各种用地之间得"隙地"，为以后城市工业建设提供发展空间。

（二）民国中期"陪都西京"的城市规划（1932—1945）

在西安的城市发展中，民国中期是一个特殊的时期，1932—1945年间，西安作为民国的"陪都西京"，制定了都城级别的城市规划。这一时期的规划思想适应工业文明的逐渐起步，是西安城市规划及工业发展的重要时期。

1.促进民国中期西安工业发展的因素

（1）政治因素。民国二十一年（1932）国民党四届二中全会《国民党中央确定行都与陪都地点决议案》中提出"以长安为陪都，定名为西京"，并建立西京筹备委员会，着手组织调查和编制西京都市规划，筹备建设陪都西京。②同年，国民党中央第四十七次常委会议《切实进行长安陪都、洛阳行都建设事宜》提议"西京设直隶于行政院之市"，"西京市之区域，东至潮桥，南至终南山，西至津水，北至渭水"。民国二十三年（1934）九月，西京筹备委员会、陕西省政府和全国经济委员会西北办事处合组成立了西京市政建设委员会，西京市政建设委员会配合西京筹备委员会为陪都建设。③筹建陪都西京时期，涉及工业区规划建设的规划文本主要有四个，分别是：民间学者季平的《西京市区分划问题刍议》、西京市区计划第一次会议提出的《西京市区分区方针》、西京市政建设委员会的《西京规划》与西京筹备委员会的《西京市分区计划说明》（表1）④。这几个规划方案中，虽然工业区规划位置稍有不同，但都是比较充分考虑到城市发展的现状与未来发展的需求，可惜因其后全国政治形势变化，国民党当局取消了西京陪都计划而基本上未能付诸实施。

---

① 朱士光、吴宏岐主编：《西安的历史变迁与发展》，西安出版社，2003年，第482页。
② 1943年，西京改称西安，不再称为陪都。民国三十四年（1945）六月三十日，西京筹备委员会停止工作，自陪都建立到裁撤长达13年。
③ 西安市档案局、西安市档案馆编：《筹建西京陪都档案史料选辑》，西北大学出版社，1995年。
④ 郭文毅、吴宏岐：《抗战时期陪都西京3种规划方案的比较研究》，《西北大学学报》（自然科学版）2002年第5期。

表1　陪都西京建设期间工业区规划的相关文本

时间	规划者与规划文件	工业区规划内容	备注
民国二十三年（1934）	民间学者季平《西京市区分划问题刍议》	"现车站迤东地带，局促窄狭，既不足供整个市区之应用，复有人谓东北一带为西安最频风之上方，颇不适于工场之建筑"。"如舍此而另谋相当之地点"，"汉城以西，自三桥镇西进，夹于铁道线与渭河中间带地区，宜为工业之中心"	目前可查找文献中最早提出的具有现代科学意义的西安城市规划设计方案。工业区规划概念第一次出现在西安城市规划中
民国二十六年（1937）	西京市区计划第一次会议提出的《西京市区分区方针》	"西京市区拟定为行政区、古迹文化区、工业区、商业区、农业实验区、风景区等六区"。"工业区与古迹区应先严定界线"	明确提出陪都西京市区划设想，对后来城市规划方案具有一定的指导意义
1939年12月至1942年1月①	西京市政建设委员会《西京规划》	"自民国二十三年春陇海铁路通达西京后，各业逐渐发展，东来客商于此集中，市内日见繁盛，各工厂先后在四郊林立，对于市容及管理均感不便"。"本城北郊系车站所在，北郊荒僻，设立工厂，在运搬堆卸方面均十分便利"。"本会曾于三十年春辟筑建国、抗战、自强等路二十余条。现在大华纱厂、华峰面粉厂等，均有伟大之建筑在焉"。"故车站之北郊定为工业区"	其第4章"分区使用"为西京市政建设委员会龚洪源草拟，是官方提出的第一套比较系统的有关西京市区分区计划的方案
民国三十年（1941）	西京筹备委员会《西京市分区计划说明》	"车站之北郊定为工业区"	根据相关档案文献，《西京市分区计划说明》是在《西京规划》第4章"分区使用"的基础上重新拟定的，其所划分西京各功能区的数目与名称大致与《西京规划》相同

资料来源：

西安市档案局、西安市档案馆编：《筹建西京陪都档案史料选辑》，西北大学出版社，1995年，第91—97页。

---

① 关于《西京规划》的完成时间，原规划书中未明确注出，《西安的历史变迁与发展》一书根据1939年12月20日西京市建设委员会第132次会议后开始撰写，1942年1月西京市政建设委员会奉令结束，推测其完成时间为1939年12月至1942年1月。

（2）交通因素。民国二十三年（1934年）陇海铁路西延至西安，陇海铁路是贯通中国东西的交通大动脉，畅通的交通运输系统带动西安现代工业发展，改善了原材料的运输、劳动力的组织以及产品的流通条件，使技术、人员和信息交流更为通畅。陇海铁路开通至西安可谓是近代西安工业的分水岭，之后西安城北火车站以北的城市郊区和以南的城内新开发的原满城区，在很短的时间内，较为迅速地发展起来（图1）。

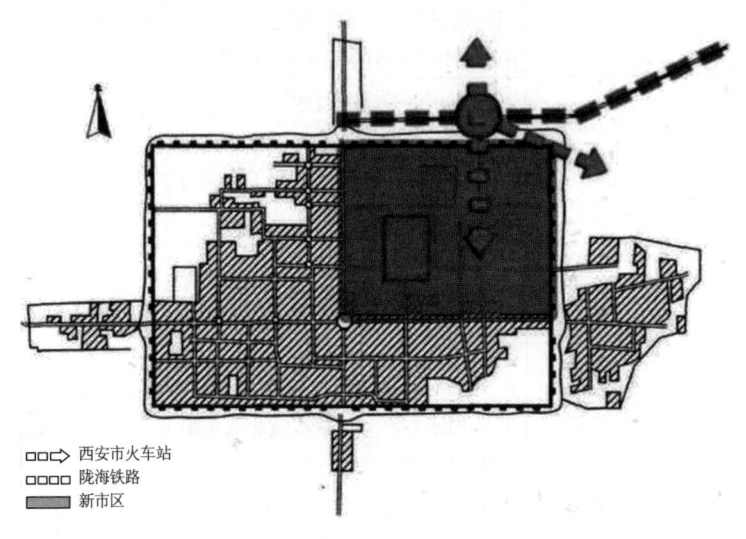

图1 陇海铁路对西安工业发展方向影响分析

（3）战争因素。民国二十六年（1937）淞沪战争爆发，沿海城市相继陷落，战争严重威胁着这些省份的企业。为避免损失，国民政府决定鼓励沿海地区的企业内迁，并采取积极提供厂址和低息贷款、优先安排交通运输、协助工程技术人员和工人内迁、协助落实开工生产所用原料、采取保本息等措施。[①]西安成为国民党政府抗战而规划建设的战时新工业建设地区之一，工厂内迁客观上促成了西安城市近代工业的持续发展。

2.建设陪都西京时期西安工业发展格局

这一时期西安的近代工业发展是城市早期工业化自发生长的状态，呈现出两种趋向：一是少数的大规模工厂，由于对工厂占地面积和原材料运输等有一定的要求，工业建设需依赖铁路交通和城市现有空地，在西安火车站以北的城外郊区和火

---

① 王西京、陈洋、金鑫：《西安工业建筑遗产保护与再利用研究》，中国建筑工业出版社，2011年。

车站以南的城内东北隅新城区以及东关方向形成相对集中工业区。据1940年陕西省银行经济研究室编印的《西京工业调查》中统计，较有实力的企业31家，其中位于新市区和火车站以北附近的企业就有16家，占总数的52%。二是大多数小型机器工厂和手工作坊，由于缺乏有效的政府控制，且大多属于投资者个体行为，各种工业之间未形成既定区域内的聚合发展，导致这些小工厂和手工作坊分布于城市内部各条街道，呈现分散布局无序状态。总体看，近代西安由农业社会向工业社会转型过渡发展过程中，大型机器工业趋向于沿外部交通枢纽的布局，传统手工业和新兴手工业趋向于城市内部交通沿线布局，虽然小规模工业企业的布局相对无序，但是城市工业建设中已经出现了聚集工业区的初始发展，西安近代工业区的雏形形成。

（三）民国后期城市规划（1946—1949）

民国三十四年（1945）抗日战争胜利，由于国民党政府发动了内战，西安成为国民党进攻围剿陕北革命根据地的据点，西安地方经济陷于混乱和凋敝的境地，城市工业经济受到较大冲击，在一定程度上打击了西安机器工业的发展。同时，一些设在西安的沿海工厂开始陆续回迁。企业内迁和人口回迁，大大削弱了西安刚刚发展起来的城市工业基础，工业企业数量减少、资金短缺，工业产品失去市场，各类工业出现萎缩，西安近代原本脆弱的工业产业结构受到极大破坏。这一时期，西安市建设局鉴于西安建市[①]后缺乏规划，城市建设无所遵循，拟订《西安市分区及道路系统计划书》和《西安市道路暨分区计划草图》。[②]其中，对于工业区的划分，考虑"西安常年为东北风向，将西南郊辟为工业区，有利于废气排除至郊外田野"。这一计划提出时，解放战争正在激烈进行，国民党政权行将全面崩溃，因而完全未能付诸实施。

三、新中国西安现代城市工业格局的形成时期（1949—1978）

中华人民共和国成立后，中国走向社会主义建设道路，开始进入快速城市化和工业化的时期，苏联作为同时期的社会主义强国是新中国学习的目标，其建设经验深入各个经济发展领域。1950年2月至1954年9月，中苏签订了苏联援助中国建设

[①] 民国三十六年（1947）西安成为国民政府行政院全国12个直辖市之一。
[②] 任云英：《近代西安城市空间结构演变研究》（1840—1949），博士学位论文，陕西师范大学，2005年，第40页。

"156项工程"①，这些项目使中国在建国初期建立起较为完整的基础工业和国防工业体系的框架。

（一）国民经济恢复时期的西安都市发展规划（1949—1952）

1949年3月，中国共产党第七届中央委员会第二次全体会议上提出了"由农业国转变为工业国""将消费的城市变成生产的城市"的建设目标。这个总目标指明我国实现国家社会主义工业化和建立社会主义现代化工业体系的发展方向。在变消费性城市为生产性城市的方针指导下，中华人民共和国成立后三年恢复时期，西安城市建设部门先后于1950年、1951年和1952年编制了三份"都市发展计划"（表2）。②

表2　1950年、1951年和1952年西安都市发展规划

时间	规划文本中工业区内容	规划图中的工业区划分
1950年西安都市计划	"城市布局重点向西郊扩展"。"以旧城西部到土门一带为经济中心区。"城市功能分区划分为面粉工业区、机械工业区、商业区、经济中心区、混合工业区、高等教育区等"，"每个区内的生产（工作、教学）区与居住区相邻布置"	
1951年西安都市计划	"吸收各界对1950年蓝图的意见，将城市规划面积增加30平方公里"。"工业区与住宅区仍采用混合布置方式"③	
1952年西安都市计划	"以旧城为中心向周围扩展"。"城市路网以旧城道路为基础向外延伸"。"取消工业区与住宅区交叉的布局，集中布置大面积工业区"	

资料来源：
西安市地方志编纂委员会编：《西安市志》（第2卷），西安出版社，2000年，第26—29页。

---

① 1950年2月14日，中苏两国政府在克里姆林宫正式签订了《中苏友好同盟互助条约》以及《中苏关于贷款给中华人民共和国的协定》，苏联帮助中国新建和改建50个工业企业。1953年5月15日，中苏两国政府在莫斯科签订了《关于苏维埃社会主义共和国联盟政府援助中华人民共和国中央人民政府发展中国国民经济的协定》，协定规定苏联援助中国建设和改建91个企业。1954年9月，以赫鲁晓夫为首的苏联政府代表团应邀来我国参加国庆五周年庆典，两国政府签订了关于苏联政府援助中国重建15项中国工业企业和扩大原有协定规定的141项企业设备供应范围的议定书。至此，中苏双方3次共签订156项援建项目。

② 《西安市城建系统志》《西安市志》等可查阅文献中都记录工业区和居住区混合布置，但是规划图中并未显示出此规划内容，推测本规划时间短，因此划分较为粗略，所划分工业区范围内混合有居住区，只是未进行详细规划分区。

③ 西安城市系统方志编纂委员会：《西安城建系统志》，陕内资图，2000年，第105—137页。

这三次都市计划是西安从民国时期开始的近代城市都市计划理念的延续。1950年西安都市计划是当时全国最早的城市总体计划之一,规划将新旧城区分离,老城区的西侧修建新城,城市工业布局重点向西郊扩展,工业区与居住区交叉相间布置,并配置商业区、经济中心区、高等教育区等为工业建设服务,之后西郊的大庆路、劳动路、汉城路、未央路等均按此规划修建。1951年工业区范围扩大,东、西、南三个方向都划分有工业区。1952年的都市计划全面引进苏联城市规划的原理、经济技术指标及编制城市总体规划的程序和方法,中止了城市集中向西发展的空间策略,形成以旧城为中心发展的同心圆向心结构,按照该计划布局,工业区较集中地布置在西郊,取消工业区和居民区混杂布局的方式。在工业区规划方面,三次规划虽然形式稍有不同,但是都避开老城区,沿铁路线选择未开发新区建设,在一定程度上保护了旧城的历史。同时,新工业区规划都结合城市发展,采用相对集中布局的指导思想,为以后制定全面的工业布局规划创造了有利条件。

(二)社会主义计划经济建设时期城市规划(1953—1978)

1."一五"计划时期西安工业建设(1953—1957)

1953年起,我国进入第一个五年计划时期,开始了由国家组织的、有计划的大规模国民经济建设。这一时期国家的基本任务是集中主要力量进行以苏联援助的156项建设项目为中心的工业建设,西安被列为全国第一批重点建设城市。1953年底,西安市规划局开始在1952年编制的都市计划基础上编制《1953—1972年西安市城市总体规划》,计划将西安建设成"轻型精密机械制造与纺织工业城市",如此大规模的工业建设与城市建设在西安展开。

这次城市总体规划(图2),以旧城区为中心,主要向东、西、南三面扩展,采取棋盘式加放射状的道路网。工业区集中在城市东、西郊,位于旧城外4—4.5公里的浐河以西、皂河以东、陇海铁路以南,城市西南郊为工业备用发展地,铁路岔线分别引入东、西郊工业区和西南郊备用工业区。工业区和旧城之间为生活区,设100—200米宽的防护林带,另距市区7公里的北郊渭滨和距市区10公里的东郊洪庆设置两个工人村镇。城北考虑到保护汉长安城遗址、唐大明宫遗址及不宜穿越铁路等制约因素,作为地方工业(砖瓦建材工业区)、仓库和城市发展备用地。同时,纺织部门在浐河以东地区已建厂,因此发展成为独立的纺织工业与居住区。[①]

[①] 和红星:《西安于我:一个规划师眼中的西安城市变迁》(2),天津大学出版社,2010年。

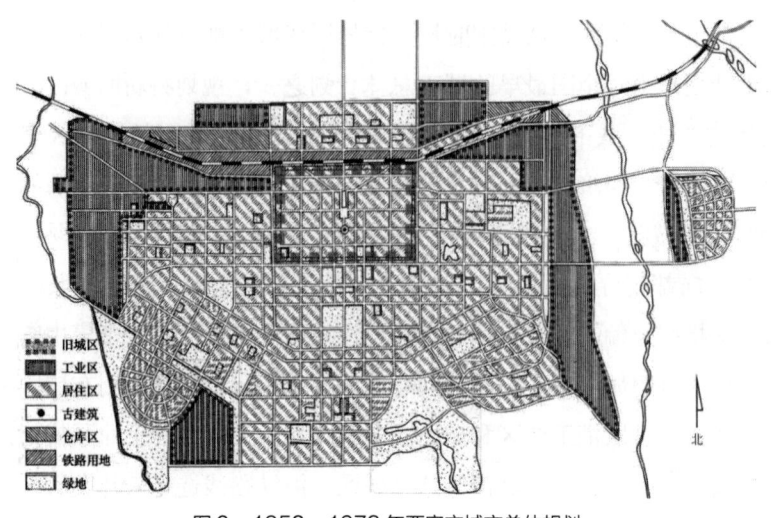

图2　1953—1972年西安市城市总体规划

根据《1953—1972年西安市城市总体规划》，1953—1957年的第一个五年计划期间，西安形成了以旧城区为核心、沿陇海线旧城东西两侧近郊新工业区的"T"形城市空间框架结构，以及浐河东岸的工业卫星城——纺织城（图3）。至1958年，西安建设形成三个主要工业区：西郊建成输变电设备和仪器仪表等制造业集中的"电工城"；东郊韩森寨和胡家庙建成一批军工机械的"军工城"；东郊灞桥建成生产纺织印染产品的"纺织城"。[①]这一时期集中的工业建设，奠定了西安近现代工业发展的基础格局，影响了城市发展方向和城市布局。

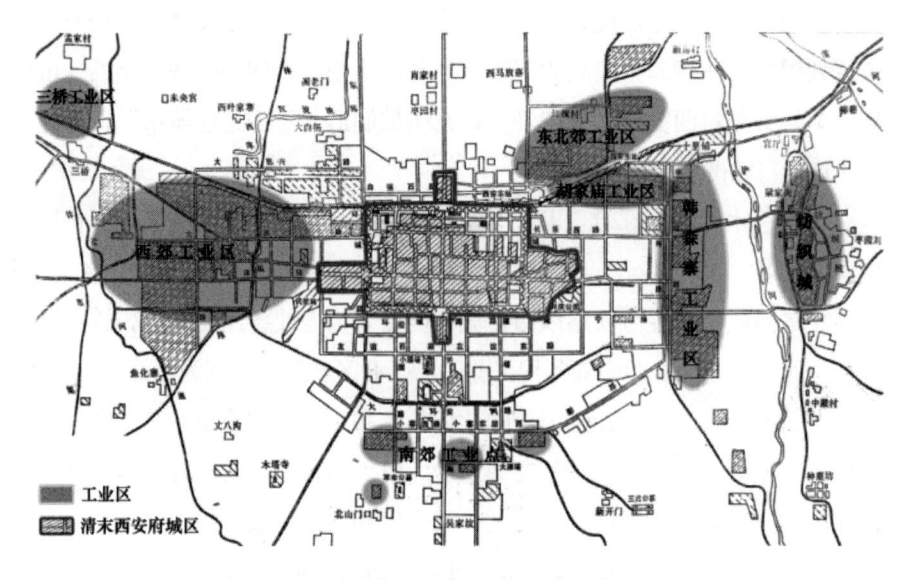

图3　第一个五年计划建成的西安工业基础格局

---

① 西安地方志编纂委员会编：《西安志》（第2卷），西安出版社，2000年。

2. "二五"计划时期西安工业建设（1958—1962）

1958年5月，中国共产党第八届全国代表大会第二次会议确定"鼓足干劲，力争上游，多快好省地建设社会主义"的总路线和"尽快地把我国建成为一个具有现代工业、现代农业和现代科学文化的伟大社会主义国家而奋斗"的目标，掀起"大跃进"运动。受这一时期政治因素的影响，城市规划也出现"大跃进"形势。1958年在青岛举行的建工部第一次全国城市规划工作座谈会提出"用城市建设的大跃进来适应工业建设的大跃进"；1960年在桂林举行的建工部第二次全国城市规划工作座谈会，继续提出了"在10—15年左右时间内，把我国城市基本上建成为社会主义现代化城市"。

1958年6月1日，中共中央发出《关于加强协作区工作的决定》，决定将全国划分为七个协作区，要求各个协作区"根据各个经济区域的资源等条件，按照全国统一的规划，尽快地分别建立大型的工业骨干和经济中心，形成若干个具有比较完整的工业体系的经济区域"。西北区协作会议中决定"在西安建设重型机械、冶炼、化学等工业基地，形成独立的工业体系，使之成为支援西北各省工业建设的基地"。为适应这一要求，1959年西安市规划部门编制"大西安"城市总体规划，此规划将西安城市发展规模扩充一倍，规划建成区主要向城北扩展，构成八卦形格局，工业区规模也有较大扩充，将原东、西郊工业区向北延伸至北郊渭滨工人村，并在城西南长安县杜城一带新增工业卫星城（图4）。[①]

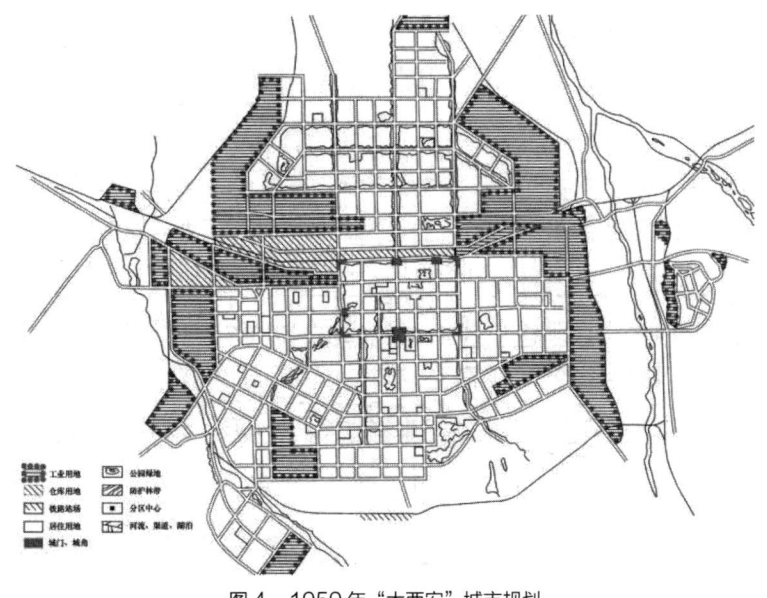

图4　1959年"大西安"城市规划

---

① 西安城市系统方志编纂委员会：《西安城建系统志》，陕内资图，2000年，第105—137页。

1959年编制的规划方案改变了西安市原总体规划的城市性质、人口规模、城市布局和发展方向，未得到政府的批准，同时《1953—1972年西安市城市总体规划》也被认为与经济发展形势不相适应而予以放弃。在此情况下，西安市规划部门折中这两个规划方案，重新拟定西安市城市总体规划修改方案，增加东北郊工业区、三桥工业区和纺织城塬下工业区作为"二五"期间发展的工业区，同时调整西南郊备用工业区。之后的城市建设基本按照规划指导进行，但是在工业建设过程中，也出现了一些问题，如兴建的大中小型工业企业占用工业区内具有良好建设条件、地理位置优越的地段，一些用地多、污染大的企业安排在城市近郊，原总体规划中并无化工区，西郊陆续建造了一些化工企业，造成环境污染。虽然城市规划在具体实施过程中有偏差，但是这些偏差并未影响西安城市总体的工业格局，新建的工厂基本按照规划沿着铁路干线的东、西郊发展。

3. "三线建设"时期西安工业建设（1963—1978）

1964年开始的"三线建设"是一场以战备为指导思想的大规模国防、科技、工业和交通基本设施建设，这一战略决策贯穿三个五年计划，推动了我国中西部地区工业化发展。西安是战略后方"三线"建设的重点地区之一，国家大量投资及其他省市的支持，给西安工业注入新的动力。这一时期西安的工业建设主要为两种方向：一是从沿海地区迁建一批工业企业，迁到西安后与西安相关工厂合并，扩充和发展了城郊工业（图5）；二是国家"三线建设"方针中提出国防尖端项目要"靠山、分散、隐蔽"，西安南部沿秦岭山麓一带靠山郊县地区兴建一批企业。[1]西安近郊的工业建设延续前期规划建设理念，主要在原有东、西郊工业区和工业点基础上继续新建和扩建，逐步扩充西安近郊工业格局，形成西郊工业区、西北郊三桥工业区、东郊韩森寨工业区、东郊胡家庙工业区、东郊洪庆工业点、东郊纺织城、东北郊工业区、北郊渭滨工业区和南郊工业点，在西安周边靠近秦岭的临潼县（今西安市临潼区）、蓝田县、长安县（今西安市长安区）、户县（今西安市鄠邑区）发展大区域工业点。[2]1964—1978年的"三线建设"中，西安逐步建成为包括航空、电子、纺织以及机械等多种工业在内的工业基地（表3）。

---

[1] 王西京、陈洋、金鑫：《西安工业建筑遗产保护与再利用研究》，中国建筑工业出版社，2011年。

[2] 陕西师范大学地理系编：《西安市地理志》，陕西人民出版社，1988年，第263—265页。

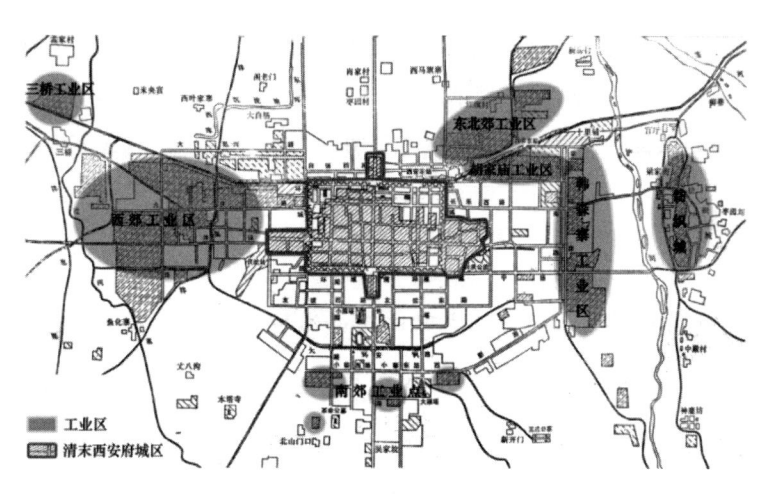

图5 "三线建设"时期西安近郊主要工业区

表3 "三线建设"后西安城郊和周边区县形成的工业区和工业点

工业区	区域位置	主要工业类型
西郊工业区	劳动路以西，陇海路以南，鱼化寨以北，三桥工业区以东	输变电设备、仪器仪表、钢铁、化工、航空、冶金机械、制药
西北郊三桥工业区	未央路以西，三桥镇以北，长约5.4公里，宽约3公里，面积约10平方公里	交通设备、印染、纺织
东郊韩森寨工业区	幸福路以东，长约7.2公里，宽约3公里，面积约26.6平方公里	军工、钢铁、光学仪器
东郊胡家庙工业区	长缨路以北，陇海铁路以南	金属结构、筑路机械、电机、石棉
东郊洪庆工业点	灞桥以东，纺织城东北方向，距离西安城区约12公里	机器制造、仪器
东郊纺织城	陇海铁路以南，灞河和浐河之间，长约6公里，宽约2.3公里，面积约14平方公里	纺织、印染、热电
东北郊工业区	太华路以东，陇海铁路以北，长约3.3公里，宽约3公里，面积约10平方公里	重型机器、煤矿机械、棉织
北郊渭滨工业区	渭河南岸的草滩地区，距离西安城区约15公里	航空发动机
南郊工业点	小寨西路西口以南	石油勘探仪器、仪表、无线电
阎良区工业区	西安东北远郊，距离西安城区43公里	航空工业
临潼县工业点	临潼县骊山镇以东地区	微电子、民用机械
蓝田县工业点	蓝田县蓝关镇	航天工业
长安县工业点	长安的韦曲、杜曲、马王、太乙宫等乡镇	仪表、造纸、毛纺
户县工业区	户县南部秦岭山麓	化工、热电

资料来源：

陕西师范大学地理系编：《西安市地理志》，陕西人民出版社，1988年，第241—267页。

"三线建设"时期西安工业建设虽然有较大发展，但是在建设过程中受到1966年开始的"十年文革"极"左"思想的影响。1967年，西安城市规划部门被撤销，各项规划实施基本停顿，城市建设速度明显缓慢。

四、结语

（一）规划思想——借鉴西方城市工业发展经验

近现代西安工业化发展相较于西方城市来看，时间滞后且发展比较缓慢，因此民国中期和中华人民共和国成立后两个主要阶段中的城市规划都有可借鉴的西方城市建设和工业规划理论。近代西安工业建设的一个小高潮是西安被定为"陪都"的20世纪30年代，民间和官方的规划中均借鉴了英国、美国以及日本等先进工业国家的规划理念，虽然规划并未完全实施，但这种引进西方工业建设的经验和理念具有积极的意义，对于要从传统手工业城市向工业城市转化的西安来说，从"无工业区"到"有工业区"的规划意识，对西安的建设起到积极的作用。中华人民共和国成立后，西安要建设成为一个现代工业城市，在各方面基础薄弱的情况下，苏联的援助建设使得西安工业建设有了学习的对象，在苏联城市规划经验和理念指导下制定的西安城市规划奠定了西安现代城市工业基础格局，"一五""二五"和"三线建设"时期的工业发展基本上都是在这一格局基础上扩充发展的。

（二）工业城市特征——依附铁路的城市工业格局

随着机器生产发展，原料和人口等开始向城市集中，工业发展依赖火车这一铁路交通运输工具的特征就显现出来，西安城市工业化演进过程中，就体现了工业发展对铁路交通的依赖。西安位于关中平原，由于关中特殊的地理空间特征，形成了沿渭河为主干的东西交通发展趋势，陇海铁路修通后，西安有了沿渭河的陆路和铁路交通轴线。民国时期是西安城市工业化转化的起始阶段，在政府相关规划政策未予实施的情况下，一些大型工厂就开始在火车站周边开发建设，自发向铁路沿线聚集，体现了工业发展对铁路的潜在依赖。中华人民共和国成立后，西安城市工业建设在相关规划指导下，有计划、分阶段、有步骤地发展，沿铁路交通线，形成东西向带状工业走廊的城市工业格局。

（三）历史发展——依托传统城市在城市外围发展工业

清末的西安府城是一个典型的中国传统手工业商贸城市，在城内主要街道两侧分布手工作坊，虽然城市面积不大，但是城市内部空间能够充分满足自身发展要求。随着机器工业出现，西安城市逐步向工业化转变，工业发展中建设工业区、交通运输区、仓储码头区、工人居住区等用地问题开始出现，虽然当时的西安城内满城拆除给城市内部开发提供了发展空间，但是这片有限的空间还是不能满足大量新工厂的建设实际需求。西安城市工业化发展的土地需求问题需要解决，解决的办法是或拆除城市内部建成区，或向城市外围发展。西方很多早期工业城市在城市内部建设工厂，造成城市建设的混乱，产生了很多城市内部矛盾。西安的工业区建设由于借鉴西方工业区规划建设的经验，采取在老城近郊或远郊另辟新址建设工业区，新老城区统一规划，形成有机的城市整体。这一方式不仅较好地处理了工业发展与老城市的关系，同时保护了城市历史文脉延续，给中国其他城市工业规划建设提供了宝贵的经验。

原载《城市规划学刊》2015年第1期

（魏琰，西安理工大学艺术与设计学院副教授；杨豪中，西安建筑科技大学建筑学院教授）

城市群体与市民生活

唐都社会的边缘性群体
——对"街肆恶少"的重新审视

宁 欣

城市边缘化群体,属于城市社会的中下阶层,是城市中流动性最强和不稳定性最大的混合群体,大致包括以下几类:①进城务工的农民;②流浪为生的艺人;③退伍或离职的军人及家属;④在职低级及退职胥吏;⑤从事服务业(包括家内服务)的各类人;⑥街肆恶少,靠坑蒙拐骗、为生的"无赖",带有黑社会性质的团伙;⑦落选滞留而潦倒的举子文人;⑧政治上没有地位的小工商业者和商贩;⑨投亲靠友尚未发达的外乡人;⑩上番滞留或寻找工作的工匠;⑪沦落的胡人和其他少数民族;⑫逐渐职业化的妓女;⑬乞丐群体;⑭日益贫困化的一般居民;⑮游手、寄食、白望等社会闲杂,无正当、固定职业者等。他们的生存状态对都市社会发展具有重要的影响和作用。

上述若干类群体,有的属于在城乡二元结构,农业生产的特性以及城市社会和商品经济发展后必然出现的群体,如第1类和第13类;有体制内形成的滞留人群,如第4类、第7类、第10类;有因城市的发展而吸纳的新群体,如第2类、第5类、第8类、第11类、第12类;有城市发展滋生的衍生群体,如第6类、第13类、第14类。他们都属城市最下阶层。由于京城"处神州之要,辇毂之下,五方杂沓,四民设阜",上述15类人物都汇聚于此,其他地方性城市,虽然也是人烟浩繁,杂方荟萃,但显然比不上京城的全、杂、多。史籍记载亦以京师的材料为多。因此,本文仍然以京城为主,讨论这类群体中最为引人注目的耀武扬威、寻衅滋事、斗鸡走狗,甚至坑蒙拐骗、欺行霸市、为害街市的"恶少""无赖"者,他们的来源、形成、演变、特征及其发展趋势,更具典型意义。[①]

---

① 葛承雍:《唐京的恶少流氓与豪雄武侠》,见《唐史论丛》(第7辑),陕西师范大学版社,1998年。

一、文人笔下的都城心结

历代文人笔下、史家著述中，对以都城为代表的大都市的描绘大多掺杂有复杂而多重的心情。

《史记·苏秦列传》描述战国时齐国都城临淄："甚富而实，其民无不吹竽鼓瑟，弹琴击筑，斗鸡走狗，六博蹹鞠者。临淄之涂，车毂击，人肩摩，连衽成帷，举袂成幕，挥汗成雨，家殷人足，志高气扬。"①

王符曾在《潜夫论·浮侈》中专门论及东汉都城洛阳的浮侈，云："今举俗舍本农，趋商贾，牛马车舆，填塞道路，游手为巧，充盈都邑，务本者少，浮食者众。……今察洛阳，资末业者什于农夫，虚伪游手什于末业。""或以谋奸合任为业"，"或以游博持掩为事"，"或好取土做丸卖之"，"或作泥车瓦狗戏弄之具，以巧诈小儿"。②看来不仅浮末虚伪充斥京城，而奸邪之人亦遍布京城。

北魏迁都洛阳不久，身为河南尹的甄琛就上表言及洛阳当时处于"天下转广，四远赴会，事过代都，五方杂沓，难可备简，寇盗公行，劫害不绝，此由诸坊混杂，厘比不精，主司暗弱，不堪检察……京邑诸坊，大者或千户、五百户，其中皆王公卿尹，贵势姻戚，豪猾仆隶，荫养奸徒，高门遂宇，不可干问。又有州郡侠客，荫结贵游，附党连群，阴为市劫"③。这段议论是甄琛于北魏宣武帝永平四年（511）冬十一月的上表，此时距孝文帝迁都（494）仅17年左右。仅十几年，京城寇盗公行、劫害不绝、诸坊混杂，充斥着豪猾的仆隶、私养的奸徒、阴结贵游的侠客，再加上嚣张跋扈的贵势姻戚、趋炎附势的豪猾仆隶，弥漫着一片污浊之气。

京师长官所对付的奸豪，细究之，各时代多有不同。王符论及的东汉，因商业兴盛，商业资本和高利贷资本侵袭，农民舍农桑、趋商贾，涌进城市，鱼龙混杂，导致洛阳充斥着资末者和虚伪游手者，很多人不事生业，专门靠坑蒙拐骗、赌博谋奸为生。这反映了城市与商业繁荣的同时，却是农业走向凋敝、农业人口向大城市集中的场景。

北魏甄琛笔下的洛阳，又有不同，"五方杂沓"，"寇盗公行"，甄琛归纳为三点原因：一是主司暗弱，不堪检察；二是王公贵势养奸违法；三是战国以来盛行于北方的地方侠客，阴结贵游，已成气候。他认为这三点缘由造成京城污浊弥漫。大背景是北魏以权贵为主体的新门阀强势崛起。

---

① 《史记》，中华书局，1959年，第2257页。
② 《后汉书》，中华书局，1965年，第1633、1634页。
③ 《魏书》，中华书局，1974年，第1514页。

在笼罩着污浊之气的京城，其实我们看到了人口的流动。王符强调了舍农桑的农业人口向城市的流动和集中，甄琛强调了因四远赴会过程中王公贵族向洛阳的聚集，以往游荡于地方的侠客们也将京城作为他们驰骋的场所，五方杂沓更导致诸坊混杂，加重了京城社会治理的难度。

二、三百年的隋唐京城社会

《隋书·地理志》云："京兆王都所在，俗具五方，人物混淆，华戎杂错。去农从商，争朝夕之利，游手为事，竞锥刀之末。贵者崇侈靡，贱者薄仁义，豪强者纵横，贫窭者窘蹙。桴鼓屡惊，盗贼不禁，此乃古今之所同焉。"[1] 这里指出大城市中的贫富分化开始显现，有三个因素：一是去农从商，形成游手群体，聚集京城；二是贵者豪强纵横；三是盗贼猖獗。其中有的属于贵势群体的作为，优势地位、优势心态作祟；更多的属于下层群体的作为，而且有愈演愈烈之趋势。

唐朝的记载更为繁多。从唐高祖到唐末，我们看到"长安恶少"[2]，"奸豪"[3]，"盗贼"[4]，"京城恶少"[5]，"轻猾所聚"[6]，"愿作""奸暴"[7]，"豪猾"[8]，"豪侠""京师恶少"[9]，"侠少年"[10]，"宿奸老蠹"[11]，从高祖到敬宗，不绝于书。这些恶少、奸暴，不仅仅是市井之徒或游手流民，也有权贵子弟。

隋大将军宇文述的两个儿子宇文化及、宇文智及"常与屠贩专游，以规其利"。化及"右翊卫大将军述之子也，性凶险，不循法度。好乘肥挟弹，驰骛道中，辄是长安谓之'轻薄公子'"[12]；智及"好与人游斗，所共游处，皆不逞之徒，相聚斗鸡，习放鹰狗"[13]。隋沈光受到隋炀帝赏识，父君道仕陈至吏部侍郎，但陈亡

---

[1] 《隋书》，中华书局，1973年，第817页。
[2] 《旧唐书》，中华书局，1975年，第2416页。
[3] 《册府元龟》，中华书局，1960年，第8231页。
[4] 《旧唐书》，中华书局，1975年，第2630页。
[5] 《旧唐书》，中华书局，1975年，第273页。
[6] 《新唐书》，中华书局，1975年，第1333页。
[7] 《旧唐书》，中华书局，1975年，第4148页。
[8] 《册府元龟》，中华书局，1960年，第8309页。
[9] 祝穆：《事文类聚：新集》卷三五《殿司部》，文渊阁《四库全书》本。
[10] 《新唐书》，中华书局，1975年，第5633页。
[11] 《新唐书》，中华书局，1975年，第5246页。
[12] 《册府元龟》，中华书局，1960年，第11124页。
[13] 《隋书》，中华书局，1973年，第1892页。

后，入居长安，家贫，沈光混迹于市井，"交通轻侠，为京师恶少年之所朋附"①。

唐公主子，也有为非作歹之徒。开元二十七年（739），"先是郜国公主之子薛谂与其党李谈、崔洽、石如山同于京城杀人，或利其财，或违其志，即白日椎杀，煮而食之"。②宰相元载的几个儿子"聚敛无涯艺，轻浮者奔走。争蓄妓妾，为倡优亵戏，亲族环观不愧也"，被称为"牟贼"。③又，"刘桂州栖楚为京兆尹，号令严明，诛罚不避权势。先是京城恶少，屠沽商贩，多系名诸军，不遵府县法令，以凌衣冠、夺贫弱为事，有罪即逃入军中，无由追捕。刘公为尹，一皆穷治。至有匿军中，名目，自称百姓者。旬朔内，坊市奸偷宿猾慑气屏迹"④。

唐敬宗喜欢击球，"于是陶元皓、靳遂良、赵士则、李公定、石定宽以球工得见便殿，内籍宣徽院或教坊，然皆出神策隶卒或里间恶少年，帝与狎息殿中为戏乐。四方闻之，争以（骁？）勇进于帝。曾阅角抵三殿，有碎首断臂，流血廷中，帝欢甚，厚赐之，夜分罢。所亲近既皆凶逞，又小过必责辱，自是怨望"⑤。这是与内廷有关的恶少，或出神策军，或为里间恶少年。

三、"街肆恶少"身份解析

对城市社会边缘群体的不同类别，已经有一些学者进行过专门研究，但还有进一步探讨的余地，本文重点探讨的第6类群体⑥，即街肆恶少，记载中大多与恃强凌弱、坑蒙拐骗、无赖泼皮，包括后来形成的靠"吃"都市为生的"无赖"、带有黑社会性质的团伙等联系在一起，而将他们归入一类，但社会属性其实有很大差别，又各有不同特点。第6类群体最初是从其他类别中转化而来的，因此更具复杂性和多元性，由于对城市社会的特殊影响和作用，使得他们成为专门的一类，文献中常将其称为"京师恶少""街肆恶少"，但如果简单地把这类人归为"王公豪戚子弟"或街头泼皮无赖，都无法真正认识城市社会的现状和发展。进一步分析和深入探讨这类群体的形成、来源、社会属性、发展趋势以及他们对城市进程、发展的影响与作用，对研究唐宋城市社会阶层及其变动还是非常必要的。

前引司马迁描述的战国时期齐国的都城临淄，王符描述的东汉都城洛阳，形象地描绘了城市繁荣背后的蹊跷。这些不务正业（治本）、浮食游手、虚伪谋奸、

---

① 《隋书》，中华书局，1973年，第1513页。
② 《旧唐书》，中华书局，1975年，第211页。
③ 《新唐书》，中华书局，1975年，第4714页。
④ 〔唐〕赵璘：《因话录》卷二，上海古籍出版社，1979年，第79页。
⑤ 《新唐书》，中华书局，1975年，第5883—5884页。
⑥ 其他类别俟后将陆续讨论。

任侠逞强驰骋于都城者，在唐代城市化进程中，更为凸显和活跃，文献中常被称为"街肆恶少"，其成分其实比较复杂，来源也是多元的，并非单一的"王公豪戚子弟"或街头泼皮无赖。有人认为唐代城市的"街肆恶少"与汉代的游侠具有渊源关系，其实社会属性和时代属性有很大差别。活跃于城市社会中的一些品质恶劣的年轻人，文献中多有记载。这些人的成分很复杂，应该是有固定居所、长期盘桓在街肆结帮而形成的恶势力。但也有与贵势子弟混在一起的，因此如张荣芳认为京师恶少大多是"王公豪戚子弟"①，但其实也有很多中下层的，甚至人数更多，影响更大。唐前后期，京城"街肆恶少"成分及来源有所不同，依托的靠山发生变化，作恶的原因除了贫富分化，更大程度上是权贵势力恶性膨胀的衍生品，也是军队势力的扩张、新军阀的形成以及城市下层人口的累积所导致的城市社会现象。可以说，前期的"轻薄公子"比较张扬，而后期的"街肆恶少"较为嚣张。这与都市社会阶层结构的变化有关，与城市社会变化有关，两者虽然有交集，但不宜混为一谈。

根据相关资料，他们的社会构成主要有以下几类：①权贵豪戚子弟；②破落世家子弟；③城市贫民子弟；④外来人员和流动人员；⑤长期盘踞和滞留京城的低级胥吏的辞退人员；⑥各种名目的军队军士及隶属人员。很多情况下，不同类别多有交集，即某一个人可能会兼有多重身份。例如第2类、第5类、第6类都有可能集中在同一人身上。

1.权贵豪戚子弟

权门豪戚子弟一向是城市社会活跃的群体，权贵子弟恃贵而骄，驰骋张扬，隋代已经有突出实例。如前文所举的左翊卫大将军宇文述之子宇文化及和宇文智及，由于化及弟士及尚南阳公主（隋炀帝长女），两人更为嚣张。可见，隋代关陇军事集团文化素质不高，很多子弟不循法度，相聚驰骋者大多是斗鸡放鹰走狗等不逞之徒。

隋末，"段志玄，齐州临淄人。父偃师，仕隋为太原司法书佐。从义师，官至郢州刺史。志玄，姿质伟岸，少无赖，数犯法。大业末，从父客太原，以票果，诸恶少年畏之，为秦王所识，高祖兴，以千人从，授右领军大都督府军头"②。玄宗朝的记载也不少。如前文所举郧国公主（睿宗李旦第七女）之子薛谈与其同伙李谈、崔洽、石如山等白日杀人，椎而煮食之的恶劣行径。③公主之子竟然杀人越货，这属

---

① 张荣芳：《唐代京兆尹研究》，台湾学生书局，1986年，第146页。
② 《新唐书》，中华书局，1975年，第3768页。
③ 《旧唐书》，中华书局，1975年，第211页。

于比较极端的事例，更多的是李白诗中所述："风流少年时，京洛事游遨。腰间延陵剑，玉带明珠袍。我昔斗鸡徒，连延五陵豪。邀遮相组织，呵吓来煎熬。君开万丛人，鞍马皆辟易。告急清宪台，脱余北门厄。"斗鸡、酗酒、斗拳、风流、结伴滋事、炫耀，是玄宗朝以后这些纨绔子弟及其追随者的风格，但高官的子弟又有身份特点。

韦应物在《逢杨开府》一诗中自诩："少事武皇帝，无赖恃恩私。身作里中横，家藏亡命儿。朝持樗蒲局，暮窃东邻姬。司隶不敢捕，立在白玉墀。骊山风雪夜，长杨羽猎时。一字都不识，饮酒肆顽痴。"[1]韦氏为关中大姓，韦应物曾祖韦待价在武则天时官至宰相，祖父宗正少卿，父亲韦銮官职不显，善画画，墓志记载为宣州司法参军，从七品下。韦应物是著名诗人，官至江州刺史、苏州刺史，他的儿子也没有高官。虽然靠着曾祖和祖父之荫还可以充任三卫，但其实仕途已经没有大的发展。韦应物，15岁即以三卫郎为玄宗近侍，出入宫闱，扈从游幸。早年豪纵不羁，横行乡里，乡人苦之。安史之乱起，玄宗奔蜀，流落失职，始立志读书，"鲜食寡欲，所居焚香扫地而坐"[2]。后历任洛阳丞、京兆府功曹参军、鄂县令、比部员外郎、滁州和江州刺史、左司郎中、苏州刺史等职，世称韦江州、韦左司或韦苏州。他因属于世家子弟，才有机会充任三卫，成为京城的无赖，还藏匿亡命之徒，也是结帮结伙，横行一时，与后来依托神策的中下层无赖不大相同，其主要依托家世背景。再如前文所举的郎国公主之子薛谔与其党的恶劣行径，都是有关玄宗朝公主子的一些不良记载。似乎与隋初宇文氏家族又有不同，基本是没落的家族或皇权国戚的分支。李白《叙旧赠江阳宰陆调》一诗中的"风流少年""斗鸡徒""五陵豪"等既有比较高阶层的豪贵，也有低层次的斗鸡徒。身为纨绔子弟追求享乐、炫耀富贵、拈花惹草、追逐风流、惹是生非，是这些子弟的特点。

到唐后期，情况有所不同，活跃在京城的街肆恶少已经属于不同的社会阶层了。

如刘悟（？—825），范阳（今北京）人，宪宗时为义成节度使，"其祖正臣，平卢军节度使，袭范阳不克，死。叔父全谅，节度宣武，器其敢毅，署牙将，以罪奔滁州。王虔休复署为将，被病去，还东都，全谅积缗钱数百万在焉，悟破滕鐍用之。从恶少年杀人屠狗，豪横犯法，系河南狱，留守韦夏卿贷免。李师古厚币迎之，始未甚知，后从击球，轩然驰突，撞师古马仆，师古恚，将斩之，悟盛气以语触师古，不慑，师古奇其才，令将后军，妻以从娚，历牙门右职。师道以军用屈，

---

[1]《全唐诗》，中华书局，1980年，第1955—1956页。
[2]〔宋〕王谠撰，周勋初校证：《唐语林校证》卷二，中华书局，1987年，第181页。

率贾人钱为助,命悟督之"①。这是叙述刘悟落魄时,和这些恶少混在一起干坏事,与前期的权贵子弟还不大一样。

张籍,德宗到文宗朝时人,其诗作《杂曲歌辞少年行》中的少年,虽然有"日日斗鸡都市里,赢得宝刀重刻字。百里报仇夜出城,平明还在倡楼醉"等恶劣行径,但其实胸怀"遥闻虏到平陵下,不待诏书行上马。斩得名王献桂宫,封侯起第一日中"②的远大抱负。张籍描写的这些少年应该有一定的家世背景——六郡良家子,大概是以西北军队子弟为主,或相为标榜。显然不是最高层的官宦子弟,但浪迹于都市寻欢作乐,应该有一定的资金资助,有的充任了皇帝侍卫,但在京城内外寻滋报仇、宿娼斗鸡。有志者则不再浪迹于市井,而是博取边功,封官晋爵。如王建(约767—约831后)的《羽林行》:"长安恶少出名字,楼下劫商楼上醉。天明下直明光宫,散入五陵松柏中。百回杀人身合死,赦书尚有收城功。九衢一日消息定,乡吏籍中重改姓。出来依旧属羽林,立在殿前射飞禽。"③唐后期以"少年行"为题的诗句,都有一些共性。

权贵豪戚子弟在京城的嚣张和招摇,从隋到唐后期有变化,隋代的宇文氏子弟,有恃无恐,所作所为也不影响他们的升迁和发达。玄宗朝及其此后,更多的是"五陵少年",社会风气的蜕变,使得这些少年追逐时尚,斗鸡、炫富、风流、宿娼、寻仇,往往结伴滋事。但也有不少人因祖父余荫,有卫官身份,盼望着建功立业。诗人对他们给予了欣赏性的描述。

德宗以后,京城民间社会各种势力活跃起来,从隋初的权贵高门到玄宗朝的五陵少年,又有变化,市井子弟开始占据京城民间社会的舞台。

2. 没落世家子弟

一些破落或没落的世家子弟,盘踞京城,往往纠集一些层次较低的社会恶少,滋事于京城。上述的"五陵少年",也与破落世家子弟有关。很多破落子弟,很可能追随"五陵少年",形成声势。

如前文所举沈光,因政治原因而导致家世沦落,混迹市井,成为恶少所朋附的恶势力,后追随隋炀帝屡建功勋。《隋书》本传详细记载其经历:"沈光字总持,吴兴人也。父君道,仕陈吏部侍郎,陈灭,家于长安。皇太子勇引署学士。后为汉王谅府掾,谅败,除名。光少骁捷,善戏马,为天下之最。略综书记,微有词藻,

---

① 《新唐书》,中华书局,1975年,第6012页。
② 《全唐诗》,中华书局,1980年,第324—325页。
③ 《全唐诗》,中华书局,1980年,第317页。

常慕立功名，不拘小节。家甚贫窭，父兄并以佣书为事，光独跅弛，交通轻侠，为京师恶少年之所朋附。人多赡遗，得以养亲，每致甘食美服，未尝困匮。初建禅定寺，其中幡竿高十余丈，适遇绳绝，非人力所及，诸僧患之。光见而谓僧曰：'可持绳来，当相为上耳。'诸僧惊喜，因取而与之。光以口衔索，拍竿而上，直至龙头，系绳毕，手足皆放，透空而下，以掌拒地，倒行数十步，观者骇悦，莫不嗟异，时人号为'肉飞仙'。大业中，炀帝征天下骁果之士以伐辽左，光预焉。同类数万人，皆出其下。光将诣行在所，宾客送至灞上者百余骑，光酹酒而誓曰：'是行也，若不能建立功名，当死于高丽，不复与诸君相见矣。'及从帝攻辽东，以冲梯系城，竿长十五丈，光升其端，临城与贼战，短兵接，杀十数人。贼竟击之而坠，未及于地，适遇竿有垂绠，光接而复上。帝望见，壮异之，驰召与语，大悦，即日拜朝请大夫，赐宝刀良马，恒致左右，亲顾渐密。未几，以为折冲郎将，赏遇优重。帝每推食解衣以赐之，同辈莫与为比。"①可知沈光家累世有官，后来没落，成为京师恶少，有绝技武艺，从军。后为隋炀帝身边的大将，为保护隋炀帝，粉碎宇文化及的谋反而死。

这类破落世家子弟，在京城炫耀和张扬的方式似乎比权贵子弟层次低了些，他们的最高理想是靠立军功升迁。前所举的隋末段志玄，唐后期韩愈的弟子刘义，还能有读书的机会，家世背景虽然不深厚，但似乎都不是普通百姓。

3. 城市贫民阶层

如果说唐前期的京城恶少大多是攀附于权贵豪戚甚至是没落世家子弟，那么到了唐后期，活跃于京师的恶少则已有了变化。占据城市舞台中心的恶少已经从权贵豪戚子弟转为一般城市贫民和市民子弟了，他们炫耀和展示自身的方式更加城市化和低俗化了。崔沔所作《应封神岳举贤良方正第二道》中有问答，"问：屠钓关拆之流，鸡鸣犬吠之伍，集于都邑，盖八万计"②。形容市井之徒云集京城之盛。但八万的数字如何得出，不详。

宪宗元和时，《酉阳杂俎·续集·支诺皋上》载："元和初，上都东市恶少李和子，父努眼。和子性忍，常攘狗及猫食之，为坊市之患，常臂鹞立于衢。见二人紫衣，呼曰：'公非李努眼子，名和子乎？'"③《酉阳杂俎》卷八《鲸》载，元和末，"蜀市人赵高好斗，常入狱。满背镂毗沙门天王，吏欲杖背，见之辄止，恃此

---

① 《隋书》，中华书局，1973年，第1513—1514页。
② 《全唐文》，中华书局，1983年，第2773页。
③ 〔唐〕段成式：《酉阳杂俎》，中华书局，1981年，第202页。

转为坊市患害"①。

文宗开成时，前文所举洛阳（河南）恶少的猖狂，"或危帽散衣，击大球，户（原文为尸，据改）官道，车马不敢前"②。京师恶少也不逊色，"优戏道中，具驺唱珂卫（街?），自谓'卢言京兆'，驱放自如"，当时杜中立为京兆尹，强悍惩治，"部从吏捕系，立榷死"。③

这些坊市恶少，以刺青文身为时尚和标识，不仅嚣张于街肆，而且敢与官府叫板，挑战权威。《酉阳杂俎》卷八《黥》载："上都街肆恶少，率髡而肤札，备众物形状。恃诸军，张拳强劫，至有以蛇集酒家，捉羊胛击人者。"④

前文所举杨虞卿惩治的三王子，"遍图刺体无完肤"⑤。还可举出如大宁坊力者张干，"札左膊曰：生不怕京兆尹，右膊曰：死不畏阎罗王"⑥；又有王力奴，"以钱五千召札工，可胸腹为山亭院池榭，草木鸟兽无不悉具，细若设色"，薛元赏时为京兆尹，"悉杖杀之"；又有赵武建，"札一百六十处番印盘鹊等，左右膊刺，言：野鸭滩头宿，朝朝被鹘梢。忽惊飞入水，留命到今朝"；又京兆府畿县高陵县捉得镂身者宋元素，"札七十一处刺，左臂曰：昔日已前家未贫，千金不惜结交亲，及至栖惶觅知己，行尽关山无一人。右膊上札瓠芦，上札出人首，如傀儡戏，有郭公者。县吏不解，问之，言'胡芦精也'"⑦。

力者张干以及王力奴，从称谓和名字看，都是靠力气吃饭、社会阶层比较低的人。通过黥刺文身、酗酒斗殴、赌博寻仇，力图成为坊市人们关注的中心，应该说他们也达到了目的。

4. 长期盘踞和滞留京城的低级胥吏和杂任中的辞退人员

京城长安云集着中央官署和京兆府各级各类官署⑧，任职人员包括低级官吏、胥吏及杂职人员。《资治通鉴》云："官自三师以下一万七千六百八十六员，吏自

---

① 〔唐〕段成式：《酉阳杂俎》，中华书局，1981年，第76页。
② 《新唐书》，中华书局，1975年，第5349页。
③ 《新唐书》，中华书局，1975年，第5206页。
④ 〔唐〕段成式：《酉阳杂俎》，中华书局，1981年，第78页。
⑤ 〔唐〕段成式：《酉阳杂俎》，中华书局，1981年，第78页。
⑥ 〔唐〕段成式：《酉阳杂俎》，中华书局，1981年，第76页。
⑦ 《太平广记》，中华书局，1961年，第2059页。
⑧ 唐中央官署和京兆府官署名称及员额，《唐六典》《新唐书·百官志》《旧唐书·职官志》等都有具体记载，可参看。胥吏有广义与狭义之分，对吏、杂任、杂职掌、色役、职役这些有连带关系的职任和概念，不少学者有专门的研究，但各家意见也有分歧，暂存异，本文笼统而言，不做详细区分和考订。

佐史以上五万七千四百一十六员。"①《唐律疏议》云："流外官者，谓诸司令史以下，有流外告身者。杂任，谓在官供事，无流外品。"②

上述诸书记载的低级任职人员，可以说除州县地方职任，大多集中在京城各官署，可以分为三个层次或类别，第一个层次是流外官。其品秩和名目，《通典》有详细列举，王永兴师对此有详细考订。③

第二个层次是杂任杂职。据唐15条，"诸州执刀、州县典狱、问事、白直，总名'杂职'。州县录事、市令、仓督、市丞、府、史、佐、计（账？）史、仓史、里正、市史，折冲府录事、府、史，两京坊正等，非省补者，总名'杂任'。其称'典吏'者，'杂任'亦是"。列举的主要是任职于地方的胥吏，包括任职于京兆府的诸人，与唐律中所言的广义的"杂任"不完全相同。

第三个层次是色役。色役是个广泛而又复杂多变的概念，研究者们似乎也还存在着不同认识。色役应该包括庶士、乐户、杂匠在内的诸多被官府驱使的人员，即除了前两层以外的胥吏。

李锦绣《关于唐后期官与吏界限的几点思考》④一文，同意砺波护的唐后期胥吏人数增加的观点，并指出，仅财政领域的胥吏就增加了近13倍。根据李锦绣文，我们可以得知，一是唐后期胥吏数量的成倍甚至成十倍的增加，尤其是关键部门，虽然传统的旧有的胥吏职位很多已经被后起的吏职甚至是官职取代，但大量的色役和杂使等充斥着各个部门是不争的事实。

严耕望对这些人口数量的估测是："长安城全部中央官署之官员胥吏，加京兆府，长安、万年两县之官员胥吏之人数，必当在五万以上。"⑤长安各级各类官署官与吏的比例，或低品加胥吏与中品以上的比例，至少不应低于4∶1，⑥那么，长安的胥吏应不少于4万，若加上不在编制内的杂任、杂职掌，人数会更多。⑦

---

① 《资治通鉴》，中华书局，1961年，第6921页。
② 参见《唐律疏议笺解》卷一一《职制》"役使所监临"条。
③ 参见《通典》卷四〇《职官第二二》。王永兴先生校释见《〈通典〉载唐开元二十五年官品令流外官制校释——唐流外官制度研究之一》[见《文史》（第35辑），中华书局，1992年]、《关于唐代流外官的两点意见——唐流外官制度研究之二》（《北京大学学报》1990年第2期）。均收入王永兴：《陈门问学丛稿》，江西人民出版社，1993年。
④ 李锦乡：《关于唐后期官与吏界限的几点思考》，见《暨南史学》（第4辑），暨南大学出版社，2005年。作者提出的唐后期出现的"旧有胥吏系统的解体及新型胥吏体系的产生"的论点非常值得重视。
⑤ 严耕望：《严耕望史学论文集》（下），上海古籍出版社，2009年，第1072—1073页。
⑥ 统计过程暂从略。
⑦ 拟另文探讨和统计。

这些群体虽然正史记载中着墨不多，但应该引起足够的重视。如五坊小儿、各宦官机构小使、宫市中的"白望"、公主府中的混混等。唐后期还是可以搜集到很多具体而生动的记载的。

宫市使下的"白望"。据载："是时，宫中取物于市，以中官为宫市使。两市置白望数十百人，以盐估敝衣、绢，帛尺寸分裂酬其直，又索进奉门户及脚价钱，有赍物入市而空归者。每中官出，沽浆卖饼之家皆彻肆塞门。谏官御史数上疏谏，不听，人不堪其弊。户部侍郎苏弁言：'京师游手数千万家无生业者，仰宫市以活，奈何罢？'帝悦，以为然。"①

宦官系统的五坊小使。"宣徽院五坊小使，每岁秋按鹰犬于畿甸，所至官吏必厚邀供饷，小不如意，即恣其须索，百姓畏之如寇盗。先是，贞元末，此辈暴横尤甚，乃至张网罗于民家门及井，不令出入汲水，曰：'惊我供奉鸟雀。'又群聚于卖酒食家，肆情饮啖。将去，留蛇一箧，诫之曰：'吾以此蛇致供奉鸟雀，可善饲之，无使饥渴。'主人赂而谢之，方肯携蛇箧而去。至元和初，虽数治其弊，故态未绝。小使尝至下邽县，县令裴寰性严刻，嫉其凶暴，公馆之外，一无曲奉。小使怒，构寰出慢言，及上闻，宪宗怒，促令摄寰下狱，欲以大不敬论。宰相武元衡等以理开悟，帝怒不解。度入延英奏事，因极言论列，言寰无罪，上愈怒，曰：'如卿之言，寰无罪即决五坊小使；如小使无罪，即决裴寰。'度对曰：'按罪诚如圣旨，但以裴寰为令长，忧惜陛下百姓如此，岂可加罪？'上怒色遽霁。"②

这些小使显然类似出身坊市间的无赖等，社会阶层较低，素质也较低。

京城还聚集着大量的低级胥吏中的辞退人员。京吏和杂任、杂职掌退役、辞退者在京城为数众多，一大批素质较低者，为害坊市不浅。直接反映这些吏的相似情况的材料极少，还有待进一步爬梳。

京城各中央官署都配置有为数众多的吏员、杂职，如《石解墓志》志文："（石解）贞元十七年（801）七月，除侍[御]史，留东都台。台有子来小吏百人，缘附为奸，发求民间阴事，投书削名行，风闻责牒，人多愁恐。"③吴武陵《谏窦易直》："盐铁、度支一户部郎事，今三分其务，吏万员，财赋日蹙。"④吏员数量不仅明显超

---

① 《新唐书》，中华书局，1975年，第1358—1359页。
② 《旧唐书》，中华书局，1975年，第4414页。
③ 大唐西市藏八〇八《唐故衡王府长史致仕石府君墓志铭并序》，承阎守诚教授惠示拓片，又承毛阳光教授惠示原拓及录文。龚静的《反映唐代义商与唐人财富观的三方墓志》（《考古与文物》2010年第2期）也做了录文，可参看。
④ 《全唐文》，中华书局，1983年，第7386页。

编,还日益膨胀。严耕望认为"此诸吏员虽不尽在长安,但留驻长安比例甚大"①。

他们与市井无赖还是有区别的,为非作歹的层次和形式都不同,一般也没有将这类群体归入街肆恶少类。②有两个趋势是确定的:一是胥吏及杂职掌数量的绝对增长,而且增长幅度较大;二是吏职和色役的职任岗位大量增加,色役向职役转化,形成流外、杂职掌、杂任、色役界限模糊不清的现象。③

5. 外来流动人口

关于唐代长安城的人口数量,很多学者做过估算。④严耕望先生的《唐代长安人口数量估测》,对外来流动人口仅仅给予了约五万的估测⑤,远远少于实际的数量,关于这点,我已经多次强调过。其中,从农村和外地涌进都城的外来流动人口没有计算充分,是主要原因之一。严先生将流动人口分为季节性流动与非季节性流动。非季节性流动人口包括四方商人、地方州府吏员进京公干、外国公私人等、留学生、僧徒、每月两千九百余在京当值的诸使司丁匠幕士⑥,还有将作监、少府监隶属工匠共34850人,根据需要分番上京当值,⑦具体数字不详。季节性流动人口,包括参加吏部铨选的选人,参加礼部科举的举子,⑧州府朝集使等。

前文所引《隋书·地理志》说到京城人物混淆、游手众多的场景。大城市中的贫富分化随着城市的发展和人口数量的膨胀,逐渐显现。有两个因素值得注意:一是去农从商,二是游手。

---

① 严耕望:《严耕望史学论文集》(下),上海古籍出版社,2009年,第1074页。

② 本文权且寄名在此,有另文专门研究。

③ 这是引起研究者从不同的角度出发,而得出不同的结论的重要原因。

④ [日]妹尾达彦:《唐长安人口论》,见《堀敏一先生古稀纪念论集——中国古代的国家和民众》,汲古书院,1995年,文中有《过去长安人口推计一览表》;严耕望:《唐代长安人口数量之估测》,见《第二届唐代文化研讨会论文集》,1995年,后收入《严耕望史学论集》(下),上海古籍出版社,2009年,第1069—1099页;冻国栋:《唐代人口问题研究》,武汉大学出版社,1993年;史念海:《中国古都概论》,《陕西师范大学学报》1990年第1期;等等。总结近十几年以来的研究,可参见张天虹:《再论唐代长安人口的数量问题——兼评近15年来有关唐长安人口研究》,《唐都学刊》2008年第3期。

⑤ 严耕望:《严耕望史学论文集》(下),上海古籍出版社,2009年,第1092—1095页。

⑥ 严耕望先生的估算依据为京兆诸使司幕士丁匠总数八万四千五百人,据《唐会要》卷六五《卫尉寺》载广德元年敕文,每月需二千九百四十四人当值。这个数字需要斟酌,实际应该远多于此。

⑦ 严耕望先生根据《唐六典》卷七《工部郎中》。《唐会要》所记是"京兆府诸使司",《唐六典》所记的隶属将作监和少府监的数量,是否有重合,待考。

⑧ 严耕望先生认为选人和举子人数众多,但很多人为备考复读、待选,长年滞留京城,已经不属于流动人口了。因此,他对此类群体在流动人口中的估算数量仅为数千人。

《隋书·地理志》是整体的描述，没有具体的人和事，但是上述的闲人、恶少及其追随、依附者，可能有不少外来无业或失业的青少年。久居之后，有可能从事屠夫、文身、赌博这类低层次的职业，成为城居的常住人口，若干年后，外来户的身份已经淡薄。

高宗、武则天时，天下逃亡流寓之人已经普遍。证圣元年（695），李峤提出应严查逃户，"然后逃亡可还，流寓可绝"[①]。景云二年（711）韩琬指出："然以军机屡兴，赋敛重数，上下逼促，因为游民。游惰既多，穷诈乃作。"[②]战乱使百姓流离失所，城里才有更多的空间容纳这些游惰、穷诈者。

杨炎指出，在租庸法崩坏后，"是以天下残瘵，荡为浮人，乡居地著者，百不四五，如是迨三十年"[③]，即死守在乡里，从事农业生产的人逐渐减少，很多人向城市集中。

吐鲁番出土大谷文书2835号《长安三年（703）敦煌县典阴永为括浮逃户事上县司牒》[④]："甘凉瓜肃所居停沙州逃户……上件等州，以田水稍宽，百姓多悉居城，庄野少人执作。沙州力田为务，小大咸解农功。逃进投诣他州，例被招携安置。"这件文书体现的是乡村逃户增多的现象，有的家境较好，便移居城市，有的逃往他乡，继续从事农业生产。这类现象不仅仅发生在西北地区，大量农村的上户移居城市，大量的下户流入大城市寻找生路，这是当时的普遍现象，都城更甚。这种趋势在宋代更为盛行。

由于逃户屡禁不绝，朝廷陆续采取了一些逐渐宽松的政策[⑤]，在两税法实施后，"户无主客，以见居为簿"，可以说对流动的"客户"有了政策性的转变。宋代"主户"与"客户"概念跟唐代性质各异，跟两税法及此后的一系列相关政策应该有密切关系。

北宋时，开封府城内，滞留、聚居着大量乞丐群体、手工业者群体，比之唐朝更甚。

---

① 〔宋〕王溥：《唐会要》，中华书局，1960年，第1561页。
② 〔宋〕王溥：《唐会要》，中华书局，1960年，第1561页。
③ 〔宋〕王溥：《唐会要》，中华书局，1960年，第1536页。
④ 〔日〕龙谷大学佛教研究所编：《大谷文书集成》（第1卷）"Ⅲ吐鲁番出土敦煌关系文书"，图版120、121《长安三年（703）停逃户文书》，法藏馆，昭和五十八年（1983）。原文书用的是武周新字，现一律改为常用字体。唐长孺《唐代的客户》（见《山居存稿》，中华书局，1989年）一文对这件文书做了探讨。
⑤ 《唐会要》卷八五《逃户》："大历元年制：逃亡失业，萍泛无依，时宜招绥，使安乡井。其逃户复业者，宜给复二年，无得辄有差遣。如有百姓先货卖田宅尽者，宜委本州岛县取逃死户田宅，量丁口充给。"参见〔宋〕王溥：《唐会要》，中华书局，1960年，第1565页。

四、"街肆恶少"的演变及其他

街肆恶少在唐后期有一些新的变化。由于神策军的崛起和本土化（京籍化），街肆恶少等也不再仅仅混迹于市井，而是找到了新的依托。

1. 依托禁军

武宗"会昌三年五月，京兆府奏：两坊市闲行不事家业，黥刺身上，屠宰猪狗，酗酒斗打，及觊构关节，下脱钱物，挎蒲赌钱人等。伏乞今后如有犯者，许臣追捉。若是百姓，当时处置，如属诸军诸使，禁司奏闻从之"①。

《新唐书·薛元赏传》载："（武宗）会昌中，德裕当国，（薛元赏）复拜京兆尹。都市多侠少年，以黛墨镂肤，夸诡力，剽夺坊闾。元赏到府三日，收恶少，杖死三十余辈，陈诸市，余党惧，争以火灭其文。元赏长吏事，能推言时弊，件白之，禁屯怙势扰府县，元赏数与争，不少纵，由是军暴折戢，百姓赖安。"②

上文所举的"两坊市闲行不事家业"者，以刺青夸耀，为非作歹，有些是隶属于"诸军诸使"，地方行政部门对他们没有处置权。只有薛元赏，出任京兆尹，悉数杖杀，弃尸于市，以示惩戒。

再如河阳节度使李泳，"长安市人，寓籍禁军，以赂得方镇，所至恃所交结，贪残不法"。文宗开成二年（837）六月，河阳军乱，李泳奔怀州，军士焚烧府署，杀其二子。③

到晚唐，这些市井无赖更加嚣张。僖宗朝，"（黄巢起义前后）先是，京师有不肖子，皆著叠带冒，持梃剽闾里，号'闲子'。京兆尹始视事，辄杀尤者以怖其余。窦澣治京兆，至杀数十百人，稍稍惮戢。（黄）巢入京师，人多避难宝鸡，闲子掠之，吏不能制。（高）仁厚素知状，下约入邑间纵击。军入，闲子聚观嗤侮，于是杀数千人，坊门反闭，欲亡不得，故皆死，自是闾里乃安"④。坊里有闹事或聚众的团伙居然达数千人。

2. 有明显的时间性

唐前期依托权贵的人很多，后期依托宦官和军队系统等的居多。玄宗朝是个分

---

① 〔宋〕王溥：《唐会要》，中华书局，1960年，第1188页。
② 《新唐书》，中华书局，1975年，第5633页。
③ 《资治通鉴》，中华书局，1961年，第7929页。
④ 《新唐书》，中华书局，1975年，第5471页。

界线。

此前,主要看到权贵子弟的炫耀和嚣张,一些无良混混混杂其中,造成声势,为虎作伥。安史之乱后,权贵结构发生变化,宦官势力坐大,权力从宫内延伸到宫外,逐渐覆盖了全城,并控制了中央禁军——神策军,因此,与宫内内侍省各领属小儿和隶名神策军的人员,成为京城街肆恶少的最主要成员。军事贵族集团(包括崛起的藩镇)子弟及隶属人员,横行京城,反倒是文臣化的高官公卿子弟比较收敛。可称之为街肆恶少群体的活动范围和层次已经有了明显的区别。

3. 城市归属感、认同感显现,积极作用和负面影响同时同步增强

街肆恶少和市井之徒其实都属于市民群体,正是他们当中的一些人,将自己看成是城市的主人,关键时刻表现出为捍卫城市荣誉和城市安全不惜挺身而出。如安史叛军打到潼关,京师震悚,封常清和高仙芝招募了一些市井之徒,他们基本没有受过训练,当然也不具备战斗力,一击即溃。对此,人们的评价认为他们是一群乌合之众,平时只热衷于斗鸡走狗、酗酒赌博,是不务正业的二流子、无赖之辈。但有没有想过,他们除了有贪图军队解决吃饭问题的待遇、希望个人建立军功获取荣华富贵的可能之外,是否还有保家卫国的理想和热情融入其中呢?联想到唐代宗广德元年(763),代宗刚即位,吐蕃犯京师,入城后立广武王承宏为帝,《旧唐书·代宗本纪》载:"(广德元年冬十月)辛巳,车驾至陕州。子仪在商州,会六军使张知节、乌崇福、长孙全绪等率兵继至,军威遂振",郭子仪原部下旧将王甫,"诱聚京城恶少,齐击街鼓于朱雀街,蕃军震慑,狼狈奔溃"。[1]"恶少"的英勇举动震慑了吐蕃,挫败了其锐气,于是吐蕃匆忙退出京城。郭子仪顺势收复京城,成为有名的"中兴之臣"。估计这些人中的一部分就被收编到军队了。

五、余论:对"街肆恶少"形成背景的思考

城市社会经济和文化发展,社会财富快速增长,加剧了阶层的分化、贫富的分化,边缘性群体扩大。

城市化进程中,城市与农村的差距拉大,外来人口和流动人口不断增加[2],逐渐

---

[1] 《旧唐书》,中华书局,1975年,第273页。
[2] 《长安志》在谈到长安官府户籍人口时,不得不承认当时城中"浮寄流寓不可胜计"。妹尾达彦《唐长安人口论》(见《堀敏一先生古稀纪念论集——中国古代的国家和民众》,汲古书院,1995年,第561—597页)一文中有《过去长安人口推计一览表》。严耕望《唐代长安人口数量之估测》(见《第二届唐代文化研讨会论文集》,台湾学生书局,1995年,第1—20页)一文中对流动人口的估计显然不够充分。

改变着城市的人口结构。这些人拉开了城市的空间，他们源于生存的需要，或独立成帮，或联合城市下层也寻找着各种生存的方式。城市也提供了更多工作或生存的空间。

城市发展过程中，管理体制和制度相对滞后，如人口问题、治安管理、住房紧张、城市基本建设滞后等，也使一些社会空间被兴起的群体占据，如日益充斥京城的胥吏及退职者、坊市不事生业的无良少年。

城市社会结构的变化，权贵群体发生变化，部分街坊恶少各自依托的权贵豪门也在前后期发生了变化。

市民阶层的成长，一些中下层人士希望展示自己的力量，表达自己的诉求，既是城市发展的负面因素，也曲折地显示出一些积极的因素，如对本城市的认同感和责任感，在有外敌侵扰时的主动性和英勇精神；对政治黑暗和腐败的不满，用各种方式加以表达，争取生存空间的努力，为维护自身权益表现出的主动性和进取精神。他们采取匿名帖、坊市贴榜、制造舆论、集体闹事等方式，表达自己的诉求。如拦截宰相卢杞，其中有正义人士，也会有不少唯恐天下不乱的无良少年，这样容易形成群体事件，这也是城市社会的特点，不加引导则会走向毁灭社会和自身的歧途。

《唐律疏议》卷二七《杂律》有这样的条文："诸在市人及人众中，故相惊动，令扰乱者，杖八十；以故杀伤人者，减故杀伤一等；因失财物者，坐赃论。其误惊杀伤人者，从过失法。"应该说适用城市管理的法律法规还是比较少的，也不适应城市发展的新情况。

宋人周必大《文忠公集》卷六七《资政殿学士宣奉大夫参知政事萧正肃公神道碑燧嘉泰元年》载："城中恶少数十辈，间扰市廛。公密籍姓名，涅补军额，人以按堵，庭无留讼。监司言状，上方靳职名非功不予。诏公治之，有劳，特除敷文阁待制，移知婺州，父老遮道，几不得行，其送出境者以千数。"①这说明对城市治安进行治理得到了百姓的拥戴，宋朝将他们编入军队，与唐朝不同，唐朝是挂名军籍，仍然留在京城仗势为害，宋朝则都收入军队加以管束，或者至少使他们不在京城为害，如果是补军额，看来还是表示了一定惩罚，因为军人要脸上刺字，以表示地位低下。

后代王朝在修订刑法时，注意到了这些现象，并加以限制和处罚，如宋代的聚众斗殴的处罚条例，明代对"光棍"的处罚条例。

---

① 〔宋〕周必大：《文忠公集》，见《景印文渊阁四库全书》（1147册），台湾商务印书馆，1983—1986年，第716页。

如何化解这些人群的负面情绪和弱势地位，加以积极的引导，成为城市建设的积极力量，同时需要制定相关的政策和采取相应的措施，削弱他们对城市发展和城市秩序的破坏力，打击他们形成的恶势力，解决他们的出路，这也是唐代以后城市管理及社会建设面临的新问题。

原载《唐都学刊》2017年第1期
（宁欣，北京师范大学历史学院教授）

大唐公主衣食住行之住研究

郭海文　赵文朵　李　炖

众所周知，住宅是人类赖以生存、发展、繁衍的物质空间。"研究居住生活离不开建筑。各种不同建筑形式，不仅造就了人们居住活动的空间，而且影响着居住生活的面貌或习俗。隋唐五代在建筑上的成就，主要表现在城市建设和宗教建筑上。其他如私人住宅中园林的兴起、建筑技术中建筑构件定型化的趋势等，也都是当时建筑的特点。……从城市入手，通过各种建筑形式乃至家具、陈设等，来看看当时人居住生活的大小舞台及其环境。"[①]

大唐公主婚后不是随夫居，而是由朝廷另辟地方重新盖新房，那么，大唐公主新房设在哪里？房间如何布置？屋外的环境如何？公主在房间里除了完成必需的"内职"之外，她们还进行哪些"外职"的活动？目前，对此的研究主要是黄正建的《唐代的衣食住行》以及蒙曼的《唐代长安的公主宅第》。但是，要寻找上述问题的答案，还需要对此进行更深入的研究。

一、大唐公主住宅考

唐制："皇姑为大长公主，正一品；姊妹为长公主，女为公主，皆视一品；皇太子女为郡主，从一品；亲王女为县主，从二品。"[②]"凡外命妇之制，皇之姑封大长公主，皇姊妹封长公主，皇女封公主，皆视正一品。"[③]

在父系社会里，结婚通常意味着一个女人必须离开她生长的家庭，搬进一个陌生的地方，去适应一个已经有既定生活习惯与规范的空间。[④]《白虎通》云："嫁者，家也。妇人外成，以出适人为家。"[⑤]"至于公主下嫁之使男就女，赘婿之入居

---

① 黄正建：《唐代衣食住行》，中华书局，2013年，第154页。
② 《新唐书》卷四六《百官一》，中华书局，1975年，第1188页。
③ 《旧唐书》卷四三《职官志》，中华书局，1975年，第1821页。
④ 毕恒达：《找寻空间的女人》，张老师文化事业股份有限公司，1996年，第59页。
⑤ 〔清〕陈立：《白虎通疏证》，吴则虞点校，中华书局，1994年，第491页。

妇家，虽亦同居，却系夫以妇之住所为住所"①。

唐代公主出嫁前居住在皇宫、王府，出嫁后则由官府另辟新宅供公主居住。正如辛替否所言："伏惟公主陛下之爱女，选贤良以嫁之，设官职以辅之，倾府库以赐之，壮第观以居之，广池筑以嬉之，可谓之至重也，可谓之至怜也。"②

徐松的《两京城坊考》及李健超先生的补注中对唐代长安城公主的住宅及她们所立道观、寺院有详细的记录。这些记录充分说明，唐代的公主住宅相当豪奢，有的公主甚至有多处住宅。

公主出嫁前之生活，一切由宫廷供给；出嫁后则赐以封户或封物充衣食之资，并有各类赏赐。③出嫁后之公主专设有公主邑司，下置令、丞、录事各一人，"公主邑司官，各掌主家财货出入、田园征封之事。其制度皆隶宗正焉"④。

由国家出资建立的公主住宅便不仅仅是简单的生活空间，而是体现着公主与皇帝，皇室与国家，皇权与各种社会势力、政治势力的互动关系，因而在一定意义上具有政治空间的含义。公主住宅作为国有资财，在公主死后由国家安排。⑤

（一）高祖

（1）襄阳公主：根据襄阳公主驸马窦诞墓志中的记载，窦诞"贞元廿二年二月寝疾，薨于辅兴里第，春秋六十八"⑥。从此处可推断出襄阳公主的住宅应位于辅兴里。

（2）高密公主：根据《增订唐两京城坊考》记载，颁政坊有"工部尚书驸马都尉纪国公段纶宅"⑦。段纶为高密公主驸马，故公主住宅理应在此。

（3）长广公主：长广公主原为桂阳公主，初嫁赵慈景。赵慈景死后，"崇义

---

① 陈顾远：《中国婚姻史》，上海文艺出版社，1987年，第193页。
② 《旧唐书》卷一〇一《辛替否传》，中华书局，1975年，第3156页。
③ 李斌城、李锦绣、张泽咸等：《隋唐五代社会生活史》，中国社会科学出版社，1998年，第195页。
④ 《大唐六典》卷二九《诸公主邑司》，三秦出版社，1991年，第513页。
⑤ 蒙曼：《唐代长安的公主宅第》，见荣新江主编：《唐研究》（第9卷），北京大学出版社，2003年，第215页。
⑥ 周绍良、赵超主编：《唐代墓志汇编续集》贞观〇六一《大唐故光禄大夫工部尚书使持节都督荆州刺史驸马都尉上柱国莘安□窦公墓志铭并序》，上海古籍出版社，2001年，第43页。
⑦ 〔清〕徐松撰，李健超增订：《增订唐两京城坊考》卷四《西京》，三秦出版社，2006年，第192页。

寺，长寿坊。本隋延陵公于铨宅。武德三年，桂阳公主为驸马赵慈景所立"[1]。后二嫁杨师道。"长兴坊，东北隅，侍中、驸马都尉杨师道宅。"[2]

（4）安定公主：始封千金。观德坊有景福寺，"本千金公主宅，垂拱中，自教业坊徙景福尼寺于此，会昌中废"[3]。

（5）长沙公主：始封万春。《增订唐两京城坊考》记载，延康坊西南隅有"西明寺"，"武德中为万春公主宅。贞观中以赐魏王泰，泰薨后，官市之"[4]。又有："常乐里第。"[5]

（6）南昌公主：高祖第十女。"崇义坊西南隅，太子左庶子、附马都尉苏勖宅。后为英王园，其池湫下，无人居。勖尚高祖女南昌公主"[6]。

（二）太宗

（7）襄城公主：依据《新唐书》的记载，公主大婚在即，有司依例欲敕造公主府一座，公主辞曰："妇事舅姑如父母，异宫则定省阙。"[7]于是将驸马萧锐家的旧宅翻然一新。那么萧锐的宅第究竟位于何坊？《类编长安志》中有这样一段记载："大荐福寺，在开化坊。寺院半以东，隋炀帝在藩旧宅。武德中，赐尚书左仆射萧瑀而为园。后瑀子锐尚襄城公主，诏别营主第，主辞以姑舅异居，有乖礼则，因固陈请，乃取园地充主第。"[8]由此看来，襄城公主婚后的住所即是开化坊。

（8）临川公主：根据《增订唐两京城坊考》记载，休祥坊"南门之西，武三思

---

[1]〔宋〕王溥撰，牛继清校证：《唐会要校证》卷四八《寺》，三秦出版社，2012年，第721页。

[2]〔清〕徐松撰，李健超增订：《增订唐两京城坊考》卷二《西京》，三秦出版社，2006年，第59页。

[3]〔清〕徐松撰，李健超增订：《增订唐两京城坊考》卷五《东京》，三秦出版社，2006年，第382页。

[4]〔清〕徐松撰，李健超增订：《增订唐两京城坊考》卷二《西京》，三秦出版社，2006年，第207页。

[5]〔清〕徐松撰，李健超增订：《增订唐两京城坊考》卷三《西京》，三秦出版社，2006年，第152页。

[6]〔清〕徐松撰，李健超增订：《增订唐两京城坊考》卷二《西京》，三秦出版社，2006年，第57页。

[7]《新唐书》卷八三《诸帝公主》，中华书局，1975年，第3645页。

[8]〔元〕骆天骧：《类编长安志》卷五《寺观》，黄永年点校，中华书局，1990年，第135页。

宅","本驸马周道务宅"①。周道务为临川公主驸马都尉,是故临川公主宅亦在休祥坊。

（9）兰陵公主：根据兰陵公主墓志记载,"以显庆三年八月□八日□疾薨于雍州万年县之平乐里第"②。可知,公主的住宅在平乐坊。

（10）东阳公主：下嫁高履行。依据《增订唐两京城坊考》记载,崇仁坊有"西南隅,玄真观",此观以东"有山池别院,即旧东阳公主亭子"。③据此推断,东阳公主的宅第应在亭子不远之处。

（11）新城公主：据《大唐故新城长公主墓志铭并序》,"薨于长安县通轨坊南园"④。可知其住处在通轨坊。

总之,"唐高祖和太宗两代公主的住宅大多位于长安城西的中北部与城南的中部,靠近作为政治中心的太极宫与皇城"⑤。

（三）高宗

"武周建国更直接地导致了中宗、睿宗乃至玄宗初期政治局面的混乱,公主也成为各种政治势力角逐的工具。她们的宅第（府第）也因此具有了政治空间的性质"⑥。

（12）高安公主：据《高安长公主神道碑》,"高安长公主薨于长安永平里第"⑦。故高安公主住宅在永平里。

（13）太平公主：《增订唐两京城坊考》记载太平公主的住宅共有四处,其一是在"万年县所领朱雀门街之东,从北第一兴道坊"⑧；其二是在平康坊中万安观,

---

① 〔清〕徐松撰,李健超增订:《增订唐两京城坊考》卷四《西京》,三秦出版社,2006年,第221页。
② 〔唐〕李义府:《大唐故兰陵长公主碑》,见《全唐文》卷一五三,中华书局,1983年,第1564页。
③ 〔清〕徐松撰,李健超增订:《增订唐两京城坊考》卷三《西京》,三秦出版社,2006年,第82页。
④ 吴钢主编:《全唐文补遗》（第5辑）,三秦出版社,1998年,第127页。
⑤ 蒙曼:《唐代长安的公主宅第》,见荣新江主编:《唐研究》（第9卷）,北京大学出版社,2003年,第217页。
⑥ 蒙曼:《唐代长安的公主宅第》,见荣新江主编:《唐研究》（第9卷）,北京大学出版社,2003年,第218页。
⑦ 〔唐〕苏颋:《高安长公主神道碑》,见《全唐文》卷二五七,中华书局,1983年,第2607页。
⑧ 〔清〕徐松撰,李健超增订:《增订唐两京城坊考》卷二《西京》,三秦出版社,2006年,第45—46页。

"次东即太平公主宅"[1];其三是在兴宁坊[2];其四是在醴泉坊[3]。但李健超先生(京洛为李先生笔名)又指出:"平康坊和兴宁坊指的应当为一处宅院,不应该分处两坊。"[4]"兴道坊位于城南,是此前唐代公主立宅的总体取向,兴宁坊位于东城,体现了公主作为李氏女的一面;醴泉坊在西城,是武氏势力范围,符合她作为武氏之媳的身份。此外,兴道坊紧靠皇城,兴宁坊与醴泉坊靠近宫城,又表明太平公主非同寻常的政治参与性。这样,太平公主的几处住宅,就兼有了武则天心腹和李、武两姓势力联结者的空间表征"[5]。

总之,此时期公主住宅呈现出的特点为"立宅城西、城南的整体特色"[6]。

(四)中宗

(14)新都公主:住处有二。其一在崇业坊。《增订唐两京城坊考》记载,崇业坊有福唐观,"本新都公主宅。公主中宗长女,嫁武延辉。景云元年,公主生子武仙官,出家为道士,立为观"[7]。其二在延福坊。在"东南隅,玉芝观。本越王贞宅。后乾封县权治于此。又为新都公主宅,施为新都寺"[8]。

(15)淮阳公主:根据公主墓志《大唐故淮阳公主墓志铭并序》,"以长安四年十月十六日,薨于洛阳永丰里之私第,春秋一十有九"[9]。可知,淮阳公主的住宅在洛阳城内的永丰坊。

(16)宜城公主:《增订唐两京城坊考》记载,择善坊有"宣城公主宅"。

---

[1] 〔清〕徐松撰,李健超增订:《增订唐两京城坊考》卷三《西京》,三秦出版社,2006年,第87页。
[2] 〔清〕徐松撰,李健超增订:《增订唐两京城坊考》卷三《西京》,三秦出版社,2006年,第142—143页。
[3] 〔清〕徐松撰,李健超增订:《增订唐两京城坊考》卷四《西京》,三秦出版社,2006年,第227页。
[4] 京洛:《唐长安城太平公主宅第究竟有几处》,《中国历史地理论丛》1999年第1期,第181页。
[5] 蒙曼:《唐代长安的公主宅第》,见荣新江主编:《唐研究》(第9卷),北京大学出版社,2003年,第220页。
[6] 蒙曼:《唐代长安的公主宅第》,见荣新江主编:《唐研究》(第9卷),北京大学出版社,2003年,第218页。
[7] 〔清〕徐松撰,李健超增订:《增订唐两京城坊考》卷四《东京》,三秦出版社,2006年,第171页。
[8] 〔清〕徐松撰,李健超增订:《增订唐两京城坊考》卷四《东京》,三秦出版社,2006年,第215页。
[9] 赵力光主编:《西安碑林博物馆新藏墓志汇编》一一三,线装书局,2007年,第292页。

宣城公主本为宪宗第五女，但"洛阳第宅，多是武后、中宗时居东都所立，中叶以后，不得有公主宅。考中宗第二女曰宜城公主，降裴巽，'宣'盖'宜'之误也"[1]。是故，择善坊当为中宗女宜城公主宅。《增订唐两京城坊考》又载："次南永平坊……东南隅，宣城公主宅。公主薨后，太子太师窦希球居之。"[2]窦希球，"以开元二十一年（733）正月十九日，遇疾薨于长安布政里之赐第"[3]。则此宣城公主也当是中宗宜城公主。故公主在永平坊亦有宅。

（17）定安公主：其宅在"道化坊"[4]。

（18）长宁公主：住宅有三处。一是在崇仁坊，西南隅有玄真观，"神龙元年，并为长宁公主第"[5]。二是在惠训坊，也有"长宁公主宅"[6]。三是在"道德坊东南隅"[7]。

（19）永泰公主：《增订唐两京城坊考》记载，"（长寿坊）南门之东，永寿寺"。此寺本为延兴寺，"神龙中，中宗为永泰公主追福，改为永寿寺"[8]。可见长寿坊的永寿寺并非为永泰公主住宅。其宅暂不可考。

（20）安乐公主：《增订唐两京城坊考》记载，旌善坊有"宁王宪宅，本安乐公主宅"[9]。此外，"（休祥坊）南门之西，武三思宅"。此宅本为附马周道务宅，"神龙中，三思以子崇训尚安乐公主，大加雕饰，三思诛后，主移于金城坊"[10]。可知公主

---

[1] 〔清〕徐松撰，李健超增订：《增订唐两京城坊考》卷五《东京》，三秦出版社，2006年，第315—316页。
[2] 〔清〕徐松撰，李健超增订：《增订唐两京城坊考》卷四《西京》，三秦出版社，2006年，第240页。
[3] 〔唐〕裴耀卿：《太子宾客赠太子太师窦希球神道碑》，见《全唐文》卷二九七，中华书局，1983年，第3016页。
[4] 〔清〕徐松撰，李健超增订：《增订唐两京城坊考》卷五《东京》，三秦出版社，2006年，第312页。
[5] 〔清〕徐松撰，李健超增订：《增订唐两京城坊考》卷二《西京》，三秦出版社，2006年，第2页。
[6] 〔清〕徐松撰，李健超增订：《增订唐两京城坊考》卷五《东京》，三秦出版社，2006年，第306页。
[7] 〔清〕徐松撰，李健超增订：《增订唐两京城坊考》卷五《东京》，三秦出版社，2006年，第316页。
[8] 〔清〕徐松撰，李健超增订：《增订唐两京城坊考》卷四《西京》，三秦出版社，2006年，第238页。
[9] 〔清〕徐松撰，李健超增订：《增订唐两京城坊考》卷五《东京》，三秦出版社，2006年，第298页。
[10] 〔清〕徐松撰，李健超增订：《增订唐两京城坊考》卷四《西京》，三秦出版社，2006年，第221页。

的住宅在旌善坊以外，还有休祥坊和金城坊。最为特别的一点是"最受中宗宠幸的安乐公主，甚至打破公主另建住宅的惯例，入住武氏一族中最有实力的武三思家中"[1]。

（21）成安公主：《增订唐两京城坊考》记载，通义坊"西北隅，右羽林大将军、邢国公李思训宅。神龙中，又为中宗女成安公主宅"[2]。成安公主另一处宅第在"延寿坊"[3]。

总之，中宗公主的住宅，以城西为主。这一宅居分布显示出中宗朝对于公主政治能量的格外看重。[4]

（五）睿宗

（22）代国公主：其宅在"修业坊"[5]。

（23）凉国公主：凉国公主的住宅在其墓志《凉国长公主神道碑》中说得很明白："开元十二载八月辛巳，遇疾薨于京邸永嘉里第，享年三十八。"[6]由此看来，凉国公主的宅第位于永嘉坊。

（24）薛国公主：《新唐书》云，"始封清阳。下嫁王守一，守一诛，更嫁裴巽"[7]。《增订唐两京城坊考》记载，永嘉坊，"南门之东，蔡国公主宅。睿宗女，降王守一，后降裴巽"[8]。刘长卿有《九日蔡国公主楼》诗曰："主第人何在？重阳客暂寻。水余龙镜色，云罢凤箫音。暗牖藏昏晓，苍苔换古今。晴山卷幔出，秋草闭门深。篱菊仍新吐，庭槐尚旧阴。年年画梁燕，来去岂无心。"[9]若薛国公主就是

---

[1] 蒙曼：《唐代长安的公主宅第》，见荣新江主编：《唐研究》（第9卷），北京大学出版社，2003年，第221页。
[2] 〔清〕徐松撰，李健超增订：《增订唐两京城坊考》卷四《西京》，三秦出版社，2006年，第177页。
[3] 〔清〕徐松撰，李健超增订：《增订唐两京城坊考》卷四《西京》，三秦出版社，2006年，第199页。
[4] 蒙曼：《唐代长安的公主宅第》，见荣新江主编：《唐研究》（第9卷），北京大学出版社，2003年，第221页。
[5] 〔清〕徐松撰，李健超增订：《增订唐两京城坊考》卷五《东京》，三秦出版社，2006年，第298页。
[6] 〔唐〕苏颋：《凉国长公主神道碑》，见《全唐文》卷二五八，中华书局，1983年，第2614页。
[7] 《新唐书》卷八三《诸帝公主》，中华书局，1975年，第3656页。
[8] 〔清〕徐松撰，李健超增订：《增订唐两京城坊考》卷三《西京》，三秦出版社，2006年，第147页。
[9] 〔唐〕刘长卿撰，杨世明校注：《刘长卿集编年校注》，人民文学出版社，1999年，第515页。

蔡国公主，那么她的住宅就在永嘉坊。

（25）郜国公主：根据《郜国长公主神道碑》所载的"开元十三年二月庚午，薨于河南县之修业里，春秋三十有七"[1]知，公主住宅在修业坊。《增订唐两京城坊考》另载，郜国公主有一宅在"安业坊"，"横街之北，郜国公主宅"[2]。

从上可看出睿宗的在家公主都住在城东和城南。然而他还有两个出家的女儿——金仙公主和玉真公主，这两个公主修行的道观都在辅兴坊。"东南隅，金仙女冠观。西南隅，玉真女冠观"[3]。蒙曼认为"二公主观的建立，固然是利用城西武韦势力消灭后留下的自然空间，但也不妨看作是出诸控制这一地区的需要"[4]。

（六）玄宗

（26）永穆公主：其宅在"平康坊"。"十字街之北……万安观，天宝七载，永穆公主出家，舍宅置观"[5]。另外，根据《古志石华续编》记载："京兆"府泾阳县主簿王郊，贞元十九年八月九日，终于万年县兴宁里永穆观之北院。"[6]"据主郊墓志记载，王郊曾祖王同皎，尚定安长公主，即唐中宗第二女。祖王繇，尚永穆公主，即唐玄宗长女。父王训，娶嗣纪王铁诚之季女，即博平郡主"[7]，乃"玄宗孝明皇帝之孙，故皇太子之女也。……年廿九，宠膺封号。乃伉俪于琅琊王公。公讳训，母曰永穆公主，博平之幼子也……长子郊，幼子鄩"[8]。"王郊夫人嗣泽王溅之长女，嗣泽王润之姊。王郊终于兴宁坊之永穆观北院，该观无疑即永穆公主出家前

---

[1] 〔唐〕张说撰，熊飞校注：《张说集校注》卷二一《碑》，中华书局，2013年，第1016页。

[2] 〔清〕徐松撰，李健超增订：《增订唐两京城坊考》卷四《西京》，三秦出版社，2006年，第169页。

[3] 〔清〕徐松撰，李健超增订：《增订唐两京城坊考》卷四《西京》，三秦出版社，2006年，第188页。

[4] 蒙曼：《唐代长安的公主宅第》，见荣新江主编：《唐研究》（第9卷），北京大学出版社，2003年，第222页。

[5] 〔清〕徐松，李健超增订：《增订唐两京城坊考》卷三《西京》，三秦出版社，2006年，第87页。

[6] 〔清〕徐松撰，李健超增订：《增订唐两京城坊考》卷三《西京》，三秦出版社，2006年，第144页。

[7] 〔清〕徐松撰，李健超增订：《增订唐两京城坊考》卷四《西京》，三秦出版社，2006年，第144页。

[8] 周绍良、赵超主编：《唐代墓志汇编续集》建中〇〇一《唐故博平郡主陇西李氏墓志铭并序》，上海古籍出版社，2001年，第723页。

的宅第"①。总之，永穆公主有平康坊和兴宁坊两处宅第。

（27）常芬公主：根据常芬公主附马张去奢墓志记载的"禀命不永，春秋六十，以天宝六载三月十二日，遘疾薨于京师之安业里第"②可知，常芬公主的宅第位于安业坊。

（28）唐昌公主：唐昌公主下嫁薛铺，后入道。唐昌公主有"唐昌观，在安业坊"③。唐昌公主墓志记载，"公主至德元年十二月廿一日终于崇化里，春秋卌四"④。是故公主宅第在崇化坊。

（29）卫国公主：始封建平，下嫁豆卢建。根据《增订唐两京城坊考》记载，胜业坊有"银青光禄大夫太仆卿驸马都尉中山郡开国公豆卢建宅"⑤。豆卢建为卫国公主驸马，此宅为卫国公主之宅第。

（30）信成公主：下嫁独孤明。根据《增订唐两京城坊考》记载，宣阳坊有"驸马独孤明宅"⑥，故公主宅第亦在此坊。

（31）万春公主："次南安仁坊……万春公主宅。"⑦

（32）昌乐公主：其宅在"亲仁坊"⑧。

（33）齐国公主：始封兴信。据《增订唐两京城坊考》记载，永崇坊东南隅有七太子庙，其西为宗道观。"本兴信公主宅，卖与剑南节度使郭英乂，其后入官"⑨。可知，兴信公主即齐国公主，宅在永崇坊。

（34）咸宜公主：其宅在"靖安坊"⑩，观在亲仁坊："西南隅，咸宜女

---

① 〔清〕徐松撰，李健超增订：《增订唐两京城坊考》卷三《西京》，三秦出版社，2006年，144页。
② 吴钢主编：《全唐文补遗》（第3辑），三秦出版社，1998年，第68页。
③ 〔元〕骆天骧：《类编长安志》卷五《寺观》，黄永年点校，中华书局，1990年，第146页。
④ 《唐故唐昌公主墓志铭并序》，张全民先生私藏墓志铭。
⑤ 〔清〕徐松撰，李健超增订：《增订唐两京城坊考》卷三《西京》，三秦出版社，2006年，第126页。
⑥ 〔清〕徐松撰，李健超增订：《增订唐两京城坊考》卷三《西京》，三秦出版社，2006年，第91页。
⑦ 〔清〕徐松撰，李健超增订：《增订唐两京城坊考》卷二《西京》，三秦出版社，2006年，第49页。
⑧ 〔清〕徐松撰，李健超增订：《增订唐两京城坊考》卷三《西京》，三秦出版社，2006年，第96、97页。
⑨ 〔清〕徐松撰，李健超增订：《增订唐两京城坊考》卷二《西京》，三秦出版社，2006年，第104页。
⑩ 〔清〕徐松撰，李健超增订：《增订唐两京城坊考》卷二《西京》，三秦出版社，2006年，第65页。

冠观。"[1]

（35）太华公主："崇仁坊"有"太华公主宅"[2]。

（36）寿光公主：李健超先生在《增订唐两京城坊考》中并没有记载。根据《大唐故寿光公主墓志铭并序》所载"（寿光公主）春秋廿有五，以天宝九年三月丁巳薨于靖恭里第"[3]即可知，公主居于靖恭坊。

总之，玄宗朝的政治中心在位于长安城东部的兴庆宫，安史之乱后历代皇帝都驻跸长安城东北的大明宫，城东成为皇权政治的中心。从玄宗的公主开始，住宅的布局明显呈现出向城东中部繁华优美地区发展的态势。[4]同时，"东城的地势较高，水质好，自然风光优美，更增加了这一地区的吸引力。从玄宗朝开始，城西住平民、城东住官贵的格局已经基本形成。公主身兼皇室成员与官僚内眷的双重身份，追随这一潮流乃是正常现象"[5]。

（七）肃宗

（37）和政公主：其宅在"常乐坊"[6]，紧邻大明宫，与墓志"薨于常乐坊之私第"[7]记载一致。

（38）郯国公主：其宅在宣阳坊。《郯国公主墓志铭》记载："（公主）贞元二年十月七日寝疾，薨于宣阳里之私第，享年五十八。"[8]可知，郯国公主住在宣阳坊。

（39）纪国公主：据公主墓志记载"（纪国）以元和二年九月十二日，薨于长兴里之私第"[9]可知，公主住宅在长兴坊。

---

[1] 〔清〕徐松撰，李健超增订：《增订唐两京城坊考》卷三《西京》，三秦出版社，2006年，第96页。
[2] 〔清〕徐松撰，李健超增订：《增订唐两京城坊考》卷二《西京》，三秦出版社，2006年，第83页。
[3] 西安交通大学历史博物馆藏《大唐故寿光公主墓志铭并序》。
[4] 蒙曼：《唐代长安的公主宅第》，见荣新江主编：《唐研究》（第9卷），北京大学出版社，2003年，第223、226—227页。
[5] 蒙曼：《唐代长安的公主宅第》，见荣新江主编：《唐研究》（第9卷），北京大学出版社，2003年，第227页。
[6] 〔清〕徐松撰，李健超增订：《增订唐两京城坊考》卷三《西京》，三秦出版社，2006年，第150页。
[7] 〔唐〕颜真卿：《和政公主神道碑》，见《全唐文》卷三四四，中华书局，1983年，第3492页。
[8] 文物研究所、陕西省古籍整理办公室编：《新中国出土墓志·陕西卷》（第2册），文物出版社，2003年，第163页。
[9] 吴钢主编：《全唐文补遗》（第7辑），三秦出版社，1998年，第81页。

（八）代宗

（40）齐国昭懿公主：始封升平，下嫁郭暧。根据《增订唐两京城坊考》记载，宣阳坊东南隅有奉慈寺，为"驸马都尉郭暧宅"[①]。升平公主下嫁郭暧，此宅亦为升平公主之宅第。

（41）华阳公主：永崇坊东南隅有七太子庙，其西为宗道观，"本为兴信公主宅，卖与剑南节度使郭英义，其后入官。大历十二年，为华阳公主追福，亦故曰华阳观"[②]。华阳公主宅暂不可考。

（九）德宗

（42）魏国宪穆公主：始封义阳，"德宗第二女，降王士平，宅在昌化坊"[③]。

（43）郑国庄穆公主：始封义章，"德宗第三女，降张茂宗，赐第"。其宅在"大宁坊"[④]。

（44）宜都公主：根据宜都公主驸马墓志《大唐故银青光禄大夫行殿中次监驸马都尉赠工部尚书河东柳府君墓志铭并序》记载，"二十年岁在甲申，秋八月二旬有一日，公终于永兴里第，享年四十有五"[⑤]。是故公主宅在永兴坊。

这几个公主的住宅都在城东北三大区域内。

（十）顺宗

（45）汉阳公主：其宅在"长兴坊"[⑥]。

（46）普安公主：《增订唐两京城坊考》记载，"永兴坊"有"普安公主及夫

[①]〔清〕徐松撰，李健超增订：《增订唐两京城坊考》卷三《西京》，三秦出版社，2006年，第91页。

[②]〔清〕徐松撰，李健超增订：《增订唐两京城坊考》卷三《西京》，三秦出版社，2006年，第104页。

[③]〔清〕徐松撰，李健超增订：《增订唐两京城坊考》卷三《西京》，三秦出版社，2006年，第119页。

[④]〔清〕徐松撰，李健超增订：《增订唐两京城坊考》卷三《西京》，三秦出版社，2006年，第113、114页。

[⑤]周绍良、赵超主编：《唐代墓志汇编续集》贞元〇七八《大唐故银青光禄大夫行殿中次监驸马都尉赠工部尚书河东柳府君墓志铭并序》，上海古籍出版社，2001年，第791页。

[⑥]〔清〕徐松撰，李健超增订：《增订唐两京城坊考》卷二《西京》，三秦出版社，2006年，第60页。

郑何宅"[1]。

（十一）宪宗

（47）宣城公主：《增订两京城坊考》记载，宣城公主共有三处宅第，其一是"安兴坊"[2]；其二是"永平坊"东南隅[3]；其三是"择善坊"[4]。前文已述，永平坊当是中宗女宣城公主宅。《增订唐两京城坊考》记载，择善坊有"宣城公主宅"，宣城公主本为宪宗第五女，"洛阳第宅，多是武后、中宗时居东都所立，中叶以后，不得有公主宅。考中宗第二女曰宜城公主，降裴巽，'宣'盖'宜'之误也"[5]。是故，择善坊当为中宗女宜城公主宅，非宣城公主。所以宣城公主只有一处宅第，即安兴坊。

（48）郑国温仪公主：始封汾阳，下嫁韦让。根据《增订唐两京城坊考》记载，怀贞坊有"义成军节度使、驸马都尉韦让宅"[6]。是故温仪公主的住宅在怀贞坊。

（49）岐阳庄淑公主：根据《增订唐两京城坊考》记载，岐阳公主在"安兴坊"[7]和"崇仁坊"[8]分别有宅第。公主在成婚后，"开第昌化里，疏龙首池为沼"[9]。此外，据公主墓志载："主外族因请愿以尚父汾阳王大通里亭沼为主别馆。"[10]总之，岐阳公主共计有四处宅第，分别是安兴坊、崇仁坊、昌化坊和大通坊。

---

[1]〔清〕徐松撰，李健超增订：《增订唐两京城坊考》卷三《西京》，三秦出版社，2006年，第80页。
[2]〔清〕徐松撰，李健超增订：《增订唐两京城坊考》卷三《西京》，三秦出版社，2006年，第119页。
[3]〔清〕徐松撰，李健超增订：《增订唐两京城坊考》卷四《西京》，三秦出版社，2006年，第240页。
[4]〔清〕徐松撰，李健超增订：《增订唐两京城坊考》卷五《东京》，三秦出版社，2006年，第315页。
[5]〔清〕徐松撰，李健超增订：《增订唐两京城坊考》卷五《东京》，三秦出版社，2006年，第315—316页。
[6]〔清〕徐松撰，李健超增订：《增订唐两京城坊考》卷四《西京》，三秦出版社，2006年，第182页。
[7]〔清〕徐松撰，李健超增订：《增订唐两京城坊考》卷三《西京》，三秦出版社，2006年，第119页。
[8]〔清〕徐松撰，李健超增订：《增订唐两京城坊考》卷三《西京》，三秦出版社，2006年，第83页。
[9]《新唐书》卷八三《诸帝公主》，中华书局，1975年，第3667页。
[10]〔唐〕杜牧：《唐故岐阳公主墓志铭》，见《全唐文》卷七五六，中华书局，1983年，第7838页。

（十二）宣宗

（50）万寿公主：万寿公主为宣宗的长女，下嫁郑颢。根据《增订唐两京城坊考》记载，长兴坊有"河南尹、附马都尉郑颢宅"[①]。是故万寿公主宅在长兴坊。

（51）齐国恭怀公主：始封西华，下嫁严祁。根据《增订唐两京城坊考》记载，亲仁坊有"西华公主宅"[②]。故齐国恭怀公主宅在亲仁坊。

（52）广德公主：下嫁于琮。根据《增订唐两京城坊考》记载，长兴坊有"同平章事、驸马都尉于琮宅"[③]。此宅亦为广德公主宅。

（十三）懿宗

（53）同昌公主：懿宗长女，始封同昌，下嫁宰相韦保衡。公主宅在"安兴坊"[④]。

总之，与玄宗诸公主一样，这些公主的宅第都在长安城东部或南部。长安城的东中部和南部因此形成了几个著名的公主区，如崇仁坊、亲仁坊、长兴坊等。[⑤]中晚唐部分公主立宅城东北部有其政治内涵。公主作为皇帝的女儿，具有和高层政治天然的联系，永远要充当皇帝与当时主要社会势力、政治势力之间的纽带。即使在唐中后期，个别公主的政治能量也会在特定时期得到凸显，反映在住宅上，就是她们居住在长安城东北部地区，靠近政治中枢大明宫，从而有别于一般公主立宅城东中部的原则。[⑥]

综上所述，根据五十三位公主的宅居，我们可看到：

第一，其中四十一位公主仅有一处宅院；六位公主有两处宅院；有三处宅院的是分别为太平公主、长宁公主以及安乐公主，而拥有三处宅院的长宁公主则因豪侈

[①]〔清〕徐松撰，李健超增订：《增订唐两京城坊考》卷二《西京》，三秦出版社，2006年，第60页。

[②]〔清〕徐松撰，李健超增订：《增订唐两京城坊考》卷三《西京》，三秦出版社，2006年，第97页。

[③]〔清〕徐松撰，李健超增订：《增订唐两京城坊考》卷二《西京》，三秦出版社，2006年，第60页。

[④]〔清〕徐松撰，李健超增订：《增订唐两京城坊考》卷三《西京》，三秦出版社，2006年，第119页。

[⑤]蒙曼：《唐代长安的公主宅第》，见荣新江主编：《唐研究》（第9卷），北京大学出版社，2003年，第224页。

[⑥]蒙曼：《唐代长安的公主宅第》，见荣新江主编：《唐研究》（第9卷），北京大学出版社，2003年，第227页。

在历史上落下骂名；有四处宅院的是岐阳庄淑公主。不仅如此，在这五十三位公主中，共有八位公主的宅第在东都洛阳，而这些公主多数为中宗之女，这与当时唐代社会的政治制度有着密切联系。

第二，长安城内的长兴坊是居住公主最多的城坊。唐代历史上曾有五位公主的宅院立于此。此外，崇仁坊、亲仁坊、宣阳坊、安兴坊四个坊居分别都有三位公主在此筑宅。永兴坊、休祥坊、兴宁坊、永嘉坊、平康坊、常乐坊、安仁坊、永平坊、昌化坊、修业坊十个坊，分别有两位公主在此定居。辅兴坊、颁政坊、观德坊、延康坊、崇义坊、开化坊、平乐坊、通轨坊、兴道坊、醴泉坊、崇业坊、永丰坊、择善坊、道化坊、惠训坊、道德坊、旌善坊、金城坊、通义坊、延福坊、延寿坊、崇化坊、胜业坊、永崇坊、靖安坊、靖恭坊、大宁坊、怀贞坊和大通坊等二十九个坊，分别只有一个公主的家安于此。由此看来唐代公主居住得相对比较分散。

通过分析唐代公主的住宅情况（表1），不论是对社会生活史，还是对政治制度史都是极为有利的。

表1　唐代公主住宅简表

序号	封号	父亲	宅第	数据来源
1	襄阳公主	高祖	辅兴坊	《唐代墓志汇编续集》贞观〇六一
2	高密公主	高祖	颁政坊	《城坊考》第192页
3	长广公主	高祖	长兴坊	《城坊考》第59页
4	安定公主	高祖	观德坊	《城坊考》第382页
5	长沙公主	高祖	延康坊、常乐坊	《城坊考》第152、207页
6	南昌公主	高祖	崇义坊	《城坊考》第57页
7	襄城公主	太宗	开化坊	《类编长安志》第135页
8	临川公主	太宗	休祥坊	《城坊考》第221页
9	兰陵公主	太宗	平乐坊	《全唐文》第1564页
10	东阳公主	太宗	崇仁坊	《城坊考》第82页
11	新城公主	太宗	通轨坊	《全唐文补遗》（第5辑）第127页
12	高安公主	高宗	永平坊	《全唐文》第2607页
13	太平公主	高宗	兴道坊、平康坊或兴宁坊、醴泉坊	《唐长安城太平公主宅第究竟有几处》
14	新都公主	中宗	崇业坊、延福坊	《城坊考》第171、215页
15	淮阳公主	中宗	永丰坊	《西安碑林博物馆新藏墓志汇编》第292页
16	宜城公主	中宗	择善坊、永平坊	《城坊考》第315—316页
17	定安公主	中宗	道化坊	《城坊考》第312页
18	长宁公主	中宗	崇仁坊、惠训坊、道德坊	《城坊考》第2、306、316页

续表

序号	封号	父亲	宅第	数据来源
19	永泰公主	中宗	不可考	
20	安乐公主	中宗	旌善坊、休祥坊、金城坊	《城坊考》第298、221页
21	成安公主	中宗	通义坊、延寿坊	《城坊考》第177、199页
22	代国公主	睿宗	修业坊	《城坊考》第298页
23	凉国公主	睿宗	永嘉坊	《全唐文》第2614页
24	薛国公主	睿宗	永嘉坊	《城坊考》第147页
25	鄎国公主	睿宗	修业坊、安业坊	《张说集校注》第1016页，《城坊考》第169页
26	永穆公主	玄宗	平康坊、兴宁坊	《城坊考》第87、144页
27	常芬公主	玄宗	安业坊	《全唐文补遗》（第3辑）第68页
28	唐昌公主	玄宗	崇化坊	《唐故唐昌公主墓志铭并序》
29	卫国公主	玄宗	胜业坊	《城坊考》第126页
30	信成公主	玄宗	宣阳坊	《城坊考》第91页
31	万春公主	玄宗	安仁坊	《城坊考》第49页
32	昌乐公主	玄宗	亲仁坊	《城坊考》第96、97页
33	齐国公主	玄宗	永崇坊	《城坊考》第104页
34	咸宜公主	玄宗	靖安坊	《城坊考》第65页
35	太华公主	玄宗	崇仁坊	《城坊考》第83页
36	寿光公主	玄宗	靖恭坊	《大唐故寿光公主墓志铭并序》
37	和政公主	肃宗	常乐坊	《城坊考》第150页
38	郯国公主	肃宗	宣阳坊	《新中国出土墓志·陕西卷》第163页
39	纪国公主	肃宗	长兴坊	《全唐文补遗》（第7辑）第81页
40	齐国昭懿公主	代宗	宣阳坊	《城坊考》第91页
41	华阳公主	代宗	不可考	
42	魏国宪穆公主	德宗	昌化坊	《城坊考》第119页
43	郑国庄穆公主	德宗	大宁坊	《城坊考》第113、114页
44	宜都公主	德宗	永兴坊	《唐代墓志汇编续集》贞元〇七八
45	汉阳公主	顺宗	长兴坊	《城坊考》第60页
46	普安公主	顺宗	永兴坊	《城坊考》第80页
47	宣城公主	宪宗	安兴坊	《城坊考》第119页
48	郑国温仪公主	宪宗	怀贞坊	《城坊考》第182页
49	岐阳庄淑公主	宪宗	安兴坊、安仁坊、大通坊、昌化坊	《城坊考》第119、83页，《新唐书》第3667页
50	万寿公主	宣宗	长兴坊	《城坊考》第60页
51	齐国恭怀公主	宣宗	亲仁坊	《城坊考》第97页
52	广德公主	宣宗	长兴坊	《城坊考》第60页
53	同昌公主	懿宗	安兴坊	《城坊考》第119页

注：《增订唐两京城坊考》在本表中简称为《城坊考》。

二、大唐公主住宅的内部设施

内部设施主要分为两个部分：第一，结构；第二，屋内的摆设。

（一）结构

唐代的建筑是继承历史上各个朝代的建筑风格特点演化而来的。正如陈忠凯先生所说"唐人宅第的营缮，多受汉代的影响，尤其是南北朝时期传统建筑的影响。故多采用中轴线左右对称的庭院建筑群，或中轴线左右对称、回廊式的庭院建筑群"[1]。

1959年，陕西省西安中堡村唐墓出土的一套住宅模型就符合这一布局。这套模型是一个狭长的四合院，"正中轴线从南到北分别排列着大门、亭、中堂、后院、正寝；东西两厢各有三处廊屋；后院中还有假山等。比这一模型所显示的住宅稍微复杂一些的就有个院子，前院横长，主院方阔，四周均以廊屋环绕；前院与主院之间的门称中门；大门和中门多有门楼；院侧有马厩。更复杂的住宅由多重院落组成，每一院落的基本结构仍不出四合院式布局，只是多了些园池亭台"[2]。根据学者对敦煌文书所见唐宋之际敦煌民众住房的研究，当地一套宅院应包括堂、东西南房、庑舍、厨舍和院落，一般面积在200平方米左右，堂和东西房面积在10—40平方米，其他房屋面积多在20平方米以下，其中厨舍很大。[3]岐阳公主，"赐第堂有四庑，缋橑藻枑，丹白其壁，派龙首水为沼。主外族因请愿以尚父汾阳王大通里亭沼为主别馆。当其时，隆贵显荣，莫与为比"[4]。长宁公主，"第成，府财几竭。……又取西京高士廉第、左金吾卫故营合为宅，右属都城，左俯大道，作三重楼以冯观，筑山浚池。帝及后数临幸，置酒赋诗。又并坊西隙地广鞠场。东都废永昌县，主丐其治为府，以地濒洛，筑鄂之，崇台、蜚观相联属。无虑费二十万。魏王泰故第，东西尽一坊，潴沼三百亩，泰薨，以与民。至是，主丐得之，亭阁华诡埒西京"[5]。

除了房子的结构之外，"门前立戟，可显示地位的高贵"[6]。戟架是一种很有特

---

[1] 陈忠凯：《略论唐人宅第之营缮》，见《碑林集刊》（第8期），陕西人民美术出版社，2002年，第133页。

[2] 李斌城：《隋唐五代社会生活史》，中国社会科学出版社，1998年，第124页。

[3] 黄正建：《敦煌文书所见唐宋之际敦煌民众住房面积考略》，见《敦煌吐鲁番研究》（第3卷），北京大学出版社，1998年，第219—221页。

[4]〔唐〕杜牧：《唐故岐阳公主墓志铭》，见《全唐文》卷七五六，中华书局，1983年，第7838—7839页。

[5]《新唐书》卷八三《诸帝公主》，中华书局，1975年，第3653页。

[6] 黄正建：《唐代衣食住行》，中华书局，2013年，第210页。

色的建筑物装饰品。朝廷规定，三品以上大官和王公贵戚可以在正门外面排列竖立一根根长戟。《新唐书》记载太宗长女襄城公主下嫁萧锐时，"有司告营别第，辞曰：'妇事舅姑如父母，异宫则定省阙。'止葺故第，门列双戟而已"①。

《朝野佥载》卷三记载："宗楚客造一新宅成，皆是文柏为梁，沉香和红粉以泥壁，开门则香气蓬勃。磨文石为阶砌及地，着吉莫靴者，行则仰仆……太平公主就其宅看，叹曰：'看他行坐处，我等虚生浪死。'"②公主最后是否仿效成功，史书并未记载。但我们从中也可看到贵族生活的豪奢。中宗时，韦后当政，其女长宁公主宅第兼并多所宅第、厅堂、庭院，甚至金吾卫的官衙，构建自己的豪宅。长宁公主虽然不及其妹安乐公主有名，但也是中宗时期炙手可热的人物。史载："次南崇仁坊。西南隅，玄真观。半以东，本尚书左仆射、申国公高士廉宅。西北隅，本左金吾卫。神龙元年（705），并为长宁公主第。东有山池别院，即旧东阳公主亭子。韦庶人败，公主随夫焉外官，遂奏请焉景龙观，仍以中宗年号为名。初欲出卖，官估木石当二千万，山池仍不为数。天宝十三载（754），改为玄真观。肃宗时，设百高座讲。《名画记》：'玄真观有陈静心、程雅画。'"③（唐三彩民居复原模型，见图1）

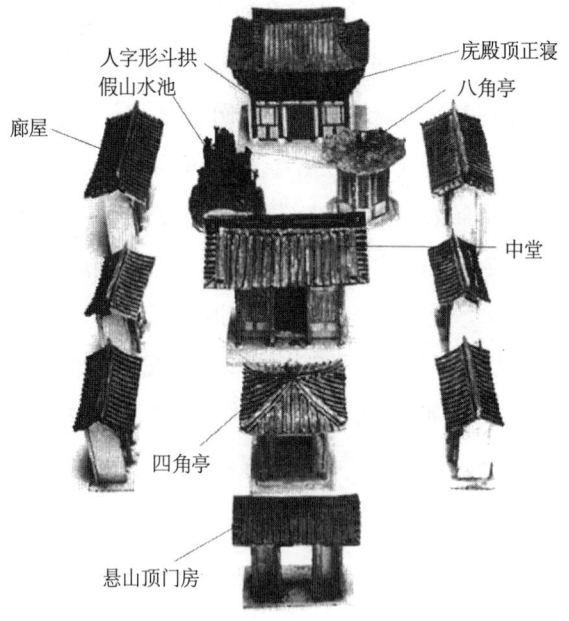

图1 唐三彩民居复原模型，现藏于西安博物院④

---

① 《新唐书》卷八三《诸帝公主》，中华书局，1975年，第3645页。
② 〔唐〕张鷟：《朝野佥载》，袁宪校注，三秦出版社，2004年，第103页。
③ 〔清〕徐松撰，李健超增订：《增订唐两京城坊考》，三秦出版社，2006年，第82页。
④ 这套唐三彩民居模型是墓主人生前住房的复原。参考晚唐85窟《穷子喻品》里的四合院。

（二）屋内设施

这一时期的室内居住生活与前代相似，仍然是由于厅堂阔，需要张设一些遮蔽物以为屏障或挡御风寒。这些张设物主要有帐、幄、帷、屏、帘等。家具主要有床榻、几案、橱柜等。

没有资料表明公主家的装备如何，但据"咸通九年，同昌公主出降，宅于广化里，赐钱五百万贯，仍罄内库宝货以实其宅，至于房楹户牖，无不以珍异饰之"[1]的记载，可以管窥公主家的摆设。

1.厅内设施

（1）帐。帐有多种解释，其中一种解释为："它被张设在室内即宫殿或厅堂中，起着保暖和遮蔽的作用。"[2]"张易之为母阿臧造七宝帐，金银、珠玉、宝贝之类罔不毕萃，旷古以来，未曾闻见。铺象牙床，织犀角簟，䮎貂之褥，蛩蚊之毡，汾晋之龙须、河中之凤翮以为席"[3]。同昌公主的嫁妆里有"堂中设连珠之帐。……连珠帐，续真珠为之也"[4]。

（2）帘。帘在这一时期也是室内张设中的必备物。帘的形制比较清楚，主要用在门上，也有用于窗前的。[5]公主的帘为却寒之帘，"却寒帘，类玳瑁，斑有紫色，云却寒之鸟骨所为也。未知出于何国"[6]。

2.床上用品

（1）床。扬之水认为："这一时代的家具中，最为特殊的一类是所谓'床'，换句话说，即床的概念变得格外宽泛——凡上有面板、下有足撑者，不论置物、坐人，或用来睡卧，它似乎都可以名之曰床。"[7]不妨以陕西三原唐李寿墓为例。"墓葬年代为贞观五年，即公元631年。墓中置石椁，象征墓主人生前的寝殿。石椁内壁

---

[1]〔唐〕苏鹗：《杜阳杂编》卷下，中华书局，1985年，第25页。
[2] 李斌城：《隋唐五代社会生活史》，中国社会科学出版社，1998年，第133页。
[3]〔唐〕张鷟：《朝野佥载》，袁宪校注，三秦出版社，2004年，第102页。
[4]〔唐〕苏鹗：《杜阳杂编》卷下，中华书局，1985年，第25页。
[5] 李斌城：《隋唐五代社会生活史》，中国社会科学出版社，1998年，第136页。
[6]〔唐〕苏鹗：《杜阳杂编》卷下，中华书局，1985年，第25—26页。
[7] 扬之水：《唐宋时代的床和桌》，见《艺术设计研究》2012年第2期，第65页。

满布线刻画,茵褥、隐囊、挟轼、筌蹄、胡床;食床、暖炉;棋局、双陆局"[1]。唐时,唐明皇和杨贵妃曾赏赐安禄山"檀香床"[2]。张易之为母阿臧铺"象牙床"[3]。公主的床更为豪华、精贵。"咸通九年,同昌公主出降,宅于广化里,赐钱五百万贯……制水精、火齐、琉璃、玳瑁等床,悉稽以金龟、银鳖。"[4]稽,名词,为柱子下边的墩子;动词,为支撑之意。稽床龟即置于床中下用以支床之龟。

（2）席。公主房中设"犀簟、牙席"[5]。犀簟,犀牛皮做的席子。唐代诗人曹唐《小游仙诗》之二一:"月影悠悠秋树明,露吹犀簟象床轻。"[6]象牙的特点是硬而脆,用它来织席是很难想象的。唐代公主用的牙席到底是什么样子,因资料有限,我们很难觅到它的踪迹,然而,在故宫博物院珍宝馆,却展出了一件稀世珍品——象牙席。这件象牙席,长216厘米、宽139厘米,全由薄如竹筑、宽不足0.3厘米的扁平象牙条编成,织纹是"人"字形,周边用涂了黑漆的牙条织成三道花纹。这件珍品犹如竹席,但更加光洁平滑,柔软性很强,至今依然可以展卷自如。展出时,这张象牙席的一部分被卷成圆筒。

（3）褥。"龙阛凤褥"[7]。阛,为皮毛织品。不知"龙阛凤褥"为何物,前文所引李寿墓中所见也有"茵褥"一物。在白居易的类书《白孔六帖》里,它是被放在《茵褥十（毡附）》的,可见"龙阛凤褥"是褥子的一种。有关专家认为茵褥主要有两种:一种是铺在地上的,类似现在的地毯;一种是铺在榻等坐具上的。[8]总而言之,它是属于室内的铺设物。上官婉儿有诗云:"横铺豹皮褥,侧带鹿胎巾。"[9]

（4）被。同昌公主的嫁妆里有"神丝绣被"。"神丝绣被,绣三千鸳鸯,仍间以奇花异叶,其精巧华丽绝比。其上缀以灵粟之珠,珠如粟粒,五色辉焕。又带蠲忿犀、如意玉。其犀圆如弹丸,入土不朽烂;带之,令人蠲忿怒"[10]。

（5）枕。枕为日常生活必备品。高阳公主送给情人辩机和尚的有"金宝神

---

[1] 孙机:《唐·李寿墓石椁线刻〈侍女图〉〈乐舞图〉散记》,见《中国圣火》,辽宁教育出版社,1996年,第205—212页。
[2]〔唐〕段成式:《酉阳杂俎》,中华书局,1981年,第3页。
[3]〔唐〕张鷟:《朝野佥载》,袁宪校注,三秦出版社,2004年,第102页。
[4]〔唐〕苏鹗:《杜阳杂编》卷下,中华书局,1985年,第25页。
[5]〔唐〕苏鹗:《杜阳杂编》卷下,中华书局,1985年,第25页。
[6]《全唐诗》卷六四一《小游仙诗》,中华书局,1960年,第7347页。
[7]〔唐〕苏鹗:《杜阳杂编》卷下,中华书局,1985年,第25页。
[8] 李斌城:《隋唐五代社会生活史》,中国社会科学出版社,1998年,第137页。
[9]《全唐诗》卷五《游长宁公主流杯池二十五首》,中华书局,1960年,第63页。
[10]〔唐〕苏鹗:《杜阳杂编》卷下,中华书局,1985年,第26页。

枕"①，丹阳公主被柴绍之弟某"遣取的是镂金函枕"②，最为奇特的是韦皇后之妹"冯太和之妻号七姨信邪，见豹头枕以辟邪，白泽枕以去魅，作伏熊枕以为宜男"③。同昌公主的嫁妆里"有鹧鸪枕，其枕以七宝合成，为鹧鸪之状"④，"如意玉枕，上有七孔，云通明之象也"⑤。

3.防雨、降温设备

史载："大中时，女王国贡龙油绢。形特异，舆常缯不类。云以龙油浸丝织出，雨不能濡。又宝库中有澄水帛，亦外国贡。以水蘸则寒气萧飒，暑月辟热，则一堂之寒思挟纩。细布明薄可鉴，云上傅龙涎，故消暑毒也。"⑥这种防雨、降温的设备，也出现在公主的家里。

（1）幕。"懿宗赐公主出降，幕三丈，长一百尺，轻亮。向空张之，纹如碧丝之贯赤珠。虽暴雨不濡湿，云以鲛人瑞香膏傅之故尔。云得自鬼国"⑦。同昌公主出嫁的账务单上也详细记载了这点："又有瑟瑟幕、纹布巾、火蚕绵、九玉钗。其幕色如瑟瑟，阔三丈，长一百尺，轻明虚薄，无以为比。向空张之，则疏朗之纹如碧丝之贯真珠，虽大雨暴降，不能湿溺，云以鲛人瑞香膏傅之故也。"⑧罗隐《升平公主旧第》诗"两轮水硙光明照，百尺鲛绡换好诗"⑨中的"百尺鲛绡"，说的就是这种防雨的"幕"。

（2）澄水帛。这是一种降温的设置。"暑气将甚，公主命取澄水帛，以水蘸之，挂于南轩，良久满座皆思挟纩。澄水帛长八九尺，似布而细，明薄可鉴，云其中有龙涎，故能消暑毒也。"⑩

4.照明设备

夜光珠。"韦氏诸宗，好为叶子戏，夜则公主以红琉璃盘盛夜光珠，令僧祁捧之

---

① 《新唐书》卷八三《诸帝公主》，中华书局，1975年，第3648页。
② 〔唐〕张鷟：《朝野佥载》，袁宪校注，三秦出版社，2004年，第180页。
③ 〔唐〕张鷟：《朝野佥载》，袁宪校注，三秦出版社，2004年，第156页。
④ 〔唐〕苏鹗：《杜阳杂编》卷下，中华书局，1985年，第26页。
⑤ 〔唐〕苏鹗：《杜阳杂编》卷下，中华书局，1985年，第26页。
⑥ 〔宋〕钱易撰，梁太济笺证：《南部新书溯源笺证》，中西书局，2013年，第388页。
⑦ 〔宋〕钱易撰，梁太济笺证：《南部新书溯源笺证》，中西书局，2013年，第387页。
⑧ 〔唐〕苏鹗：《杜阳杂编》卷下，中华书局，1985年，第26页。
⑨ 《全唐诗》卷六六二《升平公主旧第》，中华书局，1960年，第7587页。
⑩ 〔唐〕苏鹗：《杜阳杂编》卷下，中华书局，1985年，第27页。

堂中，而光明如昼焉。"①"从门类、张数、花色及对牌义的解释来看，叶子戏和桥牌都是非常相像的"②。公主打牌到深夜，用夜明珠来照亮，不失为一个极好的选择。

5.盥洗用具

（1）纹布巾。"纹布巾即手巾也，洁白如雪，光软特异，拭水不濡，用之弥年，不生垢腻。二物称得之鬼谷国"③。

（2）火蚕绵。"火蚕绵云出炎洲，絮衣一袭用一两，稍过度则熇蒸之气不可近也。自两汉至皇唐，公主出降之盛未之有也"④。

总之，因资料有限，笔者目前所能看到的公主的家居就是这些。唐代公主婚后都拥有"一间自己的屋子"，这屋子，不仅是皇帝"御批"的，而且竭尽豪华之势。（公主房间陈设，见图2、图3）

图2　日本正仓院唐公主房间陈设复原图⑤

---

① 〔唐〕苏鹗：《杜阳杂编》卷下，中华书局，1985年，第26页。
② 伊永文：《到中国古代去旅行》，中华书局，2005年，第53页。
③ 〔唐〕苏鹗：《杜阳杂编》卷下，中华书局，1985年，第26页。
④ 〔唐〕苏鹗：《杜阳杂编》卷下，中华书局，1985年，第27页。
⑤ 韩昇：《正仓院》，生活·读书·新知三联书店，2020年，第73页。

图3 莫高窟第23窟主室南壁壁画

寝床：睡觉用的，带四个脚，比今天的床要矮

三、大唐公主庄园的外部环境

唐代公主的府第与山庄往往修建得非常豪华。据史料记载，太平公主除有多处府第外，还拥有面积广大的庄园，其中的富丽繁华景象在文学作品中都有描绘。韩愈的《游太平公主山庄》更是以回忆的方式写出当时太平公主宅第的盛况："公主当年欲占春，故将台榭压城闉。欲知前面花多少，直到南山不属人。"①"景龙中，妃主家竞为奢侈，驸马杨慎交、武崇训，至油洒地以筑球场"②。《文苑英华》卷六九八辛替否《谏中宗置公主府官疏》："方大起寺舍，广营第宅，伐木空山，不足充梁栋；运土塞路，不足充墙壁。"③安乐公主"夺百姓庄园，造定昆池四十九里，直抵南山，拟昆明池。累石为山，以象华岳，引水为涧，以象天津。飞阁步檐，斜桥磴道，衣以锦绣，画以丹青，饰以金银，莹以珠玉。又为九曲流杯池，作石莲花台，泉于台中流出，穷天下之壮丽。悖逆之败，配入司农，每日士女游观，车马填噎。奉敕，辄到者官人解见任，凡人决一顿，乃止"④。

长安东郊靠近大明宫、兴庆宫的浐河、灞河流域的大片土地，多被皇族占据，开辟园林池泽，供春秋游赏、炎夏纳凉之用。唐高宗之女太平公主、中宗之女长宁公主等都在城东有花木繁盛、台榭辉映的园林庄园。⑤唐人有诗曰："平阳馆外有仙家，沁水园中好物华。地出东郊回日御，城临南斗度云车。"⑥"主第山门起灞川，

---

① 《全唐诗》卷三四四《游太平公主山庄》，中华书局，1960年，第3854页。
② 〔唐〕刘餗：《隋唐嘉话》，袁宪校注，三秦出版社，2004年，第55页。
③ 《文苑英华》卷六九八《谏中宗置公主官疏》，中华书局，1966年，第3603页。
④ 〔唐〕张鷟：《朝野佥载》，袁宪校注，三秦出版社，2004年，第104页。
⑤ 晏振乐：《巍巍长安》，中国人民大学出版社，1992年，第191页。
⑥ 《全唐诗》卷九二《奉和初春幸太平公主南庄应制》，中华书局，1960年，第997页。

宸游风景入初年"[1]。

（一）奇石

奇石是一切园林的必备之物，构成园林一道绚丽的风景。计成的《园冶》里专门有讲"选石"的方法："取巧不但玲珑，只宜单点；求坚还从古拙，堪用层堆。须先选质无纹，俟后依皴合掇。多纹恐损，无窍当悬。"[2]大唐公主的园林当然少不了这些经过千挑万选的必备之物。安乐公主的山庄"刻凤蟠螭凌桂邸，穿池叠石写蓬壶"，"沓石悬流平地起，危楼曲阁半天开"。[3]太平公主的南庄"买地铺金曾作垮，寻河取石旧支机"[4]，"还将石溜调琴曲，更取峰霞入酒杯"[5]，"往往花间逢彩石，时时竹里见红泉"[6]。长宁公主的山庄"泉石多仙趣，岩壑写奇形"[7]，"石画妆苔色，风梭织水文"[8]。

（二）趣水

石令人幽静，水令人旷达。子曰："智者乐水，仁者乐山；智者动，仁者静；智者乐，仁者寿。"[9]在中国传统的园林设计中，水、石最不可或缺。公主的园林里，水是必不可少的元素之一。从视觉上看，"庭养冲天鹤，溪流上汉查"[10]。从听觉上看，"谷静泉逾响，山深日易斜"[11]。仰视（远处看）"飞萝半拂银题影，瀑布环流玉砌阴"[12]。俯视（近处看）"紫岩妆阁透，青嶂妓楼悬。峰夺香炉巧，池偷明镜圆"[13]。而在池沼飞泉上往往会架起浮桥："主第岩扃架鹊桥，天门间阖降鸾

---

[1] 《全唐诗》卷七三《奉和初春幸太平公主南庄应制》，中华书局，1960年，第804页。
[2] 〔明〕计成：《园冶》，李世葵、刘金鹏编著，中华书局，2011年，第177页。
[3] 《全唐诗》卷六九《奉和幸安乐公主山庄应制》，中华书局，1960年，第773、781页。
[4] 《全唐诗》卷九六《奉和初春幸太平公主南庄应制》，中华书局，1960年，第1041页。
[5] 《全唐诗》卷六一《奉和初春幸太平公主南庄应制》，中华书局，1960年，第723页。
[6] 《全唐诗》卷七三《奉和初春幸太平公主南庄应制》，中华书局，1960年，第804页。
[7] 《全唐诗》卷五《游长宁公主流杯池二十五首》，中华书局，1960年，第63页。
[8] 《全唐诗》卷五《游长宁公主流杯池二十五首》，中华书局，1960年，第63页。
[9] 杨伯峻注译：《论语译注》"雍也第六"，中华书局，1980年，第54页。
[10] 《全唐诗》卷一二七《奉和圣制幸玉真公主山庄因题石壁十韵之作应制》，中华书局，1960年，第1286页。
[11] 《全唐诗》卷一二七《奉和圣制幸玉真公主山庄因题石壁十韵之作应制》，中华书局，1960年，第1286页。
[12] 《全唐诗》卷九三《奉和幸安乐公主山庄应制》，中华书局，1960年，第1004页。
[13] 《全唐诗》卷九七《同李舍人冬日集安乐公主山池》，中华书局，1960年，第1046页。

镳"[1]，"飞观仰看云外耸，浮桥直见海中移"[2]，"径转危峰逼，桥回缺岸妨"[3]。或者泛舟其中，怡然自得："今日还同犯牛斗，乘槎共逐海潮归"[4]，"无路乘槎窥汉渚，徒知访卜就君平"[5]，"今朝扈跸平阳馆，不羡乘槎云汉边"[6]，"六龙齐轸御朝曦，双鹢维舟下绿池"[7]，"湾路分游画舟转，岸门相向碧亭开"[8]。当年安乐公主为了造池，还掀起过轩然大波："昆明池者，汉孝武所穿，有蒲鱼利，京师赖之。中宗朝，安乐公主请焉，帝曰：'前代已来，不以与人。不可。'主不悦，因大役人徒，别掘一池，号曰'定昆池'。既成，中宗往观，令公卿赋诗。李黄门日知诗云：'但愿暂思居者逸，无使时传作者劳。'及睿宗即位，谓之曰：'当时朕亦不敢言，非卿中正，何能若是！'无何而迁侍中。"[9]可见园中有趣水，当为公主园林一景。

（三）繁花

明代文震亨在《长物志》中对园里的花花草草做过这样的阐释："草木不可繁杂，随处种植，使其四季更替，景色不断。又如桃、李不可植于庭院，只宜远望；红梅、绛桃，只是林中点缀，不宜多植。梅花生于山中，将其中有苔藓的移植到药栏，最为古雅。杏花花期不长，开花时节，风雨正多，仅可短暂观赏。蜡梅于冬季不可或缺，它就像豆棚、菜园，山家风味，常年不厌。然而定要专辟大片空地种植，使其自成一区；如在庭院种植，便失风雅。更有石墩木柱，搭架绑缚，人为造型的，就更是恶俗不堪了。至于种植兰草、菊花，古时各有其法，现今用以教授园丁、考核技艺，则是幽雅人士之要务。"[10]

《红楼梦》里林黛玉住的潇湘馆是以竹子最盛，"凤尾森森，龙吟细细，一片翠竹环绕"[11]。薛宝钗的蘅芜苑，"却见此处山石插天，异草盘环，那些奇藤仙葛，或如翠带飘飘，或如金绳盘屈，或实若丹砂，或花如金桂，味芬气馥，非花香之可

---

[1] 《全唐诗》卷九一《奉和初春幸太平公主南庄应制》，中华书局，1960年，第987页。
[2] 《全唐诗》卷一〇三《奉和幸安乐公主山庄应制》，中华书局，1960年，第1089页。
[3] 《全唐诗》卷六二《和韦承庆过义阳公主山池五首》，中华书局，1960年，第733页。
[4] 《全唐诗》卷一一五《奉和初春幸太平公主南庄应制》，中华书局，1960年，第1169页。
[5] 《全唐诗》卷六九《奉和初春幸太平公主南庄应制》，中华书局，1960年，第774页。
[6] 《全唐诗》卷七三《奉和初春幸太平公主南庄应制》，中华书局，1960年，第804页。
[7] 《全唐诗》卷一〇三《奉和幸安乐公主山庄应制》，中华书局，1960年，第1089页。
[8] 《全唐诗》卷一〇四《奉和幸安乐公主山庄应制》，中华书局，1960年，第1091页。
[9] 〔唐〕刘餗：《隋唐嘉话》，袁宪校注，三秦出版社，2004年，第56页。
[10] 〔明〕文震亨：《长物志》，中华书局，1985年，第7页。
[11] 《红楼梦》第二十六回，天津古籍出版社，1997年，第314页。

比"[1]。那么大唐公主的园林里都有哪些植物呢？

（1）竹。竹子的种植非常讲究："种竹宜筑土为垅，环水为溪。小桥斜渡，陟级而登，上留平台，以供坐卧，科头散发，俨如万竹林中人也。"[2]公主园林的竹子构成一道美丽的风景："竹馆烟催暝，梅园雪误春"[3]，"风泉韵绕幽林竹，雨霰光摇杂树花"[4]，"鹭羽凤箫参乐曲，荻园竹径接帷阴"[5]。

（2）菊花。菊花有很强的观赏价值，《尔雅》中有对菊花的最早解释："鞠，治蔷。"[6]《礼记·月令篇》中有"季秋之月……鞠有黄华"[7]的记载。《山海经》亦有"女儿之山……其草多菊"[8]等。公主园林的菊花别有一番风采："菊浦香随鹦鹉泛，箫楼韵逐凤凰吟。"[9]

（3）梅花。"幽人花伴，梅实专房"[10]。公主深谙此理，所以，她们的园子里哪里能少得了梅花的点缀呢？"梅花寒待雪，桂叶晚留烟。兴尽方投辖，金声还复传。"[11]"斗雪梅先吐，惊风柳未舒。直愁斜日落，不畏酒尊虚。"[12]

（4）杜若、芙蓉。杜若，《本草图经》解释为："叶似姜，花赤色，根似高良姜而小辛味。子如豆蔻。二月、八月采根，暴干用。"[13]《楚辞·九歌·湘君》："采芳洲兮杜若，将以遗兮下女。"[14]关于芙蓉，文震亨认为："芙蓉宜植池岸，临水为佳，若他处植之，绝无丰致。"[15]所以，在公主的园子里，杜若与芙蓉争相辉映。"杜若幽庭草，芙蓉曲沼花。"[16]

（5）莲花。莲花以其清新的姿态，受到历代文人的喜欢。《诗经·陈风·泽陂》有这样描写莲花的诗句："彼泽之陂，有蒲与荷。有美一人，伤如之何？寤寐

---

[1] 《红楼梦》第十七回，天津古籍出版社，1997年，第199页。
[2] 〔明〕文震亨：《长物志》，中华书局，1985年，第14页。
[3] 《全唐诗》卷二三七《宴崔附马玉山别业》，中华书局，1960年，第2645页。
[4] 《全唐诗》卷九二《奉和初春幸太平公主南庄应制》，中华书局，1960年，第997页。
[5] 《全唐诗》卷一〇四《奉和幸安乐公主山庄应制》，中华书局，1960年，第1093页。
[6] 〔东晋〕郭璞注：《尔雅》，中华书局，1985年，第100页。
[7] 《礼记》，崔高维校点，辽宁教育出版社，2000年，第57页。
[8] 《山海经》卷五，李荣庆、马敏注译，中州古籍出版社，2008年，第148页。
[9] 《全唐诗》卷九三《奉和幸安乐公主山庄应制》，中华书局，1960年，第1004页。
[10] 〔明〕文震亨：《长物志》，中华书局，1985年，第9页。
[11] 《全唐诗》卷九七《同李舍人冬日集安乐公主山池》，中华书局，1960年，第1046页。
[12] 《全唐诗》卷五《游长宁公主流杯池二十五首》，中华书局，1960年，第62页。
[13] 〔宋〕苏颂编撰：《本草图经》，尚志钧辑校，安徽科学技术出版社，1994年，第142页。
[14] 〔宋〕洪兴祖：《楚辞补注》，白化文点校，中华书局，1983年，第83页。
[15] 〔明〕文震亨：《长物志》，中华书局，1985年，第10页。
[16] 《全唐诗》卷六二《和韦承庆过义阳公主山池五首》，中华书局，1960年，第733页。

无为，涕泗滂沱。"①公主的园子里也有着荷花动人的身姿："参差碧岫耸莲花，潺湲绿水萦金沙"②，"园果尝难遍，池莲摘未稀"③。

（6）松、桂。明代文震亨认为："松、柏古虽并称，然最高贵者，必以松为首。……山松宜植土冈之上，龙鳞既成，涛声相应，何减五株九里哉？"④"丛桂开时，真称香窟，宜辟地二亩，取各种并植，结亭其中，不得颜以'天香''小山'等语，更勿以他树杂之。树下地平如掌，洁不容唾，花落地，即取以充食品。"⑤在公主的园子里，我们可以"攀藤招逸客，偃桂协幽情。水中看树影，风里听松声"⑥，也能"山室何为贵，唯余兰桂熏"⑦。在听觉和嗅觉都得到美的享受后，我们真愿意"山林作伴，松桂为邻"⑧。

（7）薜萝。薜荔和女萝，两者皆野生植物，常攀缘于山野林木或屋壁之上。《楚辞·九歌·山鬼》："若有人兮山之阿，被薜荔兮带女萝。"⑨公主的园子里"书引藤为架，人将薜作衣。此真攀玩所，临眺赏光辉"⑩，而且"霁晓气清和，披襟赏薜萝。玫瑁凝春色，琉璃漾水波。跂石聊长啸，攀松乍短歌。除非物外者，谁就此经过"⑪。

（四）妙榭

明代计成《园冶》认为："花间隐榭，水际安亭，斯园林而得致者。"⑫《红楼梦》中对藕香榭的描述为："原来这藕香榭盖在池中，四面有窗，左右有曲廊可通，亦是跨水接岸，后面又有曲折竹桥暗接。"榭中柱上挂一副对子："芙蓉影破归兰桨，菱藕香深写竹桥。"⑬由此可见，藕香榭是一个设计颇为精妙的建筑群，这个建筑群由水榭、小亭子、曲廊和曲折竹桥共同构成，四面荷花盛开，不远处岸上

---

① 李学勤主编：《十三经注疏整理本》，北京大学出版社，2000年，第454页。
② 《全唐诗》卷五《游长宁公主流杯池二十五首》，中华书局，1960年，第63页。
③ 《全唐诗》卷六二《和韦承庆过义阳公主山池五首》，中华书局，1960年，第733页。
④ 〔明〕文震亨：《长物志》，中华书局，1985年，第12—13页。
⑤ 〔明〕文震亨：《长物志》，中华书局，1985年，第13页。
⑥ 《全唐诗》卷五《游长宁公主流杯池二十五首》，中华书局，1960年，第63页。
⑦ 《全唐诗》卷五《游长宁公主流杯池二十五首》，中华书局，1960年，第63页。
⑧ 《全唐诗》卷五《游长宁公主流杯池二十五首》，中华书局，1960年，第62页。
⑨ 〔宋〕洪兴祖：《楚辞补注》，白化文点校，中华书局，1983年，第79页。
⑩ 《全唐诗》卷五《游长宁公主流杯池二十五首》，中华书局，1960年，第62页。
⑪ 《全唐诗》卷五《游长宁公主流杯池二十五首》，中华书局，1960年，第62页。
⑫ 〔明〕计成：《园冶》，李世葵、刘金鹏编著，中华书局，2011年，第66页。
⑬ 《红楼梦》第八十三回，天津古籍出版社，1997年，第459页。

有两棵桂花树。在大唐公主的园林中，像藕香榭这样的妙榭随处可见。太平公主南庄"历乱旌旗转云树，参差台榭入烟霄"①，长宁公主东庄"水榭宜时陟，山楼向晚看"②。

从张籍的《崔附马养鹤》可看出，公主的园子里会有仙鹤舞动。"求得鹤来教翦翅，望仙台下亦将行。"③

总之，华丽的公主园林在清溪碧水间映衬着，散发着阵阵幽香。难怪有诗人发出这样的感慨："幸愿一生同草树，年年岁岁乐于斯。"④

四、大唐公主住宅的人文景观

公主因为拥有了自己的房子，生活空间相对来说大了一些。丝竹管乐、觞筹交错之间营造出了公主住宅的人文胜景。她们可以在自己的空间里：

1.举办文学沙龙

前文在讲到公主园林的外部景观时，引用的史料多来自文臣参观完园林后写的诗歌。很多诗歌都是一组的。可见当初在公主的园林里举行过盛大的文艺沙龙，每个人都将自己的诗歌奉上前去，以表自己对公主及皇帝的衷心。史载："升平公主宅即席，李端擅场。"⑤史实是这样的："李虞仲，字见之，赵郡人。祖震，大理丞。父端，登进士第，工诗。大历中，与韩翃、钱起、卢纶等文咏唱和，驰名都下，号'大历十才子'。时郭尚父少子暧尚代宗女升平公主，贤明有才思，尤喜诗人，而端等十人，多在暧之门下。每宴集赋诗，公主坐视帘中，诗之美者，赏百缣。"⑥可见公主不但是文艺沙龙的女主人，还承担着"裁判员"的重任。

2.商量政治对策

作为公主，天生就与政治有着密切联系。公主的屋子，成为她们和同僚商量政治对策的密室。

太平公主"所欲，上无不听，自宰相以下，进退系其一言，其余荐士骤历清

---

① 《全唐诗》卷九一《奉和初春幸太平公主南庄应制》，中华书局，1960年，第987页。
② 《全唐诗》卷五四《侍宴长宁公主东庄应制》，中华书局，1960年，第662页。
③ 《全唐诗》卷三八六《崔附马养鹤》，中华书局，1960年，第4357页。
④ 《全唐诗》卷一○三《奉和幸安乐公主山庄应制》，中华书局，1960年，第1089页。
⑤ 〔宋〕钱易撰，梁太济笺证：《南部新书溯源笺证》，中西书局，2013年，第216页。
⑥ 《旧唐书》卷一六三，中华书局，1975年，第4266页。

显者，不可胜数。权倾人主，趋附其门者如市"[1]，"其宰相有七，四出其门"[2]。安乐公主"姝秀辩敏，后尤爱之。帝复位，光艳动天下，侯王柄臣多出其门"[3]。最重要的是"神龙时，（太平公主）与长宁、安乐、宜城、新都、安定、金城凡七公主，皆开府置官署，视亲王"[4]。从而可看出，唐代公主不仅主"内"，而且在"内"里，还要管理"外"的事情。

3.举行文艺演出

根据前文，我们知道有些公主喜欢艺术，在艺术方面有很高的天赋。所以，在公主的屋子里举行文艺演出，那是再正常不过的事情了。有诗云："流风入座飘歌扇，瀑水侵阶溅舞衣"[5]，"手舞足蹈方未已，万年千岁奉熏琴"[6]，"泉声百处传歌曲，树影千重对舞行"[7]，"林间花杂平阳舞，谷里莺和弄玉箫"[8]。其实，在歌舞的背后，这些文臣抒发的是"自有神仙鸣凤曲，并将歌舞报恩晖"[9]的感情，而公主的屋子起到了歌舞场的作用。

4.宴请宾客

尉迟偓《中朝故事》载："盖以帝戚强盛，公主自置群僚，以至庄宅库举，尽多主吏，宅中各有院落，聚会不同。公主多亲戚，聚宴或出盘游，驸马不得与之相见，凡出入间，婢仆不敢顾盼。公主则恣行所为，往往数朝不一相见。"[10]《全唐诗》里保留了多首公主大宴宾客的诗歌，让我们依稀看到了当时热闹的场面。如张说《晦日诏宴永穆公主亭子赋得流字》："堂邑山林美，朝恩晦日游。园亭含淑气，竹树绕春流。舞席千花妓，歌船五彩楼。群欢与王泽，岁岁满皇州。"[11]《三月三日诏宴定昆池官庄赋得筵字》："凤凰楼下对天泉，鹦鹉洲中匝管弦。旧识平阳佳丽地，今逢上巳盛明年。舟将水动千寻日，幕共林横两岸烟。不降玉人观禊饮，

---

[1] 《资治通鉴》卷二〇九，中华书局，1975年，第6651页。
[2] 〔唐〕刘肃：《大唐新语》卷九，中华书局，1984年，第144页。
[3] 《新唐书》卷八三《诸帝公主》，中华书局，1975年，第3654页。
[4] 《新唐书》卷八三《诸帝公主》，中华书局，1975年，第3650页。
[5] 《全唐诗》卷一一五《奉和初春幸太平公主南庄应制》，中华书局，1960年，第1169页。
[6] 《全唐诗》卷一〇四《奉和安乐公主山庄应制》，中华书局，1960年，第1093页。
[7] 《全唐诗》卷九三《奉和幸安乐公主山庄应制》，中华书局，1960年，第1010页。
[8] 《全唐诗》卷九一《奉和初春幸太平公主南庄应制》，中华书局，1960年，第987页。
[9] 《全唐诗》卷九六《奉和初春幸太平公主南庄应制》，中华书局，1960年，第1041页。
[10] 〔唐〕尉迟偓：《中朝故事》，中华书局，1985年，第5页。
[11] 〔唐〕张说撰，熊飞校注：《张说集校注》，中华书局，2013年，第174页。

谁令醉舞拂宾筵。"[1]吃的品种有"御羹和石髓，香饭进胡麻"[2]，"玉泉移酒味，石髓换粳香"[3]，"自有金杯迎甲夜，还将绮席代阳春"[4]。

在这种情境下，有些文臣发出"宴游成野客，形胜得仙家"[5]"何须远访三山路，人今已到九仙家"[6]的感慨。

总之，公主住宅的奢侈有政治因素的影响，公主屋里的摆设极尽豪华之事，园子里充满了鸟语花香，她们在属于自己的房子里从事着政治、文学的活动。

原载《长安学研究》（第1辑），中华书局，2016年
（郭海文，陕西师范大学历史文化学院教授；赵文朵，陕西省蒲城中学教师；李炖，陕西师范大学历史文化学院教师）

---

[1] 《全唐诗》卷八七《三月三日诏宴定昆池宫庄赋得筵字》，中华书局，1960年，第961页。
[2] 《全唐诗》卷一二七《奉和圣制幸玉真公主山庄因赐石壁十韵之作应制》，中华书局，1960年，第1286—1287页。
[3] 《全唐诗》卷六二《和韦承庆过义阳公主山池五首》，中华书局，1960年，第733页。
[4] 《全唐诗》卷九七《夜宴安乐公主宅》，中华书局，1960年，第1054页。
[5] 《全唐诗》卷六二《和韦承庆过义阳公主山池五首》，中华书局，1960年，第733页。
[6] 《全唐诗》卷五《游长宁公主流杯池二十五首》，中华书局，1960年，第63页。

唐代京畿士族的城市化及其乡里影响
——以京兆韦氏、杜氏为例

徐 畅

唐代首都长安及其附近区域，统称京畿，在行政地理范围内对应着雍州或京兆府辖区。对京畿区域社会的探讨，当先从解析基层社会自身的组织形式与运行机制入手。[①]血缘、姓氏是将乡里社会中个体民众整合为团体的最基础形式，这样形成的民众生活基本单位称为宗族，在地缘上亦表现出同族同姓聚居。对京畿区域而言，虽然皇权的辐射力较强，但宗族的活动亦称繁茂。区域内的大姓，《氏族论》的作者柳芳以为有"韦、裴、柳、薛、杨、杜"[②]，《太平寰宇记》以京兆郡出韦、杜、扶、段、宋、田、黎、金八姓[③]，而敦煌 S. 2052《新集天下姓望氏族谱》（论者以为代表唐后期的情况）[④]记雍州京兆郡出四十姓："车、杜、段、严、黎、宋、秦、钟、雍、车（韦）、田、粟、于、米、冷、支、员、舒、扈、皮、昆、申屠、康、别、夫家、邰、丰、籽、史、伦、邢、金、公成、第五、宋、宜、狄、粟、计。"[⑤]其中皆提及京兆韦氏与杜氏。

毛汉光将京兆杜陵韦氏归于自魏晋迄唐末绵延不绝的十姓十三家之首，而将杜氏归于略逊的通世大族。[⑥]韦、杜二氏自西汉丞相韦玄成、御史大夫杜延年迁居杜陵始，便在长安城南一带开始长达数世纪的繁衍生息，历北朝、隋、唐，虽经政治、

[①] 牟发松曾尝试对中国古代社会组织形式进行归纳。参见牟发松：《汉唐历史变迁中的社会与国家》，上海人民出版社，2011年，第109—143页。

[②] 《新唐书》卷一九九《儒学中·柳冲传》，中华书局，1975年，第5673页。

[③] 〔宋〕乐史：《太平寰宇记》卷二五《关西道一·雍州一》，王文楚点校，中华书局，2007年，第518页。

[④] 毛汉光以为可能撰定于元和十五年（820）至咸通十三年（872）。参见毛汉光：《敦煌唐代氏族谱残卷之商榷》，见《中国中古社会史论》，上海书店出版社，2002年，第427—433页。

[⑤] 郝春文主编：《英藏敦煌社会历史文献释录》（第9卷），社会科学文献出版社，2012年，第150—170页。

[⑥] 毛汉光：《中国中古社会史论》，上海书店出版社，2002年，第57—60页。

人事变易，都城屡次迁移，韦、杜后人"京兆杜陵"的郡望书写却稳定不移。隋唐长安城较汉、周长安城向东南方向迁移，城南的杜陵便又更接近于国家的政治中心，韦、杜族人在此聚居，年深日久，其姓氏嵌入了地名，形成了韦曲、杜曲、韦曲村、大韦村、北韦村、杜季村、杜光里、杜城村等聚落名称。

讨论唐代长安的韦、杜家族，必先对士族形态与门阀士族政治这一汉晋隋唐七百年间特有的历史现象有历时性的通盘理解。中国古代的大家族形态，不同阶段各有其特点：东汉表现为世家大族；魏晋南北朝表现为武断乡曲，割据一方的豪强大族；隋唐以降，"罢中正，举选不本乡曲"，士族精英分子脱离乡里，流入城市，致使"人不土著，萃处京畿"，而乡村则"里闾无豪族，井邑无衣冠"。[①]毛汉光曾从中古十姓十三家八十三著房籍贯迁移的角度，讨论了这一现象，指出具有地方性格的郡姓"新贯"于中央地区并依附中央的现象，为"中央化"；由于脱离乡里旧业，转变为纯官僚而失去地方性，称为"官僚化"。以其为中古士族最根本之特征。[②]唯毛氏结论是依据地望不在两京一带的士族生活形态而得出的，而籍贯本在两京的关中、河南士族，如京兆韦氏、杜氏，河南郑氏，洛阳长孙氏、于氏、源氏等，在这股社会流动、区域政治文化变迁的浪潮中，又有怎样的表现？

本文将以京兆韦氏、杜氏为例，说明这一问题。以往关于二姓大族的研究颇多，但基本局限于利用新出的家族成员墓志，考订其郡望、房支、世系、婚宦，或略述其交游，或讨论其家族的文学表现、信仰，[③]对于最核心问题——这两个世代通

---

① 〔唐〕杜佑：《通典》卷一七《选举五》，中华书局，1988年，第417页。
② 毛汉光：《从士族籍贯迁移看唐代士族之中央化》，见《中国中古社会史论》，上海书店出版社，2002年，第234—333页。
③ 如〔日〕矢野主税：《韦氏研究》，见《长崎大学学艺学部社会科学论丛》（2），1961年；〔日〕矢野主税：《韦氏研究》（2），见《长崎大学学艺学部研究报告》临时增刊号，1962年；陈尊祥、郭生：《唐韦几墓志考》，《文博》1994年第4期；黄利平：《长安韦氏宗族述论》，见《陕西历史博物馆馆刊》（1），陕西人民教育出版社，1994年，第67—72页；张蕴：《西安南郊毕原出土的韦氏墓志初考——平齐公房和郧公房成员》，《文博》1999年第6期；张蕴：《关于西安南郊毕原出土的韦氏墓志初考（三）——逍遥公房和李夫人墓志》，《考古与文物》2000年第1期；张蕴：《西安南郊毕原出土的韦氏墓志考（二）——阆公房成员》，《考古与文物》2005年第3期。相关论著如吕卓民：《长安韦杜家族》，西安出版社，2005年；李浩：《唐代关中士族与文学（增订本）》，中国社会科学出版社，2003年；王力平：《中古杜氏诸郡望的历史考察》，博士学位论文，南开大学，2001年；李睿：《世袭、婚姻与佛教——唐代韦氏家族之研究》，硕士学位论文，北京大学，2002年。韦应物墓志被发现后，对韦氏族人文学的探讨又大量出现，如王伟：《唐代京兆韦氏家族与文学研究》，博士学位论文，西北大学，2009年；胡可先：《出土文献与唐代韦氏文学家族研究》，《文学与文化》2011年第3期；等等。

显的大族如何顺应魏晋隋唐间地方资源（官吏任用权、儒学文化、学校教育等），军事力量高度中央化，举国政治、经济、文化向中心城市集中的历史趋势，调整家庭经营策略，保持家族在政治中心长安城，以及世居地、根据地所在——京畿乡村的双家形态的平衡，实现家族在仕宦、文学、经济、产业等领域的纵深拓展，从而维持"蝉联阀阅"[①]"代袭轩裳"[②]的显赫局面，学界较少直接论及，这正是本文的努力方向。

一、韦、杜二姓的城市化：京畿士族"中央化"的表现

毛汉光氏所谓中古士族"中央化"的表述提出后[③]，韩升等学者就有商榷意见，认为士族的迁徙在不同时期呈现不同的特点，毛氏只考察了其向两京（中央）集中的趋势，但也有向地方转移的情况，地方领袖的世家大族往往是先向区域内的核心城市迁移，尤其安史之乱后，京洛动荡，众多士族选择奔赴南方的城市，如成都、扬州等地，所以"中央化"应修正为"城市化"，即乡村向城市之移动，等于将毛氏全国汇集于两京的一条主线打散，分化为若干区域，而每个区域内的边缘向区域中心之聚拢。毛氏的"中央化"过于粗线条，而"城市化"可以较好地描述在京畿范围内氏族向政治中心汇合的趋势。[④]

陈寅恪曾精辟指出："盖唐代社会承南北朝之旧俗，通以二事评量人品之高下。此二事，一曰婚，二曰宦。凡婚而不娶名家女，与仕而不由清望官，俱为社会所不齿。"[⑤]仕宦是中古士族维持其显贵地位之最根本依凭，是否"居相位"，也被视为家族盛衰的主要标志。韦、杜二氏尤以世代衣冠著称，据统计，有唐一代高宗、武后、中宗、殇帝、睿宗、玄宗、顺宗、宪宗、文宗、宣宗、懿宗、僖宗、昭宗十三朝，韦氏家族先后有17人出任宰相，几乎覆盖唐代三百年的历史，[⑥]其中有16位带进士第；而京兆杜氏在唐前中后期也分别有杜如晦、杜佑、杜黄裳等名相，统计不同时期以进士

---

① 语出《赵肃夫人韦氏墓志》，见胡戟、荣新江主编：《大唐西市博物馆藏墓志》，北京大学出版社，2012年，第726页。
② 《韦辂墓志》记："韦氏之先，源其远乎。始，夏康封彭侯之子于豕韦，因以国为氏。周汉晋魏已还，显赫相望，家有侯伯，代袭轩裳，遂为京兆冠族。"参见胡戟、荣新江主编：《大唐西市博物馆藏墓志》，北京大学出版社，2012年，第950—951页。
③ 毛汉光：《中国中古社会史论》，上海书店出版社，2002年，第240—242、329—333页。
④ 韩升：《南北朝隋唐士族向城市的迁徙与社会变迁》，《历史研究》2003年第4期。
⑤ 陈寅恪：《读莺莺传》，见《元白诗笺证稿》，生活·读书·新知三联书店，2009年，第116页。
⑥ 参照李睿之统计，见李睿：《世系、婚姻与佛教——唐代韦氏家族之研究》，硕士学位论文，北京大学，2002年，第4页。

登科而入相者有10人之多。[1]这一方面显示韦、杜家族在官僚士族经营中是最大的赢家，也说明二姓除保持门第优势外，尤重文学修养，积极开拓科举入仕之新途径。

韦、杜家族能在仕宦、科举与文化教育中取得骄人的成绩，与其脱离乡里，积极实现"城市化"的情况紧密相关。京兆韦氏、杜氏的祖居在长安城南的乡村，尽管相距不远，时人称"灞陵南望，曲江左转，登一级而鄠杜如近"[2]，但首都长安却有着无限的政治机遇，发达的科举与官场政治、考试文化，为仕进之首选，所以中晚唐文人官员总是感叹"春明门外即天涯""人生不合出京城"[3]。城居，既便利作为中央官日常朝谒与政务的处理，便利与朝寮旧友、京邑士人的交游，又便于子孙后人脱离乡里村学的浅陋习气，接受官方学校的教育，日后更顺利地接受科举文化，以进入官僚梯队。事实上，入唐以后，韦、杜二族的著房、著支大部分居住在城内的坊里，较少有人居住在城外。现据《唐两京城坊考》及李健超、杨鸿年二人增订[4]，将韦、杜二族人在长安城内的宅第分布表示如下（图1）。

每坊具体情况如下：

（1）街东。安仁坊：杜佑、杜牧宅。兰陵坊：韦待价宅。务本坊：韦鼎宅。崇义坊：韦坚、杜子休宅。长兴坊：韦津、杜鸿渐宅。靖安坊：韦元整、韦净光严（司勋郎中杨氏夫人）宅。崇仁坊：杜悰宅。平康坊：韦澄宅。宣阳坊：韦嗣立、韦温、韦巨源、韦叔夏、韦文恪、韦瓘宅。亲仁坊：韦琨、韦公、韦洙宅。永宁坊：韦顼、韦端符宅。永崇坊：杜亚、韦抗宅。昭国坊：韦青、韦应物宅。晋昌坊：韦安石宅。大宁坊：韦承庆宅。安兴坊：同昌公主与韦保衡、韦氏宅（直秘书省□）。胜业坊：韦德载宅。安邑坊：韦庸宅。升平坊：韦本立宅、杜行方宅。修行坊：杜从则宅。永嘉：韦元琰宅。道政坊：韦最宅。常乐坊：韦恂如宅。靖恭坊：韦玢、韦建、韦渠牟、韦元鲁宅。新昌坊：韦端、韦希损宅。

---

[1] 韦、杜族人进士第人数参照毛汉光的统计，参见毛汉光：《唐代大士族的进士第》，见《中国中古社会史论》，上海书店出版社，2002年，第340—341、345页。

[2] 〔唐〕王维：《洛阳郑少府与二省遗补宴韦司户南亭序》，见《全唐文》卷三二五，中华书局，1983年，第3295页。

[3] 分别出自刘禹锡：《曹刚》《和令狐相公别牡丹》，见《刘禹锡集》，卞孝萱校订，中华书局，1990年，第465、558页。关于唐代文人官员的长安城乡观念，笔者以白居易为例进行了探讨。参见徐畅：《鳌屋尉白居易的长安城乡生活体验》，《人文杂志》2014年第5期。

[4] 〔清〕徐松：《唐两京城坊考》，中华书局，1985年；〔清〕徐松撰，李健超增订：《增订唐两京城坊考》，三秦出版社，2006年；杨鸿年：《隋唐两京坊里谱》，上海古籍出版社，1999年。

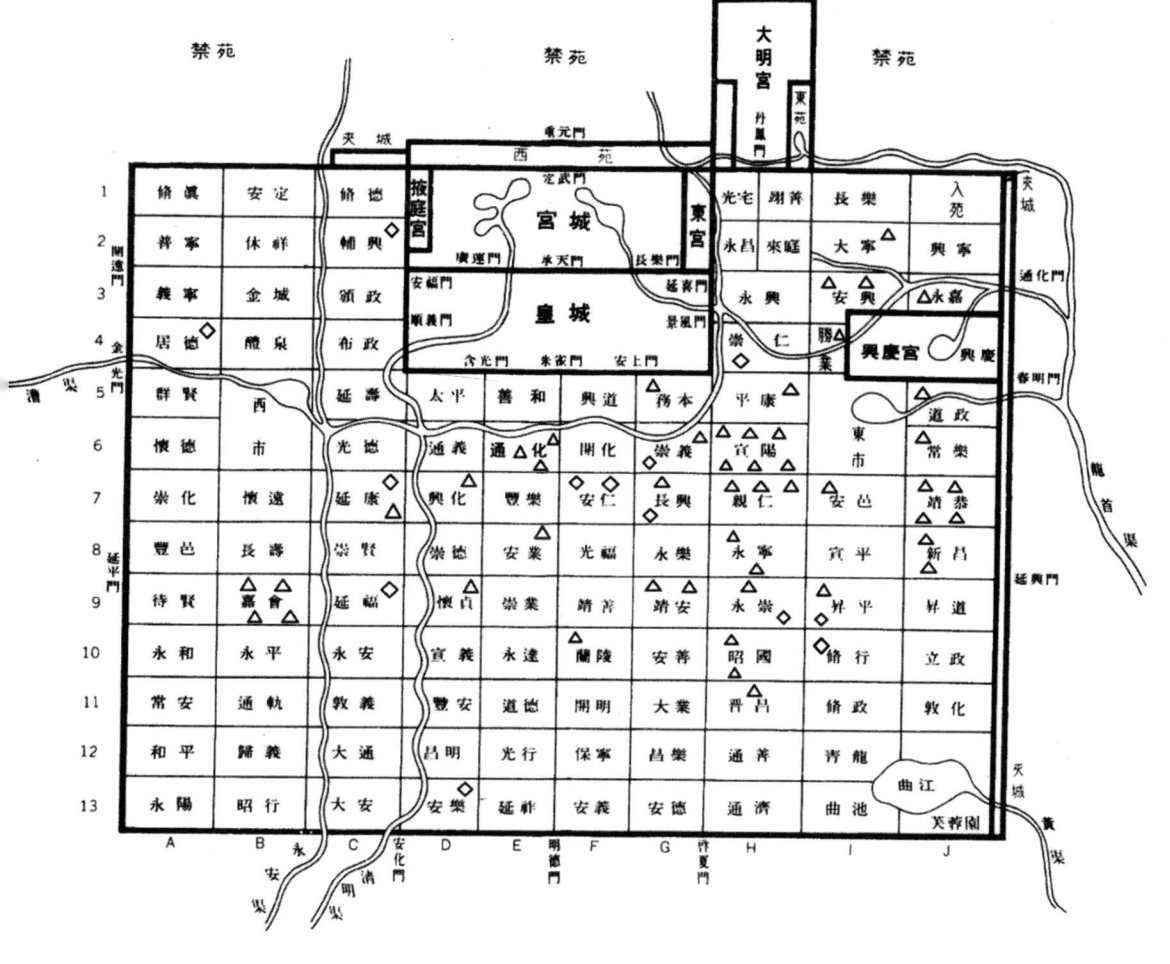

图 1　京兆韦、杜二氏的长安宅第分布①

（图例：△韦氏宅，◇杜氏宅）

（2）街西。通化坊：韦武、韦暎（乡贡进士）、韦师真宅。安业坊：韦府君及妻李挂（李景俭女）宅。兴化坊：韦济宅。怀贞坊：韦慎名宅。安乐坊：杜博义（处士）宅。辅兴坊：杜公（子为杜文章）宅。延康坊：韦豫、杜昭烈宅。延福坊：杜府君宅。嘉会坊：韦庄、韦讽、韦机、韦昊宅。居德坊：杜元徽宅。

从中可以直观看出，韦、杜二族的宅第遍布街东、西各坊，尤以街东为多。杜氏家族资料有限，看不出太多规律，下以韦氏为例。街东东市附近的安兴、胜业、平康、宣阳、亲仁、安邑、靖恭、常乐、靖安等坊，应即韦氏集居区域，尤其宣阳坊为多，一坊分布韦氏六位官员之居所，分属小逍遥公房、郧公房与平齐公房，而韦嗣立、巨源、韦温皆为皇亲或宰相，可以想象诸韦在坊内比邻而居的盛况。另如

---

① 图1据平冈武夫主编《唐代的长安与洛阳·地图》图版三《长安城图》绘。原图缺皇城南太平、兴道二坊之间一坊名"善和"，今补。

唐代京畿士族的城市化及其乡里影响 | 301

街西嘉会坊、街东靖恭坊，都有四位韦姓居住。唐世，官僚家族聚居于长安城内坊里，形成坊望，著名者如弘农杨氏越公房聚集而形成的靖恭杨家、修行杨家等[①]，严耕望氏又有"里望"[②]之称，从这种角度，族人最多之宣阳也可呼为京兆韦氏之坊望。[③]不过，由于里坊制的区隔，京兆韦氏在城内已很难保持乡里全族聚居的形式，其居住与生活，应多以小家或称个体家庭为单位[④]，属于同一房支之后人，分居不同的坊，而一坊内亦杂居同族内不同房支。这是对韦、杜在城内居住区域的考察。

从其居住时间看，韦氏族人似已实现在坊里的世代居住。比如靖安坊的曹州刺史韦元整，据其妻《王婉墓志》，元整卒后，开曜元年（681），王婉"终于明堂之静安里第"[⑤]。而据其孙《韦晃墓志》（祖元整、父绩），开元十年（722），"终于京师靖安之里第"[⑥]，也就是说，韦家元整—绩—晃三代一直居住在靖安里之私第，且注意到韦绩为韦元整与王婉六子之幺，不大可能独自继承其父之住所，最有可能的情况是韦元整一大家在靖安坊实现了合族数代同居。又宣阳坊奉慈寺开元中为虢国夫人杨氏宅，《明皇杂录》载：

> 杨贵妃姊虢国夫人，恩宠一时，大治第宅。栋宇之华盛，举无与比。所居韦嗣立旧宅，韦氏诸子方午偃息于堂庑间，忽见一妇人衣黄帔衫，降自步辇，有侍婢数十，笑语自若。谓韦氏诸子曰："闻此宅欲货，其价几何？"韦氏降阶曰："先人旧庐，所未忍舍。"语未毕，有工人数百，登东西厢，撤其瓦木。韦氏诸子乃率家童，挈其琴书，委于路中，而授韦氏隙地十亩余，其宅一无所酬。[⑦]

---

① 杨氏为长安盛门望族，累世同居，各以所居坊名为号，有修行杨家、新昌杨家、靖恭杨家等分支，如徐松《唐两京城坊考》卷三言"（刑部尚书杨汝士）与其弟虞卿、汉公、鲁士同居，号靖恭杨家，为冠盖盛游。"参见〔清〕徐松撰，李健超增订：《增订唐两京城坊考》，三秦出版社，2006年，第155页。

② 严耕望：《唐仆尚丞郎表》，中华书局，1986年，第889页。

③ 梁太济集中谈论了唐人诗文、小说中出现的以所居坊为称谓之风习，以其兴盛于中晚唐，最早在贞元年间已经出现。参见梁太济：《中晚唐的称坊望风习》，见北京大学中国古代史研究中心编：《邓广锦教授百年诞辰纪念论文集》，中华书局，2008年，第580—594页。

④ 此点承候旭东先生提示，他以为宋以前的地方社会，以小型家庭为日常生活基本单位，所谓宗族，很可能只是一种"想象的共同体"，这个"共同体"仅仅有相似理念及祖先认同，而非在地缘上紧密聚居之实体。此备一说。

⑤ 《大唐故曹州刺史韦府君夫人晋原郡君王氏墓志铭并序》，见吴钢主编：《全唐文补遗》（第3辑），三秦出版社，1996年，第23页。

⑥ 《韦晃墓志》，见周绍良、赵超主编：《唐代墓志汇编续集》，上海古籍出版社，2001年，第486页。

⑦ 〔唐〕郑处海：《明皇杂录》，田廷柱点校，中华书局，1994年，第29页。

韦嗣立官兵部尚书、封逍遥公，在中宗、韦后朝权倾一时，[1]在宣阳坊营宅。玄宗时，家业豪宅为当时权贵杨贵妃姊妹所觊觎，时韦嗣立后人，小逍遥公房诸韦在此居住已久，他们还牢记先人教诲，希望坚守祖宗产业，然而最终仍为虢国所夺，琴书委于路中，昔日大第仅换得"隙地十亩余"。

又懿宗女同昌公主降韦保衡，于广化坊营第，《太平广记》载："（公主）一日大会韦氏之族于广化里，玉馔俱列，暑气特甚，公主命取澄水帛以水蘸之，挂于南轩。"[2]可见平齐公房韦保衡一族集居广化坊。京兆杜氏的情况与韦氏相似，不仅在城内世居，甚至连杜氏家庙都改建在城内坊里，杜牧在元和末入京城求仕，寻找居所，"凡十徙其居，……奔走困苦无所容，归死于延福私庙，支拄敧坏而处之"[3]。可知延福坊有杜氏家庙，且以其地同时为入京的杜氏族人提供临时寓所。又据叶梦得《石林燕语》记，中唐名相杜佑的家庙在曲江。[4]

韦、杜二姓由于仕宦的需要[5]，已经走出了城南旧乡里，实现"城市化"，在长安城内诸坊散居或聚居。

二、"乡里有吾庐"[6]：韦杜家族对乡村根基的维持

艾伯华（Wolfram Eberhard）曾经描述过结绅家族典型的"双家形态"：

> 一个缙绅家族通常有一个乡村家和一个城市家。乡村家即家族田产所在，那里居住一部分族人，管理经营其财产，如向佃农收租等，乡村家是家庭经济的支持骨干。[7]

---

[1]《旧唐书》卷八八《韦思谦传附嗣立》，中华书局，1975年，第2862—2863页。

[2]《太平广记》卷二三七《奢侈二》，中华书局，1961年，第1827页。

[3]〔唐〕杜牧：《上宰相求湖州第二启》，见《全唐文》卷七五三，中华书局，1983年，第7803页。

[4]〔宋〕叶梦得：《石林燕语》，侯忠义点校，中华书局，1984年，第8页。卷一记文潞公至和初"知长安，因得唐杜佑旧庙于曲江，犹是当时旧制，一堂四室，旁为两翼"。

[5] 除了寻求仕宦之路的原因外，唐前期韦氏族人的入居长安城坊，应与中宗朝提高皇后韦氏的地位、扶植韦武势力有很大关系，上举韦嗣立族在宣阳坊的住居，就是例证。不过孙英刚指出，当时韦武主要成员集中居住在宫城以西诸坊，参见孙英刚《唐前期宫廷革命研究》[见荣新江主编：《唐研究》（第7卷），北京大学出版社，2001年，第263—288页]。但从本文统计看，街西居住的韦氏不如街东，这可能与唐中期以后政治中心转至大明宫，导致官员集居街东的趋势有关。

[6] 此语借自《全唐诗》卷四九六姚合《送朱余庆及第后归越》，中华书局，1960年，第5626页。

[7] Wolfram Eberhard, *Conquerors and Rulers: Social Forces in Medieval China*, Leiden: Brill, 1965, pp. 44-45.

毛汉光以之譬喻中国中古世家大族的籍贯与迁居地之间的关系,①唐代京畿的韦、杜家族,也是这样典型的双家形态。一方面,从西汉起,家族世代居住于长安杜陵,在唐代,韦氏居住区以韦曲为中心,跨万年县洪固、御宿、高平、义善诸乡,而杜氏居住区以杜曲为中心,跨万年县洪原、洪固、山北诸乡,并形成了以韦、杜二姓命名的村落;②而另一方面,为了寻求更好的出仕机会,实现家族在政治、文化中的领先地位,越来越多的韦、杜族人离开旧乡里,迁居长安(杜氏族人亦有迁居洛阳的情况,这里暂不讨论),如韩升所言"城市犹如巨大的吸盘,把乡村社会的文化、政治精英源源不断地吸引而去"。

"城市化"带来仕宦荣耀、高官显位的背后,却是出仕者逐渐丧失其乡村控制力,习惯于城市之安逸生活,与乡里旧族因生活场景和追求的差异走向疏离,感情的隔膜也不是主要的,最严重的是城市士族失去了与乡村宗族联系的纽带,没有了乡里的支持和依托,而逐渐失去影响地方社会的能力。北朝"那种世家大姓于动乱中率宗亲、聚流民、筑坞壁以割据一方的景观已成旧梦"③,乡村根据地的沦丧,肇始了魏晋隋唐士族政治社会的瓦解。从韦、杜家族而言,维持乡村根基,不仅意味着象征意义式地保有汉唐七百年间两世家的话语、气息与繁华,求得心理上、观念上的"叶落归根",也有实际的经济利益,即艾伯华指出的"乡村家是家庭经济的支持骨干",在乡村置庄园田宅,经营产业,也为力求仕宦的家族成员提供了可进可退的生存空间与财力支持。他们为持续保有乡村影响力,采取了很多措施,或者说自然而为之的一些惯例性做法。

1.郡望书写的稳定性

《新唐书》卷七四上《表第十四上》"宰相世系四上"记京兆韦氏定著九房,共有杜陵、京兆、襄阳、延陵四望。④据李睿研究,西眷平齐公房、东眷阆公房、东眷彭城公房、东眷逍遥公房、东眷郧公房、东眷大雍州房、东眷小雍州房、东眷鹍城公房、东眷驸马房、南皮公房贯杜陵,而龙门公房郡望为京兆。⑤综观唐代不同时期韦氏传记及出土韦氏族人墓志,不论其生活地点是在长安、洛阳,还是已迁居外州县,不论其卒于何地,又甚至其葬地已不在长安祖茔,而由于先辈迁徙,有了新

---

① 毛汉光:《中国中古社会史论》,上海书店出版社,2002年,第55页。
② 韦、杜二姓居住的乡域,系笔者根据其墓志记载,结合京畿乡里考证所做总结。
③ 韩升:《南北朝隋唐士族向城市的迁徙与社会变迁》,《历史研究》2003年第4期。
④ 《新唐书》卷七四上《表第十四上》,中华书局,1975年,第3040—3055页。
⑤ 李睿:《世系、婚姻与佛教——唐代韦氏家族之研究》,硕士学位论文,北京大学,2002年,第5—7页。

贯，[1]其人生印记中，最稳定的标志就是郡望。"京兆杜陵人""京兆咸宁人""京兆万年人""京兆长安人"……墓志中屡屡出现的这样的表述，既是对韦氏家族所源的反复申说，又未尝不是志主历经人生风雨后，对其由来的一种自我认同。杜氏情况类似，自东汉以来支脉纷出，因仕宦、战争、灾难等而播迁、流寓各地，但"京兆杜陵"的郡望未曾改变。

2. 旧乡里的居民

出土墓志揭示的多是出仕求官而有声名的韦、杜家族成员，为官而迁居长安城内，是极常见的现象，因而总体上给人造成的印象是，当时居于城外旧乡里的韦、杜族人甚少。但依据官员墓志的抽样，并不能以偏概全。贞元中（785—805），宰相杜佑曾在城南杜曲经营自己的别庄，所撰《杜城郊居王处士凿山引泉记》描述了杜曲附近同姓聚居的情形："每出国门，未尝公服，导从辈悉令简省，刍荛者莫止唐突。及栖弊陋，时会亲宾，野老衰宗，嗇夫游徼。亦同列坐，或与衔杯，由是尽得欢心，庶将洽比乡党。其城曲墟落，缁黄童艾，杜名杜氏，遍周川原。"[2]杜曲有南杜、北杜之分。南杜又名杜固，位于潏水南岸，南倚神禾原；北杜即杜曲，在潏水北岸，北依少陵原，隔河相望。以上均为诸杜居所。[3]而上文曾言及，万年县樊川、鄠杜一带尚有许多以韦、杜命名的村落，这些村应当主要是两家内未出仕的普通民众的聚居区。

墓志中尚可以捡拾到一些居住在城南乡曲的韦、杜族人。如《韦嘉娘墓志》记其开元十年（722）"遘疾终于万年县洪固乡里第"。中央官员因需定时朝请，住在城南靖恭、新昌诸坊尚嫌偏远[4]，不大可能居住在城外，但其家属有郊居的情况。韦嘉娘在夫卢府君去世后归还本家，卒于城南韦氏聚居区，洪固里第应是其父韦令仪在城外的宅第。[5]韦、杜官僚家族中的妇女、儿童都可能居住在乡村，儿童在幼年时放养在旧乡，长到一定年龄时再接入城内居住，也是为了让其加深对故乡的心

---

[1] 京兆韦氏也存在迁居后归葬洛阳的情况，参见马建红：《隋唐关中士族向两京的迁徙——以京兆韦氏为中心的考察》，《南都学坛》2010年第2期。

[2] 〔唐〕杜佑：《杜城郊居王处士凿山引泉记》，见《全唐文》卷四七七，中华书局，1983年，第4878页。

[3] 杜曲情况参见吕卓民：《长安韦杜家族》，西安出版社，2005年，第196—198页。

[4] 白居易就记载了大雪天马滑烛死、寒风破耳、鬓须生冰的情况下，还要由所居新昌坊经行十余里至银台门早朝的窘迫。参见〔唐〕白居易：《早朝贺雪寄陈山人》，见〔唐〕白居易著，朱金城笺校：《白居易集笺校》，上海古籍出版社，1988年，第487页。

[5] 胡戟、荣新江主编：《大唐西市博物馆藏墓志》，北京大学出版社，2012年，第445页。

理认同。如晚唐韦氏族人韦庄,少年时在乡里寄居,"多与邻巷诸儿会戏","及广明乱后,再经旧里,追思往事,但有遗踪。因赋诗以记之"。历经黄巢战乱,劫后余生的韦庄以诗追忆了村童无忧无虑的游戏生活:"昔为童稚不知愁,竹马闲乘绕县游。曾为看花偷出郭,也因逃学暂登楼。招他邑客来还醉,才得先生去始休。""御沟西面朱门宅,记得当时好弟兄。晓傍柳阴骑竹马,夜限灯影弄先生。巡街趁蝶衣裳破,上屋探雏手脚轻。"同时感叹旧游"今日相逢俱老大,忧家忧国尽公卿",必然是谙尽城居与仕宦滋味。①

3.城外别庄的经营

学界对长安城郊园林别墅的辑补工作持续进行,利用其研究成果②,考查韦、杜二姓人氏在城外所拥有的别庄,现将相关情况清单如下(表1)。

表1 文献所见韦、杜二氏的郊园别业

名称	拥有人	地点	出处	备注
韦司马别业		杜城南曲	《全唐文》二九〇张九龄《韦司马别业集序》	
韦曲庄		韦曲	《全唐文》二二四宋之问《春游宴兵部韦员外韦曲庄序》	
韦嗣立山庄(骊山别业、逍遥谷)	韦嗣立	骊山山麓	《旧唐书》卷八八	
东山别业	韦给事韦恒(嗣立第二子)	骊山山麓	《全唐诗》卷一二六王维《韦给事山居》	或与韦嗣立东山别业为一,此产业父子相继
韦侍郎山居	韦侍郎韦济(韦嗣立第三子)	长安城东	《全唐诗》卷一二五王维《韦侍郎山居》	李浩以为可能或即是韦嗣立骊山别业
韦司户山亭院		长安东南	《全唐诗》卷二一二高适《宴韦司户山亭院》,卷三二五王维《洛阳郑少府与两省遗捕宴韦司户南亭序》	

① 《太平广记》卷一七五《幼敏·韦庄》,中华书局,1961年,第1306页。
② 本表主要依据以下文章的统计成果,并有增补。[日]妹尾达彦:《唐代长安近郊の官人别庄》,见日本唐代史研究会编:《中国都市の历史的性格》,刀水书房,1988年,第125—136页;李浩:《唐代园林别业考论》,西北大学出版社,1996年,第151—196页;詹宗祐:《隋唐时期终南山区研究》,博士学位论文,台湾中国文化大学史学研究所,2003年,第140—150页;李浩:《唐代杜氏在长安的居所》,见《中华文史论丛》(38辑),上海古籍出版社,2006年,第272—286页。

续表

名称	拥有人	地点	出处	备注
沣上幽居	韦应物	长安郊外沣水东岸	《全唐诗》卷一九一韦应物《忆沣上幽居》	
城南别业	韦虚心	长安城南杜陵	《全唐诗》卷一二五王维《晦日游大理韦卿城南别业四声依次用各六韵》	韦卿，陶敏考证为韦虚舟（《全唐诗人名考证》，陕西人民教育出版社，1996年，101页），陈铁民考证为韦虚心（《王维集校注》卷二）
城南别业	韦安石	城南	《太平广记》卷三八九《韦安石》	
樊川别业	韦澳	城南樊川	《旧唐书》卷一五八本传	
城南别墅	韦楚材	长安城东	《册府元龟》卷五二二《宪官部·谴让》	
杜公池亭（杜城郊居、樊川别墅）	杜佑	长安城南神禾乡朱陂，启夏门南有六里	《全唐诗》卷五三三许浑《朱坡故少保杜公池亭》；《全唐文》卷四七七杜佑《杜城郊居王处士凿山引泉记》	又见《全唐文》卷四九四权德舆《司徒岐公杜城郊居记》，卷六一三武少仪《王处士凿山引瀑记》
杜相公别业	杜鸿渐	长安城南樊川	《全唐诗》卷二三七钱起《题樊川杜相公别业》	傅璇琮《唐代诗人丛考》以杜相公为杜鸿渐，中华书局，1980年，第439页
杜邠公林亭	杜悰	长安城南	《全唐诗》卷五七九温庭筠《题城南杜邠公林亭》	曾益《温飞卿诗集笺注》考证为杜悰，上海古籍出版社，1980年，第115页
杜舍人林亭		长安城南	《全唐诗续》卷一六钱起《题杜舍人林亭》	此诗原见元骆天骧《类编长安志》卷九"胜游·樊川范公五居"条所引
杜牧别业	杜牧	终南山下	《全唐文》卷七五二杜牧《上知己文章启》言"有卢终南山下"	
杜城别墅	杜式方	杜城	《旧唐书》卷一四七《杜佑传》	

观察韦、杜庄园在城外的位置，除逍遥公韦夐及其后人的山庄别业置于骊山，而韦应物在长安城西（长安县）沣水东岸有居处外，其余可考证出地点的别庄无一例外分布在城南的韦、杜旧乡里，或称樊川，或称杜陵，或称韦曲、杜曲。以往学

者的兴趣止于从自然、人文环境的角度讨论京郊园林别业集中分布于城东灞浐和城南樊川、鄠杜的原因。[①]对于韦、杜二姓士族,在旧日乡里、先人居所营建庄园产业,起码有两方面的特殊意义。

（1）以此作为城市化了的家族与乡村宗族联系的纽带,保持一种城乡呼应、可进可退的生活情态,并告诫子孙,莫忘旧乡一草一木、一丘一壑,以此加强族内之认同感与凝聚力。杜佑杜城南郊居的营建,就是一个典型例证。《旧唐书·杜佑传》载其:"请致仕,诏不许,但令三五日一入中书,平章政事。每入奏事,宪宗优礼之,不名,常呼司徒。佑城南樊川有佳林亭,卉木幽邃,佑每与公卿宴集其间,广陈妓乐。诸子咸居朝列,当时贵盛,莫之与比。"[②]

杜佑官至宰相,常居城内之安仁坊,其诸子亦"咸居朝列",不在乡村。他在仕途全盛的贞元中,已留意在家乡经营产业,聘请处士王易简规划营建庄园:"公乃命僮使,具畚锸,稽度力用,而请王生主之。生于是周相地形,幽寻水脉;目指颐谕,浚微导壅。穿或数仞,通如一源,宝岩腹渠,揔引涓溜,集于澄潭,始旁决以淙泻,复涌流而环曲。"[③]"于是剃丛莽,呈修篁,级诘屈,步迤逦,竹径窈窕,藤阴玲珑,腾概益佳,应接不足,登陟忘倦,达于高隅。……莅役春仲,成功秋暮"[④],"乃开洞穴,以通泉脉,其流泠泠,或决或渟。激而杯行,瀑为玉声,初蒙于山下,终汇于池际。白波沦涟,缭以方塘,轻舻缓棹,沿洄上下"[⑤]。整理水路,修治道路,栽培植物,形成复合景观,使身处其中,"终南之峻岭,青翠可掬;樊川之清流,逶迤如带"。年老致仕后,杜佑又选择回到城南,在自营别业与公卿旧寮、文人雅士诗酒宴乐,同时反复申诉郊居之本意,"城南墟里,多以杜为名,逮今郊居,不忘厥初","其城曲墟落,缁黄童艾,杜名杜氏,遍周川原。群情既用光荣,老夫唯增祗惧",以族长的身份,亲自守护杜家乡里,抵御豪家侵夺,诫斥

---

① 如[日]妹尾达彦:《唐代长安近郊的官人别庄》,见日本唐代史研究会编:《中国都市の历史的性格》,刀水书店,1988年,第125—130页。詹宗佑则认为唐人别业都分布于终南山浅山地带交通便利处,亦便于交游。参见詹宗佑:《隋唐时期终南山区研究》,博士学位论文,台湾中国文化大学史学研究所,2003年,第145页。
② 《旧唐书》卷一四七《杜佑传》,中华书局,1975年,第3981页。
③ 〔唐〕武少仪:《王处士凿山引瀑记》,见《全唐文》卷六三,中华书局,1983年,第6187页。
④ 〔唐〕杜佑:《杜城郊居王处士盘山引泉记》,见《全唐文》卷四七七,中华书局,1983年,第4878页。
⑤ 〔唐〕权德舆:《司徒岐公杜城郊居记》,见《全唐文》卷四九四,中华书局,1983年,第5045页。

子孙："但履孝资忠,谨身奏法,无(疑)钦达节,克守素风,复何虞也?"①

与杜佑相似,杜黄裳于真元末拜太子宾客,退居韦曲,其乡里产业遭到朝里皇亲权贵的觊觎,但住在长安的最高统治者显然已经默认韦、杜二族在城南的经营:"时中人欲请其地赐公主,德宗曰:'城南杜氏乡里,不可易。'"②韦澳在懿宗朝以秘书监分司东都,"上表求致仕","累上章辞疾,以松槚在秦川,求归樊川别业,许之"③。值得注意的是,这种现象不仅在中晚唐,高宗时即有同样的事例,曹王府典军韦弘表晚年得到恩诏罢归,"仍赐物百段,遂卜宇三秦,开田二顷……以仪凤二年九月……终于胄贵里第"④。胄贵里在万年县洪固乡。韦、杜二族的公卿官僚,在致仕罢归后,大多会选择叶落归根,走出无根之城市,回到乡村,这与陈寅恪所论以李栖筠家族为代表的河北士族由于胡族之入侵,舍弃其累世产业,徙居异地,完全失去经济来源乃至应有之社会地位的情况,恰形成反照。⑤

(2)通过经营产业,加强对宗族的整合控制,并为城市化的士族提供经济保障。在城市中位列公卿的韦、杜族人,回到乡村,脱去官服,便成为有着丰厚产业的庄园主。韦、杜官人经营乡间别业,绝非仅仅为了游山玩水、怡悦性情,我们应注意庄园经济史的研究向度。⑥

首先,乡里别业的购置需要花费相当资财,是一种类似投资的行为,《宋高僧传》记相地者释泓师向韦安石推荐城南凤栖原的土地。"异日,韦寻前约,方命驾次。韦公夫人曰:令公为天子大臣,国师通阴阳术数,奈何潜游郭外而营生藏,非所宜也。遂止。"韦安石留心在城南置地产业,曾委托相地者占择茔兆,在已有别业在城南情况下,再置业行为被其妻制止,但将城南二十亩之地推荐给弟韦滔。⑦其次,园林的兴建、规划,请专人指导,如上言杜氏园林聘请园艺家处士王易简全

---

① 〔唐〕杜佑:《杜城郊居王处士凿山引泉记》,见《全唐文》卷四七七,中华书局,1983年,第4879、5045页。
② 《新唐书》卷一六九《杜黄裳传》,中华书局,1975年,第5141页。
③ 《旧唐书》卷一五八《韦澳传》,中华书局,1975年,第4177页。
④ 吴敏霞主编:《长安碑刻》(下),陕西人民出版社,2014年,第398页。
⑤ 陈寅恪:《论李栖筠自赵徙卫事》,见《金明馆丛稿二编》,生活·读书·新知三联书店,2009年,第7—8页。
⑥ 关于庄园经济与经营研究,日本学者较早留意,参见〔日〕加藤繁:《唐の莊園の性質び其の由來に就いて》,《東洋學報》1917年7卷3号;《内莊宅使考》,《東洋學報》1920年10卷2号;《唐宋時代の莊園の組織業にその聚落としての発達に就きて》,《狩野教授還層紀念支那學論叢》,弘文堂书房,1928年。均收入《中国经济史考证》(第1卷),吴杰译,商务印书馆,1959年,第167—225页。
⑦ 〔唐〕赞宁:《宋高僧传》卷二九,中华书局,1987年,第721页。

程指导规划。再次，园林别业中常展开农林牧业等多种经营，庄园中当有大量的寄庄户、佃客从事生产劳动，庄园向佃户收取高额租赋，这应当是韦、杜两大士族经济根基之所在。张九龄《韦司马别业集序》交代长安近郊"背原面川，前峙太一，清渠修竹，左并宜春，山霭下连，溪气中绝，此皆韦公之有也"[1]。宋之问《春游宴兵部韦员外韦曲庄序》描述这座庄园里有"万株果树，色杂云霞；千亩竹林，气含烟雾。激樊川而萦碧濑，浸以成陂；望太乙而邻少微，森然逼座"，"地高而珍物虽丰，理洞而清徽不杂"[2]，有落花、垂杨，物种十分丰富。杜佑的杜城郊居有亭台闲馆，蓄养有鱼鸟莺雁，种植有竹藤，有园圃、水陆庄田。《司徒岐公郊居记》的作者权德舆本身也在昭应县有别庄，其《拜昭陵过咸阳墅》诗描绘了作为地主，偶然来到自家庄园，见"涂涂沟塍雾，漠漠桑柘烟。荒蹊没古木，精舍临秋泉"，受到庄客欢迎，"田夫竞致辞，乡耋争来前。村盘既罗列，难荤皆珍鲜"[3]。可为韦、杜家族庄园之参照。庄园向佃户收取的租税远高于租庸调制或两税法下普通民户的赋税负担，如德宗朝陆贽上奏："今京畿之内，每田一亩，官税五升，而私家收租，殆有亩至一石者，是二十倍于官税也。降及中等，租犹半之，是十倍于关税也，夫土地王者之所有，耕稼农夫之所为，而兼并之徒，居然受利。"[4]所谓的"兼并之徒"，自然是包括韦、杜二家在内的大土地所有者。唐代大田（粟）的亩产量在1—1.5石[5]，私家地主的田租几为田地所产之全部！可见家族兴盛不衰的经济后盾，仍在于对京畿地区劳动人民的科敛。

4.归葬旧茔

陈寅恪在讨论赵郡李氏时，曾有经典判断："吾国中古士人，其祖坟住宅及田产皆有连带关系……故其家非万不得已，决无舍弃其祖茔旧宅并与茔宅有关之田产，而他徙之理。"[6]京兆韦氏与杜氏作为中古世家大族的典型代表，虽已在现居地

---

[1] 〔唐〕张九龄：《韦司马别业集序》，见《全唐文》卷二九〇，中华书局，1983年，第2948页。

[2] 〔唐〕宋之问：《春游宴兵部韦员外韦曲庄序》，见《全唐文》卷二四一，中华书局，1983年，第2437页。

[3] 〔唐〕权德舆：《拜昭陵过咸阳墅》，见《全唐诗》卷三二〇，中华书局，1960年，第3607页。

[4] 〔唐〕陆贽：《均节赋税恤百姓六条》，见《全唐文》卷四六五，中华书局，1983年，第4759—4760页。

[5] 参照胡戟估算，见胡戟：《唐代粮食亩产量——唐代农业经济述论之一》，《西北大学学报》1980年第3期。

[6] 陈寅恪：《论李栖筠自赵徙卫事》，见《金明馆丛稿二编》，生活·读书·新知三联书店，2009年，第2页。

上突破城南乡里，实现城市化，但其身后归葬祖茔的惯例，终唐一世也没有太大改变，这也是城市化的韦、杜后人与旧乡里的联系纽带之一。笔者尝试对出土墓志中京兆韦氏的葬地进行全面排查，发现韦氏家族后人葬地，无一例外全在长安。据记载及考古发现，韦氏祖茔在万年县洪固乡毕原上，对应今长安县南北李村[①]，而杜氏家族主茔在万年县洪原乡[②]，皆在其旧乡里范围内。

具体来说，韦氏的葬地分布在大约三片区域，一是以万年县洪固乡毕原为中心，北起宁安乡[③]，南至洪原乡[④]、少陵乡[⑤]，并包括御宿[⑥]、高平[⑦]、义善[⑧]、山北[⑨]总共七乡在内的一条西北、东南走向的狭长地带，这是韦氏家族的主墓葬区。二是长安县的永寿乡，韦氏族人多葬毕原上，但毕原跨长安、万年两县，在长安县境为永寿乡，永寿乡下有大韦村，想亦有韦氏居住，故亦为韦氏葬地。[⑩]永寿乡以南的居安乡，也有韦氏墓地，如《韦庾夫人王氏墓志》载其元和七年（812）"葬长安县居安乡清明里高阳原"[⑪]。唐居安乡在今长安区郭杜镇郭杜公社一带，此地还发现有韦

---

① 参见张蕴：《西安南郊毕原出土的韦氏墓志初考——平齐公房和郧公房成员》，《文博》1999年第6期。长安县北里王村1989年出土八方韦氏墓志，分别为韦氏阆公房、逍遥公房、郧公房、平齐公房。

② 《唐工部尚书杜公长女墓志铭》记志主开成五年（840）"葬于万年县少陵原下洪源乡主茔之隅故土也"。参见周绍良、赵超主编：《唐代墓志汇编续集》，上海古籍出版社，2001年，第941页。

③ 《韦希损墓志》载其开元八年（720）"安厝于城东南曲池里"，依《丧葬令》，唐人不得于城内及外郭城七里以内安葬，故此曲池里应在城外，万年县宁安乡下有曲池里。参见周绍良、赵超主编：《唐代墓志汇编》，上海古籍出版社，2001年，第1219页。

④ 如《韦楚相墓志》载其卒祔于万年县洪原乡。参见赵君平、赵文成编：《秦晋豫新出墓志搜佚》，北京图书馆出版社，2012年，第912页。

⑤ 如《韦应墓志》载其开成二年（837）葬万年县少陵原少陵乡临川里。参见赵君平、赵文成编：《秦晋豫新出墓志搜佚》，北京图书馆出版社，2012年，第965页。

⑥ 如韦顼妻《魏国太夫人河东裴氏墓志》记其景龙三年（709）"窆于万年县御宿川大韦曲之旧茔"，御宿川在唐御宿乡。参见吴钢主编：《全唐文补遗》（第5辑），三秦出版社，1998年，第297页。

⑦ 如《唐韦羽及夫人崔成简墓志》记二人于元和十四年（819）祔迁于万年县少陵原高平乡夏侯村先府君之茔。参见胡戟、荣新江主编：《大唐西市博物馆藏墓志》，北京大学出版社，2012年，第803页。

⑧ 如《韦韫中墓志》载其大和八年（834）"迁窆于京兆府万年县义善乡王斜村北原"。参见胡戟、荣新江主编：《大唐西市博物馆藏墓志》，北京大学出版社，2012年，第854页。

⑨ 如《韦纪及其妻长孙氏墓志》载二人景云二年（711）葬万年县山北乡神禾原。参见赵君平、赵文成编：《秦晋豫新出墓志搜佚》，北京图书馆出版社，2012年，第405页。

⑩ 如《韦琼墓志》载其天宝十四年（755）在葬长安县永寿乡毕原。参见《唐文拾遗》卷二一范朝《唐故武部常选韦府君墓志铭并序》，见《全唐文》，中华书局，1983年，第10597—10598页。

⑪ 西安市长安博物馆编：《长安新出墓志》，文物出版社，2011年，第231页。

慎名、韦讽墓志[1]，二人亦葬于高阳原上。三是万年县东界，义丰乡铜人原及白鹿原一带，目前所见葬于此区域的，多为韦氏小逍遥公房成员，如韦净光严景云二年（711）"窆于万年县义丰乡铜人原"[2]，韦承庆神龙二年（706）[3]、韦济天宝十三载（754）"安厝于铜人之原"[4]，另外出土于西安市东郊国棉五厂的韦昊夫妇墓志[5]、韦恂如长女韦美美墓志[6]，其葬地亦应在此范围内。[7]

而京兆杜氏的葬地，李浩先生已做过梳理。[8]由于家族中许多房支已向洛阳迁移，故濮阳房、襄阳房、洹水房、安德房各有一支将葬地定于洛阳，而葬于长安的京兆等房，葬地集中在两片区域：一是万年县洪原、洪固等乡，韦曲、杜曲一带，又称少陵原、凤栖原，这是杜氏最早的墓葬区；二是长安城北的高冈龙首原，跨万年、长安两县，分别有家族成员葬于长安县的龙首乡和万年县的龙首乡。[9]

对比韦氏和杜氏的情况，在唐两京制和士族中央化的影响下，郡望在京兆地区的一些氏族的生活重心开始向东都转移，杜氏即是例证。而韦氏的家族重心始终是在京城长安，无愧于京兆第一郡姓之誉。在京生活的韦、杜家族成员，无论生前事绩如何，死后，其生身灵魂必返之于长安城南的乡里，没有什么比这更能说明旧居乡村在韦、杜家族成员心目中的基础性、根本性地位了。

附记：感谢侯旭东、史睿先生对本文修改提出的宝贵意见。

原载《长安学研究》（第1辑），中华书局，2016年

（徐畅，北京师范大学历史学院副教授）

---

[1] 参见陕西省考古研究所、西安市文物保护考古所：《唐长安南郊韦慎名墓清理简报》，《考古与文物》2003年第6期；张蕴：《西安南郊毕原出土的韦氏墓志初考——平齐公房和郧公房成员》，《文博》1999年第6期。

[2] 吴钢主编：《全唐文补遗》（第2辑），三秦出版社，1995年，第15页。

[3] 吴钢主编：《全唐文补遗》（第3辑），三秦出版社，1995年，第37页。

[4] 吴钢主编：《全唐文补遗》（第2辑），三秦出版社，1995年，第25页。

[5] 王育龙、程蕊萍：《陕西西安新出唐代墓志铭五则》，见荣新江主编：《唐研究》（第7卷），北京大学出版社，2001年，第445—456页。

[6] 呼林贵、侯宁彬、李恭：《西安东郊唐韦美美墓发掘记》，《考古与文物》1992年5期。

[7] 诸乡位置及勾连而成的韦氏祖茔片区，参见史念海主编：《西安历史地图集》"唐长安县、万年县乡里分布图"，西安地图出版社，1996年，第78页。

[8] 李浩：《唐代杜氏在长安的居所》，见《唐代文学研究》（第11辑），广西师范大学出版社，2006年，第189—201页。

[9] 此为笔者依据李浩研究和新见墓志材料的总结。

唐代商人经营收入探微

吴姚函

学界关于唐代商人研究成果丰硕，但较少从经济收入的视角来分析。唐代商人据前人概括至少有四种分类方式。[①]第一种，按经营对象分。唐代商人有盐商、茶商、米商、木材商、珠宝商、对外贸易商、丝织品商、金融商、南北杂货商、船商等。[②]第二种，按经济实力分。张泽咸、冯敏等将其分为小商、中等商人、富商和官商四类；宋军风等人将其分为富商豪贾（包括大商人、专卖商、捉钱令史和经商官僚贵族）和中小商人（中等商人、小商贩）。[③]第三种，按身份分。王双怀、王灵善等人将其分为官商和私商；王志胜将其分为一般商人家庭、多元商人家庭和特权商人家庭。[④]第四种，按商人在商品流通过程和生产过程中的地位和作用分。唐代商人有行商、坐贾、牙人

[①] 胡戟等主编：《二十世纪唐研究》，中国社会科学出版社，2002年，第479—480页；徐严华：《唐代商人研究综述》，《鄂州大学学报》2003年第2期。

[②] 郑学檬：《关于唐代商人和商业资本的若干问题》，《厦门大学学报》（哲学社会科学版）1980年第4期。张泽咸将商人分为四大类：绢布商、粮商、茶商、盐商。（张泽咸：《唐代工商业》，中国社会科学出版社，1995年）谷更有考察了唐代的船商。（谷更有：《唐代船商的地域特征和经济实力》，《思想战线》2001年第5期）

[③] 张泽咸：《唐代工商业》，中国社会科学出版社，1995年，第299—301页；冯敏：《唐代商人类型概说》，《宁夏师范学院学报》2013年第1期；宋军风：《唐代商人家庭状况初探》，硕士学位论文，曲阜师范大学，2004年。

[④] 王双怀认为官商代表政府从事商业活动，主要包括和籴、和市、与少数民族之间的互市及市舶贸易；私商主要包括拥有巨额财富的商人、小商小贩、胡商。（王双怀：《论盛唐时期的商业》，《人文杂志》1997年第5期）王灵善认为安史之乱以后，实力雄厚的商人效力于官府，官商勾结，形成了一个特殊的官商阶层，属于官商阶层的大体有：盐茶专卖商、捉钱户、官营商业经纪人（经营者、牙职）、名隶军籍者。（王灵善：《论唐代商人的政治地位》，《山西大学学报》1992年第4期）张泽咸认为官商人数很少，他们或是朝野官员，往往指使下属经商；或者原是富商，以钱买官，成为亦官亦商的人物。（张泽咸：《唐代工商业》，中国社会科学出版社，1995年，第301页）王志胜对唐代商人的分类则从家庭角度入手。（王志胜：《唐代家庭收入初探》，硕士学位论文，曲阜师范大学，2002年）

等。①此外还有外商、胡商②，作为特殊的一类，研究其胡汉、蕃国问题。

由于需要估算商人群体的经济收入，笔者将商人分为大商人和中小商人两大部分。其中大商人是经济、社会地位较高的阶层，一般包括富商大贾（私营）、官商（官营，包括专卖商、捉钱令史等）。而官商界限模糊，笔者认为商人包括为官营商业做事、带一定官职的商人，但不包括有经商行为而仍以俸禄收入为主的官僚贵族。而入仕商人③体现了从商人到官僚身份的转化，是阶层地位流动的群体，可以放在商人部分讨论。

不同于官僚贵族较为详细的经济史料，反映商人收入的材料较少，笔者认为估算商人收入有三种方法：第一，各种零散的商人收入材料，一般会记载某位有名的商人，然后提及相关的收入数据，但是这种情况多反映在大商人身上，作为个案可以，但不确定是否具有代表群体的典型性。第二，根据不同的商品价格推算商人收入，但涉及的商品较多，薛平拴曾统计唐代商品有25类，至少450种。④除了常见的粮食、丝帛、禽畜等有价格的史料，其他的商品难以估算，因此这一方法较为困难。第三，以商税、借商等官方数据估计商人收入，这一方法适用于估计整体情况，不适用于反映收入细节。而且商人收入具有一次性和不稳定性，不能体现年月收入，只能体现一次性收入或者总资产。因此主要以第一种方法为主，以第二种为辅，收集相关史料，物价换算忽略比价的波动，粗略估算商人收入。

一、长安富商大贾的收入

长安商人按记载的多寡分为有名商人和一般商人。长安的有名商人，一般多为

---

① 王孝通认为唐代从事商业者有坐贾和行商之别：坐贾在市廛内居住，以经营商业；行商分两种形式，一是巡历各地之周市贩卖，二是游历各地之各户呼卖。贩卖商既包括国内的长途贩运，也有远洋对外贸易商。（王孝通：《中国商业史》，商务印书馆，1936年，第105页）张弓专门探讨了唐代的牙人。（张弓：《唐五代时期的牙人》，见中国社会科学院历史研究所魏晋南北朝隋唐史研究室编：《魏晋隋唐史论集》，中国社会科学出版社，1981年，第252—266页）

② 长安居、介永强、王利民等学者探讨了唐代外商的来源、分类、分布、居住状况、商业活动、生活状况、财产状况及对中国经济文化的影响，参见长安居《唐代的外商》（《中国青年报》1985年9月15日）、介永强《唐代的外商》（《晋阳学刊》1995年第1期）、王利民《唐宋时代在华的外商》（《文史》1998年第4期）。薛平拴研究了胡商这一特殊商人群体，参见薛平拴《论唐代的胡商》（《唐都学刊》1994年第3期）。

③ 宋军风考证了入仕商人的任职。参见宋军风：《唐代入仕商人任职考析》，《唐都学刊》2011年第3期。

④ 薛平拴：《论唐代商人经营内容的特点》，见《唐史论丛》（第6辑），陕西人民出版社，1995年。

富商大贾,记载较详的有宋清、裴明礼、邹凤炽、窦乂、罗会、郭行先、任宗、杨崇义、王元宝、郭万金、任令方、康谦、王布、王宗、王酒胡、张手美、张高等。下面估算他们的收入。

（1）裴明礼,生活在太宗贞观至高宗上元时期。[1]将他的一生中三次经商收入估算出来,粗据物价换算,大致情况见表1。

表1 唐代商人裴明礼经商情况

次数	经营内容	收入与支出
第一次	收人间所弃物,积而鬻之[2]	收入巨万,[3]估为100000贯。弃物是否要价暂不明确
第二次（耗时约3年）	买金光门不毛地	据"良口三人已下给一亩,三口加一亩；贱口五人给一亩,五口加一亩"[4],估宅地3亩,每亩100贯[5],共支出300贯
	悬筐投瓦砾酬钱	据"雇者日为绢三尺"[6],匹绢200文,估一人15文,共支出0.03贯
	乃舍诸牧羊者,粪即积	据羖、羯羊每只3—4石麦,羔2石麦。[7]估羊10只,则共30石麦。据"大麦一斗至八钱"[8],每斗8文,共支出2.4贯
	聚杂果核	果核可能是自家提供,不支钱
	具藜牛以耕之	唐前期每牛2贯[9],估5头,共支出10贯。其他耕具难估
	岁余连车而鬻,所收复致巨万	收入估100000贯。未估算车价
	支出312.43贯+,收入100000贯,净赚99687.57贯,纯利314000%
第三次	缮甲第,周院置蜂房,以营蜜	一座甲第3000贯。按大谷文书3054,果价15—17文左右。[10]总价至少150贯。以牡丹"数十千钱买一窠"[11],花价较高有10贯。总价至少1000贯。蜂蜜价未知
	重复用地,收入415贯+,纯利130%
总计	支出312.43贯+,收入200000贯

---

[1] 裴明礼事迹,详见《太平广记》卷二四三《治生·裴明礼传》,中华书局,1961年,第1874页。

[2] 《太平广记》,中华书局,1961年,第1874页。

[3] "赀累巨万。集解徐广曰:万万也。"参见《史记》卷四一《越王勾践世家》,中华书局,1982年,第1753页。

[4] 《唐六典》,中华书局,2014年,第74—75页。

[5] 房价,《太平广记》记载有人花40贯钱买了个谁也不敢住的凶宅；另外地价,窦公卖"隙地一段",三千缗。综合衡量,这一地段在100贯左右。

[6] 《新唐书》,中华书局,1975年,第1201页。

[7] 羊价并没有确切数字,郑炳林曾考证其数。参见郑炳林:《晚唐五代敦煌贸易市场的物价》,《敦煌研究》1997年第3期。

[8] 《册府元龟》,中华书局,1960年,第6013页。

[9] 商兆奎考证唐前期牛价应在2贯左右。参见商兆奎:《唐代农产品价格问题研究》,硕士学位论文,西北农林科技大学,2008年,第33页。

[10] 王仲荦:《金泥玉屑丛考》,中华书局,1998年,第198页。

[11] 〔唐〕段成式撰,许逸民校笺:《酉阳杂俎校笺》,中华书局,2015年,第2098页。

裴明礼专门收集"人间所弃物",积累出售,积累了巨万家财。他在金光门外买了一块不毛之地,采用投掷瓦砾进框给予酬劳的方式打扫完垃圾,实际支付一两人报酬(因为大多数人没有投中)。他在地上牧羊养羊粪,投入果核牛耕,长出果苗数车卖出,收获巨万,然后又在该地上建宅第,置蜂房,种花果。裴明礼能通过一块不毛之地,重复利用,经营不同商品,获得百倍以上的利润,可见其经济头脑。

(2)邹凤炽,又名邹骆驼,高宗时期人。[①]《西京记》记载其住于"西京怀德坊南门之东"[②],《朝野佥载》称其活动在东市北的"胜业坊"[③],而且两处的经商内容不同。因此有学者认为两人不是同一人。[④]但是笔者认为是同一个人,可以理解为他人生经商的两个阶段。《朝野佥载》卷五记载他的发迹史,《桂苑丛谈》记载他巨富时期的消费情况(表2)。

表2 唐代商人邹凤炽经商情况

时期	经营内容	收入与资产
发迹前	小车推蒸饼	据《云仙散录》"两市卖二仪饼,一钱数对"[⑤],可知蒸饼有药用可能更贵,估一钱两饼。估日卖200,日收入0.1贯,年收入约36贯
	下有瓷瓮,容五斛许,开看有金数斗	得数斗金(估5斗金),即420两金,以黄金五两"当得二百千"[⑥],每两40贯,共收入16800贯
发迹后	巨富,金宝不可胜计。邸店园宅,遍满海内	估算家产至少巨万,100000贯
	侍婢围绕,绮罗珠翠,垂钗曳履,尤艳丽者至数百人	若侍婢人均10万文[⑦],则奴仆总计支出至少50000贯。未估算珠宝价格
	锦衣玉食,服用器物	
	礼席,宾客数千	
	夜拟供帐,备极华丽	
总计	家产至少100000贯,支出至少50000贯	

---

① 邹骆驼事迹,详见〔唐〕张鷟:《朝野佥载》卷五,中华书局,1979年,第119—120页;《西京记》,见《太平广记》卷四九五《杂录三·邹凤炽》,中华书局,1961年,第4062页。
② 《太平广记》,中华书局,1961年,第4062页。
③ 〔唐〕张鷟:《朝野佥载》,中华书局,1979年,第119页。
④ 武伯纶:《古城集》,三秦出版社,1987年,第202页。
⑤ 〔唐〕冯贽编:《云仙散录》,中华书局,2008年,第130页。
⑥ 《太平广记》,中华书局,1961年,第223页。
⑦ 《唐代妇女》考证婢女因才貌能力,价格从8万到80万不等。参见高世瑜:《唐代妇女》,三秦出版社,1988年,第83—84页。

上述表格中，珠宝价格、锦衣玉食、服用器物，难以估算，暂不论。发迹前，邹凤炽以卖饼年收入约36贯，结果因挖金暴富，估算其收入16800贯。发迹之后，邹凤炽以挖金作为本金，开邸店为业，广设园宅，后计家产至少100000贯，奴婢支出至少50000贯。

（3）宋清，《柳宗元集》《唐国史补》皆有记载。[①]柳宗元曾专门为其立传，因为他幼年在长安生活，对长安较为了解，约在建中四年（783）之前，而且宋清"居药四十年"[②]，往回推在天宝二年（743），可见宋清大致生活在玄宗天宝到建中德宗年间。宋清是长安西部药市的药商，专门卖药。他是通过收购山泽之人采集的药材"优主之"，然后卖给长安的医工辅佐药方。只要是得病的都可以求药，上至"大官"，下至"贫士"。并且采取可以赊账的方式，一年以内如果没还上，就焚烧债券不再追债，并且表示只是为了"活妻子"，并不刻意逐利。结果"求者益众，其应益广"，有了"人有义声，卖药宋清"[③]的名声。他的经营方式是赊账多销，结果扩大了销量，甚至卖到其他州。"朝官出入移贬，清辄卖药迎送之"，他所赊"百数十人"后来成为官员的，将俸禄"馈遗清"，而且中朝专门有人为他题写"香剂"款识："长安宋清以鬻药致富，尝以香剂遗中朝簪绅，题识器曰：'三勻煎焚之富贵，清妙其法，止龙脑麝末精沉等耳。'"[④]"赊死者"更是有千百人，可见生意之广。而且"岁计所入利亦百倍"，纯利10000%，可见收入不少。

（4）窦义，代宗德宗时期扶风人。[⑤]他是有扶风窦氏家族势力扶持的商人，其经商与家族帮助分不开，而且他兼及多个行业，与官员交往获利，是集手工业与商业于一身的富商大贾。据宁欣梳理其经商经历：13岁初闯京城，约大历八年（773）卖丝履得到小本，然后扫榆荚种树卖榆条，做屋椽、车轮售卖；建中初，采取雇人简单分工的流水作业，做成蜡烛；买西市低洼地十几亩，造店二十间，日获利数千；通过加工玉器，得钱数十万贯；买一小宅，修整后送给有权势的李晟太尉，借机替五六巨商子弟求得官职，又获中介费数万贯；买树，做成陆博局，计利百余倍；在街西诸大市投资（相当于股本）各千余贯（表3）。[⑥]

[①] 宋清事迹，详见〔唐〕柳宗元：《柳宗元集》卷一七《宋清传》，中华书局，1979年，第471—472页；〔唐〕李肇：《唐国史补》卷中，上海古籍出版社，1957年，第46页。

[②] 〔唐〕柳宗元：《柳宗元集》，中华书局，1979年，第471—472页。

[③] 〔唐〕李肇：《唐国史补》，上海古籍出版社，1957年，第46页。

[④] 〔宋〕陶谷：《清异录》，上海古籍出版社，2012年，第111页。

[⑤] 《太平广记》卷二四三《治生·窦义》，中华书局，1961年，第1875—1879页。

[⑥] 宁欣：《论唐代长安另类商人与市场发育——以〈窦义传〉为中心》，《西北师大学报》（社会科学版）2006年第4期。

表3　唐代商人窦乂经商情况

时间	经营内容	收入与支出	备注
约大历八年（733），13岁	出丝履……市鬻之，得钱半千，密贮之，潜于锻炉作二枝小锸，利其刃	收入0.5贯	朋友助：又亲识张敬立任安州长史，得替归城
约14岁	盛飞榆荚，乂扫聚得斛余……得百余束，……每束鬻十余钱	无榆荚成本，收入1+贯	亲人助：遂往诣伯所，借庙院习业，伯父从之
约15岁	又得二百余束，此时鬻利数倍矣	收入2+贯	榆已有大如鸡卵，更选其稠直者，以斧去之
约20岁	遂取大者作屋椽，仅千余茎，鬻之，得三四万余钱	收入30—40贯	
	买蜀青麻布，百钱个匹，四尺而裁之，雇人作小袋子	买0.1贯/匹①	
	买内乡新麻鞋数百辆	买约2+贯	不知数百是钱还是鞋
	长安诸坊小儿及金吾家小儿等，日给饼三枚，钱十五文，付与袋子一口	支出：一人3枚饼，15文	
	拾槐子实其内，纳焉。月余，槐子已积两车矣	得两车槐子	作为成本
	拾破麻鞋，每三辆，以新麻鞋一辆换之。……数日，获千余量	得1000+辆麻鞋	作为成本
	鬻榆材中车轮者，此时又得百余千	收入100+贯	
	雇日佣人，于崇贤西门水涧，从水洗其破麻鞋，曝干，贮庙院中	支出15文/人	
	买诸堆弃碎瓦子		支出难计
	置石嘴碓五具，锉碓三具，西市买油靛数石，雇庸人执爨		支出难计
	广召日佣人，令锉其破麻鞋，粉其碎瓦，以疏布筛之，合槐子油靛，令役人日夜加功烂捣，候相乳尺，悉看堪为挺，从臼中熟出，命工人并手团握，例长三尺已下，圆径三寸，垛之得万余条，号为法烛	10000+条	制作法烛，成本难计
建中初	法烛鬻之，每条百文	收入1000+贯	出售法烛
	十余亩坳下潜污之地，目曰小海池，为旗亭之内，众秽所聚，乂遂求买之，其主不测，乂酬钱三万	买10余亩地，30贯	

---

① 布2.3端当折绢2匹，绵1两约当绢0.1匹。参见卢华语：《唐代桑蚕丝绸研究》，首都师范大学出版社，1995年，第153页。

续表

时间	经营内容	收入与支出	备注
	设六七铺,制造煎饼及团子,召小儿掷瓦砾,击其幡标,中者,以煎饼团子啖	100000贯	计万万
	造店二十间,当其要害,日收利数千,甚获其要	收入日200贯,年73000贯	店今存焉,号为窦家店
	胡人米亮因饥寒,义见,辄与钱帛,凡七年,不之问。异日,又见亮,哀其饥寒,又与钱五千文	支出5+贯	帮助他人
	异石:腰带銙二十副,每副百钱,三千贯文。遂令琢之,果得数百千价	得60000贯	于阗玉,成本价
	玉器:得合子执带头尾诸色杂类,鬻之,又计获钱数十万贯	玉器100000+贯	玉器加工出售价,玉器加工商
	崇贤里小宅出卖,直二百千文,送太尉	支出200贯	与官员结交
约在贞元七年至贞元九年(791—793)	致得子弟庇身之地,某等共率草粟之直二万贯文。……义又获钱数万	宅值20000贯,义获中介费10+贯	义乃于两市,选大商产巨万者,得五六人
	出钱五千文买树,做成陆博局	计利百余倍,约5000贯	各长二尺余。木材商
	街西诸大市各千余贯	1000+贯	投资商

由表3保守估计窦义的资产至少100万贯,后来仅店铺收入一年可赚73000贯,后期收入是前期的20万倍。以建中后的收入为例,我们可以探究窦义年均经营收入的比例(图1)。玉器销售和店铺租赁是收入的主要部分,分别占49%和35%,可见奢侈品销售和租赁是当时商业活动盈利较多的类型。

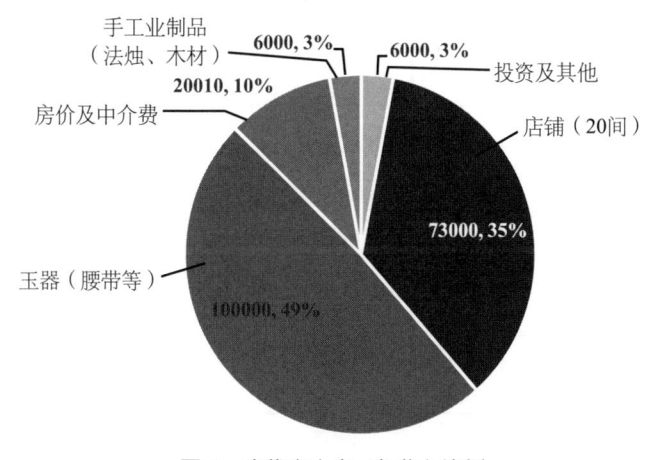

图1 唐代商人窦义年收入比例

唐代商人经营收入探微 | 319

上述四位富商大贾可以说代表不同的经营方式。裴明礼与窦乂属于家族与工商业型，他们都是有家族背景、跨多个行业、以较少成本换取百倍利润的商人。河东裴氏和扶风窦氏都是世家大族，具有较多的政治经济资源，但两人走上了不同的道路。裴明礼靠经商资本从政，累至太常卿。贞观正三品俸禄年总收入估为1283贯，与经商几年20万贯的资产相比较少，但他在政治上如鱼得水，名留正史。而窦乂选择与官员打好关系成为卖官中介谋取利益，一年可赚73000贯，远高于正三品的俸禄。邹凤炽属于一夜暴富型，但他所积累的资本与后期消费不成比例，可见其后期也赚得不少，才能维持如此巨大的开销。宋清属于薄利多销型，以名声为主，结交权贵又赢得民心，经历安史之乱尚维持40年，可见其经济实力。

当然长安还有其他大商人，经济收入材料较短，大致情况见表4：

表4 唐代长安商人经商情况[①]

时间	商人	类型	营类	材料	收入（贯）	来源
约则天朝	罗会	粪商	剔粪	世副其业，家财巨万	100000	《朝野佥载》
开元年间	王元宝	疑绢帛商		常以金银迭为屋壁，上以红泥泥之。于宅中置一礼贤室，沉檀为轩槛，以碱碌甃地面，以锦文石为柱础，又以铜线穿钱，甃于后园花径中		《开元天宝遗事》卷下
开元中	任令方			没京兆商人任令方资财六十余万贯	600000+	《旧唐书》卷八
天宝中	康谦	胡商	未知	善贾资产亿万计	100000	《旧唐书》卷一八六
	任宗、郭行先	行商		贾贩湖海，有女子绍兰，为任宗妻		《开元天宝遗事》卷下
	杨崇义、郭万金			长安城中有豪民杨崇义者，家富数世。长安富民王元宝、杨崇义、郭万金等，国中巨豪也		《开元天宝遗事》卷上
	刘逸、李闲、卫旷			家世巨豪，而好接待四方之士		《开元天宝遗事》卷下
永贞年间	王布	疑为书商		王布知书，藏钱千万。女儿有病，破钱数百万治之	10000+	《酉阳杂俎》
元和年间	张高	行商	转货	资累巨万	100000	《太平广记》卷四三六
约武宗朝	王宗		乘时贸易	京师富族，财产数百万。贵侯服玉食僮奴万指	10000+	《旧唐书》卷一八二

[①] 除了裴明礼、邹凤炽、宋清和窦乂以外的其他大商人。

续表

时间	商人	类型	营类	材料	收入（贯）	来源
昭宗	王酒胡	未知		纳钱三十万贯，助修朱雀门	300000	《中朝故事》
				舍钱一千贯文者……连打一百下	100000	
				钱十万贯入寺	100000	

上述材料多是富商大贾，收入最高为窦乂，至少100万贯，史载唐代长安巨万以上的有名富豪11人，而"乂乃于两市，选大商产巨万者，得五六人"[①]。同一时期长安至少有五六人是巨万。而万贯以上20人。前人认为富商大贾的巨额货币资本，主要是通过贱买贵卖途径，从生产者和消费者身上榨取高额利润而积累起来的，商业年利润率高到100%以上。[②]实际上以手工业制品起家，到出卖丝帛、珠宝等奢侈品更容易获利。宋人陈起《叹镜词》："忽见长安人，鬻镜长安道。……千金买得归，惜之如重宝。"一面镶珠宝的镜子可卖千金，可见其暴利。商人的收入有时高于官员的年收入，比如窦乂年收入约20万贯，比一品官员年俸禄收入高10余倍，但并不如官员稳定，比如任令方被没收60万贯。

还有官员借富商钱不还的例子：元和四年（809）"神策吏李昱假贷长安富人钱八千贯，满三岁不偿。孟容遣吏收捕械系，克日命还之"[③]。贷8000贯相当于四五品官员的年俸禄，神策吏显然十年也还不上。

另据大唐西市博物馆藏墓志349《唐故衡王府长史致仕石（解）府君墓志铭》记载：

> 初，吴房令郑丹为当时闻人，假贾蓄家钱百万，没其生业不能以偿。辩于官司，治之遭迫，移禁中牟狱。行贾视公善马，曰："郑囚得马，吾当代输五十万。"丹先不知公，或言公乃效马，贾者义之，焚券免责。[④]

从六品的县令郑丹，向商贾借蓄积家钱达百万（1000贯），结果不能偿还，去打官司，长安行贾见其善于相马，于是得到其50万钱（500贯）的资助，得以焚券（应是契约一类）免责，还钱出狱。可见长安大商人的富有。

《新唐书·食货志》记载每年铸钱的货币发行量最多为32万贯。[⑤]而超过32万

---

① 《太平广记》，中华书局，1961年，第1878年。
② 郑学檬：《关于唐代商人和商业资本的若干问题》，《厦门大学学报》（哲学社会科学版）1980年第4期。
③ 《旧唐书》，中华书局，1975年，第4102页。
④ 胡戟、荣新江主编：《大唐西市博物馆藏墓志》，北京大学出版社，2012年，第754页。
⑤ 《新唐书》，中华书局，1975年，第599页。

贯的商人就有邹凤炽、王元宝、窦义、任令方等人，窦义的资产更是3倍于货币发行量。昭宗时，巨商王酒胡纳钱30万贯，助修朱雀门，又纳10万贯助修安国寺。文宗时"天下岁铸钱不及十万"，王酒胡能一次捐助政府40万贯钱，足见这些富商大贾的富有。大商人的收入应在10000贯以上，最高可达百万贯。

二、长安中小商人的收入与商人数量

另外长安更多的是中小商人，其收入记载极为稀少。

坐贾方面，有张手美家饮食店，一年四季特别是过节，食品花样较多。专门卖粥的张氏："长安西市帛肆有贩粥求利而为之平者姓张，不得名家富于财，居光德里，其女国色也。"①赁驴商，《入唐求法巡礼行记》卷一载："（四月）七日，卯时，子巡军中张亮等二人……便雇驴三头，骑之发去。驴一头行廿里，功钱五十文，三头计百五十文，行廿里到心净寺。"②一头驴行程二十里，雇价50文，三头共计150文。还有车子家，以赁车为业，据考证，车坊是放置车辆的场所，所备车辆按乘车人数、货物轻重、行程远近而出租收费。一般的在市店铺能获利一倍："兴生市郭儿，从头市内坐。例有百余千，火下三五个。行行皆有铺，铺里有杂货。山鄣贵物来，巧语能相和。眼勾稳物着，不肯遣放过。意尽端坐取，得利过一倍。"③至于盈利多少，有一材料：商人妻"夫亡十年，旗亭之内，尚有旧业，朝肆暮家，日赢钱三百则可支矣"④。也就是说，年收入108贯，是九品官收入的1/13，一生的总资产约在5000—6000贯。

除了坐贾，还有行商。比如，丝帛商："（元和中）次子至德归贩缯，洛阳市来往长安间，岁以金帛奉昌。"⑤还有小商贩，他们走街串巷，直接深入居民区进行商业贸易。比如鱼贩："太府卿崔公名洁，在长安与进士陈彤同往街西寻亲故。过天门街，偶遇卖鱼甚鲜。"⑥饼贩：有发迹以前的邹骆驼，"尝以小车推蒸饼卖之"⑦。房光庭与做糕饼之人同行："尝送亲故之葬出鼎门，际晚且饥，会餐糕饼者与同行，数人食之。"⑧卖油郎张帽驱驴驮桶："里有沽其油者月余，怪其油好而

---

① 《全唐文》，中华书局，1983年，第7102页。
② 〔日〕圆仁：《入唐求法巡礼行记》，上海古籍出版社，1986年，第42页。
③ 〔唐〕王梵志撰，项楚校注：《王梵志诗校注》，上海古籍出版社，1991年，第193页。
④ 《太平广记》，中华书局，1961年，第1471页。
⑤ 《太平广记》，中华书局，1961年，第3994页。
⑥ 《太平广记》，中华书局，1961年，第1125页。
⑦ 《太平广记》，中华书局，1961年，第3216页。
⑧ 《太平广记》，中华书局，1961年，第4053页。

贱"①。卖油质量好，但是价格贱。另外还有摆摊算卦的，《酉阳杂俎》记载武则天侄儿武攸绪，"年十四，潜于长安市中卖卜，一处不过五六日"②。《新唐书·隐逸传》亦收录此事："武攸绪，则天皇后兄惟良子也。恬淡寡欲，好易庄周书，少变姓名，卖卜长安市，得钱辄委去。"③在长安市卖卜算卦是一门营生。《仙传拾遗》还有小商贩求食无路，制作车辐贩卖："大和中，长安大雪月余，负贩小民求食无路。乐山因冒雪往车之家，谓之曰：'我善作车辐，可立致百所，计功三百文。'其家使为之燃灯运斤，日昃而作，未逾三鼓，百所成矣。凌晨，钱三十千归，以拯饥贫者。"④为100户人家制作车辐，每功300文，日得30贯收入，已经是比坐贾还高的收入了，但应不能保持每天都能获得同样的收入。

唐代长安的商业是全国商业发展的缩影。关于长安商人人数，杨德泉认为东、西市"工商店铺当在八万家左右"，严耕望认为"两市店舍合计必逾十万之数，人口当逾四十万，或至五十万以上"。而薛平拴根据考古材料，认为"工商业人口而言，当在30万人左右"⑤。这是固定的坐贾估计，加上行商，恐怕更多。大商人的人数，《朝野佥载》记载："斜封得官者二百人，从屠沽而跻高位。"⑥景云初，姚崇、宋璟所请停孝和朝斜封官数千员，"大部分应是商人"⑦。而且元和十二年（817），官方又规定："纳粟一千石者，使授解褐官；有官者依资授官；纳粟二千石者，超两资授官。"⑧公开鬻爵，元和粮价为每石0.02—0.5贯，那么能买官职的商人资产在500贯以上，大商人正好满足这一范围。

另外，德宗建中三年（782）四月，还有关于长安商人的财富状况：

  时两河用兵，月费百余万缗，府库不支数月。太常博士韦都宾、陈京建议，以为："货利所聚，皆在富商，请括富商钱，出万缗者，借其余以供军。计天下不过借一二千商，则数年之用足矣。"上从之。甲子，诏借商人钱，令度支条上。判度支杜佑大索长安中商贾所有货，意其不实，辄加榜捶，人不胜苦，有缢死者，长安嚣然如被寇盗。计所得才八十余万

---

① 〔唐〕段成式撰，许逸民校笺：《酉阳杂俎校笺》，中华书局，2015年，第1085页。
② 〔唐〕段成式撰，许逸民校笺：《酉阳杂俎校笺》，中华书局，2015年，第224页。
③ 《新唐书》，中华书局，1975年，第5062页。
④ 〔唐〕杜光庭：《仙传拾遗》，中华书局，2013年，第860页。
⑤ 人口分析，详见薛平拴：《隋唐长安商业市场的繁荣及其原因》，《陕西师范大学学报》（哲学社会科学版）2006年第3期。
⑥ 〔唐〕张鷟：《朝野佥载》，中华书局，1979年，第7页。
⑦ 薛平拴：《论唐代商人阶层的政治意识与自卫意识》，见《唐史论丛》（第10辑），三秦出版社，2008年。
⑧ 《册府元龟》，中华书局，1960年，第5793页。

缗。又括僦柜质钱，凡蓄积钱帛粟麦者，皆借四分之一，封其柜窖；百姓为之罢市，相帅遮宰相马自诉，以千万数。卢杞始慰谕之，势不可遏，乃疾驱自他道归。计并借商所得，才二百万缗，人已竭矣。[①]

德宗初年藩镇不稳，供军急需月费100万贯，在国库不支的情况下，朝臣建言搜刮一两千富商，可供数年国用。德宗下诏让度支借商人钱，只得现钱80万贯，又搜刮了柜质钱等各种积蓄的钱粮，借1/4，最后在长安只征得200万贯。若以后者120万贯作为商人总积蓄的1/4，则被借钱的商人，家产总计可达560万贯以上。可见长安可能确实有不少富商巨贾。除了这数以千计的富商，其他人都应该是中小商人。

三、其他商人的收入

为了体现各类型商人收入的差异，笔者结合前人研究，整理了除长安以外其他商人的收入作为参考（表5）。

表5　唐代商人经商情况（除长安外）

时间	商人	类型	营类	材料	收入（贯）	来源
高宗龙朔元年	怀州人	肉商	卖生猪	怀州有人自潞州市猪至怀州卖，……潞州三百钱买，将至怀州，卖与屠家，得六百钱	一次净赚0.3贯，纯利100%	《法苑珠林》卷七一，《太平广记》卷四三九
高宗时期	成都富商	未知	未知	积财巨万	100000贯	《大唐新语》卷一二
则天时期	定州柯明远	旅店商	驿店	专以袭胡为业，资财巨万，家有绫机五百张	100000贯	《朝野佥载》卷三
则天玄宗时期	汴州人	牲畜商	贩骡	王志愔一骡日行三百里，曾三十千不卖。市人报价云四十千，愔曰："四千金少，更增一千。"	40贯市价，1贯手工费。41贯/骡	《太平广记》卷二四三
	汴州人	丝罗商	卖丝罗	王志愔买单丝罗，匹至三千。愔问："用几两丝。"对曰："五两。"愔令竖子取五两丝来，每两别与十钱，手功之直	3贯/匹，10文手工费。3.01贯/匹	《太平广记》卷二四三
玄宗时期	鄠县人	旅店商	赁食店	鄠县食店，有僧二人，以钱一万独赁店，一日一夜	10贯/天	《酉阳杂俎》卷一二
天宝初年	富商奸人	金融商	流通恶钱	每一钱货得私恶钱五文	5文/钱，纯利500%	《通典》卷九

---

① 《资治通鉴》，中华书局，1956年，第7325—7326页。

续表

时间	商人	类型	营类	材料	收入（贯）	来源
天宝中	长安康谦	胡商	未知	善贾资产亿万计	100000贯	《旧唐书》卷一八六《酷吏传下》
天宝八年二月	东京李秀升	建筑商	造桥	于南市北，架洛水造石桥，南北二百步，募人施财巨万计	100000贯	《唐会要》卷八六
天宝时	刘清真	茶商	作茶	天宝中有刘清真者，与其徒二十人于寿州作茶，人致一驮为货		《太平广记》卷二四
大历贞元间	俞大娘	船商	赁船	操驾之工数百，南至江西，北至淮南，岁一往来，其利甚博，此则不营载万	一次10+贯	《唐国史补》卷下
长庆二年	彭城刘弘敬	未知	未知	资财数百万	10000贯	《太平广记》卷一一七
宪宗时期	村中田舍娘	珠宝商	敲作金玉贩卖	贵贱不敢争所费百钱本已得十倍赢	10贯，纯利1000%	《元稹集》卷三
文宗宣宗朝	扬州人	绢帛商	卖绢	买白绢二匹，价二贯	1贯/匹	《入唐求法巡礼行记》卷七
	黄河渡船人	船商	渡船	每人出五文，一头驴十五钱	5文/船 15文/驴	
文宗时期	广陵李珏	米商	贩籴	一斗只求两文利	净赚2文/斗（米）	沈汾《续仙传》卷中
咸通年间	王公直	树苗商	卖桑叶	桑数十株，特茂……荷桑诣都市鬻之，得三千文	一次3贯	《三水小牍》卷上
未知	广陵贾人	家具商	柏木造床	制作甚精费已二十万……至家已有人送钱三十万	一次净赚100贯，纯利60%	《稽神录》卷三
未知	扬州王老	药商	卖药	奉金二十镒，并与一故席帽曰："兄若无钱，可于扬州北邸卖药王老家取一千万。"	20镒为40两，共35万贯	《太平广记》卷一六、卷二二
未知	玄俗妻	药商	卖药	巴豆云母，亦卖之于都市，七丸一钱，可愈百病	0.14文/丸	《太平广记》卷六〇
未知	齐州刘十郎	醋商	鬻醋油	数年之内，其息百倍，家累千金	千金，纯利10000%	《太平广记》卷一三九
未知	洞庭吕乡筠	杂货商	贩江西杂货	逐什一之利	纯利10%	《太平广记》卷二四〇
未知	徐彦成	木材商	纳杉为棺	纳杉板为棺，获钱数十万，如是三往，颇获其利	每次100+贯	《太平广记》卷三五四
未知	漳浦人	米商	卖米	春谷为米载诣州货之……米五十余石		《太平广记》卷三五五

续表

时间	商人	类型	营类	材料	收入（贯）	来源
未知	云安龚播	盐商	贩盐	获厚利，不十余年间，积财巨万，竟为三蜀大贾	不到十年100000贯	《太平广记》卷四〇一
未知	岐州王祐	旅店商	开馆舍	虽有千人诣之，曾不缺乏		《太平广记》卷四四三
未知	江陵商人郭七郎子	未知	未知	尽获所有仅五六万缗……输数百万于鹥爵门者……行李间犹有二三千缗	70000+贯至90000+贯	《太平广记》卷四九九

从表5可见，这些商人地域上分布在南北多个地区，城镇、乡村兼具；经营业务包括茶、盐、米、醋、药、家具、丝绸、杂货等生活类贸易，建筑、木材等生产类贸易，旅店、金融、船舶运输等服务类贸易；有胡商，也有女性商人。将表格中的收入进行对比，见图2。

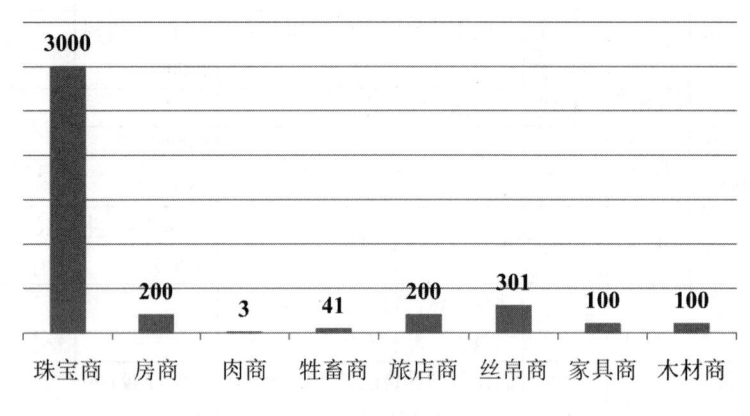

图2 唐代商人一次性收入对比（单位：贯）

珠宝商 3000　房商 200　肉商 3　牲畜商 41　旅店商 200　丝帛商 301　家具商 100　木材商 100

从表5可见，盐、茶、丝帛、家具、旅店、金融、珠宝商收入更高，普遍在10000贯左右，多数是大商人。而将珠宝商、房商、肉商、旅店商、丝帛商、家具商、木材商的收入进行对比后，可以发现人们对于珠宝、丝帛等奢侈品的需求更高。除了物以稀为贵以外，唐人对于奢侈品的需求也是存在的。

而其他类型比如船商、药商、饮食商、牲畜商等属于薄利多销，计日盈利，中小商人的比重较多。长安以外也有不少中小商人，比如益州药贩："则天末年，益州有一老父，携一药壶于城中卖药。"[①] 卖油郎："东明油客，不知名氏，常负担卖

---

① 《太平广记》，中华书局，1961年，第154页。

油于侧近坊内亲居观东偏门内。"[1]汉州王翰："唐大和五年，汉州什郁县百姓王翰，常在市日逐小利。"[2]卖鱼鲜的杨氏："池州民杨氏，以卖鲜为业。"[3]荆州私贩："荆州庐山人，常贩烧朴石灰，往来于白袱南草市。"[4]这些中下商人，所做营生覆盖了日常生活的方方面面，丰富了人们的物质生活。

四、结语

唐代商业发达，商人频出，其事迹留存史书之中，笔记小说里也留下不少商人经商的一些细节。前文着重分析了长安大商人20余人和中小商人数十人的收入，据史料初步折算为钱帛收入，得到了较为笼统的数据。然后在忽略钱物比价的情况下，以年收入1000贯为界，可以初步估算大商人与中小商人的收入峰值。两种商人收入也出现了两极分化。大商人普遍资产在10000贯以上，一些经营较为稳定的商人年收入都在10000贯以上。而中小商人计日盈利，若以日计300文为数，年收入108贯，是大商人年收入的百分之一。

同时，还对不同经营类型的商人收入进行了对比分析，发现经营盐、茶、丝帛、家具、旅店、金融、珠宝的商人收入更高，普遍在10000贯左右，多数是大商人。而其他类型比如船商、药商、饮食商、牲畜商等属于薄利多销，计日盈利，中小商人的比重较多。

在初步探究长安商人的收入之后，可以将其与京官收入进行对比。笔者根据固定时期的京官俸禄估算京官的年收入，以五品为界，中高层官员收入在5000—15000贯，下层收入在1500—5000贯。而大商人收入在1000—10000贯，中小商人收入在10—1000贯。可以看出大商人的收入水平基本在中高层官员之间。

而官与商之间的转换，在唐代也并不是一条鸿沟。从官变成商，一般而言，食禄之官确实是不能经商的。比如礼部员外郎、国子博士尹知章，"性和厚，喜愠不形于色，未尝言及家人产业。其子尝请并市樵米，以备岁时之费，知章曰：'如汝所言，则下人何以取资？吾幸食禄，不宜夺其利也！'竟不从。"[5]可见官员不与商人争利是一直以来的传统思想。

但是也存在反例，有官员放弃做官而去经商，比如《唐故使持节泉州诸军事州

---

[1] 〔唐〕杜光庭：《神仙感遇传》，中华书局，2013年，第481页。
[2] 〔唐〕段成式撰，许逸民校笺：《酉阳杂俎校笺》，中华书局，2015年，第1999页。
[3] 《新唐书》，中华书局，1975年，第3891页。
[4] 〔唐〕段成式撰，许逸民校笺：《酉阳杂俎校笺》，中华书局，2015年，第243页。
[5] 《旧唐书》，中华书局，1975年，第4974—4975页。

刺史上柱国河东薛府君夫人张氏墓志铭并序》记载墓主人薛颖：

> 乾封中，选为齐州祝阿县令。颖念清介之名，不可私身为利，因举正其犯，谢病去官。然家道素贫，颇营计校，养羊酤酪，灌园鬻蔬，八九年中，遂至丰赡，内顾即足，无复进士之心。先妣劝诱不行，因泣而垂责曰："汝父临亡，特以经史法律付汝，汝今但殖货利，亦何殊于商农邪？且汝外有谢病之名，而内无贞隐之实，求之出处，竟欲何从？汝往日谢官，吾曲成汝志，今吾念汝仕，而独此违汝，为人子而母言不听，大事去矣！"颖奉感激深重，遂复选为乌江县令。①

薛颖做齐州祝阿县令时，家中贫困。后来他谢病辞官之后，开始养羊卖菜，过了八九年，家境丰赡，他竟然不想再做官了，直到他的母亲哭泣责备，他才再次当上乌江县令。可见，不与商人争利的前提，那就是官员自身能靠俸禄生活，而县令很有可能因为地贫俸寡而难以养活自己。因此，官与商之间的转换也是客观存在的。而从商变成官，前文如裴明礼之类的富商，通过捐钱成了官员，甚至斜封官中，多数是捐钱的富商大贾。

唐代大商人收入如此之高，可以与官员收入比肩。唐中后期，官方时常以助军等名义向富商借钱。时判度支的杜佑更是认为："今诸道用兵，月费度支钱一百余万贯，若获五百万贯，才可支给数月。"②可是严刑峻法鞭笞商人，甚至将一些商人逼到自杀，才从开始的80万贯集齐到200万贯。这一方面证明长安商人确实富有，但另一方面也看出唐中后期官方对商人的盘夺日益加重。除了借钱，很多地方榷税、场监钱都要去商人那里兑换。文宗太和年间庾敬休奏："剑南西川、山南西道每年税茶及除陌钱，旧例委度支巡院勾当，榷税当司于上都召商人便换。"③懿宗咸通年间户部侍郎、判度支崔彦昭奏："当司应收管江、淮诸道州府咸通八年已前两税榷酒及支米价，并二十文除陌诸色属省钱，准旧例逐年商人投状便换。自南蛮用兵已来，置供军使，当司在诸州府场监钱，犹有商人便换，赍省司便换文牒至本州岛府请领，皆被诸州府称准供军使指挥占留。以此商人疑惑，乃致当司支用不充。乞下诸道州府场监院依限送纳及给还商人，不得托称占留者。"④商人掌握了大量的现钱，在铸钱量一定的情况下，官方也希望将商人手中的钱流通起来而不是私藏府

---

① 毛阳光、余扶危主编：《洛阳流散唐代墓志汇编》（上），国家图书馆出版社，2013年，第101页。
② 《旧唐书》，中华书局，1975年，第322页。
③ 《旧唐书》，中华书局，1975年，第4913页。
④ 《旧唐书》，中华书局，1975年，第622页。

库，而官员对于商人财富的侵占更是时有发生。

唐代商人的经营类型各有不同，收入来源多种多样，对其收入的探究，有助于我们更清楚地认识到商人在唐代经济发展中的地位和作用，并需要梳理更多材料思考唐代是否产生富民阶层[①]的问题。

原载《唐都学刊》2022年第6期

（吴姚函，清华大学人文学院历史系博士研究生）

---

① 薛政超梳理了富民阶层的研究状况，主要吸纳了林文勋的观点：唐宋以来逐渐形成了拥有财富和良好教育的富民阶层，作为社会的中间层极大地改变了唐宋社会的阶级关系、经济关系。薛政超估算：唐宋逐渐形成占真实上三等富户九成二以上、为总户数13.3%—33.9%的富民阶层，占有60%—70%的社会土地财富。（薛政超：《唐宋以来"富民"阶层之规模探考》，《中国经济史研究》2011年第1期）笔者目前认为，从马克思、马克斯·韦伯等学者对于阶层的定义，划分阶层依然是要以政治、经济、社会地位的多个维度来判断的。从唐代商人的收入、商人在政治上发挥的作用、商人接受的教育程度来看，笔者认为唐代还没有完全满足这三个条件。

唐代商人类型概说

冯 敏

唐代统治者非常重视发展商品交换，对商业贸易较少限制，因而商品基本上可以实现自由流通。不同的经济生产模式，不同的物产种类与地域需求，促使内地与边疆之间存在着千丝万缕的贸易关系。由于交通畅达而形成的以长安为中心点四通八达的交通网络，成为商业贸易的重要通道。

商人就是指专门从事商品买卖的人。唐代商业空前繁荣，随着国内外市场进一步扩大，商人阶层队伍也日益扩大。无论是富商大贾还是中小商人，乃至少数民族商人和来唐经营的域外商人，他们在流通领域都非常活跃，令人注目。在商人阶层中，富商大贾的经济实力不断膨胀，他们仍然是靠放高利贷、兼并土地、同封建政府相勾结，以使其势力空前壮大，并能参与政治；中小商人虽然担负着实现商品流转的实际职能，但仍然受尽轻视和欺压，与统治阶级之间存在着不小矛盾。唐前期有的官僚经商与唐后期实行主要商品的专卖制度，发展和造就了商人阶层中的特殊集团——官商；域外商人——胡商到处活动，势力很大，成为唐代商人中十分重要的部分，是当时流通界的一大特色。我们选择隋唐时期的中国商人群体作为研究对象，将他们按照经营范围、财富多寡、社会地位、经营方式主要分为四大类型，即大商人、官商、中小商人和小商小贩，并对他们进行简要介绍。

一、富商大贾

富商大贾是商人阶层中的上层分子，他们拥有巨大的财富、雄厚的商业资本。唐玄宗时，随着经济的繁荣，富商大贾的数量也相应增多，当时，仅长安城著名的巨商就有郭行先、任宗、杨崇义、王元宝、郭万全、任令方等人。他们凭借雄厚的经济实力，把活动范围深入政治领域。史载："长安富民王元宝、杨崇义、郭万全等，国中巨豪也。各以延纳四方多士，竞于供送。朝士名寮，往往处于门下，每科场文士，集于数家，时人目之为'豪友'。"①

大商人由于有巨额财富，具有较高的社会地位，甚至与皇室交往。武则天时在宫中举行宴会，张易之"引蜀商宋霸子等数人在座同博"②。唐玄宗在宫中接见富商王元宝后，曾对臣下说："我闻至富可敌贵。朕天下之贵，元宝天下之富。"③他们的政治活动、社会地位说明，唐代商品经济已经在很大程度上影响了社会经济政治。

富商大贾的经营和活动范围都很广，但最重要的是靠长途贩运、贱买贵卖，利用不同地区价格上的差异来牟取暴利。贩运贸易的形成和发展，是和地区之间经济发展的不平衡有密切关系的。中国是一个地域辽阔、人口众多的国家，由于自然条件的不同，形成了各地区间差异甚大的经济区，这种差异的存在，为商人的贩运贸易提供了条件。因为贩运贸易就是把已有的生产物从有的地方运到无的地方，从多的地方运到少的地方，以买贱鬻贵的不等价交换，赚取价格差额，获得商业利润。贩运的物品愈是来自远地或异域，即地区间的差距愈大，售价的差额就愈大，所获得的商业利润也就愈高。

商品经济进一步发展，商品更加丰富，交通更为便利。这时期，物资交流的特征是南北之间的大流通。隋唐时期，南方经济迅速崛起，北方仍然保持原来的发展势头，形成了南北的两大经济区。政府直接插手管理的漕运，作为物资交流的一条重要渠道，实现了南北之间的经济联系。南北贸易主要是通过商人的贩运活动而体现出来的。比如，除了珍奇异物、金银宝货等南北之间有了大量的交往之外，贩运商们把大量的南方芦米贩运到北方。中唐以后饮茶之风日盛，北方饮茶在很大程度上要仰赖茶商从南方贩运而来，史称"其茶自江淮而来，舟车相继，所在山积"。由于水陆交通的便利，长途贩运在商业贸易中已经占有了相当重要的地位。所以在隋唐时期，搞长途贩运的商人很多，因此而发家的也大有人在。像齐州醋商刘十郎"家累千金"；定如何明远"资财巨万"；河东裴明礼"家产百万"；襄汉潘将军，其资本"强均陶、郑"（陶朱公和郑国商人）；长安邹凤炽"金宝不可数"；等等。以上这些大商人，虽然不都是只搞长途贩运的，但在他们的商业活动中，贩运贸易是占着相当大的比重的。贩运商们必须有丰富的业务经验和对各地商情的了解。要熟悉路程、交通运输情况，知道各地的物产、行情，以及地方的风俗习惯、风土人情，等等。长途贩运，一因规模大，二因要历经各种艰难行程，遇到各种险

---

① 〔五代〕王仁裕：《开元天宝遗事》，中华书局，2006年，第17页。
② 《资治通鉴》卷二〇七《唐纪二十三》，中华书局，1976年，第6553页。
③ 《太平广记》卷四九五《杂录三》，中华书局，1961年，第4063页。

境，所以贩运商们要有较严密的组织系统和管理系统。商人们组织成相当规模的商队，为了商队的安全还要雇用一定数量的保镖人员。以上这些条件，对于中小商人来说都很难做到。因此，凡是从事长途贩运贸易的都是一些豪商巨贾。

纵观唐代文献所记，富商大贾的经营活动已遍及粮食、纺织、衣服、蔬菜瓜果、水产、生产用具、生活用具、文化用品、医药、交通工具、矿产、建材、高利贷、珠宝、茶叶、食盐等许多领域。有的经营纯商业性的商店和远距离贩运；有的不仅经营各种贸易，还参与商品生产。由于他们精通经营之道，加之资本雄厚，而且往往有各级官员做后台，因而所获得的利润远比中小商贩们要高得多，他们的社会地位也明显高于中小商人。

二、中小商人

和大商人比，中小商人的商业资本少，经营内容简单，活动范围也有限。他们的经营方式基本分两种：一是行商，即流动贩卖。他们本小利微，一般在短距离、小范围内流动。二是坐贾，即坐行列肆的零售商。他们有自己的店铺，但要受政府赋税、批发商、高利贷的剥削，其经营和生活都是比较艰难的。

中小商人多活跃于州郡草市、墟寮，他们的活动反映了唐代社会商品经济已经渗透到社会各个角落。特别是活跃在丝绸之路诸商埠的"行客"和"行人"。作为在商品经济刺激下的流动人口，他们中有相当一部分是在西北陆路丝绸之路上经商的商人。有的是响应唐政府和籴，前往敦煌、凉州等地贩运粮食、交易丝绸的商人。他们的交易反映了丝路地域商品经济的活跃。唐朝建立后，国家统一，社会安定，商品生产和商品交换日趋活跃。在此情况下，主要由工为商、由农为商的中小商人也得到了迅速发展。

这部分商人主要经营的是市肆店铺买卖，通过这种渠道进行商品的销售活动主要是在城市中进行，销售的对象当然主要是广大的城市市民。中国的城市产生的比较早。当城市形成规模之后，便有大量的居民聚集而来，人口不断增加，必然形成一定的消费市场。在这种需求之下，城市中自然就会出现供应市民生活必需品的市肆店铺，商人们通过这种以市肆店铺为据点的商品销售，也从广大的市民手中赚取了可观的钱财。这部分商人不论从获得的商业利润，还是从经营活动的规模来看，都逊于搞长途贩运的大豪商巨贾们，所以他们便构成了商人中的中等阶层。

唐代手工业的迅速发展是唐代中小商人大量增加的重要原因。唐代有体系庞大的官府手工业。天宝以前，官府手工业中的工匠以短番匠为主；天宝以后，和雇匠人数量大大增加，还出现了"纳资代役"，手工业者人身依附关系较前大为减弱。

这对私营手工业的发展极为有利。私营手工业很多是中下层人民，这里面的手工业者既是生产商品之人，又是推销商品之人，构成了中小商人的一大来源。其分布之广，均超过前代。

唐代农民经商之风空前兴盛。武德初年，唐高祖下诏说，当今"趣末者众，浮冗尚多"[①]。中唐以后，弃农经商之风更盛。

中小商人，尤其是小商小贩以及受雇于人的伙计，担负着实际的商业劳动，体现着商品流通职能。他们一年到头忙忙碌碌，辛苦异常，与端居而不涉险的富商大贾属于两个不同的阶级，有着不同的遭遇。

农民弃农经商大都资金有限，从商经验不足。从其实力和经营规模来看，他们大都属于中小商人，常常经营粮食（麦、米、粟、面等）、布帛、衣服、鱼、盐、茶、醋、油、柴薪、家畜、蔬菜、水果等低值商品。正因为这些中小商人经常经营日用必需商品，所以中小商人的增加对唐代商业的正常发展具有一定的积极作用。

在唐代，也有不少中小商人、手工业者等上升为富商大贾。长安巨商窦乂，他先卖掉一双丝鞋，得500文钱，用此钱在锻炉打造两个小锸，用之种树，然后卖树苗、树枝、木材；有一定资本后，买地开商店，"日收利数千"[②]，以至很快成为名闻遐迩的巨商。

三、官商

还有一种有着特殊身份的商人，这种商人与政府有着密切的联系，经营着一定的特殊商品，享受着政府给予的特殊待遇，其地位比中小商人的地位要高，其富有的程度也非中小商人可比，他们就是官商。这部分商人，虽然在商人阶层中不占多数，但是在经济领域，甚至政治领域影响是很大的。这些人从某种角度来看，已经成为统治阶层的一部分。官商最显著的特征就是他们经营的商品是直接由政府控制的。

隋唐时期，贵族官僚经商之风日益兴盛，他们涉足商业，由于其在政治、经济等方面的特殊地位，和一般商人有不同之处，名为官商。其中有专门为官府经营商业的商人，《唐会要》记载："武德元年十二月，置公廨本钱，以诸州令史主之，号捉钱令史。……市肆贩易，月纳息钱四千文，岁满授官。"[③]充当"捉钱令史"

---

① 《全唐文》卷一《高祖黄帝》，中华书局，1959年，第24页。
② 《太平广记》卷二四三《窦乂》，中华书局，1961年，第1877页。
③ 〔宋〕王溥：《唐会要》卷九三《诸司诸色本钱》，中华书局，1955年，第1675页。

的都是富商，他们在经济、政治上都享有一定的特权。他们由所司免去杂差遣、徭役，如有过犯罪，府县不敢劾治，须送本司本使苛责，本司本使则往往对他们包庇纵容，开脱罪责。

还有一种是官监商营的商人。在盐、茶等主要行业被政府控制，实行专卖后，有一些盐商、茶商向政府约定，包销若干石，缴纳一定的榷税，即可在全国各地自由买卖，享有不再缴纳通过税、豁免差科等特权，因此，他们也有官商的性质。

从秦汉之后，国家就对盐铁实行专卖。汉武帝元狩四年（前119），大农丞孔仅和咸阳提出开铁矿、造铁器、煮盐都收归官营。凡出铁、煮盐的地方都设铁官和盐官来主持专营事业。这种制度一直实行到西汉末年，东汉时期或罢或行，到三国以后，这种制度大体上已经废止，只是在某些地方，官府时常独占盐利；唐朝初年，盐是自由制造贩卖的，到安禄山叛乱之后，迫于财政困难，在唐肃宗的乾元年间，先由第五琦建立专卖制度，继而由刘晏加以修正，以后一直实行到唐末。[①]

两千年来，政府极力控制着盐铁的专卖。经营此类商品的商人，于是就成了为政府出力、为政府经营的官商。这部分商人依赖政府给予的特权，独揽专卖生意。他们为政府增加了财政收入，自己也赚得了一大笔财产。因此，在历朝历代中，经营盐铁生意的商人都是非常富有的。除了盐铁之外，铜、茶叶、粮食、金银珠宝也曾为政府所垄断，经营这些商品的商人当然也是官商的一部分。

贵族、官僚经商之风在唐前期已经很盛，许多王公大臣经营邸店、质库、车坊、水硙等业更为寻常。高宗女政和公主经营商业获利逾千万贯。中宗（武后子）自己亦命宫女为市肆，公卿为商旅，与之交易，以"帝王之尊"而乐为商贸之事。武后集团与商人深有渊源，武后以后，官僚已见普遍化。玄宗开元十五年（727）七月敕文："应天下诸州县官，寄附部人兴易，及部内放债等，并宜禁断。"[②]之后唐廷禁令不断，可是禁而不断，京师内外以至州县，官员们都在经商放高利贷，剥削百姓的情况已达到如此严重的程度，甚至有的州县官吏以做买卖为副业。

唐后期官僚经商有一特点是随着藩镇势力日涨，他们也扮演了经商中的主要角色。诸藩镇军将除用军储物资货贩取利，名托军用、实私其利外，更公开以搜刮来的财物从事贸贩活动，并形成风气。德宗指出的在扬州置回易邸的节度观察使中，淮南节度使陈少游就是其中一个。此人三总大藩，皆天下殷厚之处，"以故征求贸易，且无虚日，敛积财宝，累巨亿万"[③]。还有如上述的岭南节度使王锷，从经营南

[①] 王兆祥：《中国古代的商人》，商务印书馆，1995年，第40页。
[②] 〔宋〕王溥：《唐会要》卷八八《杂录》，中华书局，1955年，第1618页。
[③] 《旧唐书》卷一二六《陈少游传》，中华书局，1975年，第3564页。

海外贸取利，财货富于公藏。宪宗元和十二年（817），"时京师里间区肆所积，多方镇钱"[①]，如王锷、韩宏、李惟简，少者不下五十万贯。他们与长安柜坊业、汇兑业有密切关系。

藩镇利用割据地区的有利条件，营商取利，成为兼有商人身份的军阀，刘从谏即是典型例子。此人在昭义"善贸易之算，徙长子道入潞，岁榷马征商人，又煮盐，货铜铁，收缗十万。贾人子献口马金币，即署牙将，使行贾州县，所在暴横沓贪，责子贷钱，吏不应命，即诉于从谏"[②]。商人不但为刘氏做买卖，而且在军中当将士，富商子弟还组成军队（"夜飞军"），有明显的军阀与商人结合的色彩。

四、小商小贩

小商小贩，就是做小本生意的。这种小商小贩在农村有，一般出现在农村定期或不定期的集贸市场上，还有相当一部分人活跃在城市的大街小巷中，进行零星叫卖。小商贩很早就产生了。在周朝的时候，统治者为了方便商品交换，曾设立固定的交易市场，规定开市的时间每天分早、中、晚三次，其中的晚市，当时也叫夕市，就是为小商小贩的零星售卖设立的。《诗经·卫风·氓》中所谓"抱布贸丝"，讲的就是村民之间的物物交换。当然其中也有专门做物物交易的小商贩，从中获得一些蝇头之利。

在唐朝之前，市和坊（住宅区）是分开的，一直保持着两者的分设制度。到了宋朝，这种坊市制度被打破，在城市商业中，不受特定市区的限制，商人在缴纳一定的商税之后，可以随便在居民区设店摆摊。所以小商小贩的活动也没有了任何限制，更为活跃。北宋张择端的《清明上河图》上画有鳞次栉比的商店市肆，而更多的则是直接向居民们出售货物的零售摊担，图中有卖水果、食品的摊担正在接待顾客，有顶着食物筐的商贩正在招揽顾客，桥上还有卖铁器、绳索、刀剪的小摊，等等。这些沿街串巷贩卖的日用商品构成了城市商业的重要方面，当时人称这些小买卖为"诸色杂货"。小商小贩的经营方式最突出的特点就是以各种旋律的吆喝进行售卖。他们肩挑手提，边走边喊边卖。各地的小商贩都是如此，在吆喝上以北京的小商贩最具特色，吆喝声也最为动听。

诚然，各种类型的商人之间差异很大，但也不是一成不变地维持一种类型，在一定条件下，不同类型的商人之间是可以互相转化的。如东汉时期，不再推行抑制富商大贾的政策，法律上也没有西汉那种贱商的规定。大商人依托宦官势力，从仕

---

① 《旧唐书》卷四八《食货志上》，中华书局，1975年，第2104页。
② 《新唐书》卷二一四《刘从谏传》，中华书局，1975年，第6015页。

途出身的集团那里夺得了一批官职。汉灵帝时公开卖官，商人、地主和官僚三方结合更加稳固。[1]唐代安史之乱以后，商业的发展并未停滞。商人依然十分活跃，他们不仅从事商品贸易，甚至官商勾结，榨取更多民脂民膏。这虽然加深了劳动人民的生活负担，但是客观上对于经济的发展也有一定的促进作用。

　　从事贩运贸易的唐代富商大贾主要经营粮食、纺织品、茶叶、食盐、水产品、木材、印染、矿产，经营奢侈品者较少。中小商人一般只能经营粮、油、盐、醋、茶等普通商品。由于唐代手工业的发展以及弃农经商之风的盛行，中小商人空前增多。这些中小商人由于资金有限，大都经营粮食、布帛、衣服、鱼蟹、盐、茶、油、醋、柴薪、家畜、蔬菜、果品、纸、笔等低值商品（其中许多是坐贾，不是从事贩运贸易的流商），而不能经营珠宝金玉等高档奢侈品。[2]正是由于中小商人的增多，才使得以日用必需品为主的一般商品贸易趋于活跃。唐代商人所经营的商品更加丰富，更加全面，而且与人民生活密切相关的普通商品贸易在商品流通领域开始居于重要地位。

原载《宁夏师范学院学报》2013年第1期
（冯敏，宁夏师范学院政治与历史学院教授）

---

[1] 陈承穰：《商人学》，天津人民出版社，1989年，第73页。
[2] 吴慧：《中国商业通史》（第2卷），中国财政经济出版社，2006年，第226页。

流漫陆离：《太平广记》所见唐都长安社会风俗意象

张林君

长安是繁荣统一的唐王朝之首都，它不仅是唐政治、经济、文化的中心，也是一座兼容并蓄、丰富多彩的大都市，这就集中表现在其人民的生活风俗景象上，比如百姓的日常生活习俗之生动便可彰显唐代长安作为神圣庄重的国都的另外一面。成书于北宋初年的《太平广记》是第一部古代文言纪实小说的总集，它分类编排并保存了大量唐代的异闻故事，也间接地反映了唐人社会生活方面的内容，从中恰恰可以窥探唐都长安所显露的社会风俗场面，因而这部典籍具有不可或缺的史学参考价值。近些年，学者们对《太平广记》所见唐代社会风俗的研究取得了可喜的成果[1]，但通过挖掘其相关小说故事而专注分析长安者，尚付阙如。本文在此基础上，从《太平广记》里探寻点滴记载，解读长安社会风俗本来之面貌，体会其中蕴含的别致意象，也有助于我们了解和感悟唐代社会生活的历史。以下试置唐都长安社会风俗所具有代表性的四个板块，展开深入观察，就其表达出的意象略陈管见，以求教于史学诸贤。

---

[1] 摘录侧重点不同的成果，并以学者发表的时间为序。如曹刚华：《〈太平广记〉与唐五代民间信仰观念》，硕士学位论文，陕西师范大学，2001年；江林：《〈太平广记〉中所见唐代婚礼、婚俗略考》，《湖南大学学报》（社会科学版）2002年第4期；蒋逸征：《超能与无能——从〈太平广记〉中的胡僧形象看唐代的宗教文化风土》，《图书馆杂志》2004年第2期；霍明琨：《〈太平广记〉与社会文化》，《学术交流》2004年第9期；黄云鹤、吕方达：《〈太平广记〉中的唐代胡商文化》，《古籍整理研究学刊》2005年第6期；李文才、谢丹：《〈太平广记〉所见唐代妇女的婚恋生活》，《江苏科技大学学报》（社会科学版）2007年第2期；郑少林：《从〈太平广记〉看唐代山西社会生活》，硕士学位论文，山西大学，2007年；于志刚：《唐代的僧人、寺院与社会生活——以〈太平广记〉为中心》，硕士学位论文，郑州大学，2013年；熊九润：《唐代女性形象与社会诉求——以〈太平广记〉中的女仙（神）、女鬼、女精怪为中心》，硕士学位论文，陕西师范大学，2013年；张玮：《〈太平广记〉中所见唐代上层女性生活研究》，硕士学位论文，西北师范大学，2015年；等等。

一、生活习俗

反映唐都长安生活习俗者，见于某些重大节日以及潮流风尚的描述中，其中以"传坐""踏歌"与"赏牡丹"的场面为盛。

有卷一三四《报应三十三》"赵太"条："唐长安市里风俗，每岁至元日已后，递饮食相邀，号为传坐。"[1]这是唐都长安"传坐"的生活习俗，每年"元日"即正月初一以后，友朋亲属之间依次轮流请客。今之江苏扬州、泰州地区仍有类似习俗，每年从正月初二至十五间，姑舅亲戚、本家兄弟之间轮流做东聚会宴饮，此俗与唐代长安流行之"传坐"极为相似，二者之间抑或有某种承继性关系！

元日过后的农历正月十五为"上元节"，长安流行"观灯"与"踏歌"的习俗，正常情况下，都是十四、十五、十六连续三个晚上，京城长安彻夜燃灯，灯下还有成千上万的盛装妇女作"踏歌"表演，届时长安人民竞相出门观看灯火歌舞。据载：

> 唐睿宗先天二年正月十四、十五、十六夜，于京师安福门外，作灯轮高二十丈，被以锦绮，饰以金银，燃五万盏灯，俱竖之如花树。宫女千数，衣绮罗，曳锦绣，耀珠翠，施香粉，一花冠，一巾帔，皆至万钱。装束一妓女，皆至三百贯，妙简长安万年县年少妇女千余人，衣服花钗媚子亦称是。于灯下踏歌三日夜，观乐之极，未始有之。[2]

正月上元节"观灯"，为流行于京城长安的节日习俗。至于"踏歌"习俗，可能并不止于在上元节观灯时候进行，如广为人知的李白《赠汪伦》一诗，其中就有"李白乘舟将欲行，忽闻岸上踏歌声"[3]之句，这表明唐人在送别友朋、亲人外出或远行的时候，也可能会有这种"踏歌"表演。"踏歌"欢庆节日或送别友朋，俨然已经成为流行于唐代的一种社会习俗。"踏歌"表演具体是什么样子？我们可以根据一些具体事例略加推测。如卷二五八《嗤鄙一》"阎知微"条引《朝野佥载》："周春官尚书阎知微庸琐驽怯，使入蕃，受默啜封为汉可汗。贼入恒定，遣知微先往赵州招慰，将军陈令英等守城西面。知微谓令英曰：'陈将军何不早降下，可汗兵到然后降者，剪土无遗。'令英不答。知微城下连手踏歌，称万岁乐。令英曰：'尚书国家八座，受委非轻，翻为贼踏歌，无惭也？'知微仍唱曰：'万岁乐，万

---

[1] 《太平广记》，中华书局，1961年，第995页。
[2] 《太平广记》，中华书局，1961年，第1818页。
[3] 《全唐诗》，中华书局，1999年，第1770页。

岁年，不自由，万岁乐。'时人鄙之。"①这个一人独演的"踏歌"就是一种有唱词的助兴舞蹈，只不过发生于两军阵前。又卷三三五《鬼二十》"浚仪王氏"条引《广异记》载："王氏母死后下葬，女婿裴郎饮酒醉，入冢卧于棺后，被埋入土中。后来被人救活，苏醒以后讲述自己见鬼的故事，略云：'既见长筵美馔，歌乐欢洽。俄闻云："唤裴郎。"某惧不敢起。又闻群婢连臂踏歌，词曰："柏堂新成乐未央，回来回去绕裴郎。"……诸鬼等频令裴郎歌舞。……'"②虽然故事离奇，但展现了一群女子踏歌时挽着胳臂、踩着节奏、唱来跳去的动作，表现了催场的欢快气氛。再有卷三四六《鬼三十一》"踏歌鬼"条引《河东记》："长庆中，有人于河中舜城北鹳鹊楼下见二鬼，各长三丈许，青衫白裤，连臂踏歌曰：'河水流混混，山头种荞麦。两个胡孙门底来，东家阿嫂决一百。'言毕而没。"③据故事所载二鬼"连臂踏歌"可知，若是二人"踏歌"，则"连臂"齐唱，"连臂"当即手挽手，同时跺脚而歌。

再有"若待上林花似锦，出门俱是看花人"④"京师贵牡丹，佛宇、道观多游览者"⑤。春暖花开之时，长安上层社会流行一种特别喜爱牡丹的风气，由此形成一股若不赏玩牡丹，则为人所不耻的不良习俗，于是就有一些寺庙道观，栽种牡丹以牟取厚利。史言："长安贵游尚牡丹，三十余年矣。每春暮，车马若狂，以不就玩为耻。金吾铺围外寺观，种以求利，一本有数万者。元和末，韩令侄至长安，私第有之，遽命斸去，曰：'吾岂效儿女子也。'"⑥即便如此，牡丹还是能够为人们带来视觉享受，长安人民对牡丹的钟爱之情溢于言表。《太平广记》还记载了长安兴唐寺、兴善寺都栽种了极美的牡丹⑦，更有"唐开元末，裴士淹为郎官，奉使幽冀回，至汾州众香寺，得白牡丹一棵。值于长兴私地。天宝中，为都下奇赏。当时名士，有《裴给事宅看牡丹》诗"⑧。循《裴给事宅白牡丹》可以一睹当时的风采："长安豪贵惜春残，争玩街西紫牡丹。别有玉盘承露冷，无人起就月中看。"⑨唐人以大红大紫的牡丹为贵，高洁素雅的白牡丹也惹人怜爱。该诗描写了暮春时节人们于长安

---

① 《太平广记》，中华书局，1961年，第2016页。
② 《太平广记》，中华书局，1961年，第2658页。
③ 《太平广记》，中华书局，1961年，第2739页。
④ 《全唐诗》，中华书局，1999年，第3741页。
⑤ 〔宋〕王谠撰，周勋初校证：《唐语林校证》，中华书局，1987年，第628页。
⑥ 《太平广记》，中华书局，1961年，第3315—3316页。
⑦ 《太平广记》，中华书局，1961年，第3314—3315页。
⑧ 《太平广记》，中华书局，1961年，第3314页。
⑨ 《全唐诗》，中华书局，1999年，第3184页。

赏牡丹的情景，凸显了观者如堵的迷狂之态。

唐都长安人民的一些生活习俗表现出了他们崇尚富盛热闹的情感。市民阶层流行的"传坐"洋溢着千家万户的节日喜庆，君民同乐的盛会上以众人"踏歌"来渲染载歌载舞的欢快气氛，长安贵人雅士"赏牡丹"亦衬托了祥和帝都的奢华无比。

二、胡乐流行

长安以大唐首都之地位，在政治与文化上是唐代对外交流的中心。对西域文明的吸纳使得胡风渗入，影响了唐人的衣食住行，其中，在娱乐方面，胡乐进入长安人民的生活。

所谓胡乐，胡三省注曰："胡乐者，龟兹、疏勒、高昌、天竺诸部乐也。"①向达先生在《唐代长安与西域文明》一书中，对于唐都长安流行之胡风氏俗曾做深刻阐述，他还注意到流寓长安的西域人中有擅长音律者，比如那些可能由西域入居长安的尉迟氏，"代宗时有尉迟青，居在长安之常乐坊，德宗朝官至将军。善觱篥，时人称其冠绝古今，大历中曾以此艺折服幽州觱篥名手王麻奴。文宗太和中，长安又有尉迟章善吹笙"②。他还指出"唐代教坊不少胡人，如曹氏父子、米氏父子，皆以善歌世其业"③，足见胡人带来的胡韵胡曲不仅进入皇家，也弥散在长安城中。

长安流行胡乐、胡舞，种类繁多，因而羯鼓、铜鼓、胡琵琶等胡人乐器也在长安特别流行。最知名者为羯鼓："羯鼓出外夷乐，以戎羯之鼓，故曰羯鼓。……龟兹部、高昌部、疏勒部、天竺部皆用之……"④玄宗朝名相宋璟，"虽耿介不群，亦深好声乐，尤善羯鼓，始承恩顾，与玄宗论鼓事曰……玄宗与璟兼善两鼓也，而羯鼓偏好，以其比汉震稍雅细焉"⑤。玄宗君臣雅好羯鼓，与长安城中盛行羯鼓的时代风气息息相关，当然，他们偏爱羯鼓，反过来又对胡乐、胡舞在长安乃至中国的流行产生了推动作用。当时最著名的音乐家李龟年也擅长羯鼓⑥，代宗朝宰相杜鸿渐"亦能羯鼓"⑦。这里还有一个李琬夜闻羯鼓、指点乐工而得以升官的故事。

---

① 《资治通鉴》，中华书局，1956年，第6993页。
② 向达：《唐代长安与西域文明》，商务印书馆，2015年，第13—14页。
③ 向达：《唐代长安与西域文明》，商务印书馆，2015年，第14页。
④ 《太平广记》，中华书局，1961年，第1559页。
⑤ 《太平广记》，中华书局，1961年，第1561页。
⑥ 《太平广记》，中华书局，1961年，第1562页。
⑦ 《太平广记》，中华书局，1961年，第1563页。

广德中，蜀客前双流县丞李琬者亦能之，调集至长安，居务本里，尝夜闻羯鼓，曲颇工妙，于月下步寻，至一小宅，门户极卑隘，叩门请谒。谓鼓工曰："君所击者，岂非耶婆色鸡乎？虽至精能，而无尾何也？"工大异之，曰："君固知音者，此事无有知，某太常工人也，祖父传此艺，尤能此曲。近者张儒入长安，其家流散，父没河西，此曲遂绝。今但按旧谱数本寻之，竟无结尾之声，因夜夜求之也。"琬曰："曲下意尽乎？"工曰："尽。"琬曰："意尽即曲尽，又何索焉？"工曰："奈声不尽何？"琬曰："可言矣。夫曲有如此者，须以他曲解之，方可尽其声也。夫耶婆娑鸡当用屈柘急遍解。"工如所教，果相谐协，声意皆尽。工泣而谢之，即言于寺卿，奏为主簿，后累官至太常少卿宗正卿。[1]

广德（763—764）为唐代宗的年号。广德中，李琬因为擅长羯鼓，而无意间指点乐工，得乐工之推荐而得官，询问其个人而言，自是一番传奇经历。不过，故事中所说到的羯鼓之流行于长安、"耶婆娑鸡"曲，却可以为我们考察唐代流行于长安的胡乐提供线索。从曲名"耶婆娑鸡"来看，即知其为胡曲，"但按旧谱数本寻之"一句则告诉我们，这首胡曲应该有多个曲谱版本；而乐工之擅长此曲，乃是"祖父传此艺"，又告诉我们在长安城中，不仅有许多以演奏胡曲为业的音乐人，还有一些举家从事胡乐、胡舞并以之为家传技艺的"胡乐世家"。乐工感激李琬，为表感谢之情而向太常寺卿推荐了他，太常寺卿因而奏请以李琬为太常寺主簿，李琬后来累官至太常寺的少卿，以至宗正卿，其所依凭者也是他精擅胡乐羯鼓。

除羯鼓外，还有铜鼓，这是来自南方少数民族的乐器，"形如腰鼓，而一头有面，鼓面圆二尺许，面与身连……贞元中，骠国进乐，有玉螺铜鼓，即知南蛮酋首之家，皆有此鼓也"[2]。又据记载，长安"有胡笳十八拍，盛行于世，儿童妇女，咸悉诵之"[3]。可见，胡乐已然深入人心，受到唐都人民的普遍喜爱。

胡风融进了唐韵，胡乐奏响于长安，以羯鼓为主的多种胡人乐器表演丰富了大唐百姓的文化生活。都城中擅长音律的胡人，使技艺影响到皇室与官宦，更吸引了寻常百姓，从胡乐流行这个方面，便可感受长安乃是一座充满异国情调的大都会。

三、求仙服药

唐朝皇室自认为系老子之后代，尊崇道教为国教，故道教因之颇为兴盛，炼丹

---

[1] 《太平广记》，中华书局，1961年，第1562—1563页。
[2] 《太平广记》，中华书局，1961年，第1564页。
[3] 《太平广记》，中华书局，1961年，第289页。

饵药、长生求仙之活动，也因此成为流行于长安社会上层人士的时尚。因为只有衣食富足者，才可能将长生不老作为人生的更高追求，那些为了生计而不停奔波的劳苦大众，所求者不过三餐之温饱，断然不可能有长生的想法。因此，在神仙观念的影响下，唐都长安盛行求仙活动，整个上层社会都在这一风气笼罩之下。

  唐代皇帝的求仙事迹，自唐初既然，英明如唐太宗者，就曾公然将道士迎入内殿安置，向他们请教修仙之道。如洞庭山道士周隐遥，自言周里先生后代，曾"学太阴炼形之道"，隋炀帝曾征召至东都洛阳，颁赐丰厚，唐太宗贞观年间，"召至长安，于内殿安置，问修习之道"①。再如，"唐开元中，天子好尚神仙，闻其事，诏使征入长安。月余，乞还乡里，许之，中使送还家"②。唐玄宗颇好神仙，曾专门遣使，将遂州董上仙迎至长安，后又遣中使送董上仙返乡。又如受到数位皇帝邀请的得道高人司马承祯，"有服饵之术，则天累征之不起。睿宗雅尚道教，屡加尊异，承祯方赴召。睿宗问阴阳术数之事。……玄宗有天下，深好道术，累征承祯到京，留于内殿，颇加礼敬，问以延年度世之事"③。从某仙师的故事中也可看到唐代皇帝追求长生的热切，《太平广记》对此类记载颇多，不再胪举。

  不仅盛于上层社会，甚至任职于基层的一般官吏，也每有服食求仙者，如前揭彭城人刘商，进士及第后历仕台省为郎官，"性耽道术，逢道士即师资之，炼丹服气，靡不勤切"。甚至为了求仙，刘商后来以生病为辞，免官后"道服东游"④。长安普通人民也热衷于服食丹药，对于那些号称有道术丹药的异人，则风靡而影从，于是就有人利用民众的这种心理行诈，骗取钱财。如：

> 长安全盛之时，有一道术人，称得丹砂之妙，颜如弱冠，自言三百余岁。京都人甚慕之，至于输货求丹，横经请益者，门如市肆。时有朝士数人造其第，饮啜方酣。有阍者报曰："郎君从庄上来，欲参觐。"道士作色叱之。坐客闻之，或曰："贤郎远来，何妨一见？"道士颦蹙移时，乃曰："但令入来。"俄见一老叟，鬓发如银，昏耄伛偻，趋前而拜。拜讫，叱入中门，徐谓坐客曰："小儿愚骏，不肯服食丹砂，以至于是。都未及百岁，枯槁如斯，常已斥于村墅间耳。"坐客愈更神之。后有人私诘道者亲知，乃云："伛偻者即其父也。"好道术者，受其诳惑，如欺

---

① 《太平广记》，中华书局，1961年，第42页。
② 《太平广记》，中华书局，1961年，第398页。
③ 《太平广记》，中华书局，1961年，第143—144页。
④ 《太平广记》，中华书局，1961年，第289页。

婴孩矣。①

故事中的"道术人"与其父亲合谋行骗,就是巧妙利用了长安人民"好道术"、求丹药的心理,被愚弄的长安人民,之所以或"输货求丹",或"横经请益",很容易就被欺骗,主要还是因为他们心怀长寿成仙之梦想,而行骗者能够"如欺婴孩",轻易行骗得手,亦职此之故。

长生求仙之风盛行,不可避免地影响着全社会,普通人家常常因为求医祛病等,转而问道求仙。这方面的例子可以举出不少,如柏叶仙人田鸾,家居长安,"世有冠冕,至鸾家富,而兄弟五六人,皆年未至三十而夭。鸾年二十五,母忧甚,鸾亦自惧。常闻道者有长生术,遂入华山,求问真侣,心愿恳至。至山下数十里,见黄冠自山而出,鸾遂礼谒,祈问隐诀"②。后来,在黄冠的指导下,田鸾开始服食柏叶,并绝谷(辟谷),最终仙化而去。

京城长安附近的终南山,素为传说中的神仙居所,人们向往隐于终南山潜心服饵,祈求长生。如则天末期"精心归道"的薛尊师,历经千辛万苦跋涉入山,"亦见俗人于此伐薪采药不绝。问其所,云:'终南山紫阁峰下,去长安城七十里。'尊师道成后入京,居于昊天观,玄风益振。时唐玄宗皇帝奉道,数召入内礼谒。开元末,时已百余岁"③。薛尊师本为家道中落的人,在终南山修道之后受到皇帝礼遇,一生得以善终。因受到天子尊重,终南山在时人眼中也不仅仅是一座助于修道的神山,而成为接近长安官场的踏板,如前揭司马承祯的故事:"时卢藏用早隐终南山,后登朝,居要官,见承祯将还天台,藏用指终南谓之曰:'此中大有佳处,何必在天台。'承祯徐对曰:'以仆所观,乃仕途之捷径耳。'藏用有惭色。"④卢藏用充分肯定终南山在隐居和登朝方面的好处,但在司马承祯看来,终南山比天台山还多了一些世俗的"烦扰",不够清静,甚至充斥了一些势利的功用,比如进入终南山利于人们最终走上仕途为官。

《太平广记》中的诸多神异事迹,每有以终南山为依托者,又因长安地近于此,故终南山在一定意义上就可以视为长安求仙活动与平民踏入仕途之"意象"。在人们的潜意识中,前往终南山就似"适彼乐土",会带来命运扭转,仕途高升顺遂,最后进入长安飞黄腾达,这也形成了长安尘世与终南仙界的对照。⑤因此唐长安

---

① 《太平广记》,中华书局,1961年,第2300页。
② 《太平广记》,中华书局,1961年,第222页。
③ 《太平广记》,中华书局,1961年,第257—258页。
④ 《太平广记》,中华书局,1961年,第143—144页。
⑤ 王静:《终南山与唐代长安社会》,见刘后滨主编:《日常秩序中的汉唐政治与社会》,社会科学文献出版社,2012年。

与终南山的联系就更加密切了，不仅在地理上靠近，在关乎人们追求长生或当官的观念中也呈相辅相成之势。

长安社会中存在的热衷长生以求成仙的思想潮流，经历了一种从上至下扩展的过程，最终使得不论是帝王还是平民，都非常渴望通过服药延年益寿，并在现实生活中借隐居终南山表达出对俗世欲望的贪恋。

四、发展佛教

唐朝皇室尊崇道教，而不废佛教之发展，唐代社会礼佛之风甚浓，上自皇室贵胄，下至平民百姓，靡不信仰。关于唐人信佛、崇佛之记载，可谓史不绝书。

唐代皇帝奉佛，其例颇多，如长安城中有懿德禅院，系唐中宗复辟以后，"为懿德太子追福，改名加饰焉"[①]。再如，僧伽大师本西域人，俗姓何氏，后游历楚州、泗州，景龙二年（708）唐中宗遣使迎至长安宫廷内道场，尊为国师，后来出居荐福寺，再后来中宗又为其建普光王寺，并"御笔亲书其额以赐焉"[②]。亦从唐初开始，佛教在民间也有广泛传播，以至于"里闬动有经坊，阛阓亦有精舍"[③]。

时至唐朝，观世音菩萨崇拜已成为一种普遍性的民俗信仰，其神迹甚至影响到国家政策的层面，这从一些传奇性的故事中亦有所反映，据卷一〇一《释证三》"鸡卵"条云：

> 唐敬宗皇帝御历，以天下无事，视政之余，因广浮屠教，由是长安中缁徒益多。及文宗嗣位，亲阅万机，思除其害于人者，尝顾左右曰："自吾为天子，未能有补于人。今天下幸无兵革，吾将尽除害物者，使亿兆之民，指今日为尧、舜之世足矣。有不能补化而蠹于物者，但言之。"左右或对曰："独浮屠氏不能有补于大化，而蠹于物亦甚，可以斥去。"于是文宗病之，始命有司，诏中外罢缁徒说佛书义。又有请斥其不修教者，诏命将行。会尚食厨吏修御膳，以鼎烹鸡卵，方燃火于其下，忽闻鼎中有声极微如人言者，迫而听之，乃群卵呼观世音菩萨也，声甚凄咽，似有所诉。尚食吏异之，具其事上闻。文宗命左右验之，如尚食所奏。文帝叹曰："吾不知浮屠氏之力乃如是耶？"翌日，敕尚食吏无以鸡卵为膳，因颁诏郡国，各于精舍塑观世音菩萨像。[④]

[①] 《太平广记》，中华书局，1961年，第637页。
[②] 《太平广记》，中华书局，1961年，第638—639页。
[③] 〔宋〕王溥：《唐会要》，中华书局，1960年，第857页。
[④] 《太平广记》，中华书局，1961年，第678页。

这则故事不仅写出了唐敬宗、文宗两朝对待佛教的不同政策，进而曲折写出两朝不同的执政方略，更通过鸡蛋呼唤观世音菩萨的谎言，直接影响唐文宗的佛教政策。故事中的鸡蛋呼喊观世音菩萨，当然是殊为荒诞的笑话，但这个故事却反映了观世音菩萨已成为普遍性的民俗信仰。实际上，无论是为皇帝准备御膳的尚食厨吏，还是奉唐文宗之命前往检验的左右臣子，他们可能都是观世音菩萨的信仰者，他们上下一致地奏称浮屠之力量，不过是因为他们心中坚定的佛教信仰，希望能够通过这种特殊的方式，劝说唐文宗放弃其整饬佛教的政策。而唐文宗最终颁布诏书，令郡国于精舍塑造观世音菩萨像，应当也是鉴于拥佛势力之强大，不得已而改变了既定的整肃政策，转而继续对佛教采取优容的做法。

作为一种普遍性的民俗信仰，观世音菩萨崇拜的影响不仅表现在关涉唐朝国家政策的层面，更表现为对社会心理所造成的普遍性影响，直接触及广大普通民众的日常生活，即便是一尊寻常的观世音造像，也可能成为广大民众热情追捧，乃至顶礼膜拜的偶像，甚至为此不惜罄尽家产。如唐代宗大历十四年（779）前后，长安南四十五里处的灵母谷有惠炬寺，寺西南有高台，台上有观世音菩萨造像，时而放出光明，遂成为长安人民竞相礼拜的"圣地"。略云：

> 长安城南四十里，有灵母谷，呼为炭谷。入谷五里，有惠炬寺，寺西南渡涧，水缘崖侧，一十八里至峰，谓之灵应台。台上置塔，塔中观世音菩萨铁像，像是六军散将安太清置造。众传观世音菩萨曾见身于此台，又说塔铁像常见身光。长安市人流俗之辈，争往礼谒，去者皆背负米曲油酱之属。台下并侧近兰若四十余所，僧及行童，衣服饮食有余。每至大斋日送供，士女仅至千人，少不减数百，同宿于台上。至于礼念，求见光，兼云，常见圣灯出，其灯或在半山，或在平地，高下无定。大历十四年，四月八日夜，大众合声礼念，西南近台，见双圣灯。又有一六军健卒，遂自扑，叫唤观世音菩萨，步步趋圣灯前向。忽然被虎拽去，其见者乃是虎目光也。[①]

一个观世音菩萨显灵的传说就引得长安千百人民到此争相礼拜，同声礼念，还有人追逐圣灯，不承想那光芒是老虎猛兽的目光。从中不难看出，长安人民对于观世音菩萨的崇拜已经到了何种地步。"平民百姓聚结为社做佛事，在长安至扶风一带民间有此风习"[②]，可见佛教在民间的影响。

长安作为国际化大都会，兼之统治者推行兼容并包的开放政策，故各种异域的

[①]《太平广记》，中华书局，1961年，第2299页。
[②] 李斌城、李锦绣、张泽咸等：《隋唐五代社会生活史》，中国社会科学出版社，1998年，第519页。

宗教信仰如摩尼教、拜火教等也传入中国，并深深影响到中国人民的日常生活和宗教信仰。如越人吴可久，"唐元和十五年居长安，奉摩尼教，妻王氏，亦从之"[①]。摩尼教为回鹘国教，安史之乱以后，由于回鹘是唐朝最友好的邻邦之一，故唐朝统治者对于摩尼教采取了支持的态度。史载回鹘有大量摩尼教徒来到长安，"（长庆元年）五月，回鹘宰相、都督、公主、摩尼等五百七十三人入朝迎公主，于鸿胪寺安置"[②]。大唐的接纳在一定程度上推动了摩尼教在长安的传播。当时除长安、洛阳外，扬州、洪州等地方重镇亦置有摩尼教寺院——大云光明寺，摩尼教因此发展成为仅次于佛教的第二大外来宗教，不少中国人接受了摩尼教的教义，成为摩尼教的信徒。这则故事中的吴可久本为南方人，但因为久居长安，受到长安城中摩尼教的影响而选择了皈依，可想而知，随着时间的推移与教义的传播，在长安这座开放的城市中，异域宗教的信众会越来越多。

长安既为帝都所在，统治者建造了许多佛寺以求神祈福，引起朝野上下普遍佞佛。从观世音菩萨崇拜逐渐成为被大众接受的民俗信仰来看，长安皆已呈现一派尊崇佛教之景象。以佛教在唐代拥有了发展机遇观之，其他外来宗教也在此时有了较大的发展。

五、结语

由此，长安不仅因作为唐首都而地位特殊，其社会风俗也是全国范围内的典型代表。《太平广记》所见唐都长安城中的生活习俗、胡乐流行、求仙服药和发展佛教四个方面，是了解唐代社会生活史的窗口，亦是了解唐代人民社会风俗和精神生活的重要切入点。在长安人民的日常习俗中，有"传坐""踏歌"与"赏牡丹"这样壮观的生活场景；胡乐传入大唐，皇家宫苑和郭城坊间流行羯鼓，胡人乐器在长安得以广泛使用；无论皇帝还是普通民众都热衷追求长生不老，表现了求仙风气的盛行，同时密迩长安的终南山成为吸引世人修道或助其升官的神山；皇室推行尊崇佛教的政策，从观世音菩萨崇拜中可见一斑，以及在长安传播的其他异域宗教都拥有广大信众。小说故事里种种看似怪诞不经的情形其实反映的是奇特夸张的俗世百态，可以体会到唐都长安的社会风俗意象即为流漫陆离，给我们留下了无限的遐想。

原载《西安文理学院学报》2020年第4期

（张林君，河北大学历史学院讲师）

---

① 《太平广记》，中华书局，1961年，第727页。
② 《旧唐书》，中华书局，1975年，第5211页。

底层民众与城市近代化

——以民国西安人力车夫为中心的考察

郭世强

当前学界对于人力车夫的研究方兴未艾，大体经历了一个从政治史向社会经济史、城市史研究方向转变的过程。其中，尤以北京、上海、南京等沿海城市人力车夫的研究成果为突出。[1]民国时期，西安作为西北重镇，又是抗战后方的战略要地，自1932年西京筹备委员会成立到1945年奉令裁撤，陪都西京建设大大促进了西安城市近代化的进程。[2]人口日渐增多，城市经济活动逐渐活跃，因而市民对于公共交通的需求也就日趋旺盛。由于民国西安城市近代化特殊的经济社会条件和时代背景，人力车逐渐成为西安公共交通的主体，而人力车夫也就日渐成为市内人数最多的工人群体，对于城市公共交通乃至社会稳定影响甚大。然而，西安的城市近代化如何影响了人力车夫群体的发展？哪些因素改变着人力车夫群体发展的历程？人力车夫与西安近代公共交通的关系如何？人力车夫群体在城市近代化过程中的生存状况怎样？这些问题当前学界尚没有较为深入的研究。笔者不揣鄙陋，拟从城市近代化视角揭示民国西安人力车夫的发展背景，从移民推拉力机制理论思考人力车夫群体发展的阶段特征与动力，通过人力车分析民国西安公共交通的曲折发展，并从底层视角考察人力车夫的生存状况，以期为全面理解民国时期中国城市的底层民众与城市近代化提供一个内陆城市范例。

一、城市近代化是西安人力车夫群体发展的基础

西安人力车最早出现于民国元年（1912）。人力车公司成立伊始，资本额不足

---

[1] 如邱国盛：《北京人力车夫研究》，《历史档案》2003年第1期；马陵合：《人力车：近代城市化的一个标尺——以上海公共租界为考察点》，《学术月刊》2003年第11期；郑忠、王洋：《城市边缘人：民国南京人力车夫群体探析》，《南京师大学报》（社会科学版）2012年第3期；等等。

[2] 吴宏岐：《西安历史地理研究》，西安地图出版社，2006年，第387—388页。

一万元，且"多为汉口、北京用过之废车，后乃渐渐纯为橡皮轮"[1]。虽然人力车在当时属于新式交通工具，对城市交通方式的变革和市民出行产生了深远的影响，但在民国早期，"新式之马路尚未动工……大街皆石路……多系数百年前旧物，高低凹凸不平，车行颠簸特甚。小巷皆土路，多坑坎……雨天人力车不能行"[2]，城市道路发展的滞后，制约了人力车业的发展，至20世纪20年代末西安人力车也不过八九百辆。[3]

1932年3月，国民党四届二中全会决定"以长安为陪都，定名西京"，并委派张继等人组成"西京筹备委员会"，[4]开启了民国西安大规模城市建设的序幕。据研究，1934年成立的西京市政建设委员会在其存在的8年时间里（1934—1941），对西安城区道路修筑多有建树，碎石路面基本涵盖城区各重要路段，与煤渣路面共同构成了西安城区道路的主体，初步改变了西安历史时期道路的路面面貌。[5]而人力车业也在这期间获得长足的发展，车辆数目由1933年的2043辆发展到1943年的4500辆[6]，增长一倍有余。可以说以路面状况改善为代表的西安道路基础设施的近代化转变，解决了雨天人力车运营困难的问题，奠定了人力车夫运营空间扩展的物质基础。这些路面无论晴雨，人力车夫皆可通行其上，大大提高了人力车夫对于道路空间的利用率，增强了其运营能力。毕竟遇到阴雨天气，愿意搭乘人力车的乘客自然增多，人力车的运营可谓是卖方市场，车夫可趁机加价，以提高收入。[7]

而1934年底随着陇海铁路潼关至西安段的贯通，民族工业随之发展，给整个西安的商业市场带来了勃勃生机，城市社会经济的发展也为人力车业的发展提供了社会经济条件。随着西安人口日渐增多，城市经济活动逐渐活跃，市民对于公共交通的需求也就日趋旺盛，由于西安城市公共汽车业发展的滞后，人力车俨然成为城市公共交通的主体。据陕西省会公安局调查，1933年4月西安有人力车2043辆[8]，抗战

---

[1] 刘安国：《陕西交通挈要》，中华书局，1928年，第35页。
[2] 王桐龄：《陕西旅行记》，见王桐龄等：《西北望——陕西新疆旅行记》，辽宁教育出版社，2013年，第19页。
[3] 《本报特写：本市洋车夫生活素描》，西安《工商日报》1937年3月1日。
[4] 西安市档案馆局、西安市档案馆编：《筹建西京陪都档案史料选辑》，西北大学出版社，1994年，第5页。
[5] 郭世强：《1934—1941年西安城区道路工程建设的初步研究》，《中国历史地理论丛》2013年第3期。
[6] 李云峰、王民权主编：《民国西安词典》，陕西人民出版社，2012年，第168页。
[7] 《本报特写：本市洋车夫生活素描》，西安《工商日报》1937年3月1日。
[8] 《本市交通工具调查》，《西京日报》1933年4月13日。

前夕西安市内拥有大小人力车行87家，人力车2400余辆。[1]随着抗日战争的爆发，外省难民大量涌入西安，西安城市缓慢发展的近代工商业无法容纳陡然增长的破产农民及外地难民，只靠出卖力气就可谋生的人力车业也就成为他们的最佳选择。经过数年的发展，1943年人力车数量增至4500辆[2]，到1946年西安市政府依据国民党中央取缔人力车决议统计本市人力车数量竟达5000余辆。[3]

伴随着人力车在西安城内的兴起，人力车夫也逐渐成为西安城市数量庞大的群体之一。1944年的调查资料显示，西京市人力车业职业工会拥有会员4808人，而这一时期西京市总工会所属23个职业工会工人的总数不过13926人，仅人力车夫就约占工人总数的35%，成为该时期西安城市第一大职业团体。[4]抗战结束后，人力车夫群体数量一度达到8000余人，虽然陕西及西安行政当局一直设法取缔人力车，但因为政局动荡一再拖宕，进展缓慢，至1949年5月西安解放，全市尚有人力车约4300辆，人力车夫4400余人。[5]

总之，以道路路面硬化为代表的西安城市基础设施的近代化转变，奠定了人力车夫运营空间扩展的物质基础。而陇海铁路贯通西安，进一步促进了西安城市社会经济的发展，在人口日增、城市经济活跃催生下对公共交通的需求，又为人力车夫群体的发展提供了社会经济动力。因此，以近代市政建设和工商业发展为代表的城市近代化，是西安人力车夫群体发展的基础因素。

二、人力车夫群体发展的阶段特征及动力因素

据时人1933年的调查，西安人力车夫"在民国十五年前（1926），十分之九都是河南人，在十五年围城以后，因为受了兵燹的影响，本省的人也因为生活的压迫，混迹里面的一天一天地多起来，但是迄至现在河南籍的洋车夫，至少还有一半"[6]。透过这篇报道我们可以发现，在早期西安人力车夫的来源上，以1926年"围城之役"为节点，西安人力车夫的构成开始发生转变，即陕西本省人力车夫数量的增加。"围城之役"给西安带来严重灾难，死难军民四万余人，城市人口骤减，社会经济更是出现停滞甚至倒退，导致部分小商贩破产，只得以出卖力气为生。而历

---

[1] 《警局调查本市工商业》，西安《工商日报》1937年6月16日。
[2] 李云峰、王民权主编：《民国西安词典》，陕西人民出版社，2012年，第168页。
[3] 《取缔人力车市府正拟办法》，《西京日报》1946年8月11日。
[4] 《陕西省西京市各级职业团体概况表》，1944年3月，西安市档案馆藏《西京市工人福利社档案》，档案号：011-2-15，第8页。
[5] 李云峰、王民权主编：《民国西安词典》，陕西人民出版社，2012年，第168页。
[6] 洪迅：《洋车夫——社会写真之一》，《西京日报》1933年4月17日。

经了"民国十八年年馑"的陕西，农村经济破产，周边部分农民流落西安街头，拉人力车也就不失为一条谋生出路。此外1929—1933年资本主义世界大危机而产生的失业问题也波及"灾荒连年的陕西，成千上万的失业恐慌者，都焦急地希冀着得到他们解决生活的途径。但在这职业竞争极度紧张的局面之下……他们最后的唯一出路便是出卖劳力……尤其作洋车夫的为最多"①。

因此，在1926年"围城之役"之后至1937年抗战全面爆发之前西安人力车夫群体规模快速扩大的第一个阶段，陕西本省人力车夫的增加是该阶段最为明显的标志。通过以上材料的分析，造成陕西本省人力车夫增加的原因：首先是民国前期陕西天灾人祸不断而造成农村经济的破产。这一来自农村的推力，为城市输送了源源不断的劳动力大军。其次，民国时期西安尤其是在陇海铁路修抵西安之前，近代工业发展十分落后，城市经济呈现出典型的商强工弱的局面，②这就使得来自农村的劳动大军"主要不是被现代工业所吸收，而是被商业、服务业为主的第三产业所吸收"③。西安薄弱的工业基础加之受世界经济危机的影响而导致失业增加，无法吸纳更多的破产农民及城市无业人口从事工业生产，这些本省人口要想在西安生存下去只得依靠出卖劳力将人力车夫作为谋生的职业。

抗战期间是西安人力车夫群体规模快速扩大的第二阶段，这一阶段沦陷区难民成为人力车夫群体数量增加的主体。抗战爆发以后，河南因平汉、陇海铁路纵横境内，战事频繁，加之黄河决堤、天灾人祸不断，战争和自然灾害使河南遭到了严重破坏，百姓流离失所，人口迁移数量之多，全国罕见。而陕西则成为抗战时期河南难民迁移人口最多的省份，自1938年黄河花园口决堤至1942年河南大灾荒，陕西行政当局为应对日益增多的难民潮，除壮年分送黄龙山各垦区从事垦殖外，其余不愿赴垦区者则令其自谋生活，④因而适时增发人力车牌照就成为西安当局救济难民的一种方式。对于这些来自战区的难民而言，他们一无所有，唯一赖以存活的就只能是出卖力气了。而作为抗战大后方的西安，陪都西京的筹建、陇海铁路的开通及民族工业的内迁，促进了近代西安社会经济的发展，人口的增加、近代工商业的发展从而使人力车夫规模的扩大有了必要的社会经济条件。

抗战胜利后，1946年8月16日为落实国民党中央取缔人力车、安置车夫就业的

---

① 洪迅：《洋车夫——社会写真之一》，《西京日报》1933年4月17日。
② 宗鸣安：《西安旧事》，陕西人民美术出版社，2002年，第65—78页。
③ 何一民：《近代中国城市发展与社会变迁》，科学出版社，2004年，第433页。
④ 郑发展：《近代河南人口问题研究（1912—1953）》，博士学位论文，复旦大学，2010年，第235、241页。

指令，西安市政府成立了以市长张丹柏为主任委员的委员会，即日起开始办公，研究有关推进事宜。①经过数月的酝酿，基于对西安市内道路状况、公共汽车的运营情形及人力车夫就业安置的现实考虑，西安市政府做出自1947年起按比例逐渐取缔人力车的决定，具体则通过吊销人力车制车厂执照、停止增发人力车牌照等措施予以落实，同时寄希望于发展三轮车运输业解决人力车夫再就业问题。②然而随着国民党内战战局的不断恶化，西安市政府各项取缔人力车和安置车夫就业措施难以得到有效实施，因而在1949年5月西安解放之时，全市尚有人力车4300余辆，人力车夫4400余人。③

总体而言，西安人力车夫群体的发展大致经历了四个阶段，即民国元年（1912）至1926年"围城之役"之前以河南籍车夫占主体地位的初始阶段；1926年"围城之役"后至1937年抗战全面爆发前陕西本省籍人力车夫逐渐增长的阶段；1937年抗战全面爆发后至1946年沦陷区难民车夫迅速增长的阶段；1947年至1949年西安解放前在政府取缔政策下人力车夫逐渐衰减的阶段。在这一发展过程中，因战乱和自然灾害造成的农村经济的破产，作为推力为城市输送了源源不断的劳动力大军。虽然民国西安城市近代化有了一定的发展，但囿于城市经济商强工弱的现状，这种拉力无法吸纳更多的破产农民及城市无业人口从事工业生产活动，而只得靠出卖劳力为生，因此职业门槛极低的人力车夫就成为他们谋生的无奈之选。

三、人力车所折射的西安公共交通的曲折发展

西安地处西北内陆，经济基础薄弱，城市基础设施落后，在抗战爆发沿海工业向内地转移之前，近代工业基础十分薄弱，④城市无法像东南沿海一样发展电车运输业，因此骡马车与公共汽车就成为西安普通市民出行除人力车而外的主要交通工具了。骡马车一直是西安传统的出行工具，然而由于骡马车天然的牲畜饲料成本，费用较高，"系普通中等以上之人所用"⑤，因此在人力车与公共汽车相继出现以后，骡马车的运营便日趋衰退，仅遇有婚丧宴会事收入尚可。⑥随着抗战全面爆发，骡马

---

① 《取缔人力车安置车夫就业委员会在市府成立》，《西京日报》1946年8月17日。
② 《取缔人力车明年度开始》，《西京日报》1946年11月28日。
③ 李云峰、王民权主编：《民国西安词典》，陕西人民出版社，2012年，第168页。
④ 吴宏岐：《西安历史地理研究》，西安地图出版社，2006年，第357页。
⑤ 王桐龄：《陕西旅行记》，见王桐龄等：《西北望——陕西新疆旅行记》，辽宁教育出版社，2013年，第19页。
⑥ 《汽车洋车交相驰驱，轿车马车每况愈下》，西安《工商日报》1937年5月18日。

车被当局征发，从此便基本退出了西安市民出行的历史舞台。[1]

西安人力车夫和公共汽车在运营上的竞争关系，先后经历了1934—1937年间的"和平共处"、抗战中期的"矛盾激化"和解放战争时期两者的"同病相怜"三个阶段。民国西安城内道路设施总体上落后，公共汽车数量较少，1934年7月15日西安城内恢复运营公共汽车时只有2辆，1935年增至16辆，最多时的1937年也就只有24辆公共汽车，并且通行路段有限，主要行驶在城内主干道路。如第1路公共汽车由东门驶往西门；第2路公共汽车由南院门经粉巷至钟楼过东大街，到大差市北转过尚仁路（今解放路）至火车站；第3路公共汽车由北门至南门。[2]除此之外，城内数百条街巷市民出行则依赖人力车夫。公共汽车运营空间的局限，给人力车夫的运营提供了广阔的空间，可以说两者相辅相成，共同构建了主干道—次干道—小街巷—市民居处的城市公共交通运营网络。

经过1934—1937年的"和平共处"，随着抗战全面爆发，为节省汽油和煤油等战略物资支持抗战，陕西省交通当局于1937年9月决定停止市内以汽油和煤油为燃料的公共汽车的运营，[3]因而人力车夫便独占了城市公共交通的运营。然而发展近代城市公共交通毕竟是历史的进步、时代发展的要求，能够极大地便利市民出行，加快城市生产、生活节奏，促进城市社会经济发展，一俟时机有利，致力于城市近代公共交通发展的西安当局便决定再次恢复公共汽车运营，因而1942年4月陕西省公路局陆续恢复1路、2路公共汽车。[4]这次恢复运营将西安城内最为繁荣的东、西大街主干道与火车站通过尚仁路相连，对于市民出行、与外界联系方便大有裨益。然而这对于已经独占城市公共交通运营近5年之久的人力车夫的利益是极大的损害，因而激起了人力车夫罢工，被当局予以弹压。[5]不过抗战时期西安公共汽车的恢复只是昙花一现，至1943年底公共汽车因为车辆陈旧、破损严重、机件不全不堪使用而当局又没有资本购买新车，便被迫停运了。[6]因此整体而言，人力车夫主导了抗战时期西安城市公共交通的运营。

抗战结束之后，陕西省、西安市政府部门遵照国民党中央命令逐步取缔人力车，同时发展公共汽车和三轮车以取代人力车在城市公共交通中的作用，人力车的

---

[1]《本市人力车增加六百辆》，西安《工商日报》1937年11月21日。
[2] 李云峰、王民权主编：《民国西安词典》，西安人民出版社，2012年，第63—64页。
[3]《公共汽车拟停止驶行》，西安《工商日报》1937年9月15日。
[4]《市内公共汽车将增辟新线》，《西京日报》1942年4月17日。
[5]《奉令调处人力车夫工人怠工事件报告》，1943年4月15日，西安市档案局藏《西京市总工会档案》，档案号：011—1—44，第30页。
[6]《公共汽车月底停开，省公路局负责人对记者谈》，《西京日报》1943年12月28日。

运营进入了衰退期。陕西省公路局于1946年起逐步恢复1、2、3路公共汽车，同时新辟火车站至勿幕门的4路公共汽车、钟楼至西稍门的5路公共汽车。然而这些公共汽车多系抗战爆发后所封存旧车及战后俘获日军军车改造而成，可谓"年老体衰"，加之政局动荡、通货膨胀，1949年西安解放前后，仅有1、2、3路共17辆公共汽车勉强维持营运。①这对承载了民国西安城市公共交通运营主要任务的"难兄难弟"，在新中国的隆隆炮声中迎来了新生。

综上所述，民国西安当局对于以机械力代替人力的交通近代化发展趋势，还是有着较为清醒的认识的，其对发展近代公共交通的各种努力，客观上顺应了时代的要求。但人力车作为一种交通工具，本应逐步退出历史舞台，却因为战乱灾荒、社会经济凋敝、从业者居高不下，在整个民国时期成为西安公共交通的主体。此时，人力车已不单是作为交通工具而存在的，更重要的是为广大社会底层民众的生存提供了一条途径。

四、夹缝中求生的人力车夫生活状态

民国西安城市的近代化并没有给以人力车夫为代表的底层民众生活状况带来改善。西安人力车夫群体以周边破产农民及外省难民为主，缺乏在城市经济社会生活中赖以安身立命的职业技能与社会关系，对于这些车夫而言，可以依赖的或许就是同乡之谊，靠着这层关系彼此间作为铺保或者因为和车厂主的同乡关系得以租借拉车，因而就他们的生活状态而言，"那真有说不出的可怜"②。

首先就居住状况而言，在抗战全面爆发之前，除少数有家小必须租房外，大多数车夫住在车厂。③抗战结束后，这一状况依然存在，根据笔者对搜集到的166份人力车夫入会志愿书统计，1947年荣记、义利成、集盛德等车厂依然为40名车夫提供住宿，约占总数的25%，且大部分车夫居住在西安城区的东北、东南城区及城壕处。④至于车厂提供给车夫住宿的比重较之抗战之前有所下降的原因，或许是经过10年左右西安城市社会经济的发展，单身车夫比重下降。而会出现这样的居住空间分布，原因大致有两点：第一，随着陇海铁路修抵西安，东北城区因靠近火车站之

---

① 李云峰、王民权主编：《民国西安词典》，西安人民出版社，2012年，第64—63页。
② 《本报特写：本市洋车夫生活素描》，西安《工商日报》1937年3月1日。
③ 《本报特写：本市洋车夫生活素描》，西安《工商日报》1937年3月1日。
④ 《西安市人力车业职业工会会员入会志愿书》，1947年8月，西安市档案馆藏《西京市总工会档案》，档案号：011-1-87、011-1-88-2。

利，逐渐发展成为西安城内新兴的商业区，作为交通导向型的新兴商业区，[1]对于人力车这一城市公共交通运行主体的需求自然也就增大，加之道路基础设施的改善和房租的相对低廉，东北城区及大、小差市人力车厂林立，[2]基于前往车厂租拉车的便利性以及车厂为单身车夫提供住宿等原因，大量人力车夫在车厂及附近居住；第二，房租的廉价性，东北城区及城内东南角作为民国中后期逐步发展起来的居住区[3]，比之城内其他地段房租低廉，对于这些终年依靠拉车出卖劳力仅能勉强度日的车夫来言，车厂、新近形成的居民区及城壕村比之传统居住区自然是首选。

其次就衣食状况而言，"他们的衣服，全是粗布的……而且多半是破旧的……他们为着便利工作……竟然在冰天雪地的严冬，大半都穿着单裤子……"，"饮食非常简单，麸子馍开水……干面、白馍及白米饭很少见……肉食一年有着三五回罢了"。[4]这种极端恶劣的生活状态，与人力车夫的经济状况密切相关。作为一种流动职业，人力车夫的收入在竞争日益加剧的形势下具有极大的不稳定性，然而其所承担的车租及各类税捐却是固定的。以抗战全面爆发之前西安物价相对稳定的时期为例，一个人力车夫一天的收入最多一元左右[5]，而这一时期人力车的租价每天为三毛，此外人力车主每月需缴纳的修理费、房捐、票捐、警捐、路灯捐、特别捐等又转嫁给人力车夫，[6]再加上车夫自己每天饮食也要花掉四五毛钱，因此一天忙碌下来所剩无几，要是还有妻儿老小，生活更是挣扎在死亡线上。

在生活都不能得到保障的情况下，人力车夫更不用谈有什么社会地位了，遭受乘客谩骂与军警等管理者的不公正对待经常发生。据1941年时任人力车夫职业工会常务理事李克亮向西京市总工会主席张佐庭的呈请，已经报经国民兵团批准的受训车夫只因与警察言语不和即被警士"身戳二刀鲜血淋漓"，车夫被警察诬陷更是可以随意批捕，人力车夫的人身安全没有制度和法律的保障。而在平日里，警察的警棍对于人力车夫而言更是家常便饭。[7]

总之，作为城市中的一个特殊群体，人力车夫的足迹遍布西安的大街小巷，为

---

[1] 任云英：《近代西安城市空间结构演变研究（1840—1949）》，博士学位论文，陕西师范大学，2005年，第242页。
[2] 《本报特写：本市洋车夫生活素描》，西安《工商日报》1937年3月1日。
[3] 郭世强：《城市转型视角下民国西安城区道路系统演变研究》，《中国历史地理论丛》2017年第4期。
[4] 《本报特写：本市洋车夫生活素描》，西安《工商日报》1937年3月1日。
[5] 《本市人力车辆增加，乘客反较以前减少》，《西京日报》1934年4月21日。
[6] 《本市人力车营业萧条，车夫生活异常艰》，《西京日报》1937年3月27日。
[7] 郭世强、武颖华：《陪都西京时期西安人力车夫救济研究》，《历史教学问题》2017年第2期。

提高市民的工作生活节奏、加快城市的社会经济运转做出了自己的贡献,而他们自身的生存却在城市中被角落化、边缘化。在城市近代化过程中,这些身无长处的车夫,既失去了传统的血缘关系纽带,又失去了以土地为基础的传统谋生手段,难以真正融入城市经济与社会,只能以一种边缘性的形态在城市中求生。因此,从一定程度上来说,人力车夫是农村劳动力在天灾人祸和不合理的土地制度逼迫下,而被迫在城市中做出的求生性选择。

五、结语

1949年5月伴随着西安的解放,人力车夫群体也迎来了新生。为了解决西安解放初期人力车夫失业及生活困苦问题,人民政府将人力车纳入战勤工作范畴,实行为解放军拉伤员及转运物资的"以工代赈"办法。同时为解决车夫外出转运物资家庭生活不能维持的问题,提前向车夫家庭支付面粉等实物工资,并根据情况适时增加工资,而愿意返乡的人员一律遣送其返乡,对于生活困难无力购买车票者,准予免费乘车。[①]因而人民政府在西安解放初期较好地解决了车夫失业及生活问题,为日后彻底废除人力车这一不人道的交通工具、真正改变人力车夫被剥削压迫的命运打下了基础。

人力车作为近代中国城市交通工具由传统走向现代的过渡,随着人力车业的兴盛,在城市中形成了庞大的人力车夫群体,尤其是在西安这样一座极度缺乏现代交通工具的古都,在抗战这一特殊的历史背景下,通过上文的论述我们对西安人力车夫的发展有着如下认识。

首先,西安人力车业及人力车夫群体的壮大离不开城市近代化的发展。以道路硬化为主要代表的西安路政近代化建设,奠定了人力车业及车夫群体发展的物质基础。而陇海铁路的开通及抗战期间沿海工业向内陆转移,进一步加快了西安城市近代化发展进程,因此市民对于公共交通的需求日趋旺盛和城市公共汽车运营发展滞后的矛盾,就成为人力车业及人力车夫群体发展壮大的社会经济原因。

其次,在抗战这一特殊历史背景下,西安作为省会城市,同时兼具陪都角色。在因天灾人祸不断而造成的农村经济破产为主的推力之下,作为抗战后方要地,西安巨大的政治辐射力与潜在的消费能力,吸引着陕、豫一带的离村农民及破产阶层前来谋生。然而因其缺乏在城市立足发展的必要社会资源和能力,因而生活困苦,社会地位极其低下。

---

① 中共陕西省委党史研究室、中共西安市委党史研究室编:《解放西安》,陕西人民出版社,1999年,第58—59页。

最后，以机械力取代人力，公共汽车取代人力车，是城市交通近代化过程中不可逆转的趋势。然而囿于民国特定的政治经济条件，源源不断的农村劳动力与破产后备军，使得人力车的存废处于两难境地，最后不了了之。人力车能够大量存在，其根本原因在于它的低技能性满足了进城农民的谋生需求。因此要解决城市交通近代化中人力车与公共汽车的矛盾，不单在于利用技术手段推行交通工具的更新换代，更在于如何安置被淘汰的人力车夫。

原载《兰州学刊》2019年第2期

（郭世强，暨南大学文学院历史系讲师）

民国时期西安居民的饮水问题及其治理

高升荣

引言

城市是现代化的关键载体，是现代经济得以增长的重要场域。基础设施的现代化是城市化的主要内容之一，居民饮水工程是城市基础设施建设的一个重要组成部分，亦是事关民生的重大问题。民国时期，中国城市发展处于早期现代化的起始阶段，作为西北内陆城市，在传统向现代转变的时代背景下，西安居民饮水以及相关的政府公共事业管理都面临一些亟待解决的问题。学术界对城市居民饮水问题的研究，主要集中在用水环境、饮用水源及结构、水质环境、供水产业、饮水卫生观念与管理等方面，且研究区域以沿海沿江城市居多。[1]相比较而言，对西安居民饮水问题的研究有待进一步深入，史念海、黄盛璋、马正林、史红帅等从西安城市给水、水源、城市发展与水的关系等方面展开过多维度分析，研究时段多集中在民国以前，[2]程森对民国时期西安城市的用水困境及改良措施做过初步梳理[3]，其中对居民饮水问题略有涉及。本文主要利用民国时期的档案及报刊资料等，从供水方式、饮水存在的突出问题等方面检视民国时期西安居民的饮水状况，重点探讨西安政府

---

[1] 张亮：《回顾与展望：近三十年来国内以"饮水"为主题的史学研究》，《三峡论坛》2018年第5期；梁志平：《水乡之渴：江南水质环境变迁与饮水改良（1840—1980）》，上海交通大学出版社，2014年；刘海岩：《20世纪前期天津水供给与城市生活的变迁》，《近代史研究》2008年第1期；刘海岩：《清末民初天津水供给系统的形成及其影响》，《历史档案》2006年第3期；刘亮：《饮水问题与国民政府城市危机管理——以抗战胜利后的青岛为中心》，《江西师范大学学报》2015年第4期；李玉尚：《清末以来江南城市的生活用水与霍乱》，《社会科学》2010年第1期；张亮：《清末民国成都的饮用水源、水质与改良》，《民国档案》2019年第2期。

[2] 黄盛璋：《西安城市发展中的给水问题以及今后水源的利用与开发》，《地理学报》1955年第4期；马正林：《由历史上西安城的供水探讨今后解决水源的根本途径》，《陕西师范大学学报》1981年第4期；史念海：《论西安周围诸河流量的变化》，《陕西师范大学学报》1992年第3期；史红帅：《明清时期西安城市历史地理若干问题研究》，硕士学位论文，陕西师范大学，2000年。

[3] 程森：《民国西安城市用水困境及其改良》，《兰台世界》2015年第25期。

的饮水治理措施及成效问题，以期深化民国时期西安城市化和地方社会治理的研究。

一、居民饮水问题的主要表现

大体上，民国时期西安居民饮水问题主要表现在供水水源单一、水量不足、水质不良、水源性疾病时有发生等几个方面。

1.供水水源单一

历史时期西安居民饮用水源主要来自井水与河水，凿井汲水与筑渠引水并用，凿井汲水是居民饮水的核心来源。清乾隆初年开始，西安居民饮用水源完全是凿井汲水。居民院落普遍打凿水井，街衢里巷间分布若干公用水井。民国时期，居民饮用水源继续沿用乾隆以来的方式。根据民国三十六年（1947）6月西安卫生厅对西安给水状况的调查，此期西安市人口585011人，城关面积24200亩，郊区面积306540亩，居民饮用水源全部为井水，无其他水源。[①]

民国中期以前，居民饮水基本依靠土井。西安市内水脉，南甜北咸，以东西大街为界，愈北愈苦，愈南愈甜。[②]城之西门附近，及西南隅沿城一带，均系甜水，尤以西门内大井[③]及甜水井数处之水为最甜。当时可供饮用的甜水井分布区域十分有限，大部分居住在"苦水"区域的居民，其院落井水仅能供作洗涤，须另购"甜水"饮用。[④]

2.水量不足、水价高昂

民国时期的西安，自然环境整体呈现缺水状态。西安地处西北，大陆性气候明显，历史时期虽有"八水绕长安"之说，但从唐代开始，供给长安城用水的渠道就已不多，用水亦十分有限。[⑤]晚清至民国时期，西安的平均雨量每年仅有500毫米，

[①] 《西安市给水状况调查表》，1947年6月18日，陕西省档案馆藏，档案号：91-1-418。

[②] 《西安介绍》，《西安群众日报》1949年4月7日。

[③] 西门大井的充分利用始于清康熙年间，是一个花少量钱就能买到甜水的公用井，惠及西门周边、西大街沿线，供给涵盖近乎半个西安城区。详见《话说西门大井》，《西安史志通讯》2006年第34期。

[④] 西安市地方志编纂委员会编：《西安市志》（第2卷）》，西安出版社，2000年，第159页。

[⑤] 史念海：《唐长安城的池沼与林园》，见《史念海全集》（第7卷），人民出版社，2013年，第531页。

约及浙江一带最少的700毫米的十分之七,"八水"到了民国时期,仅剩下泾、渭两水,其余六条水淤的淤,干的干,甚至有些连河床的遗迹也已经无影无踪,更谈不到"绕"了。①由于常年的雨量稀少,城市周边水道大多干涸,即使是城内园林植被的灌溉水源也颇显缺乏,以致池沼干涸、尘埃弥漫。②雨量稀少不仅影响了地表水的水量,也会影响到地下水的水量,普通人家院里的水井,深五丈有余,通常需要摇上大半天,才在井底汲出半桶混稠的水。③

除了自然环境的影响,当时的社会环境也直接影响到西安市民的供水。民国时期,关中地区迭经战乱,政治形势跌宕起伏,政府基本无暇顾及水井的淘浚维护,很多水井面临取水困难甚至废弃的局面。而城市施工建设时,并未合理规划,挖掘城壕过深,水面低落,失其平衡,不能渗透井底,引起水井取水困难。加之当时西安大力发展工业,工厂对水的需求量增多,掘井更深,稍遇天旱水源枯瘦,所蓄水量尽为厂井吸去,亦导致民用井水供水严重不足。1947年,西安城内50万人的饮水困难成为政府面临的严重问题。④

供水不足带来的后果之一是水价高昂,普通市民吃水困难。自清代乾隆年间起,拉车卖水成为西安市的行业之一,拉车卖水者从公用甜水井汲水或从水厂、私人甜水井买水,走街串巷售给城市居民。由于甜水井的稀缺,可供饮用水的匮乏,导致水价昂贵。1931年,一瓶沸水在上海老虎灶上用一枚铜圆买得来,在西安就要八个铜圆(约合大洋两分)。⑤这样的价格让大多数西安居民望而却步,西门甜水井的水只有有钱人才能喝得起。⑥后来,公井的水价由政府制定,1937年政府规定由警察局管理官井,水费为每担半分,用于开支管理水井雇工工资及吸水机损坏修理之费。商井(如国民市场)每担售洋一分,合铜圆一大枚。⑦民国三十年(1941)10月,陕西省政府"指定水价每元四车出售,不得稍违"。民国三十四年(1945)

---

① 沈毅:《水和西安——"望不见八水绕长安,使人心痛酸……"》,《西北通讯》1947年第6期。
② 西安市档案局、西安市档案馆编:《筹建西京陪都档案史料选辑》,西北大学出版社,1994年,第343页。
③ 沈毅:《水和西安——"望不见八水绕长安,使人心痛酸……"》,《西北通讯》1947年第6期。
④ 《市省政府为市民、省参议会,水利局关于西安市饮水问题设法引水入城呈文代电训令》,西安市档案馆藏,档案号:01-11-107。
⑤ 陈必贶:《长安道上纪实》,见杨博编:《长安道上》,南京师范大学出版社,2016年,第42—43页。
⑥ 张恨水:《小西天》,《申报》1934年11月5日。
⑦ 《西京市政建设委员会1937年工作总结报告》,西安市档案馆藏,档案号:05-544-11。

9月，西安市政府批准"大车每桶远处80元，近处65元；小车每桶远处30元，近处25元"。到1946年，虽然战争结束了，但物价并没有降低，水价则更高了。一车水是六小桶，差不多要500元，一到夏季，六小桶水只够八口之家两天用，合计起来，一家人每个月竟要负担1万元的水费。①自民国三十年（1941）至民国三十六年（1947），出厂水价由每车4元涨到每车2200元，市民吃水困难达到"贵似油"的地步。②

3.水质不良

民国时期西安居民的饮水水质基本可以用"低劣"二字来形容。无论是机关、学校、旅社、住宅，人们所饮之水大都取自于自己的私家井水，多咸苦，口感不好，"味涩质浊，久而不闻其臭……从热水瓶里倒出来的白开水，入杯一二分钟后，便有若干沉淀物，喝在口里，觉得一阵难闻的土腥气"③。记者沈毅当年初到西安时，对西安的第一个印象就是口里呷到咸味极重，浑浊不清的白开水，喝不下口也得喝。④除了感观的描述性记载外，民国中期，从政府对井水的水质化验亦不难看出井水水质欠佳。1935年12月，陕西省防疫处对4个分局的16眼公井进行了水质化验，结果水质达标的不及一半，能够达到甲级水质的仅有莲花池街的一眼。⑤即使公众认为水质最好的西门甜水井，经陕西省卫生试验所多次抽样化验，亦不合卫生标准。⑥公井是由政府管理的，水质尚且如此，更遑论民井了。

井水的来源，除一部分和江湖海的水源相通外，其余的井水多半是从地面滤下去的，从地面经过土、细沙、粗沙及石子，然后到井里，好像经过天然砂滤器一样，但是井水若太浅或井旁有大量细菌的来源，如厕所等，这种井水也是不洁的。西安井水水质不佳与居民缺乏卫生意识、随意倾倒生产生活垃圾和污水有很大的关系。由于缺乏合理、严格的管理，厕所以及下水道的脏水极易淤塞渗漏，民众缺乏卫生常识，只图方便随地倾倒垃圾与脏水，这些行为都妨害了饮水井水源的卫生。

---

① 《西安的饮水问题》，《西京日报》1946年3月12日。
② 西安市地方志编纂委员会编：《西安市志》（第2卷），西安出版社，2000年，第160页。
③ 《长安印象记》，《申报》1934年6月11日。
④ 沈毅：《水和西安——"望不见八水绕长安，使人心痛酸……"》，《西北通讯》1947年第6期。
⑤ 《西京市第一四五六局地区公井水质化验成绩表》，西安市档案馆藏，档案号：03-257-028。
⑥ 西安市地方志编纂委员会编：《西安市志》（第6卷），西安出版社，2002年，第780页。

西门的甜水井，井侧污物狼藉，卫生条件不足，水质易于污染。[1]雷神庙街（现西安莲湖区立新街）的公井周围状况甚劣，人粪满堆，臭气刺鼻，附近居民称井水色泽甚污，味苦且臭，已无人采用。[2]公井的卫生状况堪忧，私井的卫生状况更是难以言表。西安市民多是在家中庭院自掘土井，因为没有完善的排水系统，往往是在自家挖掘渗坑，用以倾倒生活污水，渗坑大多数都通到水面，倾倒的水和下雨时冲洗地面的水带着许许多多的微生物，从这渗坑里到了地下的水内，如果这渗坑距离水井不过百尺，那么脏东西里面的微生物都可到水井的饮水内，极易污染井水，传播疾病。如果距离更近，有的人家渗井与水井相距不过5尺，恐怕连那些倾倒的脏东西都可到水井内的饮水里，取这井内的水作饮料，无异于喝粪汤。如果不煮开以后就喝，或用生水洗涤菜蔬，就有传染疾病的可能。[3]

4.水源性疾病时有发生

供水不足严重影响到西安居民的饮用水卫生习惯，节约用水是居民生活的常态，为了减少水的消耗，甚至有重复使用脏水的用水习惯。教育家严济宽曾经在民国中期到西安住过半年，记录了当时西安的缺水情况以及居民的节水习惯，他写道："这不是他们不讲卫生，实在是没有水的缘故。……的确，水，在西安是一个严重的问题。因为没有水，影响到饮食、洗浴等等，这都是与卫生有极大的关系的，极堪注意。"[4]居民用水卫生得不到保障，饮水不合卫生标准，导致水源性疾病时有发生。[5]因饮水问题而引发的疾病以肠胃病居多，如霍乱、伤寒、赤痢一类的病，大部分都是因喝生水而得。因用水不卫生而引发的疾病以沙眼、皮肤病居多。西安市内省立医院的就诊记录中属眼科患者最多的是各种沙眼，皮肤花柳科的前三位是各种湿疹、脓痂疹和疥疮。[6]1947年，西安市卫生局对学校卫生进行了统计，在

---

[1] 西安市地方志编纂委员会编：《西安市志》（第6卷），西安出版社，2002年，第780页。

[2] 《西京市第一四五六局地区公井水质化验成绩表》，西安市档案馆藏，档案号：03-257-028。

[3] 《水》，《西京日报》1935年5月21日；敬周：《豆棚瓜架录：长安的井和渗水坑》，《大路周刊》1936年第1期。

[4] 严济宽：《西安地方印象记》，《浙江青年》1934年第2期。

[5] 《为保持市区饮水公井整洁拟组织西安市饮水井管理委员会附具组织章程请公决案》，1937年11月14日，西安市档案馆藏，档案号：018-1-155。

[6] 沈毅：《水和西安——"望不见八水绕长安，使人心痛酸……"》，《西北通讯》1947年第6期。

参与健康检查的24706人当中，患沙眼的人数达到8076人，①居首位，占了总数的三分之一。在西安，每年因为饮水问题死亡的人数不在少数，其中又以穷苦市民、无力买甜水者为最多。②1948年，联合国卫生组织卫生工程师毛理尔在对西北地区的饮水状况做了调查之后指出：西安市因饮水不洁每年死亡12000人。③

水是传染伤寒、霍乱、痢疾等传染病之源。④1945年，英国的药剂师约翰·斯诺发现，霍乱是一种独特的、经水传播的传染病，霍乱病人的排泄物经下水道流入河流或水井，居民或供水公司从被霍乱排泄物污染的河水或井水中取水饮用，感染霍乱，而霍乱病人的排泄物又流入水中，周而复始，传播霍乱。⑤国内学者李玉尚讨论了水流速度、水质清洁程度与霍乱之间的关系，指出水质的清洁程度、水流速度与传染霍乱概率成反比，也就是说水流速度快、水质清洁的地区传染霍乱的概率就小于水质污染地区。⑥1932年全国霍乱大流行，陕西成为重灾区，全省87个县中有疫情的多达66个县，即全省四分之三的地域受霍乱困扰。⑦7月到9月间，西安市患霍乱的人数为1311人，死亡人数为937人。⑧西安市乃至整个陕西省成为霍乱的重灾区，应该与没有自来水、饮用水清洁程度不够有很大的关系。

供水水源单一、水量不足、水价高昂、水质不佳、水源性疾病频发使政府的城市饮水治理面临着巨大的考验。

二、居民饮水问题的治理措施

民国中期开始，政府逐步关注居民的饮水问题。为了改善城市居民供水卫生状况，西安市政府采取了一系列的治理措施。

---

① 西安市政府统计室编：《西安市政统计报告（第一年）》，西安市政府统计室，1948年，第72页。

② 《开凿饮水井办法》，《西京日报》1933年7月18日。

③ 《西安市因饮水不洁每年死亡一万二千人》，《西北文化日报》1948年4月17日。

④ 《为保持市区饮水公井整洁拟组织西安市饮水井管理委员会附具组织章程请公决案》，1937年11月14日，西安市档案馆藏，档案号：018-1-155。

⑤ Peter Vinten-Johansen，*Cholera*，*Chloroformand the Science of Medicine*：*A Life of John Snow*，New York：Oxford University Press，2003，p. 231.

⑥ 李玉尚：《清末以来江南城市的生活用水与霍乱》，《社会科学》2010年第1期。

⑦ 杨雨茜：《1932年陕西省霍乱研究》，硕士学位论文，上海交通大学，2013年，第18页。

⑧ 《二十一年各县虎疫发现终止月日及患者总数死亡人口一览表》，见西安市档案馆编：《往者可鉴——民国陕西霍乱疫情与防治》，2003年，第115页。

1.调整职能部门、健全规章制度

民国中期，西安市负责饮水问题的部门主要是警察局和卫生处。警察局主要负责饮水井的开凿和管理。1936年，政府对开凿饮水井做出了严格的规定，饮水井开凿之前必须报警察局核准许可，对新建饮水井的构造也有明确而详细的规定。如为防止污水渗入井内，饮水井的井壁必须用坚密不透水的物质建造；井的深度要达到30尺以上，深井需达到200尺以上；为防止污物入井，井口必须加盖；为防止地面毒水入井，井栏须高出地面2尺以上；新建井需离开厕所沟渠150尺以外。[1]为了保证公井管理的规范化和制度化，1937年，西安市的饮水井由建设厅移交警察局管理。[2]

1940年以前，西安市食品卫生管理由省会警察局卫生科督办，职能仅限于对零食摊贩进行稽查。[3]1940年以后，省会卫生事务所成立，1944年改组为西安市政府卫生事务所，专门设立了社会卫生科，其职能之一便是管理和改善饮水。[4]

1945年西安市政府卫生所发布了有关卫生规定10种，涉及饮食店、饮食摊担、浴室、旅店等与人民日常生活息息相关的各个领域，其中皆有对饮水及用水卫生的规定。如店内碗筷及茶壶、茶杯、手巾等须用沸水煮过五分钟方准再用；各店使用自备水井者，其构造及保护应遵守西京市公共水井管理规则之规定；饮食摊担所用碗筷杯碟等每次于顾客用后须经沸水冲洗并以洁净白布覆盖之。对浴室、旅店的卫生亦有详细的规定。[5]

1947年西安市出台了环境卫生改造办法，其中有一项就是对公用饮水井的增建及管理，明确规定：市区饮水井在给水工程未办理前，应按实际需要设法增建（增建时应注意水质及水井之周围环境）；现有之公用饮水井应严加管理，经常保持周围环境清洁；未建有井台之公用饮水井，应立即筹建井台，以免污水流入影响水质。[6]为了进一步规范对饮水公井卫生的管理，市政府于1948年元月又成立了饮水井管理委员会，并拟定了组织章程，目的是对公用甜水井进行严格管理并依照管理饮

---

[1]《警察勤务须知》，《西京日报》1936年8月19日。
[2]《消防井及饮水井移交警局管理》，《西京日报》1937年7月20日。
[3] 西安市地方志编纂委员会编：《西安市志》（第6卷），西安出版社，2002年，第777页。
[4]《本所关于饮食管理》，西安市档案馆藏，档案号：018-5-18。
[5]《卫生管理方面有关规划、通知、指示》，1945年6月18日，陕西省档案馆藏，档案号：91-1-376。
[6]《西安市环境卫生改造办法》，1947年3月13日，陕西省档案馆藏，档案号：91-1-418。

水规则合理改善水质。[1]

2.强调饮水消毒

为了保证水质可以达到饮用标准，政府十分重视对饮水的消毒。虽然饮用沸水是中国传统的饮水处理方式，但是仍然有很多居民习惯饮用生水。民国时期政府提倡大家通过烧开水的办法进行日常饮水的消毒。每天用以漱口、洗涤餐具和菜蔬的用水要么用开水，要么要经过消毒手续。因为一般民众饮用的水都是先将水汲取回家，蓄存在水缸中，因此要在水缸中略放一些药液。具体做法：求得水缸容量若干，然后再加以漂白粉精溶液，这种标准法则是4公升（1加仑）中加漂白粉百分之一，加入溶液后，用木棍或竹竿搅拌三分钟，经过30分钟后，此水即可饮用。[2]

公共水井由卫生局或公安局派人每日消毒。政府对井水消毒采取了一系列的措施。首先，划分了井水消毒区域，按警局范围划分成10区，每区指派2人，担任消毒工作，卫生处及卫生事务所负责技术指导。其次，制定了消毒办法，消毒材料为漂白粉，且对漂白粉的用量做了规定：每公井平均水面直径为1米，水深为3米，应加漂白粉33.6克，每日消毒一次，每日应须1915克。[3]

1940年起，政府成立了西安市夏令卫生运动委员会，对公井和私井公用井的消毒成为年度四项中心工作之一，井水消毒由卫生事务所负责，所需材料及漂白粉由西安市夏令卫生运动委员会供给。1945年6月1日至9月14日，每日分别施行氯液消毒，共享漂白粉约10千克，总计本年度共消毒水井29口，先后共671次。[4]1946年6月25日至8月底，全市公用水井23口，共计消毒2074次；各机关团体自用井17口，共消毒868次。[5]

3.倡修机井、改善水井设施

1933年，政府开始倡行开掘新式饮水井[6]，机井（俗称"洋井"）开始出现在西

---

[1] 《为保持市区饮水公井整洁拟组织西安市饮水井管理委员会附具组织章程请公决案》，1937年11月14日，西安市档案馆藏，档案号：018-1-155。
[2] 《水》，《西京日报》1935年5月21日。
[3] 《西京市一二·一五清洁运动大会》，1943年12月，陕西省档案馆藏，档案号：91-1-782。
[4] 《西安市夏令卫生运动委员会工作报告》，1945年12月1日，陕西省档案馆藏，档案号：91-1-805。
[5] 《三十五年夏令卫生运动委员会工作报告》，1946年8月，陕西省档案馆藏，档案号：91-1-402。
[6] 《开凿饮水井办法》，《西京日报》1933年7月18日。

安居民的生活中。民国二十三年（1934）10月集成三酸厂（厂址香米园）凿建了机井。此后，一批工厂陆续凿建机井，机关、团体、学校、驻军及权贵公馆也多改凿机井。机井比土井开凿较深，出水量较大，有的机井深逾百米。多数机井以手压唧筒，少数采用动力机械。[①]到1949年，西安城区共有公、私机井64眼，其中人力手压唧筒机井42眼，用电力或蒸汽机抽水机井22眼。[②]

鉴于水井的基础设施直接影响着井水的水质，从1935年开始，政府对西安市的公井进行了持续不断的基础设施的改善和维护。1935年4月，陕西省建设厅即向西京市政建设委员会请款修理饮水井，井口砖台需要修理，11处公井吸水机零件需要更换。[③]为了维护井水水质的清洁，对水质优良的公井加修护井栏杆；如发现吸水机井有损坏的，则令机器局将损坏机器分别拆回修理。[④]1948年成立了饮水井管理委员会后，委员会对全市公用饮水井及售水井的数目、设备情形及井围环境进行了详细的调查，并采取了多种措施予以改善，如设置井房并坚固井壁，设井盖、井裙以保持水之清洁等。[⑤]

为了保障水质，政府亦改良了汲水设备。以西门甜水井为例，1934年，政府派卫生工程司张湘琳、机械工程司卢意诚进行查勘，发现因井口建筑不佳，水质受到污染。为了便利市民应用并使水质清洁，于东西两城门楼内各建蓄水池一个，以水管引水至城下，两面各装龙头若干，市民可随时取用。备抽水机一架，将水抽至蓄水池内。遇必要时可施以氯气消毒，或以明矾澄清。再将井口建筑完善，使污水不致冲入井内。四周布置必须清洁，外面筑以短墙。抽水机可置于北面城墙之洞内，装以门窗，以节经费。[⑥]

4.加强饮水卫生安全的宣传

民国时期，介绍与宣传饮水卫生知识的文章和论著较多。如陈士良编纂的《水

---

① 西安市地方志编纂委员会编：《西安市志》（第2卷），西安出版社，2000年，第159页。
② 西安市地方志编纂委员会编：《西安市志》（第2卷），西安出版社，2000年，第160页。
③ 《呈报西京冰厂华清池以奉令按每元四车出售请核备》，1941年10月23日，西安市档案馆藏，档案号：011-1-37。
④ 《省建设厅为修筑莲花池街等九处抽水井栏及公厕工程合同水质化验办法公函》，1935年9月10日，西安市档案馆藏，档案号：03-257-036。
⑤ 《为保持市区饮水公井整洁拟组织西安市饮水井管理委员会附具组织章程请公决案》，1937年11月14日，西安市档案馆藏，档案号：018-1-155。
⑥ 《西门水井改善报告》，1934年10月11日，西安市档案馆藏，档案号：03-186-189。

与清洁卫生》[1]，介绍了饮水清洁对卫生的重要性；刘德绮编纂的《饮水卫生》[2]一书介绍了水与流行病的关系以及如何进行饮水改良。《申报》《卫生月报》《西京日报》《西北文化日报》等报刊上也经常刊登一些宣传水质知识的文章，号召民众注意饮水卫生问题。

1943年12月15日，西安市举行了"西京市一二·一五清洁运动大会"，以倡导整齐清洁、使市民注意环境卫生、促进一般健康为目的。以钟楼为中心向四方延伸，将全市划分成10个区域，请三民主义青年团团员及本市各中学学校学生320人组织80队，每队4人，分区按图挨户劝告指导实施整齐清洁及注意公共卫生宣传。关于饮水的卫生宣传有三：水井宜加木盖以免污物混入；水井应离污源50公尺以外；井旁不得洗濯水桶，应保持清洁。卫生宣传结束后，政府继续组织检查队挨家挨户进行清洁检查，并评定优劣，分贴优等、中等、劣等检查证于各家门首。检查的内容包括水井周围是否整洁、建筑是否合理。[3]

5. 开修渠道引水入城

通过开挖渠道引水入城的方式来解决城市用水问题的措施，古已有之。隋唐时期，长安城中开凿永安渠、清明渠和龙首渠引水入城，一部分就是为了解决居民的饮用水问题[4]。民国时期政府多次尝试实施开修渠道引水入城的工程。

1919年，陈树藩督陕时曾经开渠引水，从西门外城河旧渠由城下凿洞入城，顺西城向北经香米园、北教场入莲花池，因没有事先测量，莲花池地势比香米园北教场高，导致水流壅塞，井溢屋倾，而且渠道所经之地，人民稀少，获利亦甚微，等陈树藩离任后，这条渠就湮废了。1928年2月，陕西省建设厅厅长田雄飞组织相关人员重新开凿新渠，命名为龙渠，为了保障渠水的清洁以及不影响交通，全渠概作暗渠，并在渠两侧适宜之处开挖汲水池。[5]两个月后，城外土渠已经竣工，水已流入城河，龙渠全渠工程已完成三分之二。[6]1937年，因潏河大水，渠堤溃决，龙渠遂湮

---

[1] 陈士良编著：《水与清洁卫生》，中华书局，1934年。
[2] 刘德绮编著：《饮水卫生》，正中书局，1937年。
[3] 《西京市一二·一五清洁运动大会》，1943年12月至1944年2月，陕西省档案馆藏，档案号：91-1-782.
[4] 史念海：《唐长安城的池沼与林园》，见《河山集：七集》，陕西师范大学出版社，1999年，第527—533页。
[5] 《开凿西安水渠实施计划书》，1928年2月20日，陕西省档案馆藏，档案号：96-1-840。
[6] 《工程进行报告》，1928年4月20日，陕西省档案馆藏，档案号：96-1-840。

废。①1939年，政府试图引大峪口的水入城，经过勘察，其水量不足供给市民使用，且挖渠工程颇为巨大，遂放弃。②1947年，西安城内50万人的饮水成为严重的问题。市政府曾计划掘开西关引渭水入城之水道，但是由于西安城郊地势高仰，渭河、沣河之水坡度甚缓，无法引水入城。政府又试图引潏河之水沿旧龙渠由杜城村西南碌碡堰经闸口丈八沟等村至西安城内而入莲湖公园。经过勘察，发现此渠水量微小，每到夏天降水少的时候，都会发生干涸，实在不足以供给市民饮水。③

6. 筹建自来水工程

自晚清以来，针对市民饮水条件差、水质不能满足民众基本需要并威胁民众健康的情况，各地开始学习西方的新式供水方式，创办自来水厂。中国的自来水建设最早始于1880年的上海，到1934年，北京、天津、青岛、南京、杭州等20个城市都发展起了自来水事业。④1935年，全国经济委员会西北办事处主任刘景山提出在西安建设自来水厂的提案；1936年，陕西省建设厅报请陕西省政府批准建设"西京市自来水厂"。同年10月23日，在西关（今西安市自来水公司第一水厂厂址）立架开钻深井，但是在建设期间水厂因为西安事变一度停工，又逢抗战全面爆发，交通不便，材料难以运抵西安，只得再次停工。抗战结束之后，1946年自来水厂建设再度被提上日程，然而水厂遗留问题迟迟难以解决，加之政府财政拮据，物价飞涨，直至西安解放，西京水厂仍未建成。直到中华人民共和国成立后，1952年西关水厂建成投产，才结束了西安市区没有自来水的历史。⑤

三、居民饮水问题的治理成效

从民国中期开始，经过政府的一系列努力，西安居民的饮水及其管理，无论是机构设置，还是立法、执法情况都有了一定的改善，城市居民饮水状况有一定好转。

---

① 《陕西省水利局稿公函第141号》，1938年5月25日，陕西省档案馆藏，档案号：96-2-806。
② 《勘察大峪水量及新旧渠道情形报告》，1939年12月22日，陕西省档案馆藏，档案号：96-1-841。
③ 《市省政府为市民、省参议会，水利局关于西安市饮水问题设法引水入城呈文代电训令》，西安市档案馆藏，档案号：01-11-107。
④ 《全国自来水事业概况》，《中国经济》1934年第2卷第5期。
⑤ 李梦扬的硕士学位论文详细梳理了民国时期西安自来水厂建设的过程。参见李梦扬：《民国时期西安自来水事业建设》，硕士学位论文，陕西师范大学，2018年。

民国中期开始，西安居民进入土井和机井并用时期，机井出水量较大、打水相对容易，机井的开凿改善了居民的饮水状况。1949年，城区甜水土井和机井出水量除工业用水外，每日可供市民饮用的甜水约500立方米，按当时城区人口估算，饮用甜水者约为城区人口一半。[①]但不论土井还是机井，抽取的基本都是浅表层的地下水，具有杂质多、水质差的缺点，长时间饮用对健康不利。

调整职能部门、健全规章制度的做法，使公井的管理和维护常态化，在一定程度上降低了水源水质被污染的概率。饮水消毒是建立在科学的基础上，所需费用相对较少，易于推广，在卫生与防疫的需求下，一定程度上保障了居民的饮水卫生。但是这项工作也存在一些不足之处。首先，用漂白粉、氯液进行饮水消毒是比较消极的办法，因为这种方法存在着四个缺点：其一，井水常时流动，加之不断汲取，氯液消毒有效时间殊难长久，通常不能过三小时；其二，井水污染之程度，因时因地而异，且各井之情况，又多不一致，所需氯液量，亦因而不同，水井消毒之应用，亦因而困难；其三，井水消毒须由专人负责，且漂白粉耗量甚多，颇不经济；其四，井水既经消毒，次经汲取及运输之接触，又被污染。[②]其次，井水消毒主要是在城区展开，城郊等地的井水消毒并未得到普及。

政府对饮水卫生的各种管理法规堪称是科学而严谨的，在一些城区也取得了一定的成绩，一些大型的餐饮业、浴室、旅店都得到了一定程度的执行。但是对于中小型的餐饮业、旅店，尤其是流动摊贩来说，很多治理措施超越了他们的执行能力，如碗筷杯碟等每次于顾客用后须经沸水冲洗，浴盆面盆每次用毕须用沸水碱皂刷洗洁净等，这些规定和措施并没有得到很好的执行。1947年，记者沈毅描述了西安餐饮业的用水卫生："中上等馆子的堂倌在客人吃完了就将筷子在围巾上一揩，放回筷筒里，等候第二个客人来便用。我看见过供给五十个人饮食的厨夫，为了节省一盆水，而宁愿耐心地在饭后把五十双筷子用一块布来逐一揩擦'干洗'。……一个豆浆贩子和一个汤面担子，开市到卖完，从不使用半点水来洗涤匙、碗、食器。"[③]可见，政府对饮水卫生的各项规定实际执行的效果并不理想。从改良饮水卫生的角度来讲，这些规定是科学而必要的。然而大部分市民本身文化程度不高，饮水卫生意识淡薄，有些即便懂得饮水卫生常识，面对供水不足、水价高昂的状况，

---

① 西安市地方志编纂委员会编：《西安市志》（第2卷），西安出版社，2000年，第160页。
② 《本区公共饮水井改良问题之研究》，《北平市卫生局第一卫生区事务所第十年年报》1935年第10期。
③ 沈毅：《水和西安——"望不见八水绕长安，使人心痛酸……"》，《西北通讯》1947年第6期。

也会选择放弃对饮水卫生的追求。政府出台的管理法规和制度，很多规定超越了当时的社会实际，特别是超越了居民的经济能力和自觉性，如此就显得过于理想化而缺乏执行力。

开修渠道引水入城可以调节市区气候，最重要的是可以增高地下水位、改良饮水，是解决城市供水的一个好办法。但是由于水量的不稳定、资金的不足以及战争的影响，民国时期西安城市的引水入城工程虽然经过多次尝试，始终没有达到预期的效果，开挖好的渠道经常湮废，水量亦得不到保障，此项措施并没有得到持续性的发展。这样的一个传统的治理方法在民国时期依然收效甚微。

综上所述，西安市的居民饮水状况虽然得到了一定程度的改善，但是依旧无法改变其恶劣、落后的卫生状况。处于战乱和动荡的社会环境之中，缺乏一个稳定、有力的政府，社会经济条件也不能与之适应，使得居民饮水问题的治理措施无法有效、全面地贯彻下去。

结语

居民饮水是公共卫生事业的重要组成部分，西安作为一个内陆城市，地处西北，其公共卫生事业相较上海、北京、天津、武汉、杭州等沿海沿江城市起步较晚，又经历了战乱，因此很多工作都不具备全面开展的条件。然而饮水问题关乎民生，随着近代西方卫生安全观念的引入，饮水安全问题也得到社会的关注和重视，当时的政府做出了一些努力，并取得了一定的成效。但囿于社会环境和经济条件，很多科学措施并没有得到很好的执行，所实行的治理措施也并未能从根本上解决居民的饮水问题。

不论是过去、现在还是将来，居民的饮水问题尤其是饮水卫生和健康都是人们无法忽视的问题。只有不断健全和完善与水相关的管理法规和制度，加强公众的卫生和环境保护意识，通过政府和社会的共同努力，才能为大家营造一个安全的用水环境。

原载《中国历史地理论丛》2021年第2期

（高升荣，陕西师范大学西北历史环境与经济社会发展研究院副研究员）

民国西安的城市公园与都市生活

程 森

城市公园史研究对理解中国城市的近代化具有重要的意义。近年来相关研究成果日益丰富，学术界主要着眼于公园与城市生活、公园与城市环境、公园的建筑特色、公园作为公共空间所反映的国家与社会互动，以及探讨近代中国城市公园的兴起与发展、功能演变及制约因素等方面。①不过，以往研究主要集中于中、东部和西南地区的沿海城市、口岸城市和省会城市，西北地区较为薄弱。

西安作为西北地区最大的城市，城市史研究历来兴盛，只是一直以民国以前为重，城市园林史也是如此。②本文依托相关史料在考证民国西安城市公园的数量、分布基础上，分析城市公园与市民都市生活的相互关系，并阐释制约民国西安城市公园发展的主要因素，以期能为中国近代城市史研究提供一个西北城市研究的个案参照，也希望能推进西安城市史、园林史的研究。不周之处，尚祈正之。

一、城市公园的兴建与分布

公园是普通民众可以前往消遣和娱乐的场所，这一概念是纯粹西方的、近代性的。19世纪20年代，劳顿（J. C. Loudon）率先提出"公园"这一概念，他认为公园是一种增进社会中最底层阶级的理性特征（intellectual character）的工具。③19世纪

---

① 相关学术史综述见戴一峰：《多元视角与多重解读：中国近代城市公共空间——以近代城市公园为中心》，《社会科学》2011年第6期。

② 西安园林史代表性论著有史红帅：《明代西安人居环境的初步研究——以园林绿化为主》，《中国历史地理论丛》2002年第4期；吴宏岐：《西安历史地理研究》，西安地图出版社，2006年；西安风景园林学会编著：《西安近代园林》，西安出版社，2007年；史红帅：《明清时期西安城市地理研究》，中国社会科学出版社，2008年；陈青化：《民国时期西安园林初探》，硕士学位论文，陕西师范大学，2021年；等等。其中，陈青化直接以民国西安园林为研究对象，只是其对西安园林的分类较为宽泛，公园虽有涉及但论述不全。且一些观点有待商榷，如认为革命公园是近代西安建立的第一个真正意义的公园，似有不妥。

③ Spiro Kostof, *The City Assembled: The Elemnts of Urban form through History*. London: Thames and Hudson, 1992, p. 169.

下半叶，公园运动影响范围不断扩大。1853年左右，拿破仑三世和奥斯曼（Baron Haussmann）改建了巴黎的布伦公园（Boisde Boulogne），并进一步规划了整个巴黎的市立公园系统。在美国，奥姆斯特德（Frederick Law Olmsted）和沃克斯（Calvert Vaux）于1858年初步完成了纽约中央公园的设计，点燃了一场席卷整个美国的公园运动，并引发了美国城市规划的革新。1873年，日本的第一座城市公园上野公园（Ueno Park）在东京设立。[①]在我国，1911年辛亥革命后城市公园建设开始蓬勃发展。至20世纪20年代，南京、汉口、厦门、杭州、青岛、成都、重庆等城市相继建立了公园。显然，近代中国早期的城市公园主要分布于沿海、沿江的口岸城市，而且其规模、景致、基础设施等较好，西部城市明显落后。

作为大古都，西安有着悠久的园林史。一般认为西安地区最早的园林乃是西周在丰镐两京一带兴建的灵囿，内有灵台、灵沼，当已具园林雏形。历秦汉上林苑、阿房宫及长乐、未央、建章诸宫殿园林，到唐代芙蓉园、大明宫、兴庆宫等都为皇家园林的代表。宋元以来，西安进入重镇时代。至明清时期，西安及周边园林发展进入一个高潮。城内园林依其属性可分为王府园林、官署园林、文教园林、私宅园林、公共园林、寺观园林等类，清代莲花池为西安城内公共游赏胜地，从功能上接近近代意义上的城市公园。[②]

进入民国，城市公园最终出现。据《西安市工月刊》《西京游览指南》《新西安》《西京快览》《筹建西京陪都档案史料选辑》及其他史料记载，民国西安共有莲湖公园、建国公园、革命公园、森林公园、丹凤公园、郑氏公园、宋氏花园7处，其中郑氏公园和宋氏花园本为私园，因对公众开放，官方也以公园论之（表1）。下面笔者将做以考证。

表1 民国西安公园面积与分布

名称	面积（亩）	位置
革命公园	192.13	崇礼路
森林公园	249.066	东新街
莲湖公园	175.60	大莲花池街
建国公园	51.00	西举院巷
丹凤公园	不详	火车站北面唐时之丹凤门遗址

---

① 张天洁等：《从传统私家园林到近代城市公园——汉口中山公园（1928—1938年）》，《华中建筑》2006年第10期。

② 史红帅、吴宏岐：《明清时期西安园林绿化的变迁与启示》，见《历史地理》（第18辑），上海人民出版社，2002年，第208—222页。

续表

名称	面积（亩）	位置
宋氏花园	5—6	大雁塔西南一里许
郑氏公园	0.45	长安学巷内

说明：

据西安市档案局、西安市档案馆编：《筹建西京陪都档案史料选辑》，西北大学出版社，1994年，第104—112页；《本市五公园》，《西安市工月刊》1935年第1卷第2期；王荫樵编：《西京游览指南》，天津大公报西安分馆，1936年。

1. 莲湖公园

莲湖公园（今西安莲湖公园）即为明清时期之莲花池。莲花池本明末秦王妃子之放生池，位于城西北部大莲花池街。明代因有通济渠水灌注而美景最盛，文献记载："明时水满池塘，碧波绿树，涵映虚明，盖以通济渠水灌注之也。"①明末，通济渠渠道淤塞，水利失修，莲花池随即淤涸。康熙七年（1668），巡抚贾汉复浚渠凿池，植以莲花，始复旧观，乃名莲花池。据贾汉复撰文说："方其盛时，绿茨方塘，碧波数顷，绿舟映带，鸥鹭随行，乃游观之盛区也。"②这说明当时莲花池池域较大，而且水鸟丛集，生态环境良好。池旁有莲花庵、元庆寺、莲花寺，雍正年间重修。乾隆年间通济渠入城水门被废弃，莲花池再次淤塞。1912年，政府在莲花池东北部增辟体育场，国民党党部也置于园内。体育场为召集群众场所，袁世凯称帝时遂废。1915年，在陕任教的老同盟会会员董雨麓在此再建体育场，设立体育会，开展体育运动。1916年，冯玉祥主政陕西，毁旧莲花庵、元庆寺等为公园，是为陕西第一个公园。1921年，董雨麓在此又创建体育学校。1928年3月，陕西省教育厅筹划修建莲湖公园；至5月，莲湖公园"栽植花木，建筑土山、桥梁、亭、池等"已经就绪。③1931年，陕西省政府又加整顿，乃名为莲湖公园。1933年，莲湖公园正式对公众开放。④至1935年，官方史料记载莲湖公园"饶山亭、水榭、花草、木石之胜，且地址空旷，空气甚佳，清晨傍晚，游人甚众"⑤。1930年前，公园属教育厅管理，1931年又移归陕西省建设厅管理，至1935年乃归西安市园林管理处管理。

莲湖公园在民国时期被认为是"最好的"公园。因该园处于市中心，地理位置

---

① 《（康熙）长安县志》卷八《古迹》。
② 《（民国）续修陕西通志稿》卷一三一《古迹一》，引贾汉复撰《放生池碑记》。
③ 《陕西教育年报》1928年；转引自谢林主编：《陕西省图书馆馆史》，三秦出版社，2009年，第104页。
④ 《莲湖公园将正式开放》，《西京日报》1933年5月4日。
⑤ 《本市五公园》，《西安市工月刊》1935年第1卷第2期。

优越，加上自明代以来就是西安城内名胜，民国时期"每届夏令，游人如织"，西安各界各种活动常在此地开展，成为西安城内最著名的城市公园。

2.建国公园

建国公园（今西安儿童公园）在西大街西举院巷之东口，本为清代陕西试院花圃，内有水池，水源与莲湖公园一致，有通济渠流经，民国初年，水源断绝。1929年，陕西省建设厅厅长张维藩将花圃改建为建国公园，归西安市园林管理处管理。园内建有土山、运动场，后因长期无人管理，荒芜不堪。1935年，西安市政工程处筹划修葺，更换大门式样，添置座椅、公众厕所，筑马路、便道。"并拟扩曲池，添水榭，辟隙地为儿童体育场及篮球、网球场。"[①]因园林面积狭小，扩充空间不大，民国后期建国公园实际增辟工作缓慢。除建立一些藤架、增种花木外，别无所建。[②]而且建国公园处于西安城西角，"一向是被人漠视的，而内部除了一位衰草、两枝枯树外，实在也没有引人注意的地方"[③]。加之，里面有市政工程处和汽车管理局两个机关"分据左右"，被时人讥笑为"市政工程处的公园"。民国晚期，空军俱乐部也设于该园，"经常仙乐风飘，婆娑起舞"[④]，成为达官显贵之私园。后因管理荒疏而日渐凋敝，中华人民共和国成立时几成废墟。

3.革命公园

革命公园（今西安革命公园）在民国新城北崇礼路（今西五路北侧），原属清代西安满城地，辛亥革命后成为荒地。1926年，河南军阀刘镇华围困西安，西安人民反围城斗争胜利后，1927年2月，为纪念坚守西安而死难的军民而建革命公园。1927年3月5日，冯玉祥、于右任、杨虎城等将阵亡军民葬于该园。因此，革命公园初期为纪念性公园，林木和相关设施极少。1931年，陈必贶游览革命公园后认为其有名无实，"没有一根草木"，认为以后革命公园"要能多种些树木，风景也就更好了"[⑤]。1928年，开拓崇礼路时，革命公园由中部被一分为二，南半部分被辟为革命公园体育场，后改名为森林公园。据1935年记载，公园内有革命亭、忠烈祠、测候所、纪念碑，并有房屋多所。但迭经变乱，荒芜不堪，徒具公园之名而已。[⑥]1939

---

① 王望：《新西安》，中华书局，1940年，第44页。
② 黄觉非：《一年来的陕西市政》，《陕政月刊》1944年第5卷第5、6期合刊。
③ 《公园门对内与对外》，《陕西旅沪学会季刊》1935年第2期。
④ 琼子：《西安风情画》，《公理报》1948年第11期。
⑤ 陈必贶：《长安道上纪实》，《新陕西》1931年1期。
⑥ 《本市五公园》，《西安市工月刊》1935年第1卷第2期。

年，陕西省水利局建新厦于园之东北角，并设计建筑煤屑马路，环绕全园，两旁遍植树木，另辟苗圃数处。每届夏季，游人颇多。①

4.森林公园

森林公园（今西安市人民体育场）在革命公园之对面，原为革命公园之一部分，内仅疏林荒地。1928年辟建为革命公园体育场，后改为森林公园。1935年，陕西省教育厅于公园南部空地增辟公共体育场，内设田径场、足球场、网球场、排球场、篮球场等，设置较为完善。这样，森林公园实际上兼具城市运动场的特点，至20世纪40年代已成为西安市唯一的大运动场。②

5.丹凤公园

除了以上四大公园外，唐丹凤门和含元殿遗址处亦曾设立公园。1932年，随着局部抗战形势的发展，南京国民政府将西安定为陪都，改名"西京"，随后相继成立了直属于国民政府行政院的西京筹备委员会（1932年3月至1945年6月）和西京市政建设委员会（1934—1942），借鉴欧美城市建设经验，着手规划陪都西京，企望"渐复汉唐繁荣之旧"。此后，西安市政建设逐渐加快，城市建设取得了不少成就。就城市公园而言，在西京筹备委员会主持下增建了丹凤公园一处。据1941年西京筹备委员会的《西京规划》记载，当时拟在灞河与渭河之汇流处草滩以北，辟作民众第一公园，以火车站北唐时之丹凤门、含元殿辟筑第二公园。③就现有史料来看，丹凤公园至迟1941年已建立了，而草滩地区可能因经费和距城较远而没有开辟。④丹凤公园与建国公园，后由西京筹备委员会直接派人管理。1941年，西京市建设委员会还曾讨论因规模窄小、游人不便，要进一步扩大丹凤公园。⑤与西安城内四大公园相比，丹凤公园面积狭小，在民国西安市民生活中的影响一般，加之西京筹备委员会在抗战后期被解散，丹凤公园的管理、维护日益萧条。

---

① 王望：《新西安》，中华书局，1940年，第44页。
② 王望：《新西安》，中华书局，1940年，第44页。
③ 西安市档案局、西安市档案馆编：《筹建西京陪都档案史料选辑》，西北大学出版社，1994年，第144页。
④ 陈青化认为丹凤公园建于1934年，不知何据。参见陈青化：《民国时期西安园林初探》，硕士学位论文，陕西师范大学，2012年，第5页。
⑤ 西安市档案局、西安市档案馆编：《筹建西京陪都档案史料选辑》，西北大学出版社，1994年，第358页。

6.宋氏花园

宋氏花园亦称宋家花园,在大雁塔西南一里许(今西安植物园南瓦胡同小学附近)[①]。该园本是关中名士宋联奎的私人花园,宋氏祖茔都在那里,为宋联奎记述其先人之志而建。据《雁塔区志》载,该园于1915年在瓦胡同村北置地建园,占地1.99万平方米,有平房72间。宋联奎善诗文,工书法,尤长方志研究。他除寄情于诗画之外,多与进步人士往来,宋家花园成为联系进步人士的纽带。[②]抗战前后,李根源、朱德、周恩来等人都曾在此小住或发表演讲,共产党的地下工作者也多次在此开会。

该园分为两个部分:一部分有流水、假山,也有亭榭曲廊,其间以花卉点缀;另一部分又分为二,一半为林圃,一半为花圃。该园占地五六亩,却"结构精严,林木繁茂",颇有苏杭风味,幽雅娇巧玲珑,花木甚多,尤以绿牡丹最为名贵。园内有牡丹亭一所,题曰"慕陶师苏之室",最为雅致。[③]时人认为其是西安最好的园林,"设计得最为得体"。宋氏花园虽以私人园林著称,但普通民众来此游玩者甚多,与"私园"不相称,故官方亦以"公园"称之。

7.郑氏公园

郑氏公园又名小小公园,位于西安市长安学巷内,面积仅"四分五厘许",内植各种花木,颇值观赏。该园系该巷故绅郑子屏创建,郑氏逝世,渐就荒芜。[④]1935年左右,由该巷绅民寇文卿等加以修治,并派人专司灌溉看守,稍稍恢复旧观,但仍无复之前盛况。

除以上7处公园外,1935年西京市政建设委员会会议讨论,西安城西南城角某园圃处地200余亩,树木密布,土丘高地,形成天然美景,拟辟为公园。[⑤]西安城西南隅疯癫洞前空地面积颇大,1941年拟辟作公园。[⑥]不过,相关史料并未记载两处公园最终确已建成。

[①] 宗鸣安认为宋氏花园在东关正街东北,此说显然是不正确的。宋氏花园在城南,而非东关正街东北。参见宗鸣安:《西安旧事》,陕西人民美术出版社,2002年,第111页。
[②] 西安市雁塔区地方志编纂委员会编:《雁塔区志》,三秦出版社,2003年,第732页。
[③] 薛桂轮:《西北视察日记》,申报馆,1934年,第56页。
[④] 王荫樵编:《西京游览指南》,天津大公报西安分馆,1936年,第185页。
[⑤] 西安市档案局、西安市档案馆编:《筹建西京陪都档案史料选辑》,西北大学出版社,1994年,第261页。
[⑥] 西安市档案局、西安市档案馆编:《筹建西京陪都档案史料选辑》,西北大学出版社,1994年,第358页。

总之，终民国时期，西安城区内外共有7处公园，官方予以公布并加以推介。不过，宋家花园、郑氏公园本为私家园林，虽对公众开放，从本质上来说是一种半公共空间，具有一定的公共性，但政府无权管理、维护。因此，民国西安最主要的城市公园是莲湖、建国、革命、森林、丹凤5处公园，都是在20世纪20年代以来由西安市政府的力量着手营建的。这些公园有的是在历史遗迹的基础上改建而来的，如莲湖公园、建国公园、丹凤公园；有的是近代革命历史的产物，如革命公园。民国时期西安城市公园主要以政府开辟为主，其发展的良好与否也必然受到政府的影响。

二、公园在都市生活中的作用

近代城市公园是城市社会变迁的产物，也是中西文化碰撞、交融的产物。作为近代城市的一种新型公共空间，一道特殊的人文景观——公园为游人留下足迹，为市民提供休闲娱乐空间，在一定程度上也塑造了城市形象，在各大城市生活中扮演着重要的角色。对于民国时期的西北地区来说，城市公园尤为可贵。正如一些东方游人在西安游赏公园后所说的，公园在当时"荒凉"的西北地区，亦不失为一种点缀，"在枯燥的黄土堆中"，公园虽不怎样引人入胜，"却可聊胜于无了"。[①]

（一）为游人留下足迹：城市名胜

民国西安的公园总体上环境一般，不过官方仍以之为西京名胜。导游类书籍也多将这些公园重点推介，以之作为西安名胜来对待，为游人提供游览指南。西安市民游览城市公园的文字记载极为缺乏，而那些旅居西安的东部地区游人的游记则能补缺，从而为我们观察城市公园在市民生活中的作用提供帮助（表2）。

表2　民国时期国内旅行者游览西安公园情况

姓名	时间	游览公园名称	资料来源
郭步陶	1929年	革命公园	郭步陶：《西北旅行日记》
陈必贶	1930年	莲湖公园、革命公园	陈必贶：《长安道上纪实》，《新陕西》1931年第1期
薛桂伦	1933年	宋家花园	薛桂伦：《西北视察日记》
陈赓雅	1934年	莲湖公园、宋家花园	陈赓雅：《西北视察记》
庄泽宣	1936年	宋家花园	庄泽宣：《陇蜀之游》
王济远	1937年	莲湖公园	王济远：《西安一日游》，《东方杂志》1937年第34卷第9号

---

① 胡怀天：《西游记》，《旅行杂志》1937年第2号。

续表

姓名	时间	游览公园名称	资料来源
胡怀天	1937年	莲湖公园、革命公园、宋家花园	胡怀天：《西游记》，《旅行杂志》1937年第2号
李长之	1938年	宋家花园	李长之：《从长安到安阳》，《旅行杂志》1938年第3期
喻血轮	1944年	莲湖公园、建国公园、革命公园	喻血轮：《川陕豫鄂游志》（三），《旅行杂志》1944年第8期

由表2来看，东部游人所游公园，以莲湖公园、革命公园、宋家花园最多。由他们所留游记来看，各自感受不同。东部游人对西安城内公园普遍失望，而对城外宋家花园赞美有加，这恐怕也从一个侧面反映了民国西安城市公园总体状况不佳和政府市政建设的不力。

这些史料并不鲜见。虽然官方认为莲湖公园是民国西安最好的公园，但由相关史料来看，直到20世纪30年代方才逐渐被政府重视，1935年之前整体环境并不值得称道。陈必贶在1931年的记载中说："西安城里有一个莲湖公园和一个革命公园，都是有名无实。"①1934年，在西安教书多年的浙江人严济宽也这样记述莲湖公园：

> 园内是一个广大的平地，既没有高大的树木，也没有细嫩的花草。只见三五石头，散布四处，这是给游人坐在上面休息的，与外别无他物。再进几步，有一小池，兵士数十人，赤身露体在里面洗浴，大概这就是所谓莲湖吧。穿园而过，我就失望地离开了这有名无实的公园。②

从这段文字来看，作者游览时应在夏季，但整个莲湖公园"绿意"缺失，环境一般，作者怅然之情表露无遗。

相比之下，城南的宋家花园风景最佳，游客最多。同样是严济宽的记录，作者游览宋家花园后的心情却大不一样："的确，我在西安所玩过的地方，从风景上说，这个花园是最值得我记忆的。"③对于民国西安市民来说，如果说迈出喧嚣的城市、走向郊区是与当代市民一致的愿望，那么宋家花园实在是不错的选择。无怪乎"春秋佳日，长安仕女，往游如织"④。

---

① 陈必贶：《长安道上纪实》，《新陕西》1931年第1期。
② 严济宽：《西安地方印象记》，《浙江青年》1934年第2期。
③ 严济宽：《西安》，《中学生》1935年第54期。
④ 《本市五公园》，《西安市工月刊》1935年第1卷第2期。

（二）市民游憩、交往的场所

城市公园在都市生活中的一个重要作用就是为市民提供游憩、交往的空间。民国时期西安城市公园总体规模、基础设施和风景与中、东部地区一些城市相比差距较大[①]，但正因其缺乏，时人方能倍加珍惜。在近代化的过程中，这些公园无疑增添了城市生活的多样性，基本能满足城市民众对公共空间的多种需求，因而公园内人流量较大。

市民游玩公园以春、夏两季最多。莲湖公园内除公共建筑外，因游人较多，故园内开设中西餐馆、茶楼。20世纪40年代初，谢冰莹在西安曾这样说道："莲湖公园是西安最好的公园，因为那里的树木特别多，而且有一个小湖，可以划只小船在里面玩玩。当荷花盛开的时候，游人如织，每到晚餐之后，便有无数的男男女女带着小孩来这里乘凉。"[②]宋氏花园为西安近郊名胜，西安市民"春郊宴游，多憩于此"[③]。当然，这也要感谢这个私家园林的开放，否则民众也不大可能大量出入此园。

（三）广场与集会、纪念场所

城市广场是市民集会、官民活动的所在，在民国以前这样的场所较少，且因时代原因大规模的群众集会是不被允许的。民国以来，城市民众集会、游行等活动逐渐增多，城市广场日渐重要。在民国西安，城市公园多担任广场功能，尤以莲湖公园、革命公园为最。

1927年1月5日至1月8日，莲湖公园举行反围城斗争胜利庆祝大会，大会会场遍插国民党党旗，会场主席台下群众数万人，农民协会、铁行、酒行、茶叶行等之旗帜，也布满全场。5月6日上午11时，农、工、商、学、兵在莲湖公园举行"五一""五五"（1818年5月5日是马克思诞生日）纪念大会。会场悬挂革命导师马克思、列宁、孙中山画像，台下附近为军乐队席，会场四隅各有讲演台。军政、农

---

① 参见史明正：《从皇家花园到大众公园：20世纪初期北京城市空间的变迁》，《现代中国》1988年第8期；熊月之：《晚清上海私园开放与公共空间的拓展》，《学术月刊》1998年第8期；胡其舫：《江苏近代公园概貌及其意义和影响》，《中国园林》1999年第6期；赵可：《少城公园的辟设与近代成都》，《成都大学学报》1999年第2期；陈晶晶：《近代广州城市活动的公共场所——公园》，《中山大学学报论丛》2000年第3期；李德英：《公园里的社会冲突：以近代成都公园为例》，《史林》2003年第1期；张天洁、李泽：《从传统私家园林到近代城市公园——汉口中山公园（1928—1938年）》，《华中建筑》2006年第10期；等等。

② 谢冰莹：《一个女兵的自传》，华夏出版社，2009年，第233页。

③ 王荫樵编：《西京游览指南》，天津大公报西安分馆，1936年，第183页。

界、妇女儿童、学生、商工等界均列席大会,长安县农民到会人数6万余人。此外,国民革命时期,西安民众每逢"五一"、十月革命纪念日也会在革命公园内集会纪念。

(四)市民运动健身的场所

城市公园成为市民运动健身的场所应是公园作为近代化产物的重要特征。新式运动器械、场所在公园中的设置,是西风东渐的产物,也为古老的西北民众打开一扇窗户。民国西安城市公园大多兼具运动场所的功能,反映了西安民众社会生活的近代化转变。

森林公园和革命公园是民国西安市民日常运动健身的主要场所,其中以森林公园规模最大。在1935年之前,革命公园是西安市唯一的大运动场,各类体育运动场所均有分布。1943年,西安市政工程处又对革命公园加以整顿,尤其整修了公共体育场,增建网球、排球、篮球场8处,又兴建儿童游戏场,安装了秋千、压板、轮秋、滑梯等游戏器械等。[①]于是,"荒芜之平原……已改旧观"[②]。森林公园前文已述及是1928年政府在旧有荒地上改建成的公园,当时并不具备运动场所的功能。1935年陕西省教育厅最终将其增辟为公共体育场,并在其中设置了各大运动场所。

由森林公园、革命公园的发展来看,政府力量在其间作用最大,可以说城市近代化进程中政府力量对于民众都市生活的引导作用最为突出。反之,政府若不主导,则城市公园的发展必受制约。

(五)政府推广新观念、引领政治导向之地

城市公园作为公共空间集聚一定规模的人口,各方人士汇聚其中,从而成为政府宣传、举办重要活动的首选之地,民国西安很多新观念的推广也重点选择在公园内进行。

1925年3月12日,孙中山在北京逝世;4月15日,西安各界市民五六万人在莲湖公园举行追悼大会,实际上成为一次反帝、反军阀民主革命动员大会。[③]1926年末,陕西成立了国民军联军驻陕总司令部,大革命期间由于右任、邓宝珊等领导,为改革旧俗,推广新的教育、卫生观念,这一革命政府多次在莲湖公园举行群众大会。1927年4月18日,西安各界在莲湖公园举行强迫义务教育运动大会,近万人参加。国民军联军

---

① 黄觉非:《一年来的陕西市政》,《陕政月刊》1944年第5卷第5、6期合刊。
② 曹弃疾、王蕻:《西京要览》,西安扫荡报办事处,1945年,第18页。
③ 中共陕西省委党史研究室:《国民革命在陕西》(上卷),陕西人民出版社,1994年,第16页。

驻陕总部总司令于右任发表了宣言,共产党人刘伯坚、杨明轩到会讲话。大会决定4月3日为陕西革命教育日。抗战时期,莲湖公园东门内广场又修建抗日阵亡将士纪念碑,并在碑前塑汪精卫和陈璧君的跪身铜像,其政治导向功能不言而喻。

总之,在近代化的过程中,民国西安城市公园无疑推进了城市生活的多样性,一定程度上满足了城市民众的游览、运动、休憩等多种需求。同时,在革命时期政府有意通过公园传递革命新理念、引领政治导向,这也是城市近代化的一种体现。

三、制约民国西安城市公园发展的主要因素

民国西安的7处公园在西安市民的生活中有着举足轻重的作用,不过应当承认,这些公园在规模、景致、绿化、设施等多方面落后于东部地区的城市公园,这在很多旅行西安的东部地区游人的游记中得到体现。这些游记多认为民国西安公园落后、荒芜,不具备现代都市公园的实质。如有游人这样说:"当你初到西安,你会说:'我的爷,这就是西安么?什么宋家花园,可怜的荒墟罢了;什么莲湖,可笑的枯池罢了!'"[①]

综合各方面史料来看,制约民国西安城市公园发展的因素主要有以下几点。

(一)气候干燥,城市缺水

自明清以来,西安乃至关中地区气候呈干性发展。西安地处西北内陆,属大陆性气候,夏季多雨,冬季干燥。就民国时期雨量来看,一位学者于1937年对1932—1936年西安雨量的研究表明,西安"历年标准雨量仅480.3mm,而且除了雨量不足之外,雨量季节分布上也极不均匀,全年雨量多集中于夏季,而冬季则异常干燥"[②]。1932—1936年,西安降水年际变化大,降水季节分布也不均匀,冬季雨量仅为夏季之1/10。七月份标准雨量可为"一月份标准量之二十三倍,而夏季一次之最大雨量(134.7mm),为冬季三个月总量(22.6mm)之五倍而有奇"。雨量不足,蒸发量大,致使民国西安城区及周边地区干燥、缺水,城市公园水源严重不足,花木灌溉及湖沼均受影响,游记史料多有记载。

1935年,严济宽在另一份文字材料中这样记述莲湖公园:"没有草地,也没有花草,这是公园。上面冠以'莲湖'二字,是因为那儿原有一个泥塘,叫作这可爱的名字。在没有看见这个公园的人想来,公园里面有湖,尤其是莲湖,定是

---

① 老戈:《长安居》,见刘方炜主编:《旧文文摘》(第1辑),中国青年出版社,1999年,第98页。
② 李毅艇:《西安冬季雨量稀少之原因》,《气象杂志》1937年第6期。

一个风景绝佳的地方，而事实上却是一片荒芜，看见了没有不感觉到大大的失望的。"[1]1937年胡怀天也这样说："（莲湖公园）本有南北二湖，可以荡舟的，现在湖水干涸，更无莲花，名实不符，真有沧海桑田之变了。此外还有一个革命公园，园地很广，可惜亦因缺乏水的关系，满园景色就不免感觉干燥了。"[2]1948年一位作者于西安故地重游，仍说："今日旧地重游，在记忆搜索很久，找不到旧日面目，……只有风沙依旧。"[3]

对于这种缺水的情况，抗战以来，西安市政府不是没有关注和研究解决之道。西京筹备委员会多次提议恢复明清通济渠入城，以改善城市景观、调节民众之精神。1933年西京筹备委员会周年报告这样指出：通济渠之通塞"关系城市风景及市民卫生至为重要。乃年来淤垫，水流断绝，致公园内池沼涸竭，气象枯燥，风景减色，无以资市民游览而调剂其精神"[4]。于是，1933年起重修西龙渠（通济渠）。1935年再次整修，因水源不畅，渠道入城常常淤塞，其结果并不理想。1941年1月，西京筹备委员会又计划引沣水水源入城。该计划书规划宏阔，指出了今后西安城供水的方向，可惜因种种原因所限，该计划一直没有付诸实施。1943年，西安市政工程处又拟引潏水沿旧通济渠注入莲湖公园，并打算在工程完成后，于湖内种植荷花，兴建游泳池一座。[5]不过，因多种原因，并未施行。至1947年，陕西省政府使用中央善后救济总署赈济款再次整修西龙渠，由建设厅负责全部工程，7月建成通水。[6]这时距离国民党政权在西北地区的垮台已为时不远了，而且各大公园是否受惠该渠，尚不得知。可以说，城市缺水一直是民国西安的常态，整个城市环境一直呈现干燥状态。[7]所以邵潭秋在1945年旅行西安时发出这样的感叹：

> 西安为周秦汉唐之古都，文物风俗，宜应杰出其他都会之上，顾一按实际，则与吾人理想所估定之价值相距甚远。……天气干燥，黄尘涨弥，水道枯竭，木卉不番。如昔日之曲江、杜曲水木清华者，今则多为黄沙所布，茂草更不多见。江南人士初来此地，每不惯莫水土。[8]

---

[1] 严济宽：《西安》，《中学生》1935年第54期。
[2] 胡怀天：《西游记》，《旅行杂志》1937年第2号。
[3] 琼子：《西安风情画》，《公理报》1948年第11期。
[4] 西安市档案局、西安市档案馆编：《筹建西京陪都档案史料选辑》，西北大学出版社，1994年，第155页。
[5] 黄觉非：《一年来的陕西市政》，《陕政月刊》1944年第5卷第5、6期合刊。
[6] 西安市水利志编纂委员会编：《西安市水利志》，陕西人民出版社，1999年，第71页。
[7] 参见程森：《民国西安的日常用水困境及其改良》，见《中国古都研究》（第28辑），三秦出版社，2015年，第92—107页。
[8] 邵潭秋：《关中游憩观感录（下篇）》，《旅行杂志》1945年第19卷第7期。

总之，水源一直是影响民国西安城市公园景致的关键因素，民国西安多数公园长期缺水，园林水景缺失，园区干燥，呈现单调、荒芜之象。

（二）政府重视不够，经费不足

综合来看，民国各地城市公园的兴建和维护最主要的推动力来自政府。作为服务于公众的政府机构，为公众营建公共空间责无旁贷。在局部抗战以前，民国西安当局对于城市公园的关注总体上是不足的。西京筹备委员会的设立稍稍改变了这种状况。西京筹备委员会在1935年9月4日的工作会议上认为，西安城内公园面积狭小，应着手扩大。会议指出："查《都市计划法》内规定，每一都市公园之面积，应占全市总面积百分之十以上。本市所有公园之面积，尚不及全市总面积百分之三，较之规定相差远甚。"[①]但终民国时期西安城市公园也未见有扩大迹象。西京筹备委员会和西安市政建设委员会直接管理丹凤公园和建国公园，该委员会会议曾毫不讳言此二处公园"可称本市仅有之公共游览场所也"。言下之意，其他公园则落寞不佳。

就经费来说，用于城市园林建设之经费一直不充裕，政府投入不够。陇海铁路通入西安后，西京筹备委员会委员指出："本市公园，事在必须，俾利市民享受高尚娱乐。惟公园筑办需款甚多。"建议与陇海铁路局合作，仿照郑州、天津等地办法，由西安当局"供给土地"，园内一切布置与建筑则由铁路局负责办理，将来完成，双方合定管理办法。至1935年，在革命公园尝试该办法，聘请工程师设计公园，铁路局拨款1万元。[②]但是民国后期，由于政府投入不足、管理不善，革命公园周围渐被蚕食，园内荒草没胫，面积萎缩。[③]这些也从侧面反映了民国时期西安公园建设资金的缺乏和政府投入的不足。

以往研究认为民国时期西安市政建设取得了不少成绩，尤其是在西京筹备委员会运作的抗战时期。但是这些成绩主要集中于交通、沟渠、城区规划、文物古迹保护、行道林种植等方面，而在城市园林方面的工作则明显不足。尽管抗战时期西安获得了"畸形"繁荣，但城市公园也因抗战受到影响。1944年，喻血轮旅行西安，谈及莲湖公园："抗战后，情景稍衰，园内建筑常遭敌机扫射，墙壁上弹痕累

---

① 西安市档案局、西安市档案馆编：《筹建西京陪都档案史料选辑》，西北大学出版社，1994年，第342页。

② 西安市档案局、西安市档案馆编：《筹建西京陪都档案史料选辑》，西北大学出版社，1994年，第269页。

③ 西安市地方志编纂委员会编：《西安市志》（第2卷），西安出版社，2000年，第304页。

累"，革命公园"荒芜不堪"。①这一时期也是西京筹备委员会工作时期。

（三）西北城市近代化的困难

与东部地区城市相比，西安毕竟僻处西北，在民国时期长期经历战乱、政治动荡，城市近代化的进程充满着艰辛。从20世纪30年代开始，随着东北地区的沦陷，国人方有"失之东隅，收之桑榆"的观念，于是开发西北之声高唱入云，西安作为西北的门户，近代化的征程渐次开启。抗战以后，西安市政建设逐渐兴盛，但政府对于城市园林绿化乃至对其与市民生活的考虑远远落后于"硬"的基础设施。当东部地区城市市民早已习惯公园给予生活所带来的乐趣时，西安则仍处于现代公园的起步阶段。

到了1945年，西安民众仍在期望建设一个现代化的都市，《西京要览》开篇不久即列有"西京展望"。该书作者认为现代化的都市应具备的条件包括优美的风景、良好的交通、充足的生产、便利的集散、丰富的文艺、良好的治安、公共的设备和善良的风俗等。但如果与巴黎、北京做比较，当时的西安不啻有天壤之别。随后作者又对西安近期建设提出了十二点要求，主要有：疏浚龙渠；引水进城，灌输莲湖公园，并开辟游泳池，提倡市民游泳；整顿现有公园，并在四周植树，"以为屏障，使游人入园，如隔尘俗"；全市绿化，鼓励市民植树，务期达到"家家植柳，户户垂杨"的目的，"以调剂气候及黄土地之景象"；全市遍设玫瑰花坛等。②这些要求只能反映作者作为一个市民和学者的"热忱"，也间接反映了包括公园建设在内的各项建设的不足和落后。终民国时期这些要求无一实现，其只是西安市民的一种奢望而已。

西安是西北的门户，但近代以来风气一直较东部闭塞、朴拙。民众享受着公园的乐趣，但对于公园的保护明显不足，普通市民只是被动地接受城市近代化的影响而缺乏积极主动的关心和维护。宋家花园春季来此游览者甚多，但1946年的一篇游记却揭示了民众游园的劣迹：

> 现在该园几经沧桑，难于管理。我往游时，虽还是金风送凉时节，已花落满地、叶落盈寸了。如牵牛、月季诸花仅零落散开其间，不复有旧日规模。据园主人说：来往的人太多、太杂，他（她）们任意拆取，任意摧残，如要整理，至少得花百来万钱。③

莲湖公园被认为是当时最好的公园，但公园时常遭到民众不按规则游赏所带来

---

① 喻血轮：《川陕豫鄂游志（三）》，《旅行杂志》1944年第18卷第8期。
② 曹弃疾、王蕻：《西京要览》，西安扫荡报办事处，1945年，第6—9页。
③ 迟帆：《长安南郊》，《茶话》1946年第6期。

的破坏。1936年，陕西省政府加大了对游园规则的管控，较之前更为严厉。陕西省政府认为："一年以来，其能恪遵规则，不越范围者固不乏人，而任意妄为恃强横行殴辱园警情事，亦时有发生。"①于是重新制定十四条游园规则，并派园警、军警和公安人员巡查。

再从政治上来看，民国西安政治更迭频繁，从辛亥革命以来至杨虎城主政陕西的20年里，关中地区连年混战，政府自然无暇顾及公园建设。20世纪30年代以后，陕西政治渐趋平稳，但西安事变后国民党中央系统逐步渗透，西安虽经抗战时期的短期繁荣，但处于国共对峙前沿的省会城市，在政府眼里，恐怕很多事情要比公园建设更重要。这也应是民国后期西安市政建设总体进展缓慢的主要原因，同时表明与东部城市相比，西北城市近代化的道路要面临更多的困难。

四、结论

民国西安为数不多的公园丰富了市民的都市生活，为市民提供社交娱乐、运动健身和集会宣传的场所，官方也对外予以推介，以便游人前往。不过，民国西安城市公园的规模、景致和基础设施建设总体上居于一般，在一些游人眼中甚至名不符实。造成这种状况的主要原因是政府重视程度不足，很明显，在长期复杂而多变的西北政局影响下，城市园林建设不是民国陕西当局主要考虑的对象。民国西安城市公园因政治力量而兴起，也因政府力量的后续无力而发展缓慢。

学术界认为近代中国城市公园的兴建一般有三种方式：租界殖民力量兴建、政府或城市精英兴办、私家园林的公共化。②就西安来说，民国西安城市公园兴办的最主要力量是政府。城市公园作为城市近代化的一个窗口，它的兴建反映了近代以来西风东渐所带来的公共意识，需要政府在这一意识影响之下持之以恒地关注和投入，民国陕西当局显然顺应了这种意识，但其后续工作明显是不足的。

总之，民国西安既非首都，也不是口岸城市，加之政治动荡、气候干燥、城市缺水，包括城市公园建设缓慢而落后也是可以预料的，这些都反映了西安作为西北地区城市在近代化过程中的困难和无奈。

原载《中国古都研究》（第34辑），陕西师范大学出版总社，2018年

（程森，陕西师范大学西北历史环境与经济社会发展研究院教授）

---

① 《莲湖公园游览规则》，《陕西省政府公报》1936年第2863期。
② 戴一峰：《多元视角与多重解读：中国近代城市公共空间——以近代城市公园为中心》，《社会科学》2011年第6期。